《萍乡概览》编纂委员会

主　　编：李昌清
副 主 编：陈为真　赖爱荣
成　　员：姚　萍　易文浩　刘　影　漆贺春　胡继超
　　　　　赵斯琴　李文正　周德林　韩　茜　李雅婷
地图编辑：魏　悦　刘　锬　崔亚如　彭　兵　郭剑平
　　　　　饶　君　曾翠云　付　聪　许　洁

《萍乡概览 安源区卷·萍乡经济技术开发区卷》编纂人员

安源区卷

统　稿：姚　萍　张光军　韩　茜　杨雅丽
撰　稿：徐纯鑫　文思卓　文理萍　周　春　陈润发
　　　　张　甜　朱雄瑶　黄　乔　廖望荣　贺建丰
　　　　刘　众

萍乡经济技术开发区卷

统　稿：李雅婷　钟扬斌　江文娟
撰　稿：石炎航　华　丹　黎小波　吴泽宇　谭　涛
　　　　张　甜　曾　航

安源区卷
萍乡经济技术开发区卷

萍乡概览

中共萍乡市委史志研究室 ◎编

江西人民出版社

图书在版编目（CIP）数据

萍乡概览：全5册／中共萍乡市委史志研究室编.
南昌：江西人民出版社，2025.1. -- ISBN 978－7－210－
16033－5

Ⅰ．K925.63

中国国家版本馆 CIP 数据核字第 2024TJ9062 号

萍乡概览（全5册） 中共萍乡市委史志研究室 编
PINGXIANG GAILAN （QUAN 5 CE）

策　　　划：	梁　菁　黄心刚
责 任 编 辑：	魏如祥　郭　锐　王醴颉　胡　滨　王志能　雷亚田
版 式 设 计：	鸿星图文设计中心
封 面 设 计：	同异文化传媒

 出版发行

地　　　址：	江西省南昌市三经路47号附1号（邮编：330006）
网　　　址：	www.jxpph.com
电 子 信 箱：	27867090@qq.com
编辑部电话：	0791-86895309
发行部电话：	0791-86898801
承　印　厂：	长沙超峰印刷有限公司
经　　　销：	各地新华书店
开　　　本：	787 毫米×1092 毫米　1/16
印　　　张：	117
插　　　页：	10
字　　　数：	2300 千字
版　　　次：	2025 年 1 月第 1 版
印　　　次：	2025 年 1 月第 1 次印刷
书　　　号：	ISBN 978-7-210-16033-5
地 图 编 制：	江西省国土空间调查规划研究院
审　图　号：	萍乡 S(2024)001 号
定　　　价：	800.00 元（全5册）

赣版权登字-01-2025-233

版权所有　侵权必究

赣人版图书凡属印刷、装订错误，请随时与江西人民出版社联系调换。
服务电话：0791-86898820

编纂说明

一、《萍乡概览》以马克思列宁主义、毛泽东思想、邓小平理论、"三个代表"重要思想、科学发展观、习近平新时代中国特色社会主义思想为指导，深入学习贯彻落实习近平文化思想，客观、系统地记录萍乡市、县(区)、乡(镇、街道)、村(社区)各级基本情况概要，反映其自然、政治、经济、文化、社会的历史与现状。

二、记述时间不设上限，尽量追溯到村落(社区)形成时，下限至2022年底，部分村落(社区)数据下延至2023年底。

三、本卷收录安源区安源镇、八一街道、凤凰街道、丹江街道、后埠街道、东大街道、白源街道、横龙街道、高坑镇、青山镇、五陂镇共11个镇(街道)114个村(社区)，以及萍乡经济技术开发区光丰街道、福田镇、彭高镇共3个乡镇(街道)54个村(社区)简介。

四、概览分为地情概况、自然环境与资源、经济概况、基础设施、社会发展、特色地情等栏目，突出地方特色和历史文化，不面面俱到，有则多记，无则不记。

五、本卷图片由安源区、萍乡经开区融媒体中心、各镇街提供。

乡（镇、街道）图例

符号	名称	符号	名称
★	市政府	═══	主要街道
◎	县（市、区）政府	═══	次要街道
◎	乡（镇）、街道	───	一般街道
⊙	居委会	──●──	高速铁路
⊙	村委会	──●──	普通铁路
○	自然村	═══	高速公路
1918▲金顶	山峰	═[G320]═	国道及编号
〜〜	大型水库	═[S311]═	省道及编号
〜〜	中型水库	───	县道
〜〜	小型水库	───	乡道
⊐⊏	桥梁	───	村道
⊢====⊣	隧道	─··─··─	省界
		─────	设区市界
		─·─·─	县（市、区）界
		──────	乡（镇）、街道界

附注：图内所有界线不作为划界依据。

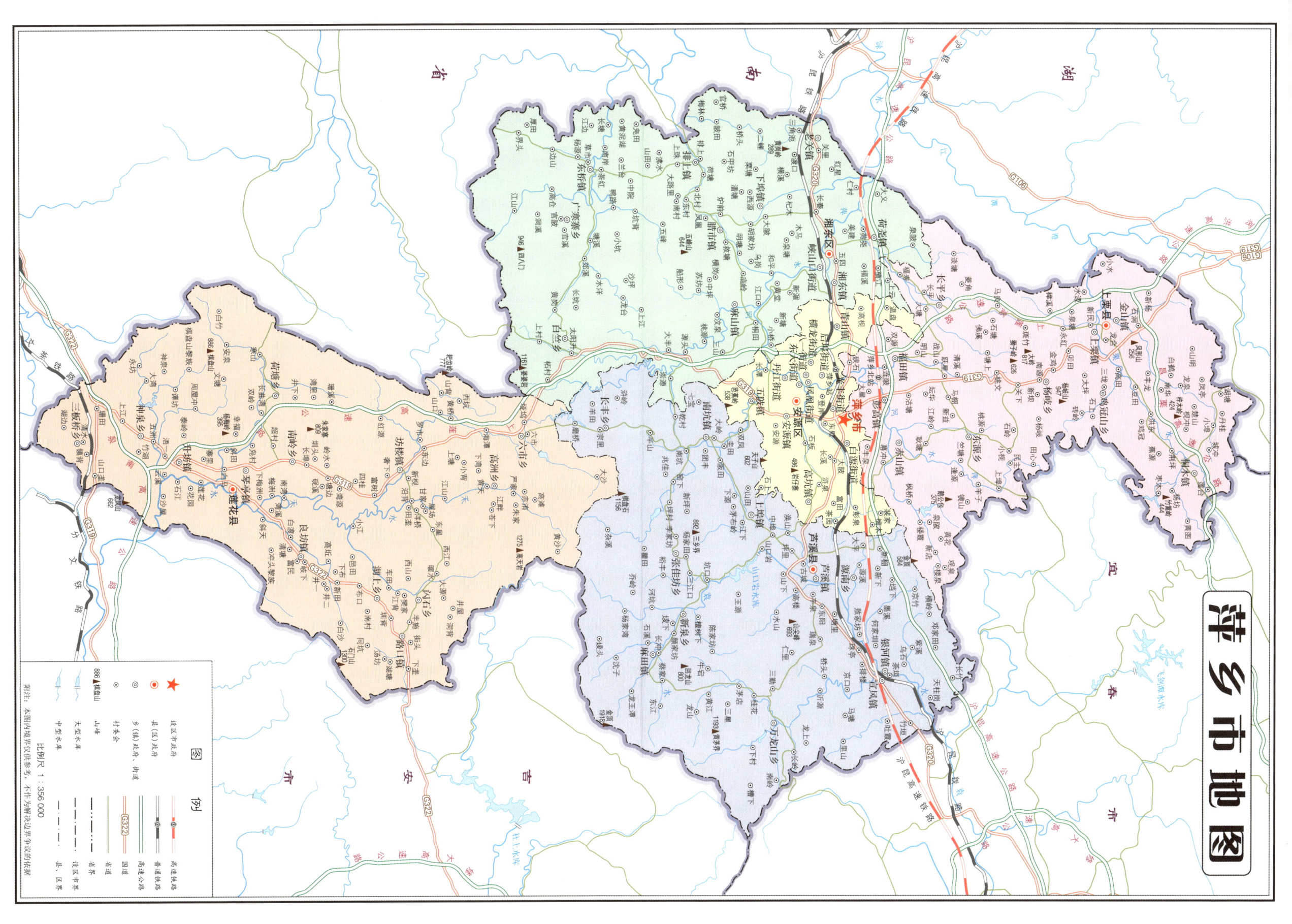

萍乡概况

历史沿革　远在5000年前的新石器时代，萍乡就有先民居住和生活，为百越族的一支三苗族。西周时，萍乡属扬州，春秋属吴国，战国时为楚地，汉时属豫章郡宜春县地。三国吴宝鼎二年(267)设萍乡县，属安成郡，县治设芦溪古岗(今芦溪古城村)。唐武德二年(619)，县治从芦溪古岗迁至萍乡凤凰池。唐贞观元年(627)，江南道分东西两道，萍乡属江南西道袁州。元至元十四年(1277)，袁州安抚司改为总管府，隶属湖南行省，萍乡县属袁州总管府。至元十九年(1282)，升袁州为路，隶属江西行省，萍乡县属袁州路。元元贞元年(1295)，萍乡由县升格为州。明洪武二年(1369)，萍乡由州改县，隶属江西布政司袁州府。1914年，属庐陵道。1926年，直隶于江西省。1932年，属第八行政区。1935年，属第二行政区。

1949年7月23日萍乡解放后，设萍乡市萍乡县，9月撤市留县，隶属袁州专区。1952年9月袁州专区和南昌专区合并为南昌专区，萍乡隶属之。1959年1月，南昌专区改名为宜春专区，萍乡隶属之。1960年萍乡撤县设市，由宜春专区代管。1970年3月10日，萍乡改为省辖市，延续至今。

行政区划　萍乡市辖芦溪、上栗、莲花3县，安源、湘东2区，共29个镇、19个乡、9个街道办事处、144个居民委员会和641个村民委员会。另市本级设有国家级萍乡经济技术开发区管委会和武功山风景名胜区管委会。截至2023年底，全市户籍人口1968083人，常住人口1801638人。

自然地理 萍乡市地处江西省西部,东接宜春市袁州区、吉安市安福县,西邻湖南省醴陵市、攸县,南连吉安市永新县和湖南省茶陵县,北毗湖南省浏阳市,位于北纬26°57′—28°01′、东经113°35′—114°17′之间,面积3830.42平方千米。

萍乡是江西的"西大门",素有"湘赣通衢""吴楚咽喉"之称。在赣西经济发展格局中处于中心位置,是湘赣两省唯一全境纳入湘赣边区域合作示范区的设区市。沪昆高铁、沪昆铁路横穿境内与京广、京九两大铁路动脉相连。319国道和320国道呈十字形在市区交会通过,沪昆高速公路、上莲高速公路贯穿全境。市中心城区距湖南长沙黄花机场仅120千米,具有优越的区位地理条件。

萍乡市地貌类型有中低山、丘陵、岗地和河谷平原四类。其中中低山和丘陵区分布广泛,面积分别为1535.92平方千米和1591.09平方千米,占全市总面积的40.08%和41.52%。境内山地、丘陵、盆地错综分布,地貌较为复杂。东部、南部、北部以山地为主,西部地势平缓。东南部有武功山脉,海拔一般在800~1900米之间,最高峰白鹤峰海拔1918.3米。北部杨岐山至大屏山一带地势险要,海拔在600~900米之间。西部萍水河河床最低点的海拔只有64米。中部偏东地势较高,成为洞庭湖水系和鄱阳湖水系的分水岭。

域内水系分属洞庭湖水系和鄱阳湖水系。全市主要河流有五条,即萍水、栗水、草水、袁水、莲水。袁水、莲水发源于武功山,汇入赣江;萍水、栗水、草水发源于武功山与杨岐山之间,最终注入湘江。主要支流有长平河、福田河、东源河、楼下河、高坑河、万龙山河、张佳坊河、金山河、大山冲河、鸭路河等。水资源十分丰富,地表水径流量为26.46亿立方米/年,地下水储量为4亿立方米。

萍乡市属亚热带湿润季风气候区,全年光照充足,雨量充沛,四季分明,极端最高气温达41℃,极端最低气温-9.3℃,年平均气温17.3℃。年平均降水量1596.7毫米。降水量时空分布不均,4—6月降水较为集中,占全年降水量的42%;空间上南部多于北部,东部多于西部,山区多于平原。

萍乡自然资源丰富、景色优美,全市森林覆盖率达67.27%,已探明的矿藏有36种,植物物种有1400余种。境内分布的陆生野生动物有两栖类20种、爬行类30种,有鸟类170种、兽类50种。境内亿年溶洞孽龙洞被誉为"天下第一洞""地下艺术长廊",大屏山、玉皇山、明月湖以及仙凤三宝、十里花溪、荷花博览园等一大批山水景观和乡村旅游点星罗棋布,共同构筑了山水形胜、风景如画的大美萍乡。

历史人文 萍乡历史悠久,文化底蕴深厚。田中古城为始建于商周时期的遗址,见证了萍乡3000余年的文明史。相传在春秋时期,楚昭王在此渡江得"萍实",乃"吉祥之物",萍乡也因此得名,意为"萍实之乡"。吴、楚文化的相濡浸染,孕育了独具萍乡风情的民风民俗和异彩纷呈的民间艺术,采茶俚调、民间灯彩、古朴漆画、春锣渔鼓等民间文化传承千年,历久弥新。

杨岐山是中国佛教禅宗五家七宗之一杨岐宗的发祥地,宗教文化源远流长,影响远播海内外。源于楚巫的傩文化被称为"艺术的活化石",萍乡傩面、傩舞、傩庙"三宝"俱全,被誉为"中国傩文化之乡"。

萍乡自古才俊辈出。古代有著名理学家刘元卿,"江西大器"刘凤诰,清代廉吏颜培天,"末代帝师"朱益藩,维新志士、文史大家文廷式等;近代以来涌现了二胡大家黄海怀、中国声乐事业奠基者喻宜萱,还走出了陈述彭、简水生、颜龙安等10位萍乡籍"两院"院士。

萍乡是中国近代工业文明发祥地之一。清邮政大臣盛宣怀于光绪二十四年(1898)在安源创办萍乡煤矿,光绪三十四年(1908)又创办了当时中国第一个股份合资企业——汉冶萍公司,修筑了株萍(至安源)铁路。萍乡煤矿为汉冶萍公司的重要组成部分,是江南最早采用西法机器生产、运输、洗煤、炼焦的煤矿,1916年就产原煤95万吨、焦炭25万吨,萍乡被誉为"江南煤都"。

萍乡是"工运摇篮"。1922年9月,毛泽东、刘少奇、李立三等老一辈无产阶级革命家领导的安源路矿工人大罢工,是中国共产党第一次独立领导并取得完全胜利的工人斗争。安源路矿工人运动持续近十年,开创了中国共产党最早的党校——安源党校、全国产业工人中最早的党支部——中共安源路矿支部、中国共产党领导下最早的经济事业组织——安源路矿工人消费合作社等全国之最。安源工运成为激励全国工人运动的一面旗帜,在中共党史、中国工人运动史、中国人民解放军建设发展史上写下了光辉的一页。在工运浪潮的鼓舞下,中国共产党领导的第一个少年儿童革命组织——安源儿童团在这里诞生,秋收起义在这里策源和爆发,引兵井冈山、开辟中国革命道路的伟大决策在这里作出,萍乡籍和安源走出去的将军就有30人。

萍乡是"户外天堂"。境内武功山是国家AAAAA级旅游景区,入选世界地质公园,获评国家级文明旅游示范单位、国家自然资源科普基地、国家体育旅游示范基地、全国非遗旅游景区。山顶十万亩高山草甸在世界同纬度名山中绝无仅有,被誉为"云中草原、户外天堂",为众多年轻人和户外运动爱好者所青睐,常年在各大旅游平台发布的山岳景区榜单中位居前十,每年都有超过100万人来此徒步、露营,欣赏壮观的云海、草甸、星空和日出的美景。

萍乡是"花炮故里"。花炮祖师李畋的故乡就在萍乡上栗。花炮制作传承发展至今1300余年从未中断,萍乡(上栗)烟花制作技艺入选了国家级非物质文化遗产名录。如今,萍乡是全国四大烟花爆竹主产区和转型升级集中区之一,"上栗花炮"获评中国地理标志商标。2023年,萍乡花炮产业实现产值超200亿元,产品远销60余个国家和地区,产品销量占国内市场的27%、出口市场的22.7%。

萍乡是"中国辣都"。鲜辣椒规模种植面积1.6万亩左右,年产量约5840吨,市场推广应用品种20余个。"鲜辣"是萍乡饮食中最鲜明的印记,"萍乡十大碗"、莲花血鸭、萍乡小炒肉等辣味萍乡菜远近闻名。"花蝴蝶"麻辣豆皮、萍乡炒粉、麻辣嗦螺、盐果子等辣味小吃,种类繁多,各具特色,深受萍乡人和各地游客喜爱。2024年10月,萍乡市被全国生态食材评定中心评为"中国生态美食地标辣文化之都"、生态产品区域公用品牌。

经济发展　2023年,地区生产总值1151.66亿元,同比增长3.0%。一般公共预算收入112.2亿元,增长4.8%。一般公共预算支出325.7亿元,增长6.2%。规上工业总产值1092.66亿元,增长0.5%。规上工业增加值增长2.8%。城镇居民人均可支配收入46928元,增长3.6%。农村居民人均可支配收入25967元,增长6.9%。城乡居民年末储蓄余额1302.13亿元,增长17.26%。

目 录

安源区卷

安源区概况   002

安源镇   007
   花冲社区   009
   方家圳社区   012
   老正街社区   016
   木杉塘社区   020
   青林社区   021
   竹塘社区   023
   万佳社区   024
   迎凤社区   026
   安源村   027
   十里村   030
   石板村   032
   跃进村   034
   张家湾村   037

八一街道   042
   老站社区   045
   永昌寺社区   047
   藕塘边社区   049
   吕家冲社区   052

   包家冲社区   054
   罗家塘社区   056
   汪公潭村   057

凤凰街道   062
   凤凰池社区   065
   居仁巷社区   067
   河口下社区   069
   商城社区   072
   李子园社区   074
   江湾社区   076
   北桥外社区   078
   花园社区   079
   青坪村   081
   北桥村   083

丹江街道   087
   亭子下社区   090
   江矿社区   091
   牛角坪社区   093
   城南社区   095
   贺家湾社区   097

丹江村	099
联星村	102

后埠街道 105

朝阳社区	107
九龙社区	109
勤俭社区	110
城北社区	112
马煌桥社区	114
北站社区	115
后村社区	116
枫树湾社区	118
五里井社区	120
柑子园社区	122
金典社区	124
锦绣社区	125
二南塘社区	127
后埠村	128
山下村	130

东大街道 134

张家大屋社区	136
南外社区	139
小桥社区	141
新建社区	143
东外社区	145
三角洲社区	147
东星村	149
流万村	151

白源街道 155

新村社区	158
荷塘社区	160
白源村	161
源壁村	163
长溪村	165
大陂村	167

横龙街道 171

红星社区	174
横龙社区	175
井冲村	176
里善村	179
略下村	181
长兴馆村	184

高坑镇 188

周家坊社区	192
民主社区	194
山下社区	196
和平社区	197
泉江社区	199
黄泥墩社区	200
王家源社区	201
南竹山社区	203
高坑村	204
富田村	207
泉江村	209
丰园村	211
彭泉村	214

茶园村	215
裴家村	218
楠木村	220
浒泉村	223
云泉村	225
茶亭村	227
新华村	229
王家源村	232
石上村	234

青山镇	238
水口社区	241
八一社区	243
七一社区	244
香炉山社区	246
新建社区	248
青山村	249

葡萄村	252
大城村	255
光辉村	258
乌石村	260
源头村	262
高枧村	265
温盘村	268

五陂镇	272
红旗分场（新街社区）	276
园艺分场（石门社区）	278
林业分场（王坑社区）	281
五陂村	284
册雷村	287
长潭村	289
大田村	292

萍乡经济技术开发区卷

萍乡经济技术开发区概况	296
光丰街道	300
上湾社区	302
黄泥塘社区	303
登岸下社区	304
金山角社区	305
金陵社区	306
百合冲社区	307
鹅湖桥社区	308

万龙湾社区	309
凤凰山社区	310
银三角社区	311
李梅塘社区	312
洪山社区	312
玉湖社区	313
登岸村	314
光丰村	316
鹅湖村	319
横板村	320

东壁村	323	**彭高镇**	359
上柳源村	324	彭家桥社区	362
下柳源村	326	翠湖社区	363
		萍水湖社区	364
福田镇	329	五丰湾社区	364
福田社区	332	马棚村	365
碛石社区	333	坛华村	367
清泉村	334	沽塘村	370
福田村	336	东山村	372
双源村	338	杂下村	374
明山村	339	华源村	376
长安村	341	泉溪村	378
长塘村	342	韶陂村	380
边塘村	344	彭高村	382
战山村	346	大星村	384
跃星村	348	高丰村	386
大宇村	349	联洪村	389
连陂村	350	万新村	391
田中村	352	周江村	393
碛石村	354	丰泉村	395
三田村	356		
		后记	397

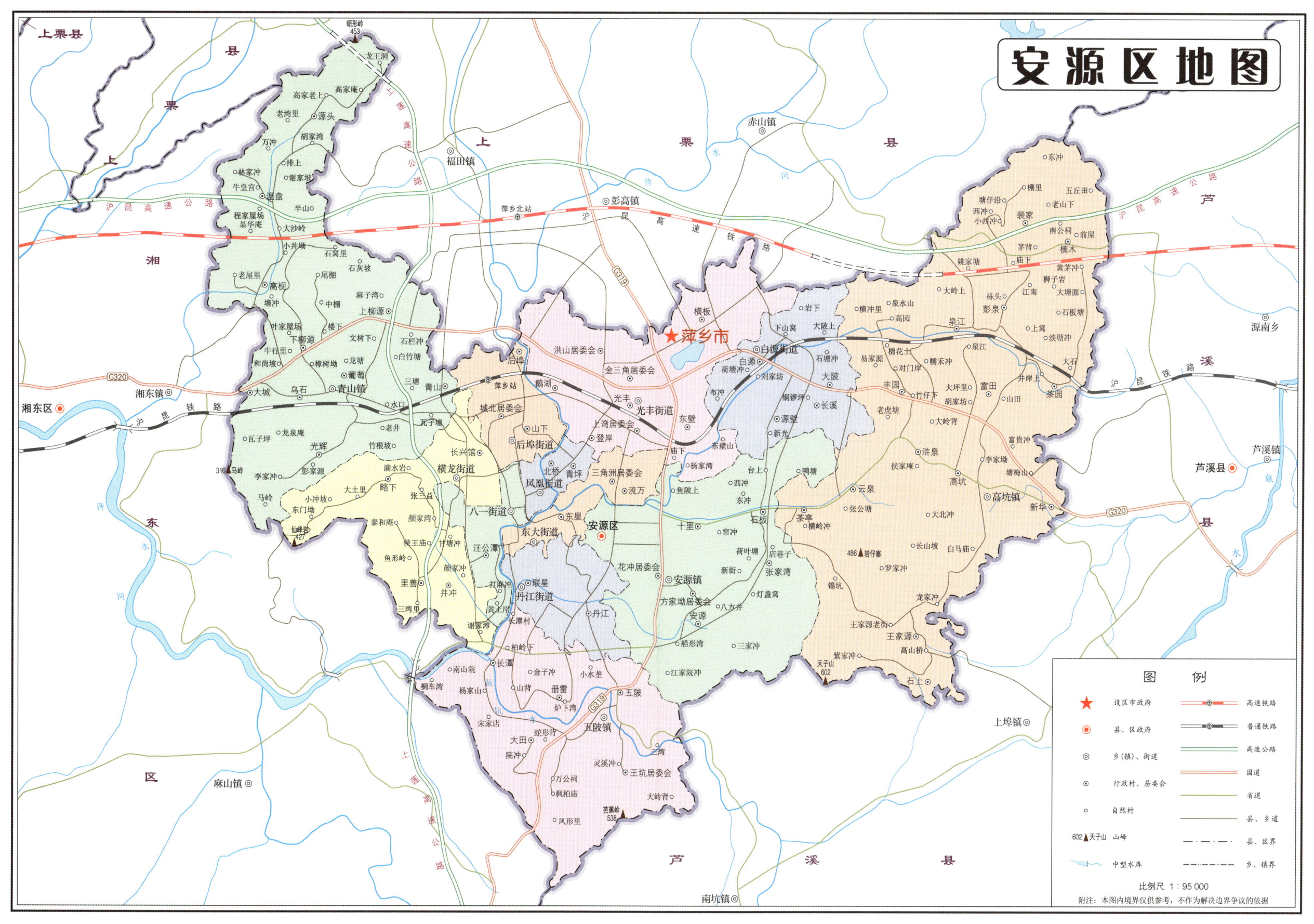

安源区卷

安源区概况

安源区地处萍乡市中部。清光绪二十四年(1898)设安源特别市,为最早以安源命名的行政管理机构,管辖安源矿区范围。1950年8月,设立安源区,隶属萍乡县,辖安源老街和安源新街。1958年,设赤山、高坑、安源、麻山、湘东5公社和萍乡镇,属萍乡县。1960年属萍乡市。1961年9月,为萍乡市(县级市)城关区,辖萍乡、青山、安源、高坑、王家源5镇和泉江公社、国营五陂下垦殖场。1963年撤销城关区,镇、公社、场由市直辖。1970年3月,萍乡市升格为直辖市。1971年3月,设立萍乡市城关区。1976年2月,升格为县级区。1993年5月,经国务院批准,城关区更名为安源区。安源区东部及东南与芦溪县接壤,西部与西南连结湘东区,北与上栗县和萍乡经济技术开发区毗邻。全区现辖区面积为184.94平方千米,辖4镇7街:高坑镇、青山镇、安源镇、五陂镇;凤凰街道、八一街道、后埠街道、东大街道、丹江街道、白源街道、横龙街道。全区现有114个村(社区),其中48个村委会、66个居委会。根据第七次全国人口普查,全区常住人口为401232人,总人口性别比为96.77,居住在城镇的人口、在乡村的人口分别占总人口的96.97%、3.03%。

境域属江南丘陵地区,地势东南高,西北低。境域位于赣湘两省边界罗霄山脉的北段,境内平均海拔152.4米,全境最高点为五陂镇芭蕉岭,海拔538.9米;最低点为青山镇龙洲上,海拔85米。境内有国家级森林公园1个(安源国家森林公园)、省级森林公园3个(小金山、仙峰岩、凤龙)。植物繁茂,有84科200属367种,土壤以红壤为主,主要建群植被有杉树、松树、泡桐树、油茶树和毛竹等,森林覆盖率46.28%,为动物生长和繁衍提供了有利条件,有哺乳和爬行类野生动物20余种。境域位于湘江水系和赣江水系交汇处,萍水河南北两源汇于五陂镇双河口,由东而来,西入湘东;高坑镇黄泥墩以东之水汇入袁河。水利设施有石硖冲小(1)型水库1座、小(2)型水库13座。境内属亚热带季风湿润气候区,春冷、夏热、秋凉、冬冷,年均气温17.3℃,年均降水量1600毫米。湿润的气候使得人们需要通过食用辣椒来健脾消食、驱寒祛湿,安源的辣味有鲜辣、香辣、糊辣、糟辣、豉辣、酱辣等多种风味。

安源是中国近代工业的发祥地之一。境域主要矿产以煤及非金属矿为主。1911年,萍乡煤矿煤炭年产量达111万吨,居全国第三位,被冠以"江南煤都"盛誉。境内有江西省第一条铁路——株萍铁路连接安源煤矿和湖南株洲,运输煤炭。当前,境域中部和东部以煤、页岩矿为主,西部以石灰岩、白云岩、黏土矿为主;具有潜在开发价值的矿产有西部的建筑石料用灰岩和东部的砖瓦用页岩,具有找矿潜力的有西部的水泥用灰岩、水泥配料用黏土。2022年矿产资源总量约92万吨,矿业工业总产值约66671万元,现有剩余保有储量:煤炭3538.19万吨,水泥用灰岩15.14万吨,建筑用灰岩178.91万吨。

以秋收起义广场、安源新区、长兴馆跨铁路桥等为中心的区片建设日新月异。秋收起义广场周围的建设中路、建设东路、楚萍东路、滨河西路、朝阳南路纵横成格,广场周围的高楼大厦和商居小区鳞次栉比。安源新区以萍安大道、井冈山路、韶山路、延安路、遵义路、永新桥、三湾路、学院路等为框架,沿街商住小区成片推进。西部随

世纪广场

着长兴馆跨铁路桥的建设,商居小区拔地而起。中环路南、西、北三向建成通车,丹江新区初见雏形。吉星街等老旧小区改造、棚户区改造、城中村改造也让老城换新颜。萍乡城区面积达70余平方千米,安源区范围内54平方千米,呈现蓬勃发展的无限生机。

安源是中国工人运动的摇篮。20世纪20年代,毛泽东、刘少奇、李立三等中国共产党人来到安源,凝聚起1.3万名路矿工人,组织了闻名全国的安源路矿工人大罢工,这是党第一次独立领导并取得完全胜利的工人斗争。安源是湘赣边秋收起义的策源地和主要爆发地之一。1927年9月,毛泽东在安源张家湾召开军事会议,确定了秋收起义的旗帜、部队建制、暴动日期。1927年9月9日,秋收起义正式打响。同年10月,起义部队到达宁冈县,从此开始了创建井冈山革命根据地的伟大斗争。安源十年工运开创了多个党史之最,如产业工人最早支部、最早红色儿童团、最早经济实体、最早工人武装组织、最早经济管理制度、最早反腐案、红色审计之源、红色司法之源、红色金融之源等,走出共和国功勋孔原、开国将军王耀南、正气传家楷模高自立等一大批无产阶级革命家。安源在建党初期被誉为"东方的莫斯科""无产阶级的大本营"。安源工运孕育的"义无反顾、团结齐心、勇于斗争、敢为人先"安源革命精神砥砺安源儿女奋勇前行。

教育事业蓬勃兴旺。安源现有幼儿园104所,义务教育阶段学校53所,特殊学校1所,全市高中教育、高等教育的学校多在境域,是"诗书之乡、教育之邦"、赣西文化的桥头堡。

安源工业园

吴、楚文化的相濡浸染，革命文化和传统文化的交融汇合，构成了安源鲜明的文化特征。民间艺术异彩纷呈。神秘古朴的傩文化蜚声海内外，傩庙、傩舞、傩面具三宝俱全，傩轿、傩音乐、傩法器等文物遗存完整丰富。春锣表演艺术经久不衰，双管书、皮影戏、风筝舞、磨漆画等各具特色。列入各级非物质文化遗产保护名录的项目有15项，其中国家级1项（耍傩神），省级4项（安源面塑、安源灯彩制作技艺、安源傩舞、花果手工技艺），市级10项[萍乡渔鼓、安源民歌、安源糖画、萍乡木雕、安源指掌画、安源无笔画（微雕）、安源银雕、萍乡麻辣豆皮小吃、安源红色歌谣歌曲、安源红色故事]。

始建于唐代的佛教古寺宝积寺梵宇壮观、华妙庄严，始建于宋代的道教名刹纯阳观幽深绝俗、香烟缭绕……众多寺院伽蓝、宝塔经幢、故居遗址，广散于安源的青山绿水之间。

安源，还如一部铺展的红色典籍，写满先烈的呐喊和斗争的风霜。安源路矿工人运动纪念馆巍然屹立在牛形岭上，秋收起义广场以其恢宏的气势震撼着人们的心灵。安源区登记不可移动文物184处，其中全国重点文物保护单位7处，省级文物保护单位16处，市级文物保护单位5处，区级文物保护单位47处，未定级文物115处。安源，自然风光与人文景观并存竞秀，历史遗存与革命胜迹交相辉映。

安源有清末戊戌维新人士文廷式等，有旧民主主义革命先驱黄钟杰等，有无产阶级革命战将高自立、孔原、吴运铎、王耀南、吴烈、宋侃夫、幸元林等，有刘天泉等科学家，黄海怀等艺术家，还有一大批全国劳动模范、道德模范等，他们以自己的卓越建树和优秀业绩，为桑梓争光，为世人景仰。

进入新时代，安源奋力推进园区、城区、景区三区同振，以城乡融合助力乡村振兴。坚持亩均论英雄、低碳论英雄、科技论英雄、人均论英雄，主攻新能源产业、陶瓷新材料及节能环保产业、电子信息产业、装备制造产业、服装家具产业、食品产业等重点产业链，打造"材料加工和装备制造"先进制造产业集群。2022年，全年实现生产总值（GDP）279.06亿元，同比增长4.9%。其中，第一产业增加值5.61亿元，同比增长0.2%；第二产业增加值81.16亿元，同比增长6.8%；第三产业增加值192.29亿元，同比增长4.3%；三次产业结构为2.01∶29.08∶68.91。全区财政总收入63.46亿元，同比增长9.8%；税收收入53.9亿元，同比增长11.3%。城、乡居民人均可支配收入分别增至47899元、27461元。安源区获评平安中国建设示范县、全国自然资源节约集约示范县、全国生育友好先进县区、全省工业崛起年度贡献奖、全省美丽宜居先行县、全省革命文物保护利用示范县、全省安全生产应急管理优秀县等国家级、省级荣誉，入选全国积极应对人口老龄化重点联系城市、全省第一批婴幼儿照护服务等试点，打造"安源红"党建引领网格化治理"幸福360工程"和"安源红·邻里之家""安源红·星星之家"等品牌，获国家和省、市各级认可。

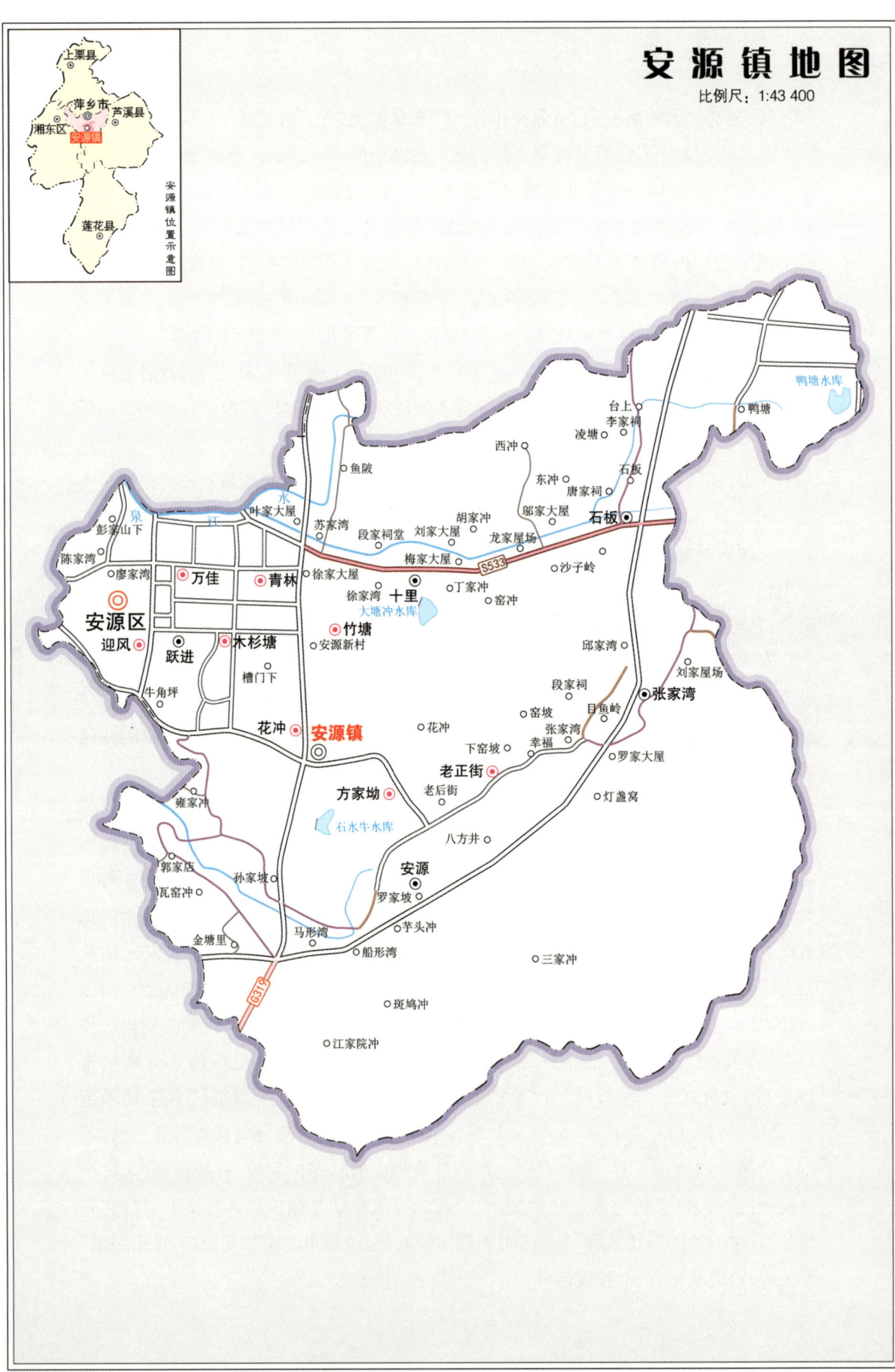

安源镇

地处安源区东部。镇政府驻安源中大道南端东侧。东毗高坑镇,南与五陂镇和芦溪县南坑镇相连,西接东大街、丹江街,北与白源街为邻。镇区面积24.7平方千米,辖8个居委会和5个村委会。因境内安源得名。

清光绪二十四年(1898)安源煤矿建矿后,成立行政管理机构安源特别市。清宣统三年(1911)成立安源联保办公处。1940年设立安源镇,为江西最早的建制镇之一。1949年8月前属居安乡和进化乡。1950年8月后属安源区安源新街和安源老街。1956年3月设安源镇。1957年改设安源乡。1958年改设安源公社,属萍乡县,同年冬并入萍乡镇。1959年11月分出安源公社。1960年属萍乡市。1961年复设安源镇。1971年10月划入安源煤矿。1972年9月从安源煤矿划出,复为安源镇,属城关区。1993年5月改称安源区安源镇。

常住人口62237人(男性31039人,女性31198人),以汉族为主,城镇化率为75.98%。

自然环境与资源 属丘陵地,地势东南高西北低,山脉

安源镇

多为东西走向。有三丘田、安源山等山峰。边境最高峰三丘田,海拔538米;最低处跃进村彭家山下,海拔92米。

有萍水河支流安源河、茶亭河、白源河流经。植被覆盖率85%,树种近60科200余种。海拔300米以下的丘陵主要有油茶林、果木林、茶叶林、林地杂木林,灌木种类有胡枝子等。矿藏以烟煤为主,石灰石次之。

经济概况 2022年,财政总收入5.21亿元,同比增长4.5%,其中税收收入5.13亿元,同比增长4.5%。一般预算收入2.26亿元。

耕地2200亩,种植水稻等粮食作物和蔬果等经济作物,年生产水稻300吨,蔬菜2000吨。畜牧业以饲养生猪、牛羊、家禽为主,养殖场(户)366户,年生猪出栏4396头,肉牛出栏128头,家禽出栏10.9万羽。有种粮大户1家(志强合作社),有省级龙头企业1家(益康乳鸽养殖),市级龙头企业2家(煜远家禽饲养、恒泰蛋鸡养殖),5个村经营性集体收入均超50万元。农业总产值约2000万元,农民人均年可支配收入28550元。

工业企业66家,其中规模以上工业企业14家(镇区4家,安源工业园10家)。工业有煤炭、化工填料、建材等。颖南原、中天化工、裕仁信、大成陶瓷、安发环保、艾特传质、科环等企业,形成了年产值超9亿元的陶瓷新材料及节能环保产业链。贵得、华技达、海圣祥晶丽、奥夫科、华庄等企业发展电子信息产业。总部经济脱虚向实,有高智予信招商平台、聚安汇产业园、迅启瑞达产业园3家平台。规上工业生产产值11.46亿元,同比增长18.03%;工业增加值3.09亿元,同比增长17.43%;工业固投16.64亿元,同比增长16.7%。

商贸以汽车4S店、餐饮、住宿、零售店为主,有商贸业企业272家,其中规上商贸业企业16家,汽车4S店7家(恒美、永安昌荣、美凯、强正、众泽、均澜、元通之宝),餐饮、住宿4家(太和汇、悦凯、金源磊、鸿安印象)。规上服务业营业收入4.35亿元,同比增长11%。规上商贸业销售额4.75亿元,同比增长5.96%。消费品零售总额4.76亿元,同比增长2.3%。

基础设施 1899年始建、1905年竣工通车的株(洲)萍(乡)铁路(江西省第一条铁路),由株洲直达安源煤矿。319国道纵贯境西,320国道老线横穿境北并有挂线直通境内,萍高路(S533)东西横向连接,萍安大道连接市中心,另有中环东路(S533绕城),为全封闭快速车道。推进"四好"农村公路建设,改造提升Y061茶亭至荷叶塘道路,新建峦岗岭、张家湾绿道,提升改造石板至源壁道路,安源新街上窑坡道路"白改黑"。

有大塘冲、石水牛、鸭塘等小(2)型水库3座,库容总计28万立方米。山塘60口,库容总计50万立方米。水渠15千米,农田灌溉率75%。

境内通信网络信号覆盖率、有线电视使用率100%,宽带网络使用率约93%。电力为国家电网供电,饮用水为自来水集中供水,用气由萍乡市天然气有限公司提供。有生活污水处理厂1个,生活污水处理站9个。

以新农村建设为契机,推进"厕所革命"、人居环境整治等,提升农村面貌,有新农村建设点12个、"美丽村庄"2个。改造老旧小区15个,惠及居民7000余户。

社会发展 幼儿园14所(公办4所、普惠性民办8所、民办2所),初中2所(安源学校、安源区第二学校),小学3所(曙光希望小学、石板小学、十里小学)。

三级甲等综合医院1家(萍乡市第二人民医院),镇卫生院1家,卫生所5家。农村低保420户574人,城镇低保752户1085人。五保户55人,镇敬老院集中供养15人。建成万佳社区、青林社区、竹塘社区"安源红·邻里之家"社区服务站,提供助老等服务。建成"安源红·星星之家"康复一部和就业培训二部,帮助14周岁及以上的孤独症、脑瘫等残障青少年。

镇新时代文明实践所1个,新时代文明实践站13个,全民健身工程站点3个,篮球场2个,乒乓球场1个,羽毛球场1个,足球场2个。

人文地情 中国共产党成立后不久,湖南党组织的领导人毛泽东及其他共产党人,用忠诚、信仰和智慧,将安源开创成为党的创建时期重要而著名的革命工作区域。安源路矿工人大罢工,是中国共产党第一次独立领导并取得完全胜利的工人斗争。秋收起义和其他许多地区的武装起义,标志着中国共产党独立领导革命战争、创建人民军队的开端。安源创造了党史上许多全国第一,包括:第一个产业工人党支部、第一个产业工人团支部、第一所党校、第一座工人阶级自己设计建造的工会大厦、党领导下最早的经济实体、党领导创办的经济实体发行最早的股票、红色金融事业的最早尝试、党最早具有司法性质的机构雏形、党最早的经济管理、最早的反腐倡廉实践、最早的工人武装组织之一、最早的红色儿童团、最早的革命统一战线、最早的工人文艺剧团之一、最早开展系统的工人教育、最早的产业工人中央执委、最早打破包工制、最早实行工人参与企业管理。

乡镇荣誉 全国重点镇、全国文明乡镇、中国历史文化名镇、全国环境优美乡镇、国家园林镇、江西省百强乡镇、江西魅力乡镇十强、全省百强中心镇。

花冲社区

社情概况 地处安源镇中部。社区居委会驻安源中大道西燎原小区。1967年以驻地为名设立塘湾里居委会,属安源镇办事处。1968年改为星火居委会。1971年属安源煤矿安源办事处。1972年复属安源镇办事处。1981年复称塘湾里居委会。1984年3月撤销安源镇办事处,仍称塘湾里居委会。1999年3月设立花冲居委会。2005年10月塘湾里居委会并入。因境内花冲自然村(花冲,明景泰年间陈姓来此,称陈家湾;清末陈氏在宅旁建花园,改称花冲)得名。

东邻方家坳社区,南连方家坳社区,西与木杉塘社区接壤,北与竹塘社区相接。辖区范围为延安路延伸段及规划七路以东,安源新村以南,安源二校以西,安矿铁路及安源红领巾纪念馆以北。辖区面积0.6平方千米,萍乡市疾控中心、安源区人力资源和社会保障局、安源镇人民政府、安源镇派出所、安源消防等多家单位驻境内,有燎原小区、安置小区、新苑小区、花冲坳小区、柑子园小区5个居民小区,划分为6个网格(燎原网格、柑子园1—33号网格、柑子园35—57号网格、柑子园双号网格、花冲坳网格、新苑小区网格)管理。常住人口1327户3807人(男性1864人,女性1943人),平均年龄40岁,均是汉族。

经济概况 境内有店面50多家,主要是小型超市、餐饮、药房等小型企业,从业人员约120人。

基础设施 319国道穿境而过,安源中大道、萍安南大道穿插境内。设有公交3路、19路、20路、25路、26路和高铁3号路线。

用电为国家电网供电,家庭通电率100%。饮用水为自来水集中供水。天然气接通率90%以上。境内所有小区均实施了雨污分流和污水处理工程。

花冲坳小区(安源煤矿家属区)进行老旧小区改造,道路"白改黑"10000余平方米,房屋立面改造13栋,建设公厕1处,修建休闲娱乐广场2处,规划建设停车位200余个;对362间杂屋进行整治,重新栽植绿化200余平方米;更换小区路灯46盏;安装落水管13栋。

社会发展 境内有安源区第二学校,其前身是刘少奇、李立三于1923年创办的安

花冲社区

安源红领巾纪念馆

源路矿平民学校,位于花冲坳1号,现占地面积46.8亩,有在职教职工86人,9个年级,在校学生1000余人。境内有安源镇卫生院、预防接种防疫站,有卫生人员160名、床位50个,辖区居民就医便利。有康美佳大药房、天顺大药房等药房4家,药品保障较为齐全。有低保户72户94人(其中特困户3户),残疾人83人,其中有38人享受残疾人两项补贴。

占地面积360平方米、建筑面积720平方米的社区办公楼内设党群服务中心和新时代文明实践站。新时代文明实践站设立集中活动室7间,包含图书阅览室、市民宣讲室、老年人活动室等十几个功能区域。文体广场占地面积460平方米,配备健身器材。

特色地情 安源红领巾纪念馆。位于萍安大道与319国道交叉口东南角,占地面积约78亩,总建筑面积约39000平方米,是全国首个以红领巾为主题的纪念馆。安源,是中国少年儿童运动的摇篮、红领巾的诞生地。1922年4月,中共安源地下党组织成立以小矿工和工人子弟为主要成员的中国少年先锋队先期组织——安源儿童团,第一批参加的有王耀南等7人。1925年安源工人运动的先驱、共产党员黄静源英勇牺牲,儿童团员将烈士的血衣撕成布条,系在脖子上,以示缅怀先烈、继承遗志,第一条红领巾由此诞生。

安源红色歌谣。安源不仅创造了著名的红色历史,还孕育了众多的红色歌谣。有反映工人痛苦生活的歌谣,如:"少年进炭棚,老来背竹筒;病了赶你走,死了不如狗。""矿主欠下工人钱,风流快活似神仙;三妻四妾买田地,都是工人血汗钱。"建设"小莫斯科"时期,是安源工人诗歌创作的高峰期,工人领袖和夜校老师带头创作,如李立三创作了《安源路矿工人俱乐部部歌》,陈潭秋创作了《五一纪念歌》。还有为安源团组织发动工人创作劝工人戒赌戒嫖的戏曲和歌曲,如胡子厚的《嫖赌歌》。同样是表现工人痛苦的歌谣,已不再是自怨自艾的哀叹,表现了向黑暗进攻的战斗精神,如张名扬的《挑担工人四季叹》。这个时期产生中国工人阶级的第一部史诗《劳工记》,该诗为集体创作,记录了1922年9月安源路矿工人大罢工这一震惊全国的历史事件。大革命时期的歌谣,有《黄静源追悼歌》等;秋收起义时期的歌谣,有毛泽东的《西江月·秋收暴动》;还有工人们豪迈高唱的"干革命,心要强,没得洋枪拿土枪,没得土枪拿梭镖,没得梭镖拿竹竿。只要武器拿到手,幸福生活万年长"。

安源国家森林公园。位于萍乡市城区北部杨岐山区和南部安源山、乌龙山、仙峰岩一带,分为南北两大片区,总面积78.66平方千米。

社区荣誉　全国综合减灾示范社区、江西省综合减灾示范社区、萍乡市第十五届文明社区、萍乡市"十无平安社区"。

方家坳社区

社情概况　地处安源镇中部。社区居委会驻漆坡里。1967年以驻地方家坳为名设立方家坳居委会,属安源镇办事处。1968年改为红星居委会。1971年属安源煤矿安源办事处。1972年复属安源镇办事处。1981年复称方家坳居委会。1984年3月撤安源镇办事处,仍称方家坳居委会。2005年10月西冲居委会并入。2023年1月与筲箕街居委会合并,仍称方家坳居委会。

东邻老正街社区,南连安源村,西与跃进村接壤,北与花冲社区相接。辖区范围为319国道以东,萍安南大道及军议路以南,安源煤矿总平巷以西,中环东路以北。辖区面积1.5平方千米,有新生小区、秀湾小区、和谐小区、西冲文明村小区4个居民小区,划分为9个网格(新生网格、丝绸厂网格、油泥池网格、文明村网格、洪都家园网格、筲箕街网格、和谐小区网格、八方井网格、三家冲网格)。常住人口1424户3386人(男性1381人,女性2005人),平均年龄57岁,均是汉族。

境内方家坳,明洪武年间方氏从河南迁此;方家坳西冲,清乾隆年间艾姓由修水迁此,因处方家坳西边冲内,故名;漆坡里,清光绪年间张姓由铜钉眼迁此,村后多漆树,故名;筲箕街,1898年安源煤矿开矿后,逐渐形成居民区,其地以编织筲箕出名,且小巷多,故名;八方井,为安源煤矿职工及其家属区,原称荆柴坡,后在此开有竖井,称八方井,故名;洪都家园,2004年建成,纪念八一南昌起义,故名;和谐小区,2010年建成,为保障性住房小区,由棚户区改造;秀湾小区,2014年建成,处秀丽山湾,故名。

自然环境与资源　整体地势较高,筲箕街片区及和谐小区位处安源河附近,地势较低。

总平巷

经济概况 有国有企业1家(安源煤矿);商铺83家,其中民营企业1家(旺利服装厂)、商超4家;幼儿园1家。

基础设施 以秋收大道为界,124县道穿过,羊肠小道遍布。主干道和小路均已硬化。

用电为国家电网供电,家庭通电率100%。饮用水为自来水集中供水。居民日常使用能源为液化气。秀湾小区、和谐小区、西冲小区已完成污水管道改造。

社会发展 社区内有人民大药房、平善堂大药房2个药房,基本药品保障较为齐全。低保户205户269人。

社区党群服务中心建筑面积600平方米,配有电子阅览室、未成年人活动室、棋牌室、健身室、舞蹈室、书画室等功能室。有秀湾广场、李家屋场广场2个室外广场,分别占地200平方米。有开心姐妹、龙飞凤舞舞蹈队,人员25人。

特色地情 安源煤矿总平巷。该处是安源煤矿工人上下班和煤炭输出的平巷总出入口。始建于清光绪二十四年(1898)。井口为砖砌的牌坊式建筑,上方塑有"总平巷"三字以及一把岩尖和一把铁锤交叉成X形的徽标。总平巷是毛泽东当年考察安源矿工生产生活时下过的矿井,是安源路矿工人大罢工的重要场所。如今工人上下班已改道,只有满载煤炭的电车还每20分钟驶出一趟。

1921年秋毛泽东来安源住处。位于总平巷西侧的小山脚下,是一栋三间砖瓦结构的平房,面积约100平方米,当时是萍矿总平巷甲段段长毛紫云的住房。1921年秋,时任中共湖南支部书记、中国劳动组合书记部湖南分部主任的毛泽东以湖南第一师

盛公祠

范学校教员、一师附小主事身份来到安源,利用同乡的关系,住在毛紫云家中。他入洗煤台、锅炉房、餐宿处、机务段等处,了解工人疾苦和路矿情形,教育工人团结起来进行斗争。毛泽东这次在此住了一个星期。通过考察,毛泽东认为安源"是工人运动可能很快开展的地方",选定安源路矿作为开展工人运动的重点地区。

东南西北院。东院,1898年所建,为英国化学师戴德及其团队所住洋房,高7米,建筑面积1307.8平方米。南院,1898年所建,为德国矿师赖伦所建的洋房,高7米,建筑面积861平方米。西院,1900年所建,为德国矿师克利马所建的洋房,高7米,建筑面积734.53平方米。北院,1898年所建,为德国矿师马克斯所建的洋房,高9.6米,建筑面积772.07平方米。

安源路矿工人大罢工谈判大楼。1922年9月14日,震惊全国的安源路矿工人大罢工爆发。井下工人手握岩尖、铁锤,高呼罢工口号,潮水般涌出总平巷。劳资双方僵持不下,资方勾结军阀试图武力镇压。16日,24岁的刘少奇作为工人代表在萍乡煤矿公务总汇与路矿当局、戒严司令谈判,1万多名工人围在大楼外助威。资方最终让步。18日,工人俱乐部代表李立三、萍乡煤矿局代表舒季俊、株萍铁路局代表李义藩签订了《十三条协议》。这次罢工是中国共产党第一次独立领导并取得完全胜利的工人斗争。

安源路矿金库。始建于1898年,坐西朝东,"人"字屋顶呈纵向布局,砖木结构,占地面积约200平方米,墙体厚度0.9米,右侧墙壁开有一门为原发放工资的服务窗口,窗内墙成漏斗型,为倒放、储存银圆之用。

盛公祠。原萍乡煤矿总局办公楼。1898年3月,盛宣怀创办"萍乡等处煤矿总局",开始采用西方先进技术大举开井建矿。其在安源山头动工兴建萍乡煤矿办公楼,初为矿局总公事房,后为矿局所聘请德国工程技术人员以及部分高级职员的住房和临时招待所。1907年,萍乡煤矿督办盛宣怀来萍乡煤矿视察,居住在主楼二层东厢房。1921年,汉冶萍公司为纪念盛宣怀,将萍乡煤矿总局空出的办公大楼改为盛公祠。该建筑坐南朝北,总面积为2623平方米,大小房间共39间,是中西合璧回廊抱厦式砖木结构建筑,哥特式建筑风格,屋前存有为驻守所筑炮台的遗迹。

毛主席去安源铜像广场。2002年,依照《毛主席去安源》油画,塑造了一尊毛泽东青铜像并安放在安源煤矿新建的广场上。1921年至1930年间,毛泽东曾先后8次赴安源视察和指导工作,并派遣刘少奇、李立三、毛泽民等常驻安源领导工人运动。在党的领导下,安源煤矿和株萍铁路工人既搞斗争,也搞建设,安源成了远近闻名的"小莫斯科"。

黄兴桥。1912年冬,黄兴率70余人访问萍乡煤矿。黄兴与安源煤矿原矿长李寿铨是革命挚友,后者也是萍浏醴起义的组织者之一,在安源路矿工人大罢工中对工人持同情态度。黄兴桥是1912年李寿铨为纪念黄兴所建。

株萍铁路安源火车站(复建)。1899年1月,株萍铁路动工,是为江西省第一条铁路,且为我国煤矿最早自办的专用铁路之一。1899年9月,株萍铁路萍醴段开修,1903年7月竣工通车,被命名为萍醴铁路。1905年,安源建成扇形火车房(机车房),设有转车盘、水鹤、煤台、检查坑及磅房等江西铁路最早的机务及运输设施。安源老火车站系江西省乃至整个长江以南的第一座火车站,这里诞生了中国共产党的第一个产业工人支部——中共安源支部。1922年2月,株萍铁路安源火车房里,朱少连、周镜泉、李涤生等6人,站在党旗前庄严宣誓,加入中国共产党。

中共湖南省委机关旧址。1928年5月下旬,白色恐怖重重笼罩着湘江河畔,革命形势异常严峻,中共湖南省委毅然作出决定:将省委机关迁往安源方家坳。在安源近三个月的中共湖南省委,直接领导和指挥湖南全省及湘赣边界的革命斗争,发布文件和做出决议共7项,建立了交通局,打通了安源、萍乡至井冈山的交通线,对井冈山革命根据地的巩固与发展、安源及湘东赣西的革命发展起到重要的领导和推动作用。

张公祠。1907年萍乡煤矿为纪念第一任总办(矿长)张赞宸,建造了这栋楼房。1927年9月9日,由毛泽东率领,主要由安源工人纠察队、矿警队和萍乡、醴陵、莲花、安源、衡山等地农民自卫军组成的工农革命军第一军第一师第二团2000多人在此出发,与在修水、铜鼓的起义部队一起,同时发动湘赣边秋收起义。2010年,安源国家矿山公园博物馆在此设立。

安源锦绣城。总面积280亩,是一座集文旅、休闲、影视为一体的仿古街区,设晚清商业街、民宿文化区、明清宫苑区3大景区32处景点,并将浓缩的老安源茶楼、烟馆、祠堂等50处景观陈列。目前是江西省最大的影视拍摄基地,为国家文化产业示范基地、AAAA级旅游景区。

老正街社区

社情概况 地处安源镇中部。社区居委会驻正街里24号。1949年8月前属居安乡。1950年8月后为安源区安源老街。1956年10月以驻地为名设立老街居委会。1958年属安源公社,同年冬并入萍乡镇。1959年11月为安源公社老街分社。1961年属安源镇。1962年改为安源镇老街办事处。1966年将新街、老街两个办事处合并为安源镇办事处。1968年分设,称燎原居委会。1971年属安源煤矿安源办事处。1972年复属安源镇办事处。1981年复称老街居委会。1984年3月撤安源镇办事处属安源镇,改称老正街居委会。2005年10月牛角坡、下窑坡、建设居委会并入。2023年与新正街居委会合并,仍称老正街居委会。因街建于1807年,故名老正街。

东邻张家湾村,南面和西面与方家坳社区接壤,北与张家湾相接。辖区范围为锦绣路以东,红旗岭以南,张家湾段家祠堂以西,军议路以北。辖区面积1.7平方千米,划分为10个网格(上窑坡网格、正马路网格、新街网格、幸福村网格、坝善冲网格、老后街网格、建设网格、下窑坡网格、河仔边网格、铁路边网格)管理。常住人口2851户5217人(男性2625人,女性2592人),平均年龄48岁,以汉族为主,有回族1人、壮族7人。

境内老后街,2000年完成棚户区改造,因处老正街后面,故名;河仔边小区,2000

安源老街

年完成棚户区改造,因处安源小河边,故名;井巷仔,境内巷中有水井,故名;上窑坡,原是一山冲,内分上、中、下三坡,因1790年肖姓来此,故统称肖家冲,1898年安源煤矿开办后,三坡皆建窑烧砖瓦,后发展成居民区,因该窑坡居上,故名;中窑坡,为安源煤矿职工家属区,因处上、下窑坡之间,故名;下窑坡,为安源煤矿职工家属区,因该窑坡居下,故名;新街,1953年安源煤矿陆续在此建房,因其西面为老正街,故称此为新街;洲仔上,为安源煤矿居民区,因处小河边沙洲上,故名;坝善冲,清末张姓从铁炉下分居此地,原有一巨石屹立冲内,形似霸王,建有石公庙,村民在庙旁井中取水治病,视为霸王行善,遂呼霸善冲,后演变为坝善冲。

自然环境与资源 北面环山,地势北高南低,呈东西狭长的态势。安源小河发源于坝善冲。安源河自张家湾村流经社区,长约2000米。

经济概况 有商铺200余户,其中商超5家,小卖部64家,餐饮34家,衣帽服饰店35家,电器店1家,家具店1家,移动电信5家,诊所1家,药房3家,美容美发店15家,五金店9家,摩托修理2家,建材店3家,网吧1家,公寓2家,农贸市场1家,银行1家。

基础设施 有正街路、军议路。正街路宽约6米,长约1500米;军议路宽约6米,长2000米。

用电为国家电网供电,家庭通电率100%。饮用水为自来水集中供水。居民日常使用能源主要为液化气,正铺设天然气管道。雨污分流到户率约90%。

秉持"红色资源为血脉、工业遗存为骨架、安源精神为灵魂",落实"政治工程、民生工程、经济工程",统筹景区、城区、矿区"三区共建",生态、生产、生活"三生融合",推进安源旅游景区建设,遗迹寻踪区、老街怀旧区、工矿遗存区已粗具规模,实现城市有机更新、群众生活环境明显改善。

社会发展 有民办幼儿园聪明娃幼儿园,创办于1993年,占地面积1698平方米,在职教职工8人,在园幼儿52人。

安源镇社区卫生服务中心驻境内,占地面积360平方米,建筑面积1800平方米,有在岗职工94人,床位30张。

低保户273户378人。残疾人300人,享受政策补助165人。

社区活动场所建筑面积500平方米,包括党群服务中心、新时代文明实践站等。安源胜利广场占地面积4.1万平方米,是社区举办各种活动的主要场所。

特色地情 安源路矿工人运动纪念馆。馆区占地面积13万平方米,建筑面积8250平方米。分为上、中、下广场。主馆建在上广场,中广场和下广场分别立有毛泽东、刘少奇、李立三花岗岩雕像。主馆陈列室通过丰富的革命文物、历史照片、绘画、雕塑、图表、文字及现代先进的光电设备,介绍1921—1930年以毛泽东、刘少奇、李立三等为代表的中国共产党人领导安源路矿工人运动的历史。

安源路矿工人运动纪念馆

　　安源路矿工人补习夜校旧址。1921年冬,李立三奉中共湖南省委委派,来安源开展工人运动。他以教师的合法身份,开办平民小学,免费招收工人子弟入学。后以访问学生家长为名,广泛接触工人,宣传革命道理。1922年1月,李立三在此创办工人补习夜校,白天小学生在此上课,晚上工人在此上课。

　　安源路矿工人俱乐部旧址(罢工前)。1921年冬,毛泽东偕李立三等来安源考察时,提议以解除工人所受压迫与痛苦为宗旨,将路矿工人组成一个团体,取名为"安源路矿工人俱乐部"。1922年5月1日,俱乐部成员隆重集会,纪念"五一"国际劳动节,并向社会各界宣告安源路矿工人俱乐部正式成立。1922年9月,工人俱乐部在此组织工人举行了安源路矿工人大罢工。

　　决定大罢工的安源党组织会议旧址。1922年9月初,毛泽东来到安源,在此主持召开决定工人大罢工的安源党组织会议。会上,毛泽东提出"哀而动人"和"哀兵必胜"的罢工斗争策略。

　　安源路矿工人俱乐部旧址(罢工后)。原为协兴百货店,1923年4月部址搬至现址前栋。楼下是纠察团、裁判委员会、会计股、庶务股的办公室,楼上是总代表会议室、主席团办公室和刘少奇、黄静源的住房。同年冬,由刘少奇主持、工人捐款、按莫斯科大剧院的式样开建后栋,次年5月1日建成,为中国工人阶级第一个拥有自主产权的建筑。

　　安源路矿工人消费合作社旧址。1922年7月诞生的安源路矿工人消费合作社是全国第一个,也是当时仅有的一个工人消费合作社,是中国工人阶级第一个经济事业组织,其下设的兑换股发行了最早的红色股票、红色货币,实现了最早的红色银钱兑换,发展了最早的人民储蓄业务等,为中国共产党领导经济金融事业作了最早的探索。

　　安源工运时期廉政建设陈列馆。以翔实的史料、珍贵的文物系统介绍了20世纪

20年代中国共产党领导下的安源工运时期反腐倡廉建设的历史,深刻揭示了我党历史上最早的廉政建设。

1921年冬毛泽东、李立三来安源住处。该房屋最初是原安源工人陈康立五叔的,后来卖给店老板刘胜山。刘家一开始开豆腐店,后改开小饭店,店前挂"刘和盛"的招牌。因饭店价格便宜,一些工人、农民常在此食宿。毛泽东、李立三选择在这家小饭店住下,广泛地接触群众。

黄静源烈士殉难处纪念碑。1925年9月,安源路矿工人俱乐部被敌人武力解散,中共党员、俱乐部副主任黄静源为掩护同志撤退被北洋军阀逮捕,同年10月16日,黄静源在此地被杀害。1926年10月16日,安源召开了两万多人参加的群众大会,纪念黄静源烈士牺牲一周年,后在此建立纪念碑。

八十间。这一带原先大约有80间房屋,故称"八十间房子"。1923年初,中共安源地委成立,地委机关设在这里。1930年9月,毛泽东、朱德率领红一方面军来安源时,毛泽东住在这里,红一方面军总前委机关也设在这里。

安源工农兵政府旧址。在红一方面军的帮助下,安源人民成立了安源苏维埃政府,安源工人袁德喜当选为主席,当时就在这里办公。安源工人纠察队也驻扎在这里,主要任务是保卫苏维埃政府。

扩红台(复建)。1930年9月,毛泽东在安源期间,慰问了烈士家属,到了机械修理厂等处同工人交谈,率领红军战士参观了矿井,召开了安源地方党组织干部和军队干部的联席会议。在有两万多工农群众参加的大会上,毛泽东分析了形势,说明了红军的性质,号召工农群众参加红军,当时就有1000多名安源工人报名参加了红军。据不完全统计,从1927年8月至1931年8月,安源工农群众参加革命队伍达5000人,走出了萧劲光、杨得志、谭希林、方强、唐延杰、韩伟、丁秋生、刘先胜、晏福生、王耀南、吴烈、罗华生、罗桂华、幸元林、熊飞等共和国将军。

钟馗庙。位于上窑坡。安源党代表肖世平在活动中受伤后曾在庙内疗伤,安源工运领导人周怀德、易友德、彭炳喜等常在庙里开秘密会议,大革命时期农民协会亦在此开会。

萍乡市革命烈士陵园。陵园占地面积1.3万平方米,建筑面积2250平方米,分为大门、悼念广场、萍乡革命烈士纪念碑、烈士公墓、革命烈士展陈馆五大部分。

木杉塘社区

社情概况 地处安源镇西部。社区居委会驻遵义路98号。2005年10月设立木杉塘居委会。因境内有一个池塘,池塘旁边种满了杉树,故名木杉塘。东邻竹塘社区,南连花冲社区,西与迎凤社区接壤,北与万佳社区相接。辖区范围为萍安中大道以东,遵义路以南,319国道及佳源小区以西,萍安南大道以北。辖区面积0.7平方千米。有景盛豪庭一期、二期、三期、四期,欧陆佳苑小区三期商业小区及羊屎冲、牛角坪、跃进小区3个开放式小区,划分为3个网格(景盛豪庭一网格、景盛豪庭二网格、景盛豪庭三网格)管理。常住人口715户1482人(男性756人,女性726人),平均年龄40岁,以汉族为主,有彝族2人。

经济概况 有店面约80家,主要是小型超市、餐饮、药房等,经营范围广,均正常营业。

基础设施 萍安中大道、遵义路穿越全境。

木杉塘社区

社区对外道路有319国道和萍安中大道,境内有遵义路、延安路。商业小区为集中排污,羊屎冲等自建房小区排污主要有排入下水管道、排入自家化粪池等方式。

社会发展 境内有萍乡市安源学校、萍乡市第二保育院二部。萍乡市安源学校,创办于2005年,占地面积16148平方米,建筑面积5977平方米,在职教职工203名,在校中小学生5400名。萍乡市第二保育院二部,2019年9月创办,占地面积6017平方米,建筑面积6017平方米,在职教职工58名,在园幼儿415名。

景盛豪庭

低保户89户153人。残疾人27人,享受政策补助12人。

社区新时代文明实践站占地面积约800平方米,实践站设立7间集中活动室,包含图书阅览室、市民宣讲室、老年人活动室等十几个功能区域。景盛豪庭小区内有羽毛球馆,配备健身器材,设置石桌石凳,可供小区居民运动健身。有两支非常活跃的文化活动队伍(映山红艺术团、舞动奇迹),人员近60人。

特色地情 安源民歌。流传在境内的传统民歌有200多首。安源民歌包括山歌、田歌、盘歌、风俗歌、灯歌、叙事歌、小调七个类别。山歌有《布谷歌》《天上星子朗朗稀》《劳工记》等,风俗歌有《赞土地》《夜歌》等,灯歌有《放风筝》《九连环》《采茶歌》等,叙事歌有《吴燕花》《十月脱情》等,小调有《十月望郎》《十杯酒》《十劝郎》等。

社区荣誉 全国综合减灾示范社区、全国无邪教创建示范社区、江西省五星级新时代文明实践站、江西省绿色社区。

青林社区

社情概况 地处安源镇东部。社区居委会驻星火北路88号。2018年6月青林居委会从木杉塘居委会分出而成立。管辖地段原属跃进村青云大队,因大队西门有一座百年古寺青林寺,故名青林社区。

青林社区

东邻十里村,南连万佳社区,西与迎凤社区接壤,北与东大街三角洲社区和流万村相邻。辖区范围为萍安中大道以东,东壁村以南,泰安小区(含)以西,韶山路以北。辖区面积1.1平方千米。有都市国际、凯旋香格里、龙飞锦绣嘉园、罗马风情、泰安小区、星子石小区、学苑小区和楠溪郡小区8个居民小区,划分为7个网格(罗马网格、龙飞一网格、龙飞二网格、香格里一网格、香格里二网格、都市国际网格、象形湾鱼口网格)管理。常住人口2718户7867人(男性4247人,女性3620人),平均年龄40岁,以汉族为主,有回族4人。

经济概况　有个体商铺500余户,主要是小型超市、餐饮、药房等,大部分店铺属小型企业。

基础设施　毗邻319国道,萍安中大道、韶山东路穿越全境。道路宽3.5～4.5米,道路总长25千米,整体道路硬化率达到100%,其中沥青道路覆盖率90%以上。

社会发展　福娃幼儿园占地面积约800平方米,建筑面积240平方米,在职教职工17名,在园幼儿130名。

低保户9户17人。残疾人25人,享受政策补助10人。

在都市国际小区19栋打造了面积约500平方米的"安源红·邻里之家"都市国际小区服务站,设有集养老食堂、图书阅览、棋牌娱乐、休闲健身等多功能于一体的活动室。社区通过组织开展丰富多彩的老年文体活动和提供健康营养的爱心餐,守护社区老人"稳稳的幸福"。

社区新时代文明实践站占地面积约500平方米,实践站设有7间集中活动室,包含图书阅览室、市民宣讲室、老年人活动室等十几个功能区域。辖区内现有篮球场2个,每个小区内都有健身器材。

社区荣誉　江西省绿色社区、江西省五四红旗团支部、萍乡市五四红旗团支部。

竹塘社区

社情概况 地处安源镇北部。社区委员会驻安源新村小区。2018年6月竹塘居委会从花冲居委会分出而成立。因社区所在地之前是几口池塘,且塘边多竹,故名竹塘。

东邻十里村,南连花冲社区,西与木杉塘社区接壤,北与十里村相接。辖区范围为319国道以东,萍高路以南,阳光小区(含)以西,燎原小区以北。辖区面积0.5平方千米。有兴业花园小区、安源新村小区、阳光小区和阳光小区后一小部分散户,划分为6个网格(新村一网格、新村二网格、新村三网格、新村四网格、新村五网格、兴业花园网格)。常住人口3965户10703人(男性5230人,女性5473人),平均年龄47岁,均为汉族。

经济概况 辖区内有个体工商户91户,注册企业30家,以餐饮、超市等满足居民基本生活需求的个体户居多。

基础设施 2019年,安源新村小区进行老旧小区改造,完成小区内道路"白改黑"10000余平方米,规划建设停车位2000余个,重新整理小区管网线;对10000余平方米毁绿种菜进行清理,重新栽植绿化20000平方米;更换小区路灯、监控视频探头、消防栓;安装落水管75栋,清理化粪池150个。后又实施雨污分流工程。

社会发展 辖区内有2所幼儿园:一所是位于安源新村内的六一加幼儿园,占地

竹塘社区

面积700平方米,建筑面积2100平方米,在职教职工38名,在园幼儿350名;另一所是兴业悦府小区内的兴业悦府幼儿园,占地面积800平方米,建筑面积800平方米,在职教职工13名,在园幼儿185名。

有1个卫生服务中心,占地面积200平方米,建筑面积400平方米,有专业卫生人员6人,床位8张。

低保户51户67人。五保户1人,分散供养。残疾人105人,享受政策补助33人。

社区综合文化服务中心占地750平方米(设一部和二部),包括红色影院、阅览室、舞蹈室等11个功能室。服务中心周边还建有文化长廊、篮球场、百姓大舞台、健身活动场所等。

社区荣誉 江西省绿色社区。

万佳社区

社情概况 地处安源镇中部。社区居委会驻瑞金北路1号。2023年2月万佳居委会从木杉塘社区和青林社区分出而成立。因居委会所在地为万家冲,故名万佳社区。

东邻竹塘社区,南连木杉塘社区,西与迎凤社区接壤,北与青林社区相接。辖区范围为萍安中大道以东,韶山路以南,319国道以西,遵义路以北。辖区面积0.6平方千米。有东方巴黎一期、二期,翠竹御景小区,御龙湾小区,香溪美林小区,韶山佳苑6个居民小区,天利园1栋公寓楼,翡翠城1个城市综合体,划分为12个网格(东方巴黎一网格、东方巴黎二网格、东方巴黎三网格、东方巴黎四网格、东方巴黎五网格、翡翠城网格、香溪美林一网格、香溪美林二网格、御龙湾一网格、御龙湾二网格、御龙湾三网格、翠竹御景网格)管理。常住人口2156户6645人(男性3141人,女性3504人),平均年龄34岁,均为汉族。

经济概况 有商业综合体翡翠城,是集商、住、娱于一体的综合性商业中心,入驻企业335家,个体155家,从业人员2400余人。

基础设施 毗邻319国道。所有小区均实施雨污分流和污水处理工程。

社会发展 境内有2所幼儿园。大唐香溪美林幼儿园,占地面积4500平方米,建筑面积5864平方米,在职教职工33人,在园幼儿230人。萍乡市第二保育院三部,占地面积5100平方米,建筑面积10000平方米,在职教职工68人,在园幼儿450人。

万佳社区

低保户4户6人。残疾人15人,均享受护理补贴。

建有"安源红·邻里之家"万佳社区服务站,设有棋牌室、乐器室、图书阅览室等活动室,供居民共同使用,并为社区内60岁以上的老年居民提供三菜一汤的餐食服务,每日接待20余名老人用餐。

安源世纪广场,位于安源新区萍安大道与井冈山路交会处,占地20万平方米,2002年6月启建,2003年10月竣工。广场设有"奋飞新世纪"的主题雕塑。广场以萍安大道为南北轴线,分为东、西两个半圆广场。东广场中心是主题雕塑,南部是可容千人观看的阶梯式环形看台,北部是由花圃围成的小广场和依地势而建的小桥流水景观。西广场以花圃和小广场为主。广场灵动秀美,是安源新区休闲娱乐、旅游观光的极佳场所。

特色地情 王毅(1908—1933)。原名王荫葵,湖南湘潭人。出身贫农,幼时随父亲来安源煤矿做工。工人俱乐部组织劳动童子军,她第一个报名参加。1924年5月,加入中国社会主义青年团。1924年秋,参加工人俱乐部宣传队,主演新剧《解放之路》,此时路矿工人学习的老师、刘少奇妻子何葆贞为她改名王毅。1926年6月,加入中国共产党,任中国共产主义青年团安源地委委员、妇女运动部长。同年主持筹建安源女界联合会,当选会长。1927年,王毅参加湘赣边秋收起义。后到苏联学习,1932年回国,被派到湘鄂赣西苏区工作,不幸被捕,遭严刑拷打,宁死不屈,1933年死于狱中。王毅兄妹三人均为革命英烈,姐姐王瑞秋、哥哥王金安均为中共早期党员,20世纪20年代遭敌人逮捕枪杀。

迎凤社区

社情概况 地处安源镇中部。社区委员会驻萍安中大道251号。2023年1月迎凤社区从木杉塘社区和青林社区分出而成立。因邻近迎凤公园而得名。

东临木杉塘社区、万佳社区、青林社区,南连跃进村、丹江街牛角坪社区,西与东大街东星村接壤,北与东大街东外社区、流万村相临。辖区范围为萍安中大道以西安源镇辖区范围,含区政府、安源大厦等。辖区面积1.2平方千米,有雅典小区、恒嘉佳苑小区、韶山西路小区、木杉塘小区、敬老院小区、黄土坳小区6个居民小区,划分为5个网格(雅典一网格、雅典二网格、雅典三网格、韶山网格、黄土坳网格)。常住人口2254户7249人(男性3621人,女性3628人),平均年龄49岁,均为汉族。

经济概况 有沿街店面商铺195家,涵盖了餐饮、零售、生活服务等多种业态。社区周边有100户左右中小企业,涉及制造业、服务业等行业。

基础设施 萍安中大道在境东。境内道路均为沥青路面。

社会发展 仁心健康体检中心,面向全社会提供专业体检服务,下设体检中心、综合门诊部、国医馆、特需专家咨询等健康管理服务配套机构。

雅典世纪花园小区

安源镇敬老院，1958年始建，原位于安源村杉湾里，经过四次改建搬迁，2005年落现址，占地面积30亩，建筑面积3167平方米，设床位41张。同时，附近建有建筑面积达1500平方米的"安源红·星星之家"康复一部和就业培训二部，主要对14周岁及以上孤独症、脑瘫等残障青少年进行康复训练，并根据他们的特点，开设糕点、手工、洗车等就业培训课程，目前，"安源红·星星之家"已为110名孤独症孩子进行了全日制继续干预和日间照料。

特色地情　迎凤公园。位于萍乡市东郊，紧挨安源区政府，面积765亩。公园系丘陵地形，山丘高低起伏、错落有致，园内成片森林相衔，樟树、松树等枝繁叶茂。有将军庙、青林寺两处人文景观和一座电视发射塔。景观石、休憩亭、路灯等基础设施到位，有2000多米长的主园路、1000多米长的边峰游步道及500余平方米的入口广场，园内划分中老年健身区、少年儿童活动区、太极拳区等区域，有羽毛球、篮球等运动场地。

青林寺。始建于清康熙二十五年（1686），后圮。今寺为1997年重建。

安源村

村情概况　处安源镇南部。村委会驻三家冲。1949年8月前属居安乡第五、六保。1950年8月为安源区杉仙乡三合村。1958年冬为萍乡镇三合管理区，1959年为安源公社三合大队。1961年属安源镇。1968年改为安源大队。1984年3月为安源镇安源村。2003年9月新生村撤销，其南部并入安源村，北部划入跃进村。《安源陈氏续修支谱》谱序载："此安溪之安耶？亦桃源之源耶？"可知抑或取安溪之"安"、桃源之"源"，故称安源。

东邻张家湾村、高坑镇王家源村，南连五陂镇五陂村，西与丹江街丹江村接壤，北与跃进村、十里村相邻。区域面积4.7平方千米。共10个村民小组，划分为3个网格（杉湾里网格、村部网格、樟树下网格）管理。常住人口706户2571人（男性1330人，女性1241人），平均年龄43岁，均为汉族。共有31个姓氏，其中李、王、罗、甘姓均超过100人。

自然环境与资源　南北为山，地势南高北低，中部为安源集镇，西部为开阔垄塅。有山名安源山，处安源镇与南坑镇之间的边界线上，东起三丘田，南接王坑，西至五陂下，北到八方井，系东西走向，东西约5.5千米，南北约2千米，面积约11平方千

安源村

米,植被以松、杉、油茶林为主。萍水河支流安源河自西向东流经境内。另有三家冲河、斑鸠冲河、院冲河,全长约2千米。

森林面积7000余亩,其中国家公益林5700多亩。地下煤藏丰富,煤矿开采曾一度是附近一带的经济支柱。

经济概况 耕地651.3亩,其中水田520.8亩、水浇地8.1亩、旱地122.4亩。主要种植水稻等粮食作物和蔬菜等经济作物,是安源区蔬菜供应的主产区之一。有专业合作社2家。新艺农业专业合作社主营苗木果树种植、水果和苗木销售以及城市绿化施工业务,基地规模70余亩。益康专业合作社集种鸽饲养、种鸽生产、乳鸽加工销售于一体,乳鸽年产量50多万只。同时,以"红色名村"建设为依托,采用"公司+农户+合作社"模式,打造"七彩安源"乡村振兴基地,融红色主题教育和绿色采摘经济于一体,有红色教育区、设施农业区、田园风光区、水果采摘区、观赏植物区,每个季节都有风景、有收成。

工业方面,有潘家冲煤矿、安鑫冶炼厂、兴源洗煤厂等。

商贸方面,有商铺18家,其中小卖部5家、餐饮店4家、诊所1家、美发店1家、汽车修理店7家。

2022年村级集体经济收入81.7万元。

基础设施 株萍铁路萍安段、319国道在境内交叉穿过。遵义路、中环南路、中环东路贯穿全村。从萍安公路至安源公路修建村级公路近20千米。全村硬化路面40多千米。

有水坝3座,拦河坝3座,惠及本地及安源河流经的跃进村和丹江管理处、联星管理处等地。

实施饮水户户通、农网改造、安装闭路电视等工程。家庭通电率100%；饮用水由市水务公司集中供水，集中供水率达100%。

从2006年始，打造院冲、杉湾里、斑鸠冲、盆形里、茶子山、花冲坳、三号桥、马形湾、三家冲等新农村建设点。修复野猪冲、三家冲、茶子山等地的山塘。开展了安源河环境综合治理、河床河岸干净规整、污水处理覆盖全村，人工湿地花红叶绿。

社会发展　原有1所学校向安小学，20世纪90年代末时，因生源不足，并入安源区第二学校。

20世纪七八十年代，便有村民合作医疗，现村委会设有卫生所，配备医生2名。村民医疗保险参保率为98%。农村低保70户105人。五保户2人，集中供养。残疾人107人，享受政策补助89人。

建有村民活动广场8个，有室内乒乓球桌1张，室外乒乓球桌4张，篮球架7个，健身器材4套。推行绿色殡改，建有占地面积5.6亩的安源村公墓山，卧碑设计的绿色园区和谐融入安源山风景区。

特色地情　马形湾主题公园。占地面积300亩，打造"安源村史馆'永远跟党走'红色文化馆—'探源路'—《毛主席去安源》油画实景点—'七彩安源'乡村振兴产业基地"旅游路线。村史馆收藏有1968年杭州织造厂织造的《毛主席去安源》油画的丝绸画、毛主席诗词的铝版画，以及毛主席的各种瓷头像、铜头像等。

程昌仁。1899年出生，1924年加入中国共产党。1927年6月，萍乡地主武装围攻安源时，担任安源保卫战总指挥。9月，参加湘赣边界秋收起义，任工农革命军第一师第二团第九连连长。当年因病不幸离世。1952年，被追认为革命烈士。

安源村史馆

王有政。1936年出生。1949年参加革命。1953年3月,参加抗美援朝,并立功2次。同年6月15日,牺牲在朝鲜安边道县,年仅17岁。

崧山寺。始建于1912年,1989年重建。主体建筑有大雄宝殿、地母殿、地藏殿、伽蓝圣帝殿、药师殿等。混砖结构,屋顶为琉璃瓦。

乡村荣誉　省级红色名村、江西省民主法治示范村、萍乡市文明村镇、萍乡市红色堡垒基层党组织、萍乡市乡村振兴模范党组织。

十里村

村情概况　处安源镇北部。村委会驻十里埠。1949年8月前属进化乡第九保。1952年属赤山区营里乡。1957年改属安源乡。1958年冬为萍乡镇十里管理区。1959年为安源公社十里大队。1961年改为安源镇十里大队。1968年鸭塘、石板、十里合并为十里大队。1973年分出鸭塘、石板2个大队,仍称十里大队。1984年3月称安源镇十里村。因境内十里铺而得名。

东临石板村,南连张家湾村,西与跃进村接壤,北与光丰街东壁村相接。辖区面积约2平方千米,共15个村民小组(星子石、船形湾、鱼陂上、苏家湾、浦棱塘、徐家湾、李家屋场、段家祠堂、十里铺、丁家冲、鱼陂上、窑冲、窑埠岭、刘家大屋、胡家冲),划分为3个网格(星子石网格、徐家湾网格、窑冲网格)管理。常住人口876户3202人(男性1644人,女性1558人),平均年龄42岁,以汉族为主,有苗族1人、土家族1人。共有27个姓氏,其中刘、李、黄、姚、曾、叶姓均超过100人。

自然环境与资源　南部为高山,北部为丘陵,中部为大垄墩。有2条河流,白源河自北向西穿村而过,流经一组、二组、三组;茶亭河流经四组、五组、九组、十组、十四组;最后均汇入萍水河。

有千亩林场,1998年为镇村合作林场,2007年转型为公益林场,绿化率70%,主要为油茶林(约40%)、杉树林(约20%)、松树林(约10%)、毛竹林(约10%)和樟树林(约20%)。

经济概况　耕地459亩,其中水田364.95亩,旱地94.05亩。主要种植水稻、蔬菜、红薯,养殖土鸡、土鸭、鸽子等。有十福种养专业合作社,养殖小龙虾、鱼类。

工业企业有乔木汽摩配件,生产制造汽车、摩托车零配件和电子元器件、电子专用材料、五金产品等。还有安发环保新材料、安源化工填料、裕仁信、中天化工填料、康源气体等5家工业企业。

商贸流通企业主要以汽车销售为主,有多家汽车销售公司,经营范围广,规模大。村级个体户21个。

2022年村级集体经济收入116.47万元。

基础设施　319国道、320国道老线在境西十字相交。319国道、萍高公路纵横穿过全村。对外道路有319国道和X128县道,均为沥青路面;村内道路宽3.5~4.5米,主要为水泥路面,生产道路约6.5千米,生活道路约11.2千米。有桥梁5座,其中小型桥梁4座、涵洞型桥梁1座。

饮用水为自来水集中供水,供水保证率99%。

有1个小(2)型水库——大塘冲水库,1959年建成,总库容10万立方米,有效灌溉面积170亩。有7个山塘,约12亩,农田灌溉率达80%。

建有1个污水处理站,村级一到三组污水进城市管网,十组村级设立1个污水处理站。自2014年星子石和鱼陂上进行规划后,河域水流主要用于排放污水处理后的净化水。

社会发展　十里小学,20世纪60年代建成,占地3500平方米,在职教职工17人,教学班6个,在校学生152人。村内有一个卫生所。村民医疗保险参保率100%。144人享受城乡居民基本养老保险,1401人享受失地农民保险。61户90人享受农村低保。五保户3人,其中集中供养1人,分散供养2人。残疾人82人,享受政策补助42人。

新时代文明实践站占地面积约150平方米、文化健身广场约650平方米,实践站设有6间集中活动室,有图书阅览室、四点半课堂、市民宣讲室、老年人活动室和百姓

十里村

大舞台等10个功能区域。建有篮球场和十里村村史馆。

特色地情 慈云寺。位于东山岸扎脑坡，背依安源山。慈云寺始建于清乾隆三年（1738）。康乾年间，时有湖南湘潭一出家人应觉禅师，俗名刘华耕，率徒来到此地。见扎脑坡风景幽雅，适于建寺院，便购置山地，割草筑屋为庵，取名"慈云寺"。原为一草庵，不足百平方米，在1993年、2003年等年间先后扩建。目前，该寺占地面积18044平方米，建筑面积4600平方米。慈云寺在井冈山斗争时期，是我党地下交通站。1928年春夏之交，中共湖南省委遭到破坏，省委被迫迁至安源，中共湖南省职工运动委员会书记林育英化装成和尚藏于寺内从事革命活动，由于叛徒告密，敌人大举搜山，林育英藏于寺前池塘的南瓜棚下，躲过一劫。

乡村荣誉 全国民主法治示范村、全国文明村镇。

石板村

村情概况 处安源镇东北部。村委会驻石板小区南侧。1949年8月前属进化乡。1952年属赤山区营里乡。1957年划归安源乡。1958年冬为萍乡镇十里管理区。1959年为安源公社石板、鸭塘两个大队。1961年属安源镇。1968年石板、鸭塘两个大队并入十里大队。1973年从十里大队析出，与原鸭塘、石板合并为石板大队。1984年3月为安源镇石板村。明朝时村南有萍乡至袁州的驿道，路面铺设石板，故而得名。

东临高坑镇茶亭村，南连张家湾村，西与十里村接壤，北与光丰街东壁村、白源街长溪村相接。辖区面积3.3平方千米，共17个自然村（龙家屋场、沙子岭、梅家冲、王家冲、东冲、下邬家屋场、上邬家屋场、西冲、唐家祠、刘家祠、李家祠、台上、鸭塘、豺狗洞、高塘、毛布塘、李子塘），划分为22个村民小组，分3个网格（刘家大屋网格、唐家祠堂网格、安置小区网格）管理。常住人口658户2981人（男性1564人，女性1417人），平均年龄42岁，均为汉族。共有16个姓氏，其中刘、李、唐、王、邓、邬、欧阳、龙、肖、梅姓均超过100人。

自然环境与资源 南北山势较高，东北部为丘陵，中部为垄墢。地处一个狭长地带，进深约5千米。平均海拔约120米，境内大坳山为最高海拔，约400米。石板河从东向西穿越境内流向萍水河。矿藏主要有石灰石。

经济概况 耕地819.9亩，其中水田728.1亩、水浇地7.8亩、旱地84亩。成立2个合作社发展种养殖业，养殖生猪、观赏锦鲤、草鱼、鲢鳙、鲤鱼等，种植蔬菜及草莓、甘蔗等。现有鸡场1个、生猪养殖基地1个、蔬菜种植基地1个。恒泰农业是一家全自动化蛋鸡养殖场,有蛋鸡存栏10万羽。

兴办光伏发电站,建有标准厂房和经济大楼。光伏发电站年收入8万元。标准厂房出租给航魏科技有限公司,年增加村集体经济收入约80万元。

有年营业额达100万元超市3家,有汽车修理厂2家,电器店2家,物流企业2家,服装加工厂1家,白酒销售总代理1家,综合用品超市3家。

2022年村级集体经济收入114万元。

基础设施　有萍高公路、张石公路,工业园绿色旅游大道和中环东路贯穿全村。村内萍高公路从中穿越,西有319国道,东有萍乡市区中环东路通过,北有320国道与工业园绿色旅游大道贯穿,户户通水泥路,5个村民小组及安置小区道路"白改黑"。桥梁2座,其中机耕便桥1座。

有1个小(2)型水库——鸭塘水库,1978年建成,总库容40万立方米,有效灌溉面积600亩,2021年降为山塘。有凌塘、东冲大塘等5座山塘,水面面积超过10亩。

家庭通电率100%。户户通自来水,供水保证率达100%。村民的日常使用能源主要为液化气。

自2005年以来基本完成每个组的基础设施建设。建有污水处理站2个,满足石板小区300户村民日常污水处理需求,做到了雨污分流。

社会发展　有石板小学和中心幼儿园。石板小学,占地面积5亩,有3栋四层校舍,建筑面积2800平方米,在职教职工30人,在校学生180人;中心幼儿园,占地面积

石板小区

石板小学和中心幼儿园

1.5亩,建筑面积1500平方米,在职教职工15人,在园幼儿120人。

2018年村新建卫生所,坐诊医生2名。村民医疗保险参保率100%。2100人享受失地农民保险。75户95人享受农村低保。60岁至79岁的老年人每年重阳节可领到200元慰问金,80岁以上的老人每年可领300元。

打造了文体走廊,有篮球场4个、足球场1个、广场舞广场2个,每个新农村建设点都有健身器材。

乡村荣誉　萍乡市乡镇"十个一"标准化体系建设乡村治理先进村。

跃进村

村情概况　处安源镇西部。村委会驻遵义路68号。1949年8月前属居安乡第四保和进化乡第十保。1950年8月后为安源区造万乡花万村。1952年属花万乡。1958年冬为萍乡镇花万管理区。1959年为安源公社青云、花万两个大队。1961年属安源镇。1969年青云、花万两个大队合并为跃进大队。1984年3月改为跃进村。新生村1949年9月属居安乡第七保。1950年8月后为安源区杉仙乡。1958年为萍乡镇新生管理区。1959年为安源公社新生大队。1964年拆分为新生、新建两个大队。1967年两个大队合并,仍称新生大队。1968年与三合大队合并,改为安源大队。1973年从安源大队分开,仍名新生大队。1984年3月改为新生村。2003年新生村撤销,其北部划入跃进村,南部划入安源村。以祖国飞跃前进之意而命名。

东临十里村,南连安源村,西与东大街东星村接壤,北与东大街流万村相接。辖区面积约3.8平方千米,共34个村民小组,划分为4个网格(韶山西路网格、蛇形坳网格、牛角坪网格、峦岗岭网格)管理。常住人口1129户4684人(男性2443人,女性2241

人),平均年龄49岁,以汉族为主,有壮族18人。主要姓氏李、王、徐、张姓均超过100人。境内有自然村13个及住宅小区1个,即彭家山下、陈家湾、羊屎冲、槽门下、黄土坳、牛角坪、邱家大屋、虎形山、雍家冲、李家大屋、吴家湾、王家屋场、孙家坡、新生小区。

自然环境与资源 安源河自西北向东南流经李家大屋。该河起源于张家湾村,自孙家坡向李家大屋流,贯穿峦岗湾、仙桂桥、李家大屋,最后汇入丹江街安源湖。全村林地面积2300余亩,水塘面积80余亩。

经济概况 耕地662.45亩,其中水田437亩、旱地225.45亩,主要种植水稻、玉米、豆类、蔬菜等作物。农户主要养殖生猪、鸭子等家畜家禽,生猪年出栏量约2500头,鸭子等禽类出栏1500余羽。

有合作社2个。峦岗种养合作社,位于李家大屋,种植香椿60亩,套种玉米10亩、大豆30亩,养殖红面鸭1000羽,建有鸭舍300平方米,年销售额5万元左右;志强农机专业合作社,位于三十一组,有各类农机5台,种植粮食作物约100亩,年销售额12万元。

2022年,村级集体经济收入465.2万元。

基础设施 萍乡至安源铁路穿过南境。村道路北接319国道,南接萍安大道(县

跃进村

安源镇跃进经贸大厦

道),两道路贯穿整个跃进村。乡村公路实现了户户通,路宽3~5米,共约60千米。有2座混凝土桥。

有2个小(2)型水库,其中石水牛水库位于吴家湾,1961年建,总库容10万立方米,有效灌溉面积160亩。山塘3座:大坡塘位于香椿基地,面积5.1亩;新塘位于韶山西路,面积8.4亩;竹塘位于安源山庄,面积6.8亩。水渠约6千米。有蚂蟥坝1座,泄洪蓄水。

家庭通电率、通自来水率100%。村民的日常使用能源主要为液化气、天然气,天然气覆盖率80%。鱼口小区、象形湾小区、韶山西路、徐家祠堂、木杉塘、黄土坳、柑子园小区、蛇形坳实现天然气户户通。

有2个红色革命老区建设基地,9个新农村建设点,分布在蛇形坳、吴家湾、孙家坡、王家屋场上、王家屋场下、李家屋场、雍家冲、彭家山下、仙桂桥,受益群众608户2450人。

社会发展　境内有曙光希望小学、跃进村幼儿园。曙光希望小学,创办于20世纪60年代,前身是安源镇新生小学,现占地面积2300平方米,建筑面积1678平方米,在职教职工15人,教学班6个,在校学生152人。跃进村幼儿园,公办普惠性幼儿园,位于王家大屋,占地面积1700平方米,校舍总面积1557.3平方米,在职教职工9人,教学班3个,在园幼儿50人。

有村卫生室1个、诊所2个。村卫生室位于村委会办公大楼一楼,建筑面积120平方米;牛角坪诊所建筑面积80平方米,峦岗岭诊所建筑面积120平方米。320人享受城乡居民基本养老保险。2279人享受失地农民保险。103户155人享受低保。残疾人114人,享受政策补助67人。2022年5月,打造"安源红·邻里之家"服务站,开设"友邻餐厅",为村里80岁以上老人、一二级残疾人提供免费午餐,60岁以上老人、残疾人提供5元一餐的午餐。

特色地情　莲花山寺。寺庙位于燎原小区后山,始建于1935年,2003年重建。

乡村荣誉　全省农村社区建设试点工作示范社区、萍乡市第十二届文明村镇、萍乡市创建文明村镇工作示范点。

张家湾村

村情概况 处安源镇东部。村委会驻邱家湾。1949年8月前属居安乡第一、二保。1952年为安源区九荷乡。1958年冬为萍乡镇九荷蔬菜场,次年改属安源公社。1961年为安源镇九荷大队。1970年境内张家湾改名张家湾大队。1984年3月改为张家湾村。

东临高坑镇茶亭村、王家源村,西、南毗安源村,北与十里村、石板村交界。辖区面积约3平方千米,共11个村民小组,划分为2个网格(九里坪网格、段家祠网格)管理。常住人口626户2444人(男性1242人,女性1202人),平均年龄39岁,均是汉族。共有44个姓氏,其中刘、张、邱、李、黄、段姓均超过100人。

自然环境与资源 西北、东南为山,中部为开阔垄田。有山名三丘田,东起紫家冲,南靠天子山,西接洪水眼,北至坝善冲,呈南北走向,为安源镇与高坑镇之间的界山。有河流2条:安源河起源于坝善冲,途经二组流向新正街,流经村内长度1500米;斗几树下河源头是茶亭村,流经十组,流经村内长度500米。

地下煤藏丰富，1985—1995年间，煤矿开采是张家湾村的支柱产业。森林面积5230亩，覆盖率58.90%，主要位于东南部山岭地带，小部分位于西北部，以常绿阔叶林为主。生态修复废弃矿山，复绿面积1000亩。

经济概况　耕地521.55亩，其中水田374.25亩、旱地147.3亩。以水稻、蔬菜种植为主。油葵110亩，年产500千克葵花油；油菜110亩，年产600千克菜油；葱10余亩，年产7500千克。生猪养殖7户，养猪250余头；家禽养殖79户，养家禽3000余只。

依托"把一切献给党"党性教育示范点、"1927红色营地"农业科普园等项目，探索农旅融合的发展之路。科普园以果蔬和多肉种植、中小学生劳动实践、农业知识科普为主，"1927红色营地"是集红色培训、研学、体验、休闲等功能为一体的乡村振兴实践基地和国防教育基地；"把一切献给党"党性教育示范点则春有400余亩油菜花基地、夏有瓜果基地、秋有300余亩向日葵基地和金丝皇菊基地，集观光、采摘、研学于一体。

2022年村级集体经济收入60万元。

基础设施　军议路、安茶公路、中环东路穿村而过，中环东路（安源镇段）正在建设，长度约2.5千米，连接萍高公路、320国道。村组道宽3.5米，总长19.65千米，其中硬化路面18.65千米。整体道路硬化率95%，其中沥青道路覆盖率90%以上。

有野猫洞水库、苦竹坡水库、老塘水库。水塘有60多口，水面面积1亩以上的有15口。坑塘水面114.9亩，沟渠面积25.8亩。灌溉水渠全长10千米。

家庭通电率100%。生活用水主要采用自来水。村民的日常使用能源主要为液化气。

在野猫洞、孔原故居、刘家大屋片区和灯盏窝、段家祠堂、目鱼岭、六七组片区分别打造了以秋收起义、抗日战争、解放初期、新时代为主题的新农村点共20个。

取缔露天垃圾池，生活垃圾上户清运、日产日清，集中无害化处理全覆盖。现有污水处理站2个，计划再建3个，建成后可实现污水处理全覆盖。

社会发展　张家湾村附属幼儿园，位于二组，占地面积2180平方米，建筑面积1165平方米，在职教职工10人，在校学生60余人。

有卫生所1个，坐诊医生1名。村民医疗保险参保率89%。465人享受城乡居民基本养老保险，1586人享受失地农民保险。农村低保102户138人。五保户2人。残疾87人，享受政策补助82人。

有篮球场4个，广场舞广场4个，每个新农村建设点都有健身器材。在一组有红领巾广场，占地6亩，有体育器材、舞台、儿童娱乐器材等相关设施。有1支22人的红灯舞蹈队。

特色地情　中共安源地委党校旧址。1924年5月，党中央在上海召开执委扩大会议，在《党内组织及宣传教育问题决议案》中，首次提出设立党校，强调党校是为党内教育培养指导人才。根据中央指示要求和安源的现实情况,安源党、团地委召开三次联席会议,决定由党、团合办学校。1924年12月,中共安源地委党校成立,这是我党成立最早的党校。

湘赣边界秋收起义军事会议旧址。1922年9月安源大罢工后,工人补习学校设于此。1927年9月,毛泽东在此主持召开了部署湘赣边界秋收起义的军事会议。毛泽东在会上传达了八七会议精神和湖南省委关于湘赣边界秋收起义的决定,宣布了湖南省委关于建立前敌委员会和行动委员会的决定,讨论了秋收起义军事部署,宣布了暴动日期、进军路线和口号,组成了中国工农革命军第一军第一师。

红军标语墙。上书"安源工人暴动胜利万岁"。1930年9月,毛泽东、朱德率领红一方面军来安源扩军筹饷。为加强广大工农群众对工农红军的认识和了解,红军战士们在安源广泛宣传革命道理,同时在安源的街头巷尾书写了不少鼓舞人心的标语。"安源工人暴动胜利万岁"的标语就是当年写在民房围墙上的。红军离开后,群众为保护这条标语,先在墙上涂抹了一层黄泥,然后在墙前种上南瓜,让瓜蔓爬满围墙,遮住墙体,这样才躲过国民党反动派的多次"清乡"活动,使它完整保存下来。

抗日将士墓园。位于灯盏窝。1937年抗日战争全面爆发后,大量伤病员被送往

野猫洞新农村点

安源区西医院医治,有些将士长眠此地。当地老人称,这里曾有几百块墓碑。

"把一切献给党"党性教育示范点。有孔原故居和孔原、吴烈、吴运铎、王耀南生平事迹陈列馆4座、党性教育基地教室7间。

孔原(1906—1990),1924年加入中国社会主义青年团,次年转入中国共产党。曾任新中国海关总署首任署长、中共中央调查部部长。1988年被授予一级红星勋章。

邓保南,中共党员,在土地革命战争时期任安源地下革命组织联络员,1931年1月在萍乡县大安里作战时牺牲。1983年被追认为革命烈士。

肖明福,青年团员,1956年参加中国人民解放军,1958年10月在福州军事演习中牺牲,被批准为革命烈士。

枫仙庙。位于灯盏窝,山高林密,1928年安源党组织常在此开会,支援井冈山的斗争。

乡村荣誉　全国无邪教创建示范村、省级红色名村、江西省乡村振兴示范村、萍乡市新农村建设美丽村庄。

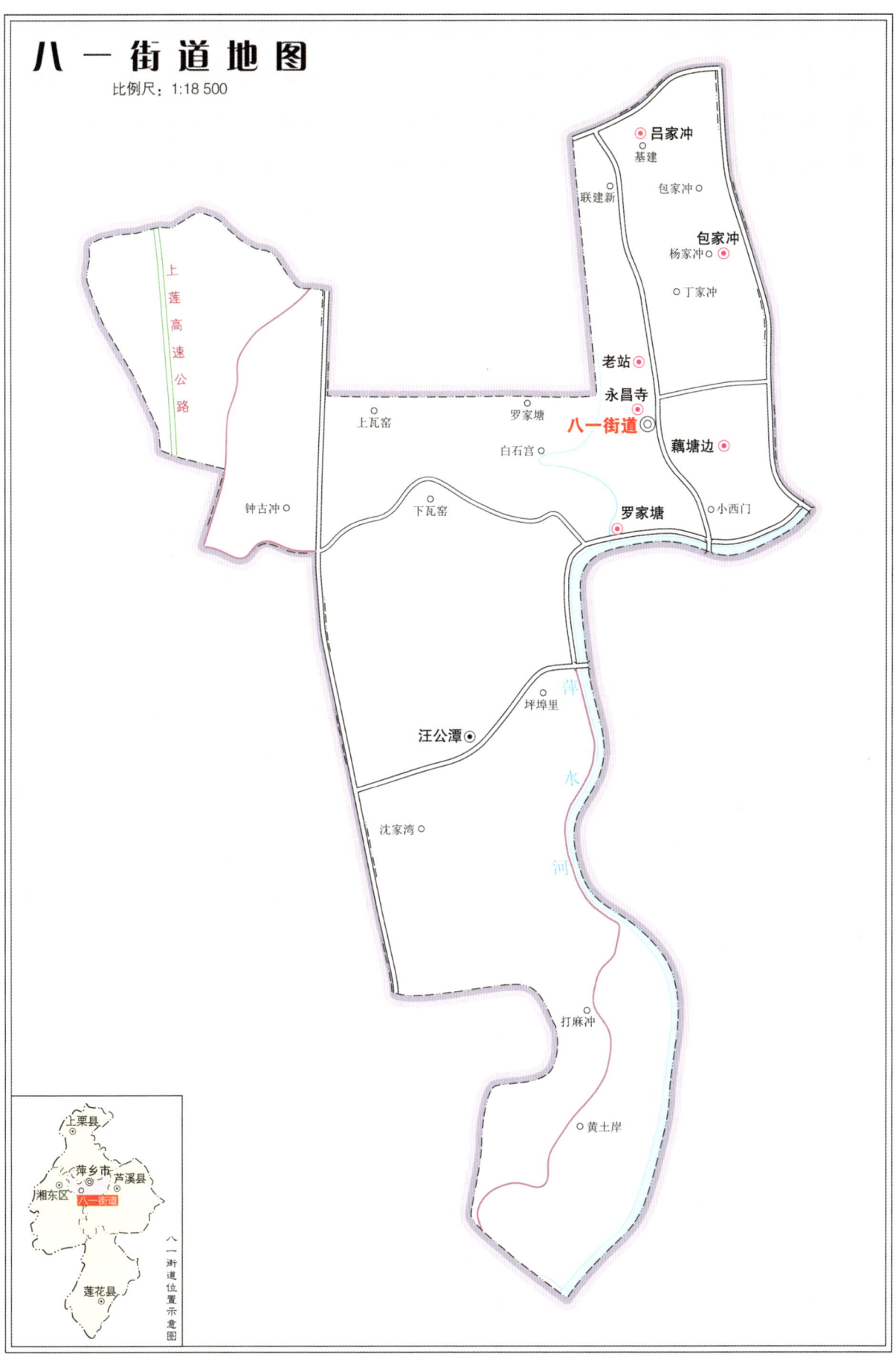

八一街道

地处安源区西部。办事处驻西环路224号。东临后埠街、凤凰街,东南与东大街、丹江街隔萍水河相望,南与五陂镇隔萍水河相望,西、北与青山镇接壤。街区面积2.81平方千米,辖1个村委会和6个居委会。因境内八一路得名(1951年西大街东延,7月31日竣工,次日正值建军节,故取名八一路)。

1949年8月前为中山镇、鸣盛乡之一部分。1950年8月后为城市区新生街和西大街。1952年撤销城市区改属萍乡镇,为吉星街和新生街。1956年合并为萍乡镇西大街。1958年为萍乡县萍乡镇西大街分社。1961年属城关区萍乡镇。1962年为萍乡镇西大街。1964年萍乡矿务局一带另设立萍矿办事处,于1967年撤销,并入西大街。1972年境内八一路改名为萍乡镇八一街。1983年2月撤销萍乡镇,设立八一街道等5个街道办事处,属城关区。1993年5月改称安源区八一街道办事处。

常住人口31745人(男性15768人,女性15977人),以汉族为主。城镇化率为78.2%。

自然资源与环境 属丘陵地貌,地势较平坦。萍水河在境东南流过,长兴馆河自罗家塘社区由北向南汇入萍水河。一座四面环水、风景秀丽的绿岛——鳌洲公园在萍水河中央独树一帜,划分为疏林山丘、水岸花溪、养生栈道、大地肌理四大特色植物景观。

经济概况 财政总收入3.70亿元,同比增长30.3%。一般预算收入1.42亿元,同比增长22.4%。

八一街夜景

耕地面积389.4亩,其中玉米种植面积稳定在250亩左右,大豆、杂豆、红薯等农作物种植面积稳定在100亩左右。

在安源工业园内有工业企业12家,其中规上工业企业11家,新能源企业1家(浩然纳米级储能锂电池研发生产),装备制造企业1家(森拓锂电回收装备研发制造),陶瓷新材料企业2家(绿宝陶瓷、金达新微晶板材),电子信息企业6家(圆融光电LED外延片研发生产、联同电子半导体集成电路生产及封装、天佑LED及半导体封装、智汇天成LED封装及应用、鑫鸿盛智能工业机器人制造、中雷物联网+AI人工智能识别终端)。完成工业总产值9.42亿元,同比增长17.06%。

境内以商贸为主。有大众购物中心、亨运市场、昌盛市场、永昌寺市场、"糖果一条街"等多个商贸市场,形成了年货、粮油、建材等特色市场,素有萍城"南京路"之称。限上消费品零售总额3.78亿元,同比增长9.71%。

基础设施 浙赣铁路老线横穿境内。境内有萍乡老火车站、公交西站。中环西路、西环路、萍水路、跃进路、昭萍路、八一路纵横交错。有萍实桥、韶井桥、浙赣铁桥、香溪桥、萍麻桥等桥梁5座。社区的水、电、气和汪公潭村的水、电管网全覆盖。环卫市场化。建设污水处理站2座,实施污水管网提质增效工程。

完成老旧小区改造20余个,杨家巷、包家巷、联建小区等成为"网红打卡点"。推进无物业老旧小区自治管理。完成棚户区改造3个(吉星街、鳌洲公园、飞行山)、新农村点建设7个。

社会发展 有大学1所(萍乡市开放大学),职校1所(萍乡市工业学校),中学2所(萍乡中学、萍乡实验学校),小学2所(八一小学、汪公潭小学),幼儿园6所(市商业保育院、区示范幼儿园、杨家冲幼儿园、市第二幼儿园、汪公潭小学附属幼儿园、睿思幼儿园)。

境内有湘雅萍矿合作医院以及市妇幼保健院体检中心和康复中心,并有1个城郊卫生院和1个社区卫生服务中心。

街便民服务中心,建筑面积500平方米,下设9个办事窗口,涵盖社保、医保、社会救助、卫生健康、司法、退役军人服务、残联、综合服务等业务,进驻事项50余项,"一站式"为民服务。城镇低保899户1324人;农村低保40户53人;五保户12人;残疾人712人,享受政策补助597人。建有萍乡市社会组织党群服务中心和"安源红·社工之家",孵化社会组织和社工开展志愿服务。打造"安源红·邻里之家"社区服务站4个,分别在老站社区、藕塘边社区、吕家冲社区、包家冲社区,为"一老一小"服务。

特色地情 有省级文物保护单位如愿塔、市级文物保护单位萍实桥。有颜培天等历史名人。永昌寺的禅韵绵远悠长,藕塘边的荷花岁岁盛开,百年前的火车站台演

鳌洲书院

绎过多少传奇,吉星路的旧码头上见过几回兴衰。

街道荣誉 全国明星街道、全国文明单位、全国模范人民调解委员会、全国青年文明集体、全国刑释解矫安置帮教工作先进集体、全国"不让毒品进我家"先进集体、全国残联工作先进单位、全国"创五好"关工委先进集体、江西省"争创红旗党支部,永葆党员本色"活动红旗党组织、江西省公共法律服务站示范点、江西省最美工会户外劳动者服务站点。

老站社区

社情概况 地处八一街东部。居委会驻霞光巷南端西侧。为八一街道办事处驻地。1949年8月前为中山镇第十五保。1949年8月后为西大街第三闾。1957年成立老站居委会。1984年10月从杨家冲居委会析出丁家冲居委会。2002年9月丁家冲居委会并入,仍称老站居委会。因境内老火车站而得名。

东邻包家冲社区,南连永昌寺社区,西靠罗家塘社区,北接吕家冲社区。管辖范围东起杨家巷,西至浙赣铁路老线,南达八一西路,北抵天佑街。辖区面积0.2平方千米,共18个居民小组,划分为3个网格(商住楼网格、天佑街网格、丁家巷网格)管理。户籍人口1057户3098人,常住人口3468人(男性1718人,女性1750人),平均年龄44岁,以汉族为主,有维吾尔族1人。

境内丁家冲,原系山冲,清嘉庆年间为丁姓管业,故名;1950年起萍铁陆续在此建家属住宅,后逐步形成居民区,沿袭原名。

经济概况 以工商贸为主。商铺100余户,其中粮油店20家、五金店15家、餐饮店12家、衣帽服饰店12家、小卖部11家、美容美发店10家、诊所5家、电器店4家、移动电信1家。

基础设施 萍乡西站(货站)位于境内。西环路纵贯境内。有涵洞型桥梁1座,长约200米,涵洞穿过浙赣铁路老线,连接罗家塘社区,可供行人、两轮车通行。丁家巷、天佑街、商住楼片区进行老旧小区改造,实施老旧污水管道更换、雨污分流改造、化粪池清理疏通等工程,受益居民3000余人。

社会发展 境内有安源区示范幼儿园、杨家冲幼儿园。安源区示范幼儿园,2014年创办,在职教职工28人,教学班6个,在园幼儿196人。杨家冲幼儿园,2005年创办,前身为华星幼儿园,2014年迁到丁家巷,在职教职工11人,教学班3个,在园幼儿

老站社区

65人。

  城镇低保户145户228人;残疾人130人,享受政策补助78人。在八一街办事处旧址打造萍乡市社会组织党群服务中心和"安源红·社工之家",占地面积470平方米,建筑面积3500平方米,已入驻安源区社会组织发展中心、启初关爱志愿者协会、麦田志愿者协会等20家社会组织。

  社区办公楼内设党群服务中心200平方米、新时代文明实践站600平方米,外设文化健身广场200平方米。

  特色地情 萍乡西站。为江南最早火车站。清光绪三十年(1904)建,系汉冶萍公司运煤专用铁路萍乡至醴陵铁路起点站,称萍乡火车站。1905年12月,醴陵至株洲铁路通车后,为萍潭铁路货站。1912年改为株萍铁路货站。1937年冬,浙赣铁路贯通后改成浙赣铁路客货两用站。1979年在后埠新建萍乡站后,以该站地处萍城西部改为萍乡西站,专营货运。

  天佑街。1902年11月,萍醴铁路竣工通车,全长38千米。2003年,萍乡市将詹天佑亲自参与修建的萍乡铁路西站附近的老街更名为天佑街。

  社区荣誉 全国文明单位、全国刑释解教人员安置帮教工作先进集体、江西省四星级新时代文明实践站、江西省绿色社区、江西省"幸福社区"五星社区、江西省星级充分就业社区、萍乡市民主法治示范社区。

永昌寺社区

社情概况 地处八一街东部。居委会驻西环路487号。1949年8月前属中山镇第十七保。1949年8月后属西大街第一、二闾。1957年设立小西门居委会。1983年6月从小西门居委会析出部分,以境内汪公潭之名设立汪公潭居委会。1984年10月从小西门、汪公潭两居委会析出部分,以驻地永昌寺之名设立永昌寺居委会。2002年9月,小西门居委会并入永昌寺居委会。

东以西门菜市场为界与藕塘边社区相邻,南隔萍水河与东大街张家大屋社区相望,西隔浙赣铁路老线与罗家塘社区相望,北以八一西路为界与老站社区相邻。辖区面积0.2平方千米,共13个居民小组,划分为3个网格(永昌大市场网格、公交小区网格、林茂小区网格)管理。户籍人口1091户3524人,常住人口3951人(男性1956人,女性1995人),平均年龄43岁,以汉族为主,有瑶族4人。

经济概况 以工商贸为主。建于1970年的城关区橡胶厂和占地面积达6000余平方米的市第二橡胶厂退出历史舞台,厂房成为周边商铺的租用仓库。境内商铺林立,糖果、粮油、副食品等各类商家400余家,其中婚庆糖果街店铺近百家,香烛行30多家。永昌大市场内主营音响、电器、日化用品等店铺90多家;西门菜市场设施完善,生、冷、鲜、辣一应俱全。

基础设施 西环路纵贯境内。境内有公交西站,1978年建,1997年改建,占地面积4600平方米,主要运营城区内及青山、峡山口、略下、彭高等线路,日发车478班次。韶井桥(小西门大桥)是进出城区的交通要道之一,建于1972年,长120.5米,宽15米,2008年对桥的主拱肋、护拱墩、桥面进行了改造提升。韶井桥萍水河畔建有一污水处理站,解决西门城区污水管网收集率低、污水处理厂进水浓度低以及排水系统溢流问题。

公交小区、永昌大市场、民政三合院进行老旧小区改造,改造房屋58栋,实施屋面防水、落水管、排污水管重整、化粪池清淘等工程,受益居民870余户。

社会发展 有1所权属市中医院、面积1000平方米的社区卫生服务中心,有专业卫生人员15人,病床26张。

城镇低保户170户257人,特困户3户4人。残疾人117人,享受政策补助106人。

社区文化活动场所面积约1000平方米,包括党群服务中心150平方米、新时代文明实践站500平方米、廉心广场300平方米。有1支10人的音乐舞蹈队。

永昌寺社区

特色地情 小西门。明万历年间，御史马文炜、袁州知府陶之肖来萍视察，督促知县沈君校筑城墙，培石基，拓马道。城墙开辟四门，东向称来阳门，南向称达秀门，西向称连湘门，北向称通楚门；西门与南门之间，开设小西门，便利民众往来；东南方向加设三道小门，为民众挑水通道，称水门；孔庙前又开辟禹门，镌刻门额，设立木栏并种植桃李，寓意桃李天下，以振文风。抗日战争全面爆发后，为便于百姓逃难，政府忍痛摧毁城墙，仅余下禹门保存至今。

聪明泉。旧时，从金鳌洲过香溪桥往左走数十米，有一处水井，叫作聪明泉。《昭萍志略》记载："聪明泉，在县西百步，溪水之旁。其泉甘香，宋叶景武读书于此，后登第，故名。"明代汤显祖《送客萍乡》诗云："宜春春酒凤箫回，暮雨朝云玉女堆。归到笔花应五色，聪明泉上读书来。"清乾隆年间进士邓锡礼《访聪明泉怀宋叶副使景武》诗云："老去空余吊古情，归田贤步小西城。沿溪载访前贤迹，有井能留后世名。通籍无须问甲第，读书终觉羡聪明。定知宋代官声好，一勺亲尝水味清。"莲花厅孝廉刘一珠《过聪明泉》诗云："经过聪明泉，去忆泉畔居。泉能浇我渴，书能牖我愚。我渴犹乍可，我愚将何如？所以泉畔人，汲汲古时出。遂今一淘水，传之千载余。"现于金鳌洲岛恢复重建聪明泉景观。

鳌洲公园。位于萍水河城南段河心岛上。《昭萍志略》记载："萍乡城南萍实桥下里许，有洲长二里，广可十余丈，如鱼昂首波浪中，旧名金鱼，以其形状具鳌，又名金鳌。"明万历年间知县陆世勋建占鳌阁，祀奉文昌帝君，并供读书讲学。"禹门鳌极"是古时萍乡十景之一。清乾隆年间，知县沈廷标建金鳌书院，构堂舍数楹，取名敬业、乐群、阁下，作讲堂，祀程颢、程颐、朱熹、张栻、胡安之五贤。由此，萍乡书院历史上首开崇祀名儒之先河。现鳌洲书院主要展陈萍乡科举文化和名人佳话，介绍萍乡兴贤堂、育才堂、乐英堂、乐泮堂、尚宾堂、劝贤堂"六堂宾兴"情况。

永昌寺。清嘉庆年间,朝廷腐败,贪腐成风,酷吏豪强巧取豪夺,以致民怨沸腾。清正廉洁、告病还乡的中书张大人,疾恶如仇,时常为穷人出谋划策;瘟疫横行时,多方筹措银两购置药材接济伤患,造福乡里。后人为中书大人在此设寺,取名永昌,供续香火以示感恩纪念。

天主堂。位于小西门萍水北路。占地面积1980平方米,建筑面积1054平方米。天主教于清光绪十五年(1889)传入萍乡。民国十年(1921)由意大利神父江努基购地建成教堂。

社区荣誉 江西省残联工作先进单位、萍乡市离退休人员社会化管理先进单位、萍乡市老年工作先进单位、萍乡市创"五好"先进党支部、萍乡市劳动保障工作先进单位、萍乡市创国家园林城市先进单位、萍乡市体育工作先进单位、萍乡市铁路护路先进工作单位。

藕塘边社区

社情概况 地处八一街东部。居委会驻藕塘巷21号。1949年8月前为中山镇第一保。1949年8月后为西大街第二间。1957年成立城隍居委会。1972年城隍、新生两居委会合并为藕塘边居委会。1984年10月从小西门和藕塘边两个居委会析出部分,设立怀王巷居委会。2002年9月怀王巷居委会并入,仍称藕塘边居委会。藕塘边原称简家塘,1855年李柏林购买此地,并在塘中种藕,村建塘边,习称藕塘边。中华人民共和国成立后填塘建房,形成居民区。

东隔跃进南路与凤凰街河口下社区相望,南隔萍水河与东大街张家大屋社区相望,西以西门菜市场为界毗永昌寺社区,北以八一西路为界与包家冲社区相接。辖区面积0.3平方千米,共22个居民小组,划分为4个网格(藕塘巷网格、怀王巷网格、八一西路网格、吉星路网格)管理。户籍人口1761户5718人,常住人口4497人,平均年龄57.5岁,均为汉族。

经济概况 以商贸为主。境内有商业街亨运市场、大众市场、西门市场,有"凤巢小香港"的美誉。市医药公司、市供销合作社等单位驻境内。

基础设施 跃进南路、八一西路、吉星路交织于境内。

吉星街实施了棚户区改造,受益居民1200户。2018年,南段沿河一侧全部拆除改造,改为萍水北路及沿河景观带。对怀王巷进行了老旧小区改造,实施老旧污水管道维修更换、化粪池清理疏通等工程,受益居民1500余人。

社会发展 境内有萍乡开放大学、市商业保育院。萍乡开放大学,1979年4月创办,前身是萍乡电大工作站,坐落在南门桥头文昌宫(原萍乡师范、萍乡四中所在地),占地面积13033平方米,校舍建筑面积10588平方米,在职教职工74人,在校学生12767人。市商业保育院,1984年创办,占地面积3260平方米,建筑面积5185平方米,在职教职工23人,教学班4个,在园幼儿100人。

低保户177户270人,其中常补19户30人,非常补158户240人。残疾人137人,享受政策补助97人。"安源红·邻里之家"占地面积200平方米,服务社区"一老一小"。

社区办公楼内设建筑面积200平方米的党群服务中心、建筑面积400平方米的新时代文明实践站,室外供电小区健身广场300平方米。有1支22人的夕阳红艺术团。

特色地情 城隍巷。为八一西路南侧从东至西顺序第一巷。巷长231米,宽3~4米。《昭萍志略》载:清顺治十年(1653)在此建一城隍庙,以后陆续建房,到康雍年间形成街巷,以巷内城隍庙得名。

怀王巷。东起跃进路文昌宫北侧,西交吉星街至西环路。长280米,宽4~6米。《昭萍志略》载:清乾隆三十年(1765)该地建一怀王庙,至清乾隆末形成街巷,遂以庙为巷名。

学前巷。东起孔庙前交正大街,西至吉星街,中交跃进路。东段属凤凰街,西段属八一街。长416米,宽4米。清乾隆时名叶家巷,清光绪年间,以该巷起于学宫(孔庙)旁,改为学前巷。

吉星街。长747米,宽6~8米。吉星街原为曲尺形倒"7"字街,分南北两段。南

藕塘边社区

段呈东西走向,东起南门桥头交跃进路,西至小西门街口,清末时只有零星住户,民国初逐渐成街。1926年,一刘姓商人在此开设迎宾旅社,门前书"吉星高照"四字,后生意兴隆,人们遂称此街为吉星街。北段呈南北走向,南起小西门路口,北交八一西路,原名新生街,1983年改为吉星街北路。1987年11月,将吉星街北路并入吉星街。北段西侧为大型农贸市场,沿街店铺多经营南货干菜。南段有"皮鞋一条街"之称。全街为萍城繁华老街。2018年,南段沿河一侧全部拆除改造,改为萍水北路及沿河景观带。

萍乡开放大学

文昌宫。旧时,文昌宫,坐落在南门吉星街的尾端和小西门之间的教场坪,由三栋古式建筑并排连在一起,雕梁画栋,气势恢宏。中间一栋为主殿,门前两根石柱上刻着一副对联:"五科三解元,春色文章争瑞气;一点两主考,凤衔紫诰培天恩。"说的是李炳章、欧阳炳章、胡增瑞中江西解元,刘凤诰、颜培天被乾隆钦点为山东、湖北、河南等省乡试的主考官。后文昌宫毁于战乱。今在小西门萍水河金鳌洲岛上复建文昌宫。

颜培天。清乾隆年间进士颜培天曾受封地于吉星路,其后代一直居住于此,并建立颜氏祠堂。颜培天,字念纯,号庶轩,清乾隆三十七年(1772)进士。曾任河南乡试主考,官至福建道监察御史,诰封朝议大夫。为官三十余年,政绩卓著,政声颇佳。曾受乾隆皇帝奖励,颜培天逝世后,清嘉庆皇帝御赐一块正堂匾,题曰"清廉正直,两袖清风"。

段华胜,男,1941年12月生,"半世年华教顽劣,一生心血化痴迷。六次生日高墙过,赣西监狱度古稀",获评全国关心下一代工作先进工作者、全国优秀少先队辅导员、全国优秀党员志愿者、中国好人、全国学雷锋志愿服务"四个100"最美志愿者和江西省十大禁毒先锋等荣誉。

安源糖画手工艺。境内住有"糖画奶奶"非物质文化遗产安源糖画手工艺传承人方泉,以勺为笔、以糖为墨,在大理石上作画,亦糖亦画,可观可食。

社区荣誉 全国商业示范社区、江西省充分就业星级社区、江西省社区教育教研先进单位、萍乡市民主法治示范社区、萍乡市综治"十无"平安社区。

吕家冲社区

社情概况　地处八一街东北部。居委会驻煤城西巷西侧基建村17栋。1949年8月前为中山镇第二十保。1949年8月后为西大街第五闾。1957年成立跃进居委会。1983年6月因驻地在吕家冲而更名为吕家冲居委会。基建村居委会在1949年9月前为中山镇第二十保。1950年8月后属青山乡长兴村。1954年萍矿基建工程处迁到此地后陆续建家属住房。1955年成立基建村居委会。1972年4月并入九〇一居委会。1980年1月从九〇一居委会析出,仍名基建村居委会。2002年9月,基建村与吕家冲合并,仍称吕家冲居委会。

东以跃进南路为界与凤凰街商城社区相对,南连包家冲居委会和老站居委会,西隔浙赣铁路与横龙街红星社区相望,北以昭萍西路为界与后埠街勤俭社区为邻。辖区面积0.2平方千米,共18个居民小组,划分为4个网格(基建村一网格、基建村二网格、联西网格、天扬网格)管理。户籍人口1136户3620人,常住人口4621人(男性2235人,女性2386人),平均年龄43.8岁,以汉族为主,有满族3人、侗族7人、白族4人。

经济概况　以工商贸为主。中鼎国际工程有限责任公司建筑安装分公司驻境内,前身是萍乡矿务局工程处。西环路周边早期为盐业公司及粮油供应公司旧址,目前保留玉米市场1个,饲料销售店铺30余家,五金及机械设备商铺52家。跃进南路及昭萍西路有中小型商超2家,药业连锁店4家,小卖部3家,餐饮店12家,衣帽服饰店21家,移

吕家冲社区

动电信1家,美容美发店2家。

基础设施 境内跃进南路、西环路、昭萍西路纵横东、西、北边缘。

铁路职工家属区联建新村、基建村进行了老旧小区改造,涉及20栋653户,实施了老旧污水管道维修更换、化粪池清理疏通等工程。

社会发展 市图书馆、八一小学、市第二幼儿园、湘雅萍矿合作医院驻境内。

联建小区

市图书馆,成立于1934年,原馆址在孔庙,1978年搬入现址;占地面积966平方米,建筑面积6000平方米;系国家一级图书馆、全国古籍重点保护单位、全国全民阅读示范基地。八一小学,于1969年设立,占地面积4300平方米,建筑面积近6000平方米,在职教职工57人,教学班24个,在校学生1036人。市第二幼儿园,1981年创办,前身是南昌铁路局下属"萍乡市铁路第一幼儿园";占地面积2500平方米,建筑面积6000平方米;在职教职工37人,教学班9个,在园幼儿300余人。湘雅萍矿合作医院,占地面积2.6万平方米,建筑面积5.3万平方米,有员工1043人,其中医技人员883人,开设病床791张,设有内、外、妇、儿、产、眼、中医等诊疗科室。

低保户163户232人。五保户1人,分散供养。残疾人150人,享受政策补助82人。占地面积150平方米、建筑面积600平方米的"安源红·邻里之家",服务社区"一老一小",助医、助娱、助餐。

社区办公楼占地面积260平方米,内设党群服务中心、新时代文明实践站。另有占地面积400平方米的百姓大舞台。有1支26人的气功队、1支22人的舞蹈队、1支15人的健身舞队。

特色地情 有乌金巷、煤城巷、煤城东巷、煤城西巷、煤城北巷等街巷,与萍矿渊源深厚。20世纪50年代,原萍矿土木队从高坑镇搬到萍乡县城,随局机关迁入萍乡县城的还有其附属单位萍矿土木建筑队、勘探128队(后划出萍矿改为901队)。搬迁之前,建4个家属住宅区,即:勘探128队基地及住宅区在长兴馆(现九〇一住宅区);矿务局办公大楼后格子园住宅区;后埠街廖家冲勤俭前村、后村,主要是矿务局机关干部及职工住宅区;基建村,主要是萍矿基建单位所在地和基建家属住宅区。根据"先生产、后生活"要求,当时职工家属的住宅采取简易竹篾工棚式结构,在20世纪60年代末期才在跃进路边斜坡上建两排共8栋砖瓦结构平房(90年代中期拆除),90年代末期兴建7层砖混结构住房41栋。当时城市规划的跃进路、昭萍西路进入基建村的两条巷子,根据巷子要有巷名的要求,由于时值国家进入五年计划建设时期,煤是工业的"粮食",称之为"黑色的金子",因此这两条巷子被称为煤城巷和乌金巷。

社区荣誉 江西省文明社区、江西省"幸福社区"五星社区、萍乡市十佳和谐社区、萍乡市科普进社区先进单位、萍乡市社区劳动保障工作先进单位。

包家冲社区

社情概况 地处八一街东部。居委会驻杨家巷北段东侧。1949年8月前为中山镇第十五保。1950年8月后属青山乡。1954年以地处城西小山冲成立西冲居委会。1983年6月以驻地杨家冲而改为杨家冲居委会。1984年10月,从杨家冲、基建村、吕家冲3个居委会各析出部分地域设立包家冲居委会。2002年9月杨家冲与包家冲合并为包家冲居委会。因境内包家冲得名(包家冲地区原系山冲,为包姓管业,故名。1950年起萍铁陆续在此建家属住宅,逐渐形成居民区,沿袭原名)。

东以跃进南路为界与凤凰街商城社区、李子园社区相对,南以八一西路为界与藕塘边社区相对,西以杨家巷为界毗老站社区,北以煤城巷为界靠吕家冲社区。辖区面积0.2平方千米,划分为3个网格(杨家巷网格、供电小区网格、跃进南路网格)管理。户籍人口1058户3258人,常住人口2338人(男性1095人,女性1243人),平均年龄48岁,均为汉族。

经济概况 以工商贸为主。恒隆国际商务楼建于2005年,可容纳100余家企业公司入驻,现有45家企业在楼内办公。安源宾馆、萍乡电影院驻境内。境内商铺200余户,其中生活超市3家、大型家电超市2家、大型住宿酒店1家、衣帽服装店150余家、小餐馆20余家、小卖部10家、早餐店5家、眼镜店4家、口腔诊所2家、美容

杨家巷

包家冲社区

美发店2家、五金店1家。

基础设施　向东紧邻跃进南路,向南毗邻八一西路。

对杨家巷、包家巷和供电小区家属区、安源宾馆家属区进行了老旧小区改造,实施背街小巷"白改黑"、老旧污水管道维修更换、化粪池清理疏通等工程,受益居民1500余人。

社会发展　萍乡市妇幼保健院体检中心和康复中心在境内,占地面积800平方米,建筑面积7403平方米,专业卫生人员80人,主营妇幼服务。安源宾馆改造成金秋养老公寓,有养老床位400个。

城镇低保83户126人。残疾人68人,享受政策补助26人。打造占地面积200平方米(一层)的"安源红·邻里之家",服务社区"一老一小",助医、助娱、助餐。

社区办公楼占地面积160平方米,内设党群服务中心、新时代文明实践站。有3个健身广场(位于供电小区和杨家巷)和杨家巷网格驿站等文体活动场所。

特色地情　杨家巷。头起八一西路,尾至跃进南路,长800余米,宽约4米,这条有着70年历史的老街巷,是萍乡最老的巷弄之一,居住的多是铁路职工家属,房屋大多是20世纪70至80年代所建的老旧砖房。2019年以"萍踪巷影"为主题,对杨家巷进行整体打造,通过有趣的创意墙绘描绘昔日老巷样貌、居民生活场景,展现新时代生活新时尚。杨家巷已成为独具特色的"网红"小巷。

社区荣誉　全国创建学习型家庭示范社区、全省"绿色社区 美丽家园"创建活动示范社区、全省第二批"绿色社区"、全省"幸福社区"四星社区、全市园林城市先进社区、市老年人工作先进单位、市文明社区、市劳动和社会保障局再就业工作先进单位(集体)、市城乡一体化住户调查工作先进集体。

罗家塘社区

社情概况 地处八一街东部。居委会驻萍水北路市环卫处旁。三里台1949年8月前属鸣盛乡第一保。1949年8月为西大街第三闾。1950年8月后属青山乡长兴村。1957年以驻地三里台为名设立居委会。1983年6月从小西门居委会析出部分设立汪公潭居委会。1995年8月设立罗家塘居委会。2002年9月汪公潭、三里台两居委会并入罗家塘居委会。因境内罗家塘得名(清末罗姓来此居住,并修建三口水塘,故名罗家塘)。

东隔浙赣铁路老线与永昌寺社区相连,南隔萍水河与东大街张家大屋社区相望,西以润达府为界毗横龙街横龙社区,北以罐子冲为界邻横龙街红星社区。辖区面积0.4平方千米,萍乡市燃气有限公司等单位驻境内,有学林雅苑、鳌洲新苑等居民区,划分3个网格(罗家塘网格、白石宫网格、润达府网格)管理。户籍人口1054户3276人,常住人口5954人(男性2944人,女性3010人),平均年龄49岁,均为汉族。

经济概况 以工商贸为主。境内有2005年创办的萍乡酿酒厂和2007年创办的萍乡扎粉加工厂。有商铺50余户,其中大型商超3家、小卖部11家、餐饮店5家、衣帽服饰店2家、电器店2家、移动电信3家、诊所4家、理发店9家、五金店1家、水电安装3家、汽车修理店2家。

基础设施 浙赣铁路老线、萍水北路、龙泉路经过境内。有桥梁3座,分别为萍麻桥(汪公潭桥)、香溪桥、萍支桥(浙赣铁路支线桥),其中萍支桥为涵洞型桥梁。

罗家塘社区

萍乡中学

萍水河飞行山段有污水处理站1座,日处理污水100吨。

飞行山棚户区改造项目于2018年9月启动,总计惠及1314户,约4250人。

社会发展 萍乡中学,坐落在鳌头山,前身是明万历年间创建的鳌洲书院,清光绪年间文廷式将书院改制为萍乡学堂,1906年学堂易名为萍乡学堂,全日制普通中学建制沿袭至今。占地面积208亩,建筑面积32522平方米,在职教职工282人,教学班58个,在校学生3600余人。

城镇低保184户476人。残疾人93人,享受政策补助103人。

社区办公楼占地面积150平方米,内设党群服务中心、新时代文明实践站。在机务段内配置五人制足球场、篮球场,占地面积170平方米。

特色地情 香溪桥。旧时,有一木桥芎西桥连接金鳌洲与对岸的集市。南宋年间,县尉赵彦见将其改建为石桥,更名为香溪桥。有民谣:"金鳌撑香溪,玉带不离朝。"20世纪90年代,石桥被洪水冲毁。现于萍乡中学门口复修香溪桥,连通鳌洲书院。桥头新建一牌楼,其上有联曰:"水因上善终归海,洲不虚名我占鳌。"

社区荣誉 全国"五四"红旗团支部、萍乡市离退休人员社会化管理先进单位、萍乡市劳动保障工作先进单位、萍乡市老龄工作先进单位、萍乡市创国家园林城市先进单位、萍乡市体育工作先进单位、萍乡市铁路护路先进工作单位。

汪公潭村

村情概况 地处八一街东南部。村委会驻汪公潭小学西南宝塔路南侧。解放前夕属鸣盛乡,解放初属湘东区略下乡。1958年为萍乡镇五星大队。1959年与五星分

汪公潭村

开,称星辉大队。1971年改属郊区公社。1983年3月改为汪公潭大队。1984年3月改为郊区乡汪公潭村。2001年7月撤郊区乡划归八一街。2002年改为城郊管委会汪公潭管理处。2017年改为汪公潭村委会。2023年划归八一街。因境内汪公潭而得名。

东邻永昌寺社区和东大街东星村、丹江街联星村,南连横龙街井冲村、五陂镇长潭村,西靠横龙街井冲村,北接横龙街长兴馆村。辖区面积1.31平方千米,共9个村民小组,户籍人口1460户4402人,常住人口6916人(男性3643人,女性3273人),平均年龄41岁,均为汉族。共有129个姓氏,其中刘、张、谢、姚、曾、王、陈、李、何、彭、周、赖、邓姓人数均超过100人。

自然环境与资源 地势北高南低。萍水河穿境东而过。林地面积1002.8亩,水面面积90亩。

经济概况 耕地389.4亩,其中水田318.3亩、旱地71.1亩。主要种植水稻和蔬菜,种蔬菜85亩、桂花树30亩、橘子树10亩。土鸡年出栏1000羽、生猪年出栏80头。鱼塘面积25亩。酿酒坊1家,年酿酒5000公斤。

宝塔路两边有商铺60余户,其中物流公司2家、快递公司2家、超市2家、零售店20家、餐饮店16家、理发店2家、服务业5家、医疗机构1家、诊所3家、摩托汽修店2家。

2022年村级集体经济收入126.2万元。

基础设施 中环西路、萍水北路、萍莲高速、萍麻路等主干道穿村而过,还有沿河路、萍水北路、龙泉路、宝塔路、中环路。宝塔路东段、萍水河上架有钢架拱桥——汪公潭桥(1990年建)。

山塘7口，集雨面积共计45亩，总库容4.5万立方米。水渠共计长3700米。农田灌溉率95%以上。

家庭通电率100%。自来水管网全覆盖，由麻山水厂供水。村民日常使用能源为液化气、天然气，五组87户、六组129户接入天然气。

从2006年至2020年，有下瓦窑、沈家湾、圣帝庙、宝塔湾、何家大屋、黄土岸、打麻冲为新农村建设点。

社会发展 境内有萍乡市工业学校、萍乡实验学校、汪公潭小学及2所幼儿园、1个卫生院。萍乡市工业学校，2009年8月由市工业中专、市职业中专、市高级技校三所学校合并组建，占地面积188亩，建筑面积4万平方米，在职教职工277人，在籍学生5000余人。萍乡实验学校，2006年创办，占地面积45.54亩，建筑面积29000平方米，在职教职工155人，教学班63个，在校学生2644人。汪公潭小学，1968年创办，在职教职工13人，教学班6个，学生266人。汪公潭小学附属幼儿园、睿思幼儿园，在职教职工40人，在园幼儿557人。城郊卫生院，占地面积500平方米，建筑面积3600平方米，专业卫生人员60人，床位50张。

因中环西路、萍莲高速、萍麻路、天然气公司、公交公司、污水处理厂、九里香醍和润达府楼盘以及飞行山、甘塘冲棚改等建设，田地大多数被征，2689人享受失地农民保险。城镇低保22户34人，农村低保40户56人。五保户1人，集中供养。残疾人89人，享受政策补助24人。

如愿塔

村办公楼占地面积360平方米、建筑面积1800平方米，内设党群服务中心、新时代文明实践站。有百姓大舞台1个，休闲广场7个，占地面积共7400平方米。有4支舞蹈队共54人，另有1支17人的威风鼓队，1支11人的太极队。

特色地情　　如愿塔。坐落于龙山岭。始建于南唐。相传宋代有龙显现于此，时袁州知府李歆写下《问龙章》记其事。后塔毁，清乾隆探花刘凤诰曾赋《劝修萍城如愿塔偈》。现塔为清道光年间建。塔为七级六面，共8层，高26.97米，底层面积60平方米。塔内嵌有石碑，碑文记载建塔经过，碑以浮雕石龙框边，上有浮雕丹凤朝阳，塔底层和顶层为麻石砌成，其他各层为青砖砌成，每层以青石条叠伸成檐，各棱为石制马首形挑檐，每层四窗孔。塔以祈愿年年风调雨顺、岁岁五谷丰登而取名。系省级文物保护单位。

圣帝寺。原址位于坪埠里，有360多年历史。2006年迁址毛栗冲。后因中环西路建设，迁于现在的龙山岭如愿塔西侧。

汪公潭。相传汪公系一名医，乘船至此，失足溺亡，人们为纪念他在潭边建汪公庙，殿外槽门两边书对联"萍川歌德政，宋代作忠臣"。汪公庙旁的河边长有一棵五个枝丫、传说是"五爪攀龙"的大樟树，樟树底下正是萍水河拐弯处，潭深水急，人们将此潭名为"汪公潭"。

王赞公祠。位于打麻冲，建于清光绪二十九年（1903）。王赞公，名王朝灿，字赞声，号佐臣，生于清嘉庆三年（1798），以乐做好事、扶贫救困著称乡里，王氏家族建祠纪念。

耶稣堂。位于宝塔路南侧。原址位于城区南门学前巷，始建于民国元年（1912）。2004年迁现址。是萍乡市最大的耶稣教堂，也是萍乡历史上最早成立的耶稣教堂。

乡村荣誉　　江西省级文明村镇。

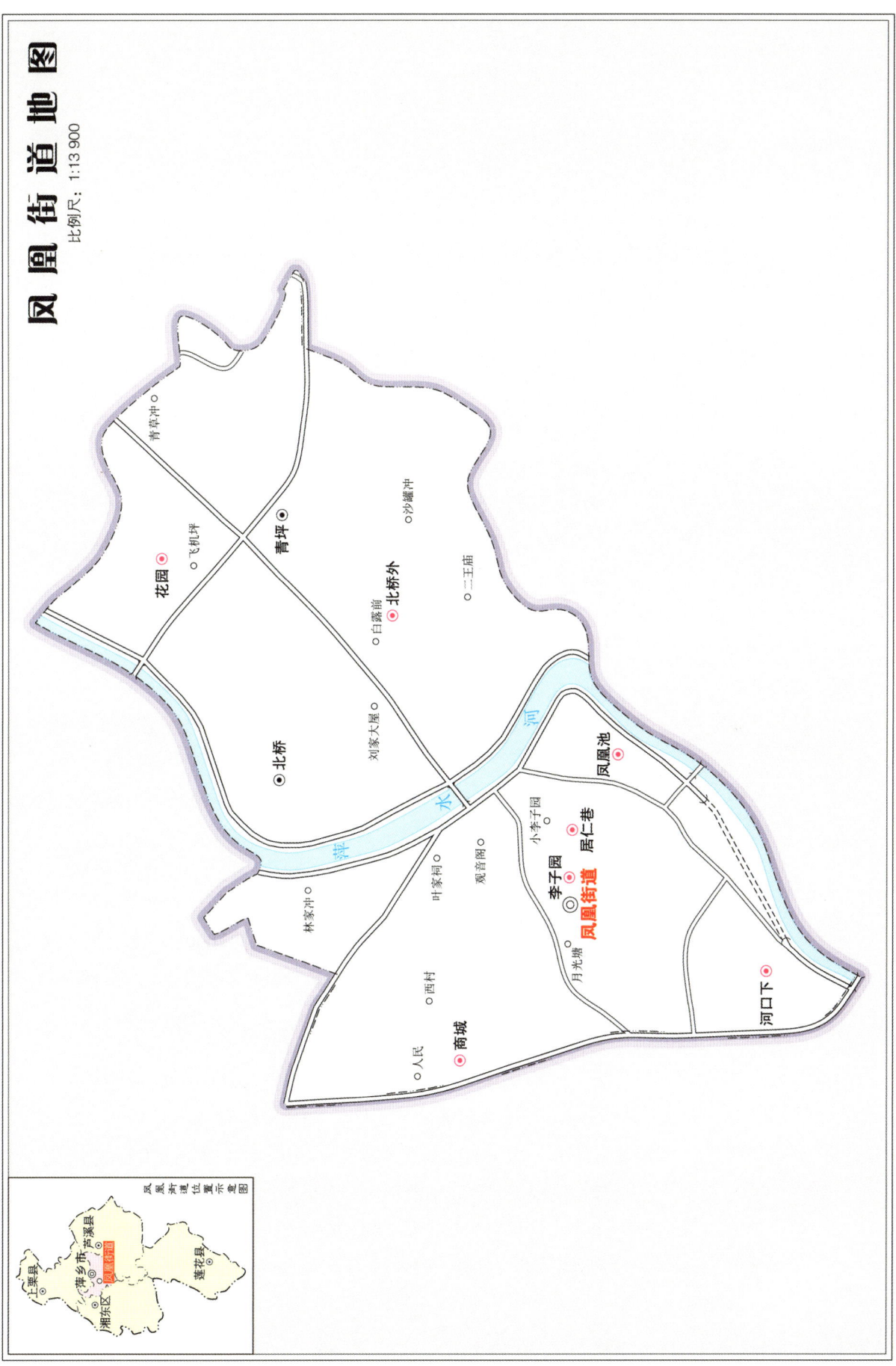

凤凰街道

地处安源区中部。办事处驻迎宾路18号。东北与光丰街毗连,东南隔萍水河与东大街相望,西以跃进路为界与八一街相邻,北至昭萍东路与后埠街交界。街区面积2.39平方千米,辖2个村委会和8个居委会。因原萍乡县署内有凤凰池得名。

1949年8月前为中山镇和进化乡之一部分。1950年8月后为北正街、正大街一部分。1956年为萍乡镇北正街和正大街居委会。1958年为萍乡县萍乡镇北正街分社。1962年4月复名萍乡镇北正街。1968年改为萍乡镇红卫街。1983年2月撤销萍乡镇设立城关区凤凰街道等5个街道办事处。

常住人口42206人(男性20262人,女性21944人),以汉族为主,城镇化率为81%。

自然环境与资源 属丘陵地貌,地势较平坦,平均海拔152.4米,边境最高点为安源中学,最低处为五丰河凤凰街段。萍水河从北向南纵贯境域,凤凰段长约2000米。五丰河穿流境内,五丰河凤凰段始于北桥外社区通济小桥,经过御锦园桥、北桥菜场小桥、沿河路桥入萍水河,五丰河凤凰段河流长687米。

经济概况 2022年财政总收入3.55亿元,同比增长33.8%。一般预算收入1.44亿元,同比增长25.4%。

在安源工业园内有工业企业10家,其中规上工业企业5家。陶瓷新材料及节能环保产业企业2家(八六三化工填料、永丰支柱填料),年产值2.9亿元;电子信息产业企业3家(航巍光学、宏均光电、安显微),年产值2.7亿元;装备制造产业2

雅天转盘

家（德润科技、鼎元建筑），年产值1.8亿元；食品产业1家（可瑞朵），年产值2000万元；玩具制造产业1家（嘉州玩具），年产值3200万元。完成规上工业总产值6.22亿元。

境内商贸发达，以餐饮、住宿、零售、批发类为主，有超市13家、零售商店2385家、宾馆8家、KTV酒吧2家。商贸限额以上企业10家，其中餐饮、住宿5家（如家酒店、梅生嘉华酒店、天九幸福堂、恰饭码头、鸿凯酒店），年销售额2591万元；零售、批发企业5家（南昌百货、金鹏娱乐、新明贸易、苏宁易购、庞大恒运汽车销售），年销售额38740万元。限上消费品零售总额41331万元。

基础设施　境内广场路、萍水北路、跃进路、康庄路、迎宾路、八一东路、滨河东路、滨河西路纵横交错。

国家电网供电，通电率100%。电信宽带网络全覆盖。集中供水，自来水入户率100%。天然气使用率90%。环卫市场化。

实施旧城改造提升。南正街棚户区改造面积约14万平方米，改造后的南正街成为萍乡城市名片、文化名片、商业名片、旅游名片和美食新地标、文旅商业新标杆。完成老旧小区改造26个，加强无物业老旧小区管理，受益群众3869户，约2.8万人。

社会发展　3所中学（萍乡第二中学、萍乡第六中学、安源中学）、5所小学（萍师附小、通济小学、进贤小学、北星小学、北桥小学）、2所公办幼儿园（萍乡第二幼儿园、萍乡市第二保育院）、4所民办幼儿园（富丽幼儿园、城区幼儿园、龙凤东门幼儿园、金桥幼儿园）。

医疗卫生机构17个，门诊部（所）13个；病床1038张，每千人拥有医疗床位60张。专业卫生人员395人，其中执业医师221人，执业药师4人，执业助理医师73人，康复技师2人，注册护士153人。

街道本级有占地800平方米、2层的综合文化站,各村(社区)均有党群服务中心和新时代文明实践站。境内有人民公园、绿茵广场、鹅湖公园等休闲场所。

城镇低保856户1374人,农村低保16户19人。残疾人1202人,享受政策补助828人。实行多元化养老服务管理,有民办养老机构3家,为百姓养老综合服务中心、正大老年公寓、安心老年公寓。建设"安源红·邻里之家"社区服务站3个,分布在北桥外社区、凤凰池社区、花园社区,为老年人、残疾人开设"社区食堂"。

特色地情 凤凰古城。唐武德元年(618),萍乡县令唐萼在萍乡凤凰池北建县署,武德二年(619),萍乡县治从芦溪古岗迁至凤凰池。县署坐北朝南,前面是凤凰池,后面是五凤山,左边建有楚王台,右边是张家山,前方迎风岭山峦起伏。萍水河从北折东转南再向西,环绕半城西出湘东。县署初无城垣。明正德七年(1512),在李子园北即五凤山向东(原江西煤校一带),环萍水河西北岸,再经现吉星街、八一路、跃进路、人民公园筑土城。万历十一至十二年(1583—1584),改建砖城墙,拓展马道。城墙分设四门,东门叫来阳门,桥叫亨泰桥;南门叫达秀门,桥叫萍实桥;西门叫连湘门,西门与南门之间有座门楼,叫小西门,门外的桥叫香溪桥;北门叫通楚门,桥叫通济桥。城墙内为城,外为郭,城内为核心区域,屋舍林立,人口密集,形成街巷。《昭萍志略》记载,街巷有县署前凤凰池街、上街(含朝阳巷)、中街(含居仁巷、兴隆巷、义井巷)、下街(含河口巷、武官巷)、南门街(含叶家巷、石灰巷)、西门街(含城隍庙巷)、北门街(含甘家巷、阳家巷、大巷、小巷)、东城外河街、南城外小街(含无鱼巷、翟家巷)、西城外小街、小西城外书院街、北门外小街。

南正街

凤凰池上越千年,境内现有南正街历史文化街区,有省级文物保护单位孔庙、绛园和市级文物保护单位通济桥以及古城墙、禹门、玉皇阁等古迹,还有文延式、黄海怀等历史名人遗迹。

街道荣誉 全国民主法治示范村(社区)、全国综合减灾示范社区、江西省民主法治示范村(社区)、全省少数民族流动人口服务管理示范社区、江西省绿色社区、江西省学雷锋文艺志愿服务最美文艺志愿服务社区。

凤凰池社区

社情概况 地处凤凰街南部。居委会驻正大街96号。凤凰池居委会1949年8月前属中山镇第九保。1949年8月后为正大街第四、五间。1957年初以原县署内凤凰池为名设立凤凰池居委会。两眼塘居委会在1949年8月前属中山镇第八保。1949年8月后为正大街第一间。1957年春以驻地两眼塘为名设立两眼塘居委会。1968年以军事建制改为四排。1972年恢复两眼塘居委会。城前居委会在1949年8月前为中山镇第七保。1949年8月后为正北街第六间。1956年分为五、六间。1957年春改为城前居委会。1960年分为北城外、城前两个居委会。1972年合并为城前居委会。2002年9月城前、两眼塘并入凤凰池居委会。因境内凤凰池得名。《昭萍志略》载:宋宣和五年(1123),萍乡知县郑强以县署地形象飞凤展翼,于署前东、西凿两池塘,象征凤凰双目清澈,名曰凤凰池。

东、北隔萍水河与北桥外社区相望,南隔萍水河与东大街小桥社区、南外社区相对,西与居仁巷社区相邻。管辖范围东起东门桥头,南至达秀桥,西达北星巷,北抵北门桥头。辖区面积0.12平方千米,共22个居民小组,划分为3个网格(正大街网格、萍水北路网格、甘家巷网格)管理。户籍人口906户4036人,常住人口2969人(男性1387人,女性1582人),平均年龄45岁,均是汉族。

经济概况 以商贸为主。商业网点100余家,其中超市5家、小卖部35家、餐饮店19家、服装店7家、家具店2家、诊所4家、美容美发店6家、药房1家、特色小吃店10家。

基础设施 萍水北路、正大街纵贯东西。

甘家巷、甘家北巷、正大街、鲁班巷、萍水北路48栋居民楼进行了老旧小区改造,实施雨污分流、道路改造等基础设施提升工程,受益居民2969人。实施"菜篮子"工程,占地面积约2100平方米的东门智慧农贸市场,共有17个区70余个摊位。

凤凰池社区

社会发展 北星小学、市第二保育院、龙凤东门幼儿园在境内。北星小学,位于正大街96号,1951年由吉州、南丰、北郊、凤凰四所学校合并(时名为萍乡镇北星小学),占地面积9432平方米,建筑面积5318平方米,在职教职工47人,19个教学班,学生811人。市第二保育院,1982年创办,占地面积2610平方米,建筑面积1310平方米,在职教职工33人,教学班8个,在园幼儿178人。龙凤东门幼儿园,2021年创办,占地1283平方米,建筑面积1711平方米,在职教职工15人,教学班3个,在园幼儿64人。

低保户133户203人。残疾人126人,享受政策补助110人。

社区办公楼建筑面积约1200平方米,内有党群服务中心和新时代文明实践站,设音乐室、书画室、未成年人活动室等功能室21间。月亮湾广场位于萍水北路,占地面积800平方米。有1支80人的凤凰乐团。

特色地情 凤沼风光。古时萍乡十景之一。凤沼即老县署内的凤凰池。明代进士张凤作诗:"谁人凿此凤凰池,留得佳名久不遗。七德岐山曾见瑞,九苍舜世已来仪。萍乡美景开双睫,花县春风盛一时。吹拂此中鱼变化,成龙有待未为迟。"清康熙年间萍乡知县尚崇年作诗:"池开双凤凰,仙令此遗芳。地接源湘胜,人分日月光。涟漪涵古色,荷芰散幽香。时有南熏至,凫鹭满夕阳。"

楚台夜月。古时萍乡十景之一,楚台即老县署内的楚王台,民国时期已毁。明万历年间袁州通判徐麟作诗:"古台傍山麓,雄镇势崔嵬。烟树迷归鸟,冰轮丽上台。绕岩芳草护,磨顶锦云堆。斗柄横斜处,蟾光映八垓。"明代袁州推官陈辂作诗:"崇台高晚眺,舒啸野怀开。鸡犬花村绕,云烟水郭回。风光经风变,人事递相催。一片青天月,曾邀楚子来。"明成化年间进士刘琬作诗:"百尺楼遗楚水涯,婵娟夜月几盈亏。兵戈捍拟金城没,更鼓明从宝鉴窥。石砌浡增新肆色,烟云任锁旧蛾眉。因过萍实闲寻览,风景凄清动所思。"清康熙年间萍乡知县尚崇年作诗:"百尺临天灏气凉,秋怀何处问昭王。洞庭水阔波如练,云梦山深树有霜。风景几曾分代谢,人情空自感兴亡。凭虚一曲寒光满,疑是题诗会柏梁。"

正大街。南起南门桥头交跃进路,北近北桥接广场路,长1050米,宽9～13米,西南至东北走向。清乾隆《萍乡县志》载:明正德二年(1507)修,以县署前河流水势分上、中、下街。从修街到解放初400多年间皆为萍城最繁华街道。现为萍城最古老的街道。

南正街。因其为拆除正大街南段老街建成而得名。全长约880米,占地面积60186平方米,总建筑面积40277平方米,商业面积22024平方米。建筑风貌以明清赣西民居为主,融入现代建筑,围绕"凤鸣萍城、水映乡愁"核心,分"昭萍拾光""萍城浮梦""市井百年"三大主题区,是一个集旅游观光、文化展示、休闲购物、美食娱乐为一体的"最萍乡"历史文化名街。有"复活"的凤凰池、城墙、禹门、九和商号等建筑群,反映萍乡傩文化、采茶戏、绘画、春锣、老街景的浮墙;有历代文化名人书写萍乡的诗联牌坊;有老油榨坊、推高车等生产生活雕塑。街道两旁青砖墙、木制门窗的仿古店铺,既有"杨胡子米面""九如斋""老九和"等老招牌,又有"莲花血鸭""清茶馆""冬酒屋"等新字号。街中小摊萍乡花果、萍乡盐果子、萍乡老三片(红薯片、麻片、冻米糖片)、萍乡腊味、萍乡米粉等应有尽有。晚间街上灯火通明,人山人海,被评为国家级夜间文化和旅游消费集聚区。

皮影戏。南正街内有一家皮影茶社剧场。既有《西游记》《天仙配》《杨宗保破阵》等传统剧目,又有《清官颜天培》《孽龙传说》等颇具萍乡地方特色的剧目,还有小朋友喜欢的《小猪佩奇》,以及反映时代风貌的《怒火除新冠》等剧目,内容丰富。

萍乡剪纸。南正街内有一家萍乡剪纸艺术创作中心。萍乡丰厚的红色文化、绿色文化、工业文化、历史文化、民俗文化资源,为剪纸艺术创作提供了源源不断的素材。

社区荣誉 江西省绿色社区、萍乡市创建全国文明城市集体、萍乡市平安社区。

居仁巷社区

社情概况 地处凤凰街南部。居委会驻广场路22号。居仁巷居委会在1949年8月前属中山镇第九保。1949年8月后为正大街第二闾。1957年以驻地为名设立居委

居仁巷社区

会。中山路居委会在1949年8月前属中山镇第七保。1949年8月后为北正街第二闾。1957年因驻地中山路而得名。2002年9月中山路居委会并入居仁巷居委会。

东至凤凰池社区,南邻河口下社区,西接李子园社区,北毗商城社区。东起刘家巷,西达府前路,南至八一东路,北抵广场路。辖区面积0.12平方千米,划分3个网格(芸阁巷网格、刘家巷网格、广场路网格)管理。户籍人口1413户4598人,常住人口3180人(男性1507人,女性1673人),平均年龄49岁,均是汉族。

经济概况 以商贸为主。商铺200多户,其中超市2家、小卖部28家、餐饮店15家、服饰店20家、电器店2家、移动电信2家、诊所2家、美容美发店7家、特色小吃店8家、药房3家。

基础设施 萍水北路、广场路、迎宾路环绕,正大街纵贯境东。中山路和居仁巷、大巷子、小巷子、云阁北巷、云阁南巷、云阁中巷6条巷道在境内交织。府前小区(287户)、芸阁小区(194户)、中山路小区(268户)、大巷子小区(298户)进行了老旧小区改造,实施雨污分流、道路改造等基础设施提升工程。

社会发展 市皮肤病专科医院驻境内,2003年创办,占地面积1200平方米,有专业卫生人员38人,床位18张。境内有街社区卫生服务中心,是市中医院北门分院,有体检部、门诊部、住院部,建筑面积1503平方米,专业卫生人员14人,病床22张。

低保户132户212人。残疾人120人,享受政策补助212人。

在刘家巷小区、中山小区、府前小区、北星巷、正大街小区推行无物业老旧小区自治管理。

社区办公楼建筑面积约1000平方米,内有党群服务中心和新时代文明实践站。有府前广场等文化健身广场约800平方米。有一支30人的人民公园交谊舞舞蹈队。

特色地情 居仁巷。清乾隆《萍乡县志》载"此巷名醉春巷"。清道光《萍乡县志》载此巷为"居仁巷",取自《孟子·尽心上》中"居仁由义,大人之事备矣"之意。

社区荣誉 江西省第一批绿色社区、江西省"绿色社区,美丽家园"创建活动示范社区。

河口下社区

社情概况 地处凤凰街南部。居委会驻武官巷62号。武官巷居委会在1949年8月前属中山镇第十一保。1949年8月后为正大街第三闾。1957年以驻地为名设立居委会。1985年4月由凤凰池、武官巷两居委会划出部分设立河口下居委会。2002年9月武官巷居委会并入。

东至凤凰池社区,南隔萍水河与东大街南外社区相望,西邻八一街藕糖边社区,北与李子园社区相接。管辖范围东起南正街达秀桥,西达跃进南路,南至萍水河南门桥头,北抵八一东路。辖区面积0.13平方千米,划分为3个网格(武官巷网格、学前巷网格、文庙巷网格)管理。户籍人口1866户6184人,常住人口2931人(男性1405人,女性1526人),平均年龄44岁,以汉族为主,有土家族5人、满族4人、瑶族1人、黎族1人、蒙古族1人、畲族1人、壮族1人。

经济概况 以商贸为主。商铺200多家,其中服饰店76家、餐饮店29家、窗帘布艺店25家、美容美发店11家、床上用品店6家、文具店7家、制衣店6家、艺术培训4家、首饰店5家、移动数码店3家、药房3家、超市4家、广告店3家、自行车店3家。武官巷被称为"精品街",有商户100余家。

基础设施 八一西路横贯境北,跃进南路穿过境西。正大街、武官巷、学前巷、文庙巷、河口巷、河口南巷、义井巷等7条巷道境内交织。

武官巷小区、学前巷小区进行了老旧小区改造,实施屋顶防水、雨污分流、弱电下地等基础设施提升工程,受益居民1332户。

社会发展 市师范附属小学、市第二中学驻境内。市师范学校附属小学,1906年创办,占地面积9715平方米,建筑面积11760平方米,在职教职工126人,教学班51个,在校学生2486人。市第二中学,1956年创办,占地面积16688平方米,建筑面积27657平方米,在职教职工94人,教学班24个,在校学生1147人。

低保户142户222人。残疾人100人,享受政策补助98人。

社区办公楼建筑面积约210平方米,内有党群服务中心和新时代文明实践站。禹门广场占地652平方米、南正街广场占地824平方米。有一支25人的曳步舞团。

特色地情　孔庙。亦称文庙和学宫。始建于唐武德年间(618—626),为唐萼倡建,故址位于宝积寺左侧,宋时兵毁。明嘉靖三年(1524)改建于此。清雍正十二年(1734)改建于明伦堂左侧。是我国已知的22座孔庙中兴建较早、我省保存最为完好的孔庙之一。庙宇为我国传统宫殿式建筑,分前后两殿,左右长廊,前殿戟门有三重宫殿门,皆布满鼓钉;左右耳室分别为宦祠、乡贤祠;后殿为大成殿,殿中柱大合抱,殿阶石狮、石龙栩栩如生;院落两旁分别为东庑、西庑;正中是大成门,门上悬一横匾,上书"德侔天地"四个大字。宋代大理学家朱熹亲笔题写的匾额"明伦堂"至今仍存于孔庙。

禹门。明万历年间建,处文庙附近,志书有云"儒学门前筑禹门,以挹风气,其上建木栏"。禹门是萍乡唯一现存的古城门。禹门是萍乡古城墙中的一小部分。2019年重修后的禹门底长21.53米、底宽3.8米,上宽3.1米,高度为6.8米,沿用古城墙砖约4.5万块。

古城墙。明正德七年(1512),在县城沿着萍水河的走势筑土城墙。明万历十二年(1584),萍乡县同知陶之肖组织将土城改建为砖城。后古城墙在城市建设中逐渐被损毁,只剩下沿萍水河由南门桥向东门桥延伸的河堤右侧下方约1米高由方石垒成的断断续续的残存墙基。

武官巷。原为隍庙巷南段,后因巷内设有武官营而改称武官巷。曾被誉为"文曲星巷",民谣云:"武官巷内无武官,文脉传承惠四方。"清乾隆五十七年(1792),士绅筹资在巷内修了一座可供数百人考试的试舍(考棚)。从清嘉庆六年(1801)起,又历经

河口下社区

孔庙、禹门、古城墙

道光、咸丰、同治三朝，士绅捐资兴建助学机构兴贤堂、育才堂、乐英堂、乐泮堂、尚宾堂、劝贤堂，育才堂、乐英堂、尚宾堂便建在武官巷内。光绪三十二年（1906），萍乡第一所新式学校萍乡县立高等小学在尚宾堂（今萍乡二中）创办，同年又在育才堂堂址创办萍乡公立中学堂（今萍师附小校址）。第一所职业学校萍乡工业学堂、第一所幼稚园和萍乡女子师范也是在此创办的。

文廷式（1856—1904）。花庙前人，生于文家大屋。晚清名士，字道希，号云阁。在甲午战争时期主战反和，并致力于维新变法运动，是晚清时重要的政治人物。光绪十六年（1890），文廷式考中进士，授编修；光绪二十年（1894），大考，光绪帝亲拔文廷式为一等第一名，升翰林院侍读学士，兼日讲起居注。文廷式志在救世，遇事敢言，与黄绍箕、盛昱等列名"清流"，与汪鸣銮、张謇等被称为"翁（同龢）门六子"，是"帝党"重要人物。词存150余首，大部分是中年后的作品，感时忧世，沉痛悲哀。

黄海怀（1935—1967）。生于武官巷张崧岩祠内。当代音乐史上的二胡演奏家、作曲家。创作的名曲《赛马》《江河水》广为流传。

杨胡子米面。于1920年在学前坪创立首家店面，具有悠久的历史，更是萍城家喻户晓的百年老字号面店。

社区荣誉 全省综合减灾示范社区、江西省十大敬老模范社区、江西省绿色社区、萍乡市五星人社服务平台、萍乡市A类优秀村级（社区）服务平台。

商城社区

社情概况　地处凤凰街西南部。居委会驻土冲巷14号。西村居委会在1949年8月前属中山镇第九保。1949年8月后为正大街第二闾。1956年属北正街居委会。1957年春属居仁巷居委会。1976年从居仁巷分出,因驻地西村而得名。1997年11月设立商城居委会,因萍乡商城得名。2002年9月西村居委会并入商城居委会。

东北邻江湾社区、花园社区、北桥外社区和后埠街柑子园社区,南毗李子园社区、居仁巷社区,西接八一街吕家冲社区、包家冲社区。管辖范围以萍乡商城为中心,东起老煤校,西达跃进南路,南至人民公园,北抵绿茵广场。辖区面积约0.2平方千米,划分为2个网格(土冲巷网格、爱民巷网格)管理。常住人口929户2247人(男性1108人,女性1139人),平均年龄36.3岁,均是汉族。

经济概况　以工商贸为主。商业网点2000多家。有小规模批发商624家,服饰

商城社区

绿茵广场

店245家,家具店10家,小卖部6家,超市3家,药房2家,美容美发店1家,诊所3家,酒店1家,宾馆4家,餐饮店13家,文具店12家,电器店8家,宠物医院4家,鲜花店3家,电动车修理店2家,烟酒店3家,酒吧1家,歌舞厅1家,培训机构4家,摄影店2家。

萍乡商城,始建于1995年,为一家集商贸与住宅为一体的综合市场,是萍乡当时最大的小商品批发市场。商城建筑面积18000多平方米,共有建筑6栋(建筑间有天桥相互连通),商户500多户,住户288户。安源小商品批发城,2007年10月1日投入使用,共7层(地下1层,地上6层),占地面积7600平方米,总建筑面积24000平方米,店铺1004家,目前有500多家正在使用。

基础设施 昭萍东路、广场路、跃进路环绕四周。

爱民巷(336户)和物资大厦小区(358户)、跃进南路小区(331户)、公园南路小区(1280户)进行了老旧小区改造,实施屋顶防水、雨污分流、弱电下地、园林绿化等基础设施提升工程。

社会发展 有民办幼儿园1所。金桥幼儿园,2017年创办,占地面积2668平方米,建筑面积533.56平方米,在职教职工47人,教学班9个,在园幼儿200人。

有1所租用的、建筑面积150平方米的社区卫生服务站,专业卫生人员9人。

低保户47户92人。残疾人85人,享受政策补助35人。

社区文化活动场所有建筑面积400平方米的党群服务中心和新时代文明实践站。境内有人民公园、绿茵广场。有一支13人的文化艺术队。

特色地情 人民公园。位于跃进路与广场路交会处,始建于1964年,是中华人民共和国成立后萍乡建立的第一个公园。占地面积1.73万平方米。公园内有亭台楼阁,有平整宽阔的游步道,有南北小广场。楼阁之间和园道两旁树木成荫,花卉争艳,绿草常青,为老城区休闲之佳境。

绿茵广场。位于跃进路与昭萍东路交会处的东南角,1986年10月建成。原面积有2.32万平方米,其中草坪1.32万平方米,四季绿草如茵,故名。其时广场中心建有500平方米的梅花形喷泉水池,池中央立有"玉女披衣"塑像。2010年,广场改造成东部高台上设小花圃,高台下西面为浅水池,广场中央为花岗岩板地面,四周种植小块花木,是居民休闲佳境。

萍乡煤校。全称为煤炭工业部萍乡煤矿学校,1956年创办为萍乡第一所本科院校,当时的名称叫中南煤业工人干部学校,是中南煤管局为了培养煤炭系统的技术人才而建。萍乡煤校的开建,是萍乡向北扩充的第一抔土,也是萍乡市有规划、有计划建设的开始之作。2013年8月,学校整体搬至萍乡经济技术开发区玉湖湖畔。

社区荣誉　江西省"幸福社区"四星社区、江西省绿色社区。

李子园社区

社情概况　地处凤凰街南部。居委会驻文明巷1号。凤凰街道办事处驻地。2016年前为市委、市政府驻地。磨盘石居委会在1949年8月前为中山镇第二保。1949年8月后为正大街第二闾。1957年设磨盘石、花庙前两个居委会,1968年合并为磨盘石居委会,驻花庙前。李子园居委会在1979年以前为机关居民小组,属居仁巷居委会;1979年9月从居仁巷分出,成立机关居委会。1985年更名为李子园居委会。

绛园(张学良旧居)

李子园社区

2002年9月磨盘石居委会并入李子园居委会。该地原为萍乡古县衙后院，素为县领导干部及家属园区，相传唐代某县令景仰诗仙李白，特于县衙右侧开挖月光塘，广植李树成园，以李子园名之。

东邻居仁巷社区，南毗河口下社区，西连八一街包家冲社区，北接商城社区。辖区面积约0.14平方千米，划分为3个网格（文明巷网格、迎宾路网格、何家巷网格）。常住人口1365户3409人（男性1581人，女性1828人），平均年龄48.5岁，均是汉族。

经济概况 以商贸为主。商业网点100多家，其中有市中国移动公司营业厅、市中国电信营业厅、市新华书店各1家，小超市3家，小卖部10家，药房2家，诊所2家，宾馆3家，餐饮店12家，鲜花店2家，服饰店60余家。

基础设施 广场路、跃进南路、八一东路、府前路环绕，迎宾路纵贯。有文明巷、磨盘巷、育婴巷、康平巷、康乐巷等5条巷道，沥青路面全覆盖，雨污分流全覆盖，78栋开放式商品房面貌焕然一新，受益居民1100户。

社会发展 境内有进贤小学、市第二幼儿园。进贤小学位于磨盘巷，始建于1942年，原为私塾，解放后更名为东方红小学，1982年改名为进贤小学；占地面积2227平方米，建筑面积3660平方米；在职教职工55人，教学班32个，在校学生989人。市第二幼儿园，位于广场路，占地面积2587平方米，在职教职工44人，小班、中班、大班各3个，在园幼儿249人。

市第三人民医院驻境内，医务人员406人，设14个病区，有床位510张。

低保户76户122人。残疾人105人，享受政策补助64人。

文明巷西侧有占地700余平方米的新时代文明实践站,文明巷中还有500平方米的门球场1个、280平方米的羽毛球场1个、600平方米的休闲小广场1个。有1支25人的艺术歌舞团、1支20人的广场舞队。

特色地情 绛园张学良旧居。位于文明巷西侧。于1937年建成,为肖氏子弟外出求学或回萍探亲的驿站。占地688平方米,是一座中式风格砖瓦结构的二层楼房,油漆木质地板,玻璃门窗,后院有2排平房。门外有台阶,四面有围墙,内有庭院花圃。是当时城内的高档住宅。1937年11月下旬,张学良夫妇从安徽黄山被押解来萍,迁住绛园。张学良大部分时间用来读书和弈棋。在此,还结识了住所对面弃教在家的中山大学史地教授黄道腴先生,两人相见恨晚。2006年被列为省级文物保护单位。

社区荣誉 江西省"幸福社区"四星社区、江西省优秀志愿服务社区、江西省"绿色社区,美丽家园"创建活动示范社区、萍乡市文明社区、萍乡市最美社区。

江湾社区

社情概况 地处凤凰街西南部。居委会驻江湾巷中段西侧(驻地属飞地)。1986年9月由城前居委会分出设立。因地处江湾里一带得名。20世纪50年代初,境区有一家黄家祠堂,其后面有一条河流流经此处形成了一个回水湾,故得名江湾。

东隔萍水河与花园社区相望,南邻商城社区,西毗后埠街柑子园社区,北接后埠街锦绣社区。管辖范围东起北门桥头,南至水务局住宅,西达绿茵广场,北抵金螺峰。辖区面积0.37平方千米,划分为5个网格(滨河西路网格、昭萍东路左小区网格、叶家巷网格、昭萍东路右网格、林家冲网格)管理。常住人口1735户5401人(男性2627人,女性2774人),平均年龄45岁,以汉族为主,有回族4人。

经济概况 以商贸为主。有天姿休闲中心、百乐房地产、海天阁大酒店、南昌百货、肯德基等商贸店铺。

基础设施 有昭萍东路、滨河西路两条主干道。

广场路小区(302户)、昭萍东路二小区(597户)进行了老旧小区改造,实施屋顶防水、雨污分流、弱电下地、园林绿化等基础设施提升工程。

社会发展 社区卫生服务站建筑面积700平方米,有卫生人员4人。

低保户81户131人。残疾人150人,享受政策补助37人。

新时代文明实践站占地面积400平方米。滨河西路有一占地面积300平方米的

江湾社区

广场。

特色地情 萍乡采茶戏。最早见诸文字记载在清代黄启衔著作《近事录真》："采茶戏亦名三角班，相传来自粤东，两旦一花面。"明末清初由萍乡民间彩茶灯和带故事情节的牛带茶灯结合形成，后受赣南采茶戏和湖南花鼓戏的影响，经萍乡艺人改造成萍乡特色戏剧，被誉为"江西的评弹""一朵绚丽多姿的山茶花"。被列入省级非物质文化遗产保护名录。

萍乡市采茶歌舞剧团。位于昭萍东路128号，于1952年成立。《牛二宝经商记》《喊山》《燃烧的玫瑰》《黄海怀》等大型采茶戏获"玉茗花"戏剧节剧目一等奖，《榨油坊风情》进京参加全国现代戏交流演出，获"五个一工程"奖、"曹禺文学奖"、"梅花奖"、"文华奖"等国家级大奖。

安源灯彩。起于明代，盛行于清朝。制作灯彩的艺人俗称"纸马匠"。制作灯彩要运用剪刀、篾刀、锯子、雕花盘、竹子、方引线、灰面（糨糊）、五色彩纸、绞纱布、绸布等工具，经过构图、破篾、扎架、闭纸四个基本工序制作完成。每逢新春佳节，采莲船、旱船、牛灯、马灯等灯彩表演丰富多彩。耍灯时边走边舞边唱民间小调、春锣、采茶戏等，深受群众喜爱。被列入省级非物质文化遗产保护名录。

社区荣誉 全国社区网络春晚优秀组织奖、江西省绿色社区、江西省幸福社区、萍乡市和谐社区、萍乡市文明社区。

北桥外社区

社情概况 地处凤凰街中部。居委会驻甘露巷1号。1983年5月从城前居委会析出设立,因地处北门桥而得名。1987年5月从中分出白露冲、青草冲、富强巷居委会。2002年9月白露冲、青草冲、富强巷居委会复并入北桥外居委会。

东南与青坪村、东大街小桥社区相邻,东北至青坪路与光丰街凤凰山社区交界,西南隔萍水河与凤凰池社区毗连,西北以公园南路为界与花园社区、北桥村相邻。辖区面积0.31平方千米,划分为6个网格(御锦园网格、白露前网格、兴利巷网格、富强巷网格、繁荣巷网格、青坪巷网格)管理。常住人口3421户7324人(男性3511人,女性3813人),平均年龄44.5岁,以汉族为主,畲族6人、土家族3人、壮族3人、侗族3人、满族2人、瑶族2人、彝族2人、朝鲜族1人、苗族1人。

自然环境与资源 五丰河流经境内。五丰河凤凰段始于北桥外社区通济小桥,经过御锦园桥、北桥菜场小桥,沿河路桥汇入萍水河。五丰河凤凰段河流长度687米。

经济概况 以商贸为主。有个体工商户216家,实体企业50家。

基础设施 公园南路、萍水南路、康庄路境内交织。富强巷、富康巷、繁荣巷、甘露巷、白露巷、胜利巷、和平巷、青坪巷、兴旺巷、兴盛巷、兴利巷、五丰河东街、五丰河西街13条巷道均为沥青路面。2020年境内主干巷道实施全面排水系统雨污分流治理工程,改造地下污水管网8000米。

北桥外社区

御锦园小区2019年进行了海绵工程改造,邮电小区(264户)、白露前小区(308户)、北商小区(1035户)实施了雨污分流等基础设施提升工程,56栋开放式商品房面貌焕然一新。

社会发展　通济小学,前身为郊区乡青坪村青坪小学,1990年更名为通济小学。占地面积5400平方米,建筑面积4428平方米。在职教职工53人,教学班20个,在校学生924人。

区卫生服务站建筑面积约1800平方米。2021年,在繁荣巷25号院内打造医养结合的"安源红·邻里之家"——北桥外社区服务站,占地面积200平方米,为老人提供居民供餐、娱乐和休闲等服务。

低保人员138户219人。残疾人180人,享受政策补助82人。

社区党群服务中心800余平方米,打造共享共建、共学、共乐多功能服务平台。有7人制足球场1个、篮球场2个、主题花园1个、休闲小广场1个,配备健身器材及凉亭。

特色地情　彭斗忠,男,空军地空导弹"英雄营"战斗功臣,荣立一等功2次、三等功1次。

社区荣誉　全国民主法治示范社区、全国"四个100"最美志愿服务社区、全国文明巾帼志愿阳光站、全国五四红旗团支部、江西省"幸福社区"五星社区、江西省五星级新时代文明实践站、江西省少数民族流动人口服务管理示范社区、江西省绿色社区、江西省低碳示范社区、江西省综合减灾示范社区。

花园社区

社情概况　地处凤凰街中部。居委会驻花园街18号富丽花园。2002年设立,同年9月团结巷居委会并入花园社区居委会。

东南以公园南路为界与北桥外社区相接,西南隔萍水河与江湾社区、商城社区相望,西隔萍水河与后埠街锦绣社区相对,东北邻光丰街登岸下社区。管辖范围以富丽花园小区为中心,沿河路以南,公园路以北,从北桥桥头到鹅湖公园。辖区面积0.3平方千米,有1998年建成的富丽花园小区、青峰水泥厂家属区青峰公寓等居民区,划分为5个网格(友爱巷网格、祥和巷网格、团结巷网格、富丽花园网格、康庄路网格)管理。常住人口2403户6716人(男性3212人,女性3504人),平均年龄60岁,均是汉族。

经济概况　以商贸为主。商铺400多家,其中超市5家、小卖部80家、餐饮店30

家、服饰店60家、电器店5家、家具店4家、移动电信10家、诊所4家、美容美发店15家、汽车修理店23家、特色小吃店60家、药房6家、酒店7家。位于境内东北的鹅湖公园门口有小型夜市。

基础设施 滨河东路、康庄路、公园南路境内交会。友爱巷、团结巷、祥和巷、团结巷、丰硕巷5条巷道在境内交织。

2017年,友爱巷被列为萍乡市第一批"白改黑"示范街巷。富丽小区(518户)、友爱巷小区(655户)、康庄路(412户)进行了老旧小区改造,电信小区(133户)和李子园社区张家岭小区(54户)为同一老旧小区改造项目,实施了拆除违章建筑,实施雨污分流、车位增设、路灯增设等基础设施提升工程。

社会发展 萍乡市六中,位于友爱巷,1986年创办,占地面积2.4万平方米,建筑面积1.2万平方米,为7—9年级初中教育;在职教职工128人,教学班36个,在校学生2000余人。富丽幼儿园,2010年创办,占地面积1200平方米,建筑面积609平方米;在职教职工20人,教学班6个,在园幼儿145人。

社区卫生服务站建筑面积168平方米,有卫生人员4人。社保参保4000多人,占符合年龄范围的80%。低保户112户175人。残疾人100人,享受政策补助100人。

社区文化活动场所占地面积约1万平方米,室内有面积约400平方米的党群服务中心和新时代文明实践站以及面积约100平方米的综合文化活动中心,室外有面积约1500平方米的文化健身广场、面积约8000平方米的鹅湖公园健身广场。

特色地情 鹅湖公园。原为北门垄中萍水河的河湾地。1982年将河湾地取直,将原河湾改为湖泊,湾内农田改为公园。因地近鹅湖而得名。1993年正式开放。占地面积24万平方米,其中水面11.33万平方米。有各种树木、花卉、绿篱、草地面积10

花园社区

万平方米,绿化率达85%。2017年按海绵城市标准进行改造。公园西面为滨河东路,其他三面环水,内有人工湖、动物园、天鹅园、翠竹园、桂花园、昭萍艺苑、水杉林、雪松林等景点。建有市少年儿童活动中心、市老年人活动室、门球场、游乐园、水上乐园、休闲茶室等体育运动和娱乐休闲场所。"晓亭翘首观凤舞,虹桥侧耳聆水音。尤怜春光三千树,樱花媚媚柳色妩。盈盈花前儿童乐,茵茵林间翁媪行。探春不知春何处,桃花漫漫下鹅湖。"鹅湖公园绿树成荫、花香四季、空气清新、游人如织,被誉为"城中之肺"。

鹅湖公园

社区荣誉 全国综合减灾示范社区、江西省第一批绿色社区、江西省民主法治示范社区。

青坪村

村情概况 地处凤凰街中部。村委会驻康庄路中段北侧。1949年8月前属进化乡。1950年8月后属积善区登岸乡。1954—1955年为流万1—4初级社。1956—1958年为流万高级社。1958年与东星、五星合并为五星大队,属萍乡镇。1962年与五星大队分开,成立青坪大队。1971年属郊区公社。1984年3月改为郊区乡青坪村。2001年7月撤郊区乡划归凤凰街办。2002年改为城郊管委会青坪管理处。2017年改为青坪村委会。2023年1月划归凤凰街。取境内青草冲、飞机坪各一字得名。

东邻东大街流万村,南毗东大街东星村,西接北桥村,北壤光丰街登岸村。辖区面积0.28平方千米,共6个村民小组(一组二王庙、二组砂罐冲、三组刘先公祠、四组青草冲、五组樟树下、六组飞机坪),划分为3个网格(刘先公祠网格、二王庙网格、樟树下网格)管理。户籍人口844户2952人,常住人口3880人(男性1905人,女性1975人),平均年龄33.4岁,以汉族为主。共有125个姓氏,其中何、李、黄、刘、林、施、王、吴、杨、钟、胡姓人数均超过100人。

自然环境与资源　五丰河自东向西穿村而过,途经青坪村五组、四组、三组、一组,最后汇入萍水河。

有3棵百年古樟树:一棵树龄500余年,为一级保护古树名木;两棵树龄100余年,为三级保护古树名木。

经济概况　为城中村,以务工和商贸为主。有商铺120余家,其中小卖部10家、餐饮店15家、衣帽服饰店4家、移动电信3家、诊所4家、美容美发店4家、五金店1家、水电安装4家、汽车修理3家、其他各类公司67家。

2022年村级集体经济收入230.52万元。

基础设施　公园路和康庄路从东西南北连接村与新、老市区商圈和旅游景点。兴旺巷、兴盛巷等背街小巷均铺设了沥青路面。

山塘1口,面积约3亩。

现有拆迁安置小区1个,康庄路沿街10余户进行集中改造,其余小组均为老旧城区。黄家屋场、青草冲开展了新农村点建设,受益农户83户。

社会发展　安源中学,1962年创办,2002年迁现址(城区龙凤岭),占地面积11.72万平方米,建筑面积4.34万平方米,实施初中和高中教育,在职教职工229人,教学班62个,在校学生3120人。

有1家医院,萍乡汉和医院,系民营医院。1家卫生所,青坪卫生所,面积120平方米,专业卫生人员3人,床位7张。已开通村村通医保服务,服务范围辐射到北桥外社区、东星村、流万村等周边村。村民医疗保险参保人数为2652人,参保率为100%。

8户8人购买养老保险(新农保),468户1478人享受失地农民保险,全村到龄老年

青坪村

安源中学

人社会养老保险覆盖率100%。57户89人享受城镇低保,3户4人享受农村低保,五保户1人。残疾人108人,享受政策补助51人。

村级文化活动场所占地面积约1600平方米,其中新时代文明实践站约300平方米、文化健身广场约800平方米。青草冲安置小区广场面积为350平方米。

特色地情 玉皇阁(二王庙)。始建于宋孝宗淳熙十年(1183),现有建筑面积1500平方米,设有慈航殿、南岳殿、玉皇殿、财神殿。原有二王庙舞龙队、采茶戏、花鼓戏、耍龙灯、牛灯等表演,现已不存。

北桥村

村情概况 地处凤凰街中部。驻丰茂巷北桥小学西北侧。1949年8月前属进化乡。1950年8月后属积善区登岸乡。1954—1955年初级社时为北星合作社。1956—1958年为五星高级社。1958年为五星大队,属萍乡镇。1971年属郊区公社,仍称五星大队。1983年3月更名为北桥大队。1984年3月改为郊区乡北桥村。2001年7月撤郊区乡时划入凤凰街办。2002年改为城郊管委会北桥管理处。2017年改为北桥村委会。2023年1月划归凤凰街。因地处北门桥一带而得名。

北桥村

东以白露泉小河为界邻青坪村，南连东大街东星村，西以龙古场分水岭为界靠横龙街长兴馆村，北以市三中为界接后埠街山下村。辖区面积0.42平方千米，共6个村民小组，划分为4个网格（叶家祠网格、步行街网格、白露前网格、李家屋场网格）管理。户籍人口1086户2965人，常住人口4149人（男性2019人，女性2130人），平均年龄45岁，均为汉族。共有31个姓氏，其中叶、李、刘、杨、陈姓人数均超过100人。

自然环境与资源 地处萍水河畔。河流途经北桥村一组、二组、四组、五组。有1棵百年以上树龄的樟树，位于四组望江楼。

经济概况 为城中村，以务工和商贸为主。有商铺40多家，其中小卖部8家、杂货店5家、快餐店3家、服饰店1家、家电维修2家、诊所1家、美容美发店2家、小吃店3家、宾馆3家、快递2家、摩托车修理店1家、其他店面9家。

2022年村级集体经济收入100.82万元。集体经济收入主要来源于房屋租赁。

基础设施 境内有一条主干道——育才街，北起团结巷，南至友爱巷。有北起滨河东路、南止公园南路的团结巷，北起滨河东路、南止育才街的丰茂巷等背街小巷。"白改黑"全覆盖。

社会发展 境内有北桥小学、城区幼儿园。北桥小学，1939年创办，原名五星小学，曾三次易址，于1994年搬迁至此，更名北桥小学；占地面积1万平方米，建筑面积5000平方米，在职教职工46人，教学班18个，在校学生793人。城区幼儿园，创办于2015年，占地面积1400平方米，在职教职工17名，在园幼儿95人。

有1村级卫生所，医护人员2人，床位3张。45户45人购买城乡居民养老保险。840户1462人享受失地农民保险。15户24人享受城镇低保，13户15人享受农村低保。五保户2人。残疾人67人，享受政策补助34人。

村内设占地面积320平方米、建筑面积315平方米的党群服务中心和新时代文明实践站。另有健身小广场1处,位于北桥村滨河东路中段(北桥桥头至康庄桥路段),占地面积120平方米。

特色地情 通济桥。处昭萍东路和公园南路连接处,跨萍水河。宋绍兴(1131—1162)时,知县郭涛始建石桥,圮。明成化年间,邑人李仲本等重修,圮。清乾隆二十五年(1760),姚荣我、黄茂椿等重建;嘉庆四年(1799),改造成三瓮大石桥,坚实宽敞。旧时桥西北两头都有楹联,西头联"宋代肇兴名最古,募资重建时原同",北头联"通达于赣湘流域,济人免溱洧乘舆"。因处古县城北门外,故又称北门桥。为市级文物保护单位。

乡村荣誉 萍乡市文明村镇。

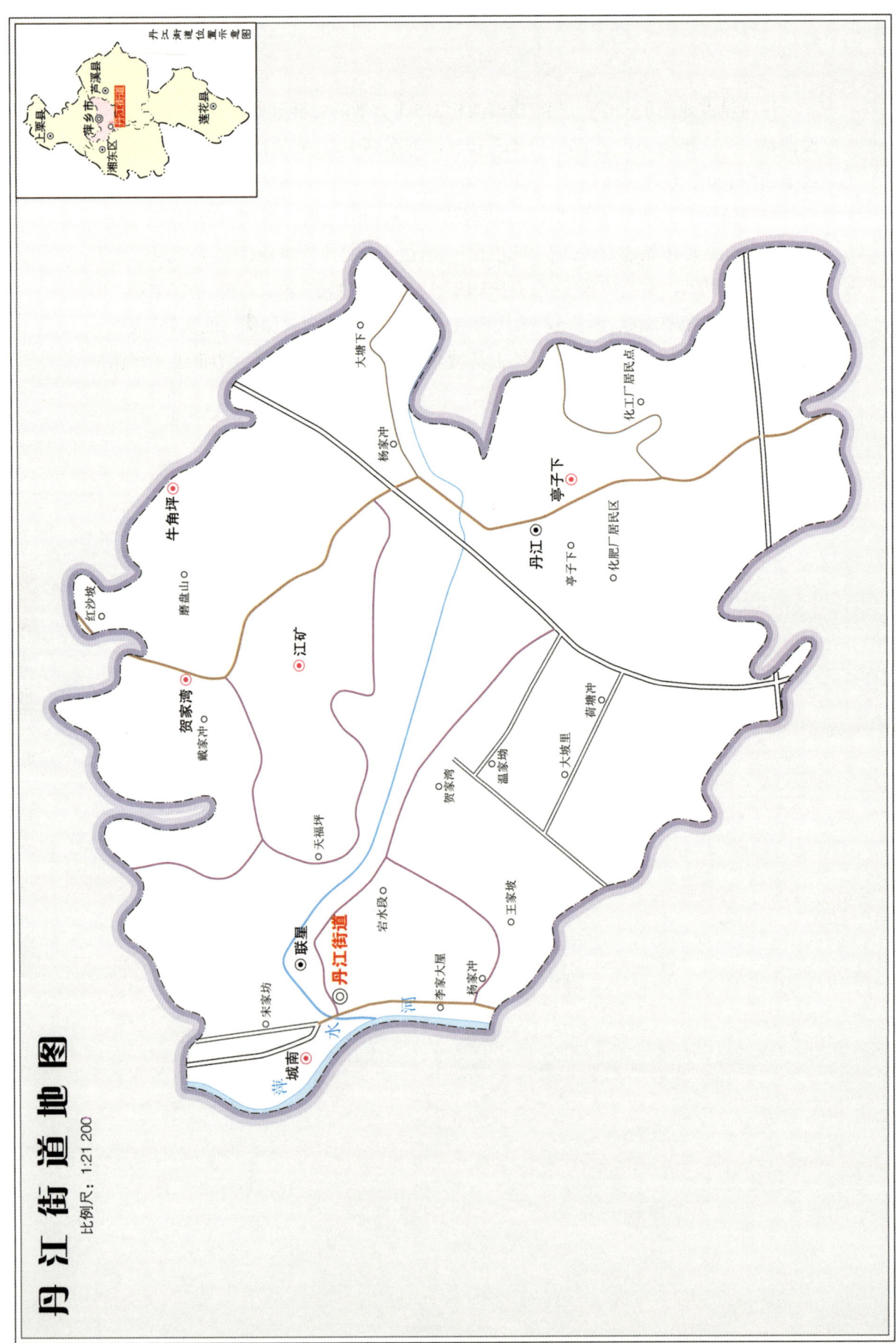

丹江街道

地处安源区中部。办事处驻长潭路中段狮形湾。东至安源镇,南邻五陂镇,西毗八一街,北靠东大街。街区面积5.86平方千米,辖2个村委会和5个居委会。以境内丹江地片得名。

1949年8月前属中山镇和居安乡的一部分。1950年8月后属萍乡县城区东山街。1958年属萍乡县萍乡镇东大街。1969年改名萍乡镇东风街。1972年改为萍乡镇东风街丹江居委会。1983年2月撤销萍乡镇,从东大街道划出丹江居委会、东外居委会的牛角坪和安源镇的王坑居委会组成城关区丹江街道办事处。同年6月将丹江居委会分拆成城南、江矿、亭子下3个居委会,设立牛角坪居委会。1993年5月改称安源区丹江街道办事处。1995年8月王坑居委会划归五陂镇。2001年8月撤销郊区乡,丹江、联星两村划入丹江街道。

常住人口18320人(男性9462人,女性8858人),以汉族为主,城镇化率52.95%。

丹江街全景

自然资源与环境 属丘陵地形,地势西南高,中部、北部较低,中部与北部之间有低缓丘陵分布。有2条河流,1条安源河,1条萍水河。安源河发源于安源,在丹江境内全长3700余米,贯穿丹江村和联星村。萍水河境内全长1550米,流经城南社区和联星村。

经济概况 2022年财政总收入29591.2万元,同比增长17.9%;一般预算收入13578万元,同比增长16.8%。

耕地486.3亩,林地1445亩。农业产业主要发展蔬菜和经济作物种植以及畜禽渔业养殖。

1958年后,相继在丹江建有江西矿山机械厂、萍矿机厂、市农机厂、市化工厂、市化肥厂、市机械厂、市电扇厂等省、市企业,后企业改制,均消亡。现有规上工业企业4家,均位于安源工业园:智能家居产业1家(喜临门),装备制造产业1家(四通重工),电子信息产业2家(明扬威、路鸿)。2022年工业产值1.94亿元,同比增长29%。

以餐饮、住宿、零售类为主,有超市5家,经营性店铺132家,宾馆2家。现有5家限上商贸企业(狐狸淘、世全食美、庆云、香源、香山里),限上消费品零售总额7817.7万元;2家重点服务业企业(玉城景观环境、安源明德学校),年销售额3920万元。

基础设施 境内有中环南路、萍水南路、省道S231、萍安中大道南延、萍安铁路贯穿境内,有货运铁路专用线3条。萍乡西站至安源煤矿铁路支线横贯。境内有萍安大道至中环南路干道和华源路、中环南路、萍水南路、丹江路、城南路、丹江北路、丹江中路、丹江南路、萍安大道、燎原大道、南湖一路、南湖二路、源宁路、长潭路、樟树路等主干道,道路均为沥青路面。辖区内有4条公交路线,分别是10路、51路、6A路、6B路。

安源生态水库为一座集调配水资源、防洪、灌溉于一体的小(2)型水库,集雨面积约340亩,最大库容37.4万立方米。有山塘7口,集雨面积约60亩,其中重点山塘3口,分别是磨盘山山塘、戴家冲山塘、李家湾山塘,总库容13.5万立方米。水渠共计长6000余米。农田灌溉率100%。

家庭通电率100%,均由国家电网供电。村、社区生活用水均采用城市供水管网供水,自来水入户率100%。群众日常使用的能源主要为液化气和天然气,社区天然气覆盖率60%,农村天然气覆盖率35%。

改造老旧小区5个,改造面积21.845万平方米,涉及户数2600户。因地制宜建设新农村点30个,并以前景种养专业合作社为依托,建设美丽村庄1个,打造集观光旅游、休闲垂钓、餐饮娱乐、农事体验、亲子教育于一体的综合性市民近郊农园。

安源生态水库（安源湖）

有污水处理站5座。实现雨污分流的小区有城南中央半岛小区、花园小区、江矿小区。

社会发展 有职业学校1所（安源区职业中等专业学校）、初中1所（燎原学校）、小学1所（丹江学校）、幼儿园5所（京华东升、书香门第、甜甜、丹江中心、城南花园养正），在校中小学生7000余人，在园幼儿800余人。有1个社区卫生服务中心，两村各有1个卫生所（室）。环卫保洁全覆盖，垃圾清运和13条主次干道均实现市场化管理。

街综合文化站位于联星村狮形湾1号，建筑面积约365平方米，站内设图书（电子）阅览室、多功能活动厅、教育培训室、夕阳红荣誉室、文化活动室、未成年人活动室及管理和辅助用室等。各村（社区）均有1个综合性文化服务中心。有文体广场2个。有文艺队伍9支，文化志愿者队伍1支，文化志愿者300多人。

城镇低保户688户1182人，农村低保131户190人，城镇分散供养特困1户1人，农村分散供养特困1户1人。持证残疾人共505人。建有"安源红·邻里之家"社区服务站5个，分布在丹江村、江矿社区、城南社区、贺家湾社区、牛角坪社区，为老年人、残疾人开设"社区食堂"，为辖区儿童提供"暑期托管班""兴趣小组活动"等多样活动。

街道荣誉 2022年度推进乡镇"十个一"标准化体系建设和市域"点线面带"工程建设优秀单位。

亭子下社区

社情概况 地处丹江街东南部。居委会驻丹江南路东侧。1971年属萍乡镇丹江街市机厂居委会,1972年属萍乡镇东风街丹江居委会,1983年4月属丹江街办,同年6月将丹江居委会拆分为亭子下、江矿、城南3个居委会。以境内亭子下(亭子下,清乾隆年间张氏由广东渠江迁此,在该处开设茶亭,故名)得名。

东邻安源镇安源村,南毗五陂镇册雷村,西接贺家湾社区,北倚江矿社区、牛角坪社区。管辖范围东起萍乡市农用车制造总厂,西达萍乡市化肥厂,南至萍乡市化工厂,北抵萍乡市应急管理保障中心。辖区面积0.21平方千米,共4个居民小组,1个开放式小区(2009年建成的丹桂园小区),划分为1个网格(亭子下网格)管理。户籍人口646户1630人,常住人口93户346人(男性178人,女性168人),平均年龄46岁,均是汉族。

经济概况 境内原有国有企业萍乡市农用车制造总厂、萍乡市化肥厂、萍乡市化工厂,20世纪90年代,产品远销国内外,企业配备子弟学校、食堂、澡堂、电影院、歌舞厅等,盛极一时。现有私营小厂14家(主要从事玻璃生产、机械制造等),经营性店铺6间,以家庭型经营的小卖部为主,经济活动主要集中在超市、餐饮、理发等服务行业。

基础设施 辖区边缘有1条老线运输煤炭铁路,境内只有丹江南路1条主干

亭子下社区老厂房

道,主干道沥青路全覆盖,小街小巷2条(1条通市农用车厂家属区和救护队家属区,1条通市化肥厂家属区),水泥路全覆盖。

2009年萍乡市农用车厂职工共同集资建房4栋72套,取名丹桂园小区,2020年对进出小区主道路实施"白改黑"工程。丹桂园小区内雨污分流全覆盖,污水走下水道。

社会发展 境内有药店1家,邻近丹江街社区卫生服务中心与萍乡市二医院,距离不超1千米,能够满足居民基本日常医疗需求。低保户232户401人,残疾人66人,享受政策补助51人。

社区综合文化中心,建筑面积120平方米,内设棋牌室、阅览室、健身室等多个功能室,配有桌椅、书柜、空调、电视机等,配套设施完善,全天免费对外开放。社区旁有一广场,占地面积120平方米,配套健身设施。有一支18人的舞蹈队。

特色地情 亭子下菜场一直有着"逢七"赶集的习俗,一月四场。赶集产品有蔬菜水果、粮油副食、肉类禽蛋、冷冻品、衣服日杂等,每到赶集日,整个集市人来人往,热闹非凡。

江矿社区

社情概况 地处丹江街中部。居委会驻樟树路中段东侧。1962年属萍乡镇东大街丹江居委会,1964年属丹江街江矿居委会,1972年属东风街丹江居委会,1983年4月属丹江街办,同年6月将丹江居委会分为江矿、城南、亭子下3个居委会,复称江矿居委会。以境内原江西矿山机械厂(简称江矿)得名。

东毗牛角坪社区,南邻贺家湾社区、亭子下社区,西接城南社区,北倚东大街张家大屋社区、新建社区。管辖范围东起丹江街牛角坪社区,西达丹江街联星村,南至丹江街亭子下社区,北抵丹江街贺家湾社区。辖区面积0.31平方千米,共4个居民小组,管辖丹江小区新建村、劳大村(该地原称劳大村,系江矿机厂劳动大学校址,1963年撤销劳动大学,校舍改为职工家属住宅,并逐渐扩建成居民区)、子校小区、佳兴小区,有住宅65栋,房屋1914套(房屋性质涵盖棚改房、集资房、廉租房、福利房),划分为4个网格(劳大村网格、新建村网格、子校网格、樟树路网格)管理。社区为原国有企业江西矿山机械厂(简称江矿)家属区,居民主要为江矿企业职工及家属,户籍人口1229户2801人,常住人口1152户3621人(男性1823人,女性

1798人),平均年龄48岁,以汉族为主,有瑶族14人、土家族2人。

自然环境与资源 地势较平坦,东西面靠山,南面为安源湖,北面开阔,整体海拔110米。

经济概况 境内原有国有企业江西矿山机械厂,2010年倒闭。现境内有实体企业2家(玉城环境景观工程有限公司、小猪饮食有限公司),经营性店铺89间,个体工商户46家,经济活动主要集中在超市、餐饮、菜场、快递、通信、酒店、理发、医疗等服务行业。

基础设施 境内南部有萍株铁路横穿而过,直达安源煤矿。

主干道樟树路长约3千米,横穿境内。东临中环路南延段、西接南环路、南连丹江南路、北靠丹江北路。小街小巷有3条,总长度1.5千米。主次干道及小区内道路均"白改黑"。

20世纪80年代,兴建预制板福利房,目前有10栋福利房182套房屋未进行棚改。21世纪初,兴建框架式结构集资房6栋254套房屋。2010年起进行棚户区改造,改造房屋49栋,解决住房1478套。2021年全面进行老旧小区改造,雨污分流全覆盖,污水接入街污水处理站(丹江站)。

社会发展 境内有安源区职业中等专业学校、燎原学校初中部、丹江中心幼儿园。安源区职业中等专业学校,2015年创办,由萍乡信息工程学校、萍乡市公关职业中等专业学校合并组建,占地面积5万平方米,建筑面积6万平方米,教职工96人,在校学生1400余人。丹江中心幼儿园,2020年创办,占地面积1000平方米,建筑面积1200平方米,教职工21人,教学班5个,在园幼儿118人。

低保户253户455人。残疾人133人,享受政策补助100人。

江矿社区

改造后的江矿社区老旧小区

在老旧小区改造中,修缮小区门球场,改建同心大舞台,新建2处运动场地。现共有活动广场5个,总面积2500余平方米;另有1个居民活动室,占地面积400余平方米,使用面积500余平方米,活动室配备新时代文明实践点、图书室、乒乓球馆、娱乐室、舞蹈室、社区卫生服务站、餐厅等。有18人的舞蹈队、16人的乒乓球队、15人的门球队、10人的乐器队各1支。

2021年10月,在安源区打造了首家"安源红·邻里之家"服务站,涵盖志愿者孵化、食堂用餐、教育培训、医疗服务、图书阅读、棋牌娱乐、心理咨询、幼儿托管等服务,发动社会爱心企事业单位27家以物资、资金等形式参与小区治理,孵化小区志愿服务团队,设置"时间银行",完善小区志愿服务体系,建立8支志愿服务队,涵盖文体活动、环境整治、关爱困难群体幼儿培育、邻家嫂子、矛盾调解等志愿服务,形成共建共治共享的基层治理格局。

社区荣誉 全国示范性老年友好型社区、江西省五星"幸福社区"、江西省"六化"街道社会工作服务站、江西省防灾减灾示范社区。

牛角坪社区

社情概况 地处丹江街东北部。居委会驻萍安大道9号。1972年属东风街东外居委会,1983年6月成立居委会。以跨界地名牛角坪(牛角坪,清同治年间李姓由周江边迁此,该地原为草坪,村人在此牧牛,相传有次两牛相斗,一牛之角伤折

牛角坪一角

于此而得名。

东邻安源镇木杉塘社区,北靠安源镇万佳社区,西接江矿社区,南毗丹江街丹江村。管辖范围东起安源镇木杉塘社区,西达丹江街江矿社区,南至丹江街丹江村杨家冲,北抵安源镇万佳社区。辖区面积0.17平方千米,有居民小组4个。管辖山水华庭小区、锦湖新城小区、萍乡市二医院家属区、802车队及佳华小区,有楼栋25栋,房屋1786套(房屋性质涵盖商品房、保障性住房、棚改房、集资房、福利房),划分为2个网格(山水华庭小区网格、佳华小区网格)管理。户籍人口448户1150人,常住人口689户1297人(男性702人,女性595人),平均年龄48岁,以汉族为主,有土家族1人。

自然资源与环境 地势东北高西南低,平坦用地较多。境内流经萍水河丹江段。

经济概况 有52家企业,其中实体企业40家,涵盖餐饮服务、广告服务、工艺包装盒加工、建材批发、电器销售等业务。有行政事业单位2家(江西省萍乡市特殊教育学校、萍乡市第二人民医院)。个体商铺16家,经济活动主要集中在超市、餐饮、快递、理发等服务行业。

基础设施 萍安大道贯穿南北,东邻秋收大道,西接丹江中路,南连樟树路,北靠华源路。萍安大道、华源路及秋收大道在境内交会。小街小巷2条,长度约1千米。小区均实现雨污分流。

社会发展　有幼儿园1所,位于锦湖新城小区内,占地面积789.21平方米,建筑面积1895.69平方米。安源学校小学一年级和安源二小整体搬迁进原明德学校教学楼。

境内有萍乡市第二人民医院,位于萍安南大道89号,1972年创办,占地面积10万平方米,建筑面积7.2万平方米,集医疗、科研、教学、急救和预防、保健、康复为一体,有员工741名、580张床位,为国家三级甲等综合医院。

低保户32户57人。残疾人29人,享受政策补助8人。2020年与江西长天集团合作,打造占地面积200平方米的居家养老服务中心,内设棋牌室、阅览室、艾灸室、茶吧等功能室,提供日间照料、康复护理、精神慰藉等服务,中心成立以来服务老人8000余人次。

社区文化活动场所占地面积约2166平方米,包括党群服务中心(含新时代文明实践站)约466平方米、文化健身广场3个约1000平方米,篮球场2座约700平方米。

社区荣誉　江西省"绿色社区 美丽家园"创建活动示范社区、江西省绿色社区、江西省全民健康生活方式行动健康社区。

城南社区

社情概况　地处丹江街西北部。驻城南花园小区。1962年属萍乡镇东大街丹江居委会,1964年属萍乡镇丹江街萍矿机厂居委会,1972年属萍乡镇东风街丹江居委会,1983年4月属丹江街办,同年6月将丹江居委会拆分为城南、江矿、亭子下3个居委会。因处城南,故名。

东邻江矿社区,南接贺家湾社区,西隔萍水河与八一街汪公潭村相望,北毗东大街张家大屋社区。管辖范围东起城南花园小区,西达萍水河中央半岛段,南至京华幼儿园,北抵中央半岛小区。辖区面积0.24平方千米,共6个居民小组,管辖中央半岛小区、城南花园小区、萍玻小区和八中家属房、林科所家属房、部分宋家坊和长潭村散户,划分为5个网格(城南花园小区一网格、城南花园小区二网格、城南花园小区三网格、中央半岛一网格、中央半岛二网格)管理。户籍人口1632户4610人,常住人口1591户4217人(男性2059人,女性2158人),平均年龄43.35岁,以汉族为主,有瑶族1人、回族2人。

经济概况　有24家企业,其中实体企业22家(建筑业2家、服务业7家、太阳能发电1家、大药房1家、协会1家、租赁业1家、制造业2家、批发业3家、货物运输代理1家、私立幼儿园1家、物业公司1家、养老院1家);行政事业单位2家(其中1家社区、1家公办幼儿园);个体商铺21家,其中商超3家、小卖部2家、餐饮店7家、移动电信2家、药房1家、美容美发店2家、快递2家、干洗店1家、窗帘店1家。

基础设施　萍乡至安源铁路境内通过,萍水南路延伸段、城南路等构成域内公路网。

20世纪80年代,萍矿机厂兴建两层瓦顶家属户。2010年起进行棚户区改造,城南花园小区成为全市第一个棚户区改造小区,2012年建成,共33栋911户。2013年,萍乡浮法玻璃厂兴建2栋职工福利房——萍玻小区,共2栋132户。2021—2022年,对城南花园小区、萍玻小区进行老旧小区改造,改造房屋35栋,雨污分流全覆盖。

社会发展　境内有城南花园养正幼儿园、京华幼儿园。城南花园养正幼儿园,于2013年成立,2019年被纳为公办区二级园,园内实用面积2000多平方米,其中室内外活动操场面积500平方米,在职教职工22人,教学班5个,在园幼儿125人。京华幼儿园,2022年获批为民办普惠性幼儿园,为二级幼儿园,占地面积1089.97平方米,建筑面积2412.15平方米,户外活动面积2323平方米,在职教职工28人,教学班8个,在园幼儿185名。

低保户152户243人。残疾人88人,享受政策补助45人。2019年打造占地面积为120平方米的居家养老服务中心,分设棋牌室、阅览室、休息室等功能室,中心

城南社区

成立以来累计服务老人2万余人次。

社区文化活动场所占地面积约1800平方米,包括党群服务中心(含新时代文明实践站)约500平方米、文化健身广场2个约800平方米、老年人活动中心1个的200平方米、篮球场1座约300平方米。

特色地情 株萍铁路。为江西省境内第一条铁路,由詹天佑主持修建。1899年7月开工建设,1905年12月竣工。是安源通往株洲的运煤专线铁路,全长约89千米,在境内约2.2千米。

社区荣誉 江西省绿色示范社区、萍乡市文明社区、萍乡市"尊崇工作法"示范单位。

贺家湾社区

社情概况 地处丹江街西南部。驻丹江北路中段。1985年7月从江矿居委会析出部分设立贺家湾居委会。以境内贺家湾(贺家湾,清雍正年间贺氏由莲花迁此河湾处,故名)得名。

东邻丹江社区,南毗五陂镇册雷村,西接丹江村,北接城南社区。管辖范围东起华源路与丹江中路交界处,西达城南路泰安花园小区,南至丹江北路祥福小区,北抵丹江中路与樟树路交界处。辖区面积0.1平方千米,辖区居民在居委会设立之初主要为江发集团下属单位江发柴油机分厂职工以及部分贺家湾当地居民,2017年因修建安源湖而征地拆迁,部分居民搬至荷塘冲的"凤栖水榭",江矿劳大小区19栋居民房32个单元共300余人划入江矿社区管理,当前居民以拆迁户、回迁户为主,管辖2017年建成的祥福小区(楼栋3栋,以安置房为主)、2015年建成的泰安花园小区(楼栋3栋,以经济适用房、公租房为主),共3个居民小组,划分为2个网格管理。户籍人口141户240人(男性147人,女性93人),常住人口680户1300人,平均年龄52.7岁,以汉族为主,有瑶族1人、土家族1人。

自然资源与环境 境内有安源湖。安源湖是以改善水环境、水资源调配为主,兼顾防洪、灌溉等综合利用的小(2)型水库,湖面面积337亩,蓄水最深2.5米,平均水深1.8米,总库容37万立方米。同时,安源湖建成下游钢闸坝、上游沉淀池、游步道、防护栏杆等设施,为解决枯水期补水问题,并建有从五陂河调水的连通渠道。

经济概况 20世纪八九十年代有江发集团下属单位江发柴油机分厂(前身为

贺家湾社区

萍乡市农机厂,1992年改名江发柴油机分厂),2004年宣布破产。2021年引入喜临门智能家居产业园项目,规划占地面积416亩,建筑面积42.7万平方米,主要从事以床垫为核心的高品质智能家居的设计、研发、生产与销售,在原贺家湾旧址上建设过渡性生产区,总建筑面积约为2万平方米,基地生产产品70余种,日产床400张、软床150套,年销售额上亿元。

基础设施 丹江北路与丹江中路环绕贺家湾社区,境内主干道为丹江北路,公交线路有10路和南坑车,紧邻丹江村戴家冲小区。

2019年对祥福小区、泰安花园小区实施了雨污分流改造工程。2022年对泰安花园小区进行了道路"白改黑"、休闲广场建设。

社会发展 城镇低保户16户29人。残疾人8人,享受政策补助3人。引入江西省国属企业江西长天集团子公司萍乡长天松康养老服务公司,打造嵌入式养老服务中心,占地面积1700平方米,建筑面积900平方米,床位60张,24小时日夜间照护,为长者提供助餐、居家护理、日间照护、残疾人照料、康复护理、精神慰藉等综合服务。

社区设有占地面积357平方米的党群服务中心、综合文化服务中心、新时代文明实践站,内设未成年人活动室、初心影院、阅览室、党员教育室、退役军人服务站、综治矛调室等多间功能室。祥福小区有占地面积27平方米的健身广场,设有健身器材和乒乓球桌;泰安花园小区有占地面积120平方米的健身广场,设有羽毛球场1个。有1支15人的舞蹈队、1支11人的体操队、1支7人的乐器队。

社区荣誉 萍乡市"十佳和谐社区"、萍乡市普法依法治理工作先进集体、萍乡市"法律进社区"示范点。

丹江村

村情概况 地处丹江街东南部。村委会驻亭子下。1949年8月前属安居乡第八保。1950年8月后属安源区嘉埠乡。1958年为安源公社建生大队,1963年属萍乡镇。1971年划归郊区公社。1983年3月改为丹江大队。1984年3月改为郊区乡丹江村。2001年7月撤销郊区乡划归丹江街办,改名丹江管理处。2017年撤管理处恢复丹江村。以境内丹江地片(丹江,含联星、丹江村和安源镇安源村西部部分地域,系一大垄塅。1949年至20世纪90年代为萍乡工业区域。2017年始亭子下西部区域大部规划为安源湖。《昭萍志略》载:元末,甘、屈、李三姓由吉安一同来此建村,因该地原来严重缺水,常年干旱,故名单干。1898年安源煤矿开矿后,小溪之水含硫多,水呈红色,谐音改为今名)得名。

东邻安源镇跃进村、安源村,南毗五陂镇册雷村,西接联星村,北壤东大街东星村。管辖范围东起安源村,西达联星村,南至册雷村,北抵跃进村和东星村。辖区面积2.61平方千米,共11个村民小组,划分为6个网格(吴家湾网格片区、野塘冲网格片区、杨家冲网格片区、马家冲网格片区、李家湾网格片区、戴家冲网格片区)管理。户籍人口1306户4230人(男性2145人,女性2085人),常住人口3406人,平均年龄43岁,均为汉族。共有57个姓氏,其中李、刘、张、周、吴、陈、罗、黄、朱、邓、王、杨姓人数均超过100人。

丹江村

自然环境与资源　地势东北高、西南低,坡度变化较大,平坦用地主要分布在中部,呈现纵向狭长态势。

安源河丹江段自东向西穿村而过。安源河起源于安源山区,河流途经境内大塘下和光陂上,最后汇入安源生态水库。

经济概况　耕地527.7亩,其中水田358.35亩,水浇地18.3亩、旱地151.05亩。主要种植水稻、油菜、糯玉米、红薯等。有一前景专业种养合作社,流转土地90亩,经营蔬菜栽种、果园采摘、鱼塘垂钓、龙虾养殖,并以"白天+夜晚"的模式发展乡村旅游项目,打造集乡村休闲、拓展研学、民宿餐饮等为一体的近郊旅游点,年吸引游客和研学拓展团队约2万人次,解决村民就业50余人次。

境内有萍乡市浮法玻璃厂、嘉禾燃料有限公司、江西安电电力有限责任公司、江西鲲鹏橡胶有限责任公司、萍乡市明扬威电子有限公司。商贸方面,有三友生态食府、客中行餐饮、丹江实践拓展基地。

2022年村级集体经济收入96.5万元。收入主要来源于房屋租赁、上级拨付、资产资源处置(集体土地征收)。

基础设施　萍乡至安源铁路横穿境内。中环南路、萍安南大道穿村而过。乡村道路13.1千米,路宽3.5~6米,大部分是水泥路。

山塘6口,分别为吴家湾山塘、板栗园山塘、杨家冲山塘、磨盘山山塘、戴家冲山塘、李家湾山塘,集雨面积26.5亩,库容34.34万立方米。水渠共计长4千米。农

前景合作社

吴烈将军广场

田灌溉率100%。

家庭日常生活使用水、电接通率100%。村民日常使用的能源主要为液化气、天然气，九组、十组176户接入天然气管道。

从2006年至2020年，有亭子下、李家湾、大塘下、光陂上小区、马家冲小区、横冲、板栗园、八组戴家冲、五组前景等为新农村建设点，因地制宜建设活动广场。

丹江高架桥下有一污水处理站，日污水处理量500吨，污水管网接通情况95%。

社会发展 有燎原学校（初中部）、丹江学校。燎原学校（初中部），2022年创办，占地面积约5.22平方米，建筑面积约3.85平方米，在职教职工142人，教学班43个，在校学生2000余人。丹江学校，1943年创办，占地面积约1万平方米，建筑面积约3500平方米，在职教职工24人，教学班7个，在校学生330人。

有村卫生所1所，坐落于丹江村亭子下，面积为128平方米，有专业技术人员2名、床位2张。87户118人享受低保。残疾人91人，享受政策补助86人。

文化活动场所占地面积约5300平方米，室内村委会（党群服务中心）约1500平方米、新时代文明实践站约300平方米，室外文化健身广场约3500平方米，分布在各村民小组。有1支15人的舞蹈队。

特色地情 吴烈（1915—2001）。开国少将。1927年参加安源煤矿工人罢工、安源保卫战和护厂斗争，1930年5月参加中国工农红军，同年加入中国共产党。参加了土地革命、抗日战争、解放战争、抗美援朝战争等。1955年被授予少将军衔。为纪念吴烈，在联星村狮形湾建有占地面积6000余平方米的吴烈将军广场，在安源镇张家湾村建有吴烈生平事迹陈列馆。

乡村荣誉 江西省文明村镇、萍乡市文明村镇。

联星村

村情概况 地处丹江街西南部。村委会驻狮形湾。1949年8月前属居安乡第九保和中山镇的一部分。1950年8月后属安源区嘉埠乡。1958年以后为安源公社嘉埠和联星两大队。1963年属萍乡镇。1969年联星和嘉埠合并为联星大队。1971年改属郊区公社。1984年3月改为郊区乡联星村。2001年7月撤销郊区乡划归丹江街办,改名联星管理处。2017年撤管理处恢复联星村。1956年高级社时,红星、明星合并为联星高级社,意为"两星联合,光彩焕发",联星之名由此而来。

东邻丹江村,南毗五陂镇长潭村、册雷村,西接横龙街道汪公潭村,北壤东大街道东星村。管辖范围东起丹江村,西达横龙街道汪公潭村,南至五陂镇长潭村、册雷村,北抵东大街道东星村。辖区面积2.22平方千米,共7个村民小组,划分为7个网格(杨家冲网格、狮形湾网格、宋家坊网格、天福坪网格、卢家湾网格、王家坡网格、荷塘安置区网格)管理。户籍人口656户4360人(男性2399人,女性1961人),常住人口2745人,平均年龄45.8岁,均是汉族。共有32个姓氏,其中张、贺、陈、卢、温、李、刘姓人数均超过100人。

自然环境与资源 境内有三山、二水、一湖。南有鸡冠山(海拔113米)、狮形山(海拔103.5米),西有象形山(海拔106米)。发源于安源山的河流在境内汇入安源湖(安源生态水库),安源湖泄洪至丹江河,在境内一组地带汇入萍水河。萍水河自

联星村

西向南经境内二组和一组,沿长潭河一路而下,奔腾至湘江。矿藏有陶土、料石。

经济概况 耕地380.7亩,其中水田260.7亩、水浇地39.75亩、旱地80.25亩。种植水稻等粮食作物和蔬菜、莲藕等经济作物。蔬菜约120亩,莲藕约30亩,全年向城区提供商品蔬菜60余吨、莲藕5000千克以上。有农业合作社2个:联星种养专业合作社占地62亩,种植莲藕、蔬菜;智农中药材种植专业合作社占地32亩,种植中药材紫株。

20世纪80年代,村办企业发达,建有联星工业园,生产工业瓷环、助滤剂等产品,畅销全国,年产值达5000万元以上。现境内有萍乡市华林填料助滤剂有限公司,主营硅藻助滤剂生产销售。商贸方面,有家庭型经营的超市4家,农家酒店1家。

2022年,村级集体经济收入68.2万元。

基础设施 萍乡至安源铁路境内通过。萍安中大道穿境而过,与萍水南路延伸段、017乡道、长潭路、樟树路等构成域内公路网。

小(2)型水库1座,为安源生态水库,库容37.74万立方米。山塘1口,卢家湾山塘,集雨面积30亩,库容0.045万立方米。水渠共计长1.8千米。农田灌溉率98%。

村民日常使用能源主要为天然气,天然气覆盖率达80%。有污水处理站4座,日处理生活污水150吨。

从2006年到2018年,有裕龙、王家坡、荷塘冲、贺家湾、泉水窖、狮形湾、温家坳、杨家冲、走不赢、狮形头、卢家湾等为新农村建设点,因地制宜建设活动广场。

社会发展 联星学校由于生源关系于2019年并入丹江学校。书香门第幼儿园,位于二组宋家坊,2019年创办,占地面积420平方米,建筑面积1260平方米,在职教职工19人,教学班5个,在园幼儿148人。

联星村卫生所,位于狮形湾村委会,面积70平方米,专业技术人员1名。1885人纳入失地农民养老保险范畴。低保户44户72人。残疾人55人,享受政策补助12人。

有室内村民文化活动中心1个,占地面积约400平方米。村民活动广场6个,占地面积约1.2万平方米。

特色地情 贺庆仁(1906—1983)。又名贺石峰,化名李希,1925年加入中国共产党,1928年1月以农运专员的身份在上栗县策动了斑竹山起义。

嘉梓庙。始建于明朝万历年间(约1604年),地处古萍城通往莲花之官道旁,境内卢家湾象形山边。

荷塘庙。始建于北宋建隆四年(963),位于境内七组窑前鸡冠山下。

乡村荣誉 江西省十大和谐村庄、江西省文明村镇、萍乡市文明村镇。

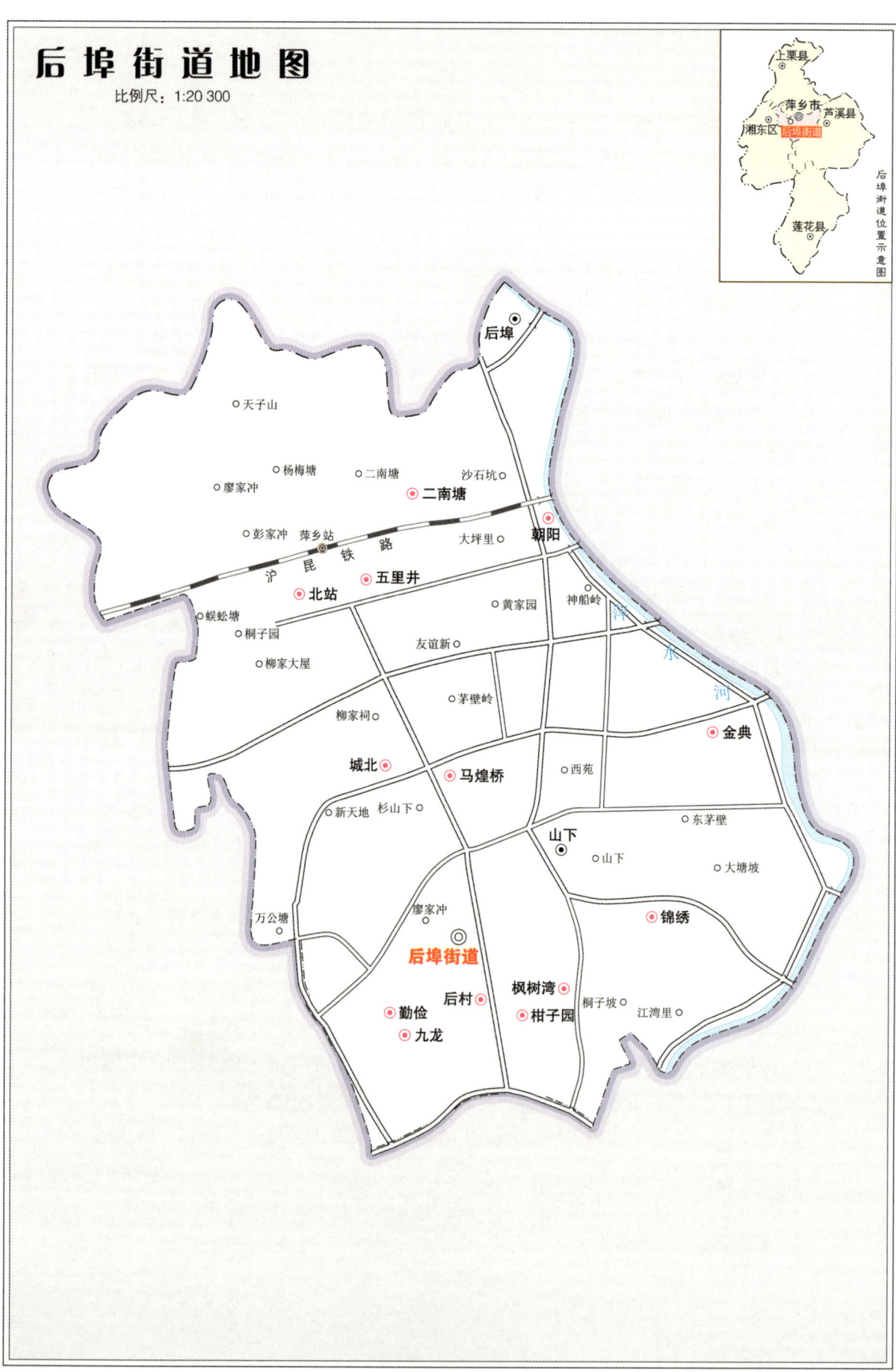

后埠街道

地处安源区北部。办事处驻跃进北路235号。东与光丰街相接,南与凤凰街相邻,西与八一街相连,北与上栗县福田镇接壤。街区面积4.76平方千米,辖2个村委会和13个居委会。

1949年8月前属鸣盛乡、进化乡。1950年8月后属积善区后埠乡,1956年萍乡矿务局、九〇一地质队先后入驻。1972年萍乡矿务局附近区域属萍乡镇管辖,其他属郊区乡后埠村、山下村。1979年兴建浙赣铁路萍乡站。1983年2月撤销萍乡镇设立城关区后埠等5个街道办事处,管辖范围北扩至萍乡站。1987年8月设立绞水塘、鹅湖居委会。1987年10月从北站析出设立五里井居委会。1993年5月改称安源区后埠街道办事处。1995年8月设立龙古坳、锁匙湾居委会。1999年3月设立马煌桥居委会。2001年8月撤销郊区乡,后埠、山下两村划入,后又划归城郊管委会。2002年9月,三田、绞水塘、鹅湖合并为朝阳居委会,锁匙湾、山下合并称枫树湾居委会,龙古坳、九〇一合并为九龙居委会,万公塘并入城北居委会。2006年9月设立金典居委会。2012年10月从枫树湾居委会析出部分设立锦绣居委会。2015年7月设立二南塘居委会。2023年1月后埠、山下两村划入后埠街。

常住人口77100人(男性37608人、女性39492人),以汉族为主,城镇化率76.9%。

自然资源与环境 境内地势平坦,多为小山丘和水田,1957年后陆续扩建为市区。平均海拔约300米。萍水河在其东缘流过。境内支流马煌小河汇入萍水河。

经济概况　财政总收入4.5亿元,同比增长27%。一般预算收入1.8亿元,同比增长32.4%。经济以工业和商业为主。

有工业企业3家,均为规上工业企业,在安源工业园。在安源工业园青山片区装备制造产业有伯乐智能装备及配套产业园,形成产业链完整的注塑机产业集群。规模以上商贸企业13家,总年营收为22亿元。规上服务业营收4.24亿元,同比增长7.7%;商贸企业营收21.94亿元。全年规上工业生产总值1.8亿元,同比增长4.9%。

有步步高、洪城大厦、润达国际、梦想天街、南昌百货、文化路步行街等大型商业网点,其中文化路步行街入驻商户438家,营业额年均960万元;润达国际入驻商户265户,营业额达8亿元;梦想天街入驻商家140户,营业额年均1.6亿元。有大型超市3家,老地方超市5家,标准化农贸市场2个,品牌电器店5个,年营业额达200万元以上商家10家。规上服务业营收4.24亿元,商贸企业营收21.94亿元。

基础设施　浙赣铁路横穿境北。有跃进北路、建设中路、站前东路、龙腾路、朝阳南路、楚萍东路、文昌路主次干道7条,后村巷、前村巷、爱民巷、杉形南巷、杉形北巷等背街小巷68条以及后埠村、山下村村道29条。萍乡火车站、长途汽车站驻境内。

国家电网供电,通电率100%。通信网络全覆盖。集中供水,自来水入户率100%。天然气使用率90%。环卫市场化。

社会发展　有3所中学(萍乡市第三中学、萍乡市第四中学、安源一中),2所小学(城北小学、后埠小学),在校学生4289人;幼儿园21所,在园幼儿2756人。

有萍乡市妇幼保健院、萍乡市中医院、安源区人民医院、安源九华医院、萍乡兆恩中医医院、道藿中医医院等医院驻境内。后埠街社区卫生服务中心是省级示范社区中心,服务范围包括枫树湾社区、柑子园社区、锦绣社区、马煌桥社区、后村社区、金典社区、城北社区、山下村、后埠村。九龙社区卫生服务站以九龙社区、勤俭社区为服务范围。

有城镇低保户1346户2076人。街道文化站设有多功能活动厅、乒乓球活动室、阅

后埠街一角

润达国际

览室、老年活动室、户外健身场所等。2010年至今,提升改造1个综合文化站和15个综合文化服务中心。体育方面,2019年新建一批全民健身运动设施,全街共有全民健身运动点20余处。

特色地情 秋收起义广场坐落在山下村北面,为纪念湘赣边秋收起义而建。辖区内的金螺峰公园、虎形山公园山青、水清、史悠、境幽。

街道荣誉 全省依法治理创建活动先进单位。

朝阳社区

社情概况 地处后埠街东北部。居委会驻朝阳南路北端东侧。1984年以位于上柳源村境内的市三田煤矿家属区设立三田居委会,属青山镇。1987年8月设立绞水潭居委会、鹅湖居委会。1987年10月划归后埠街。2002年9月三田居委会、绞水潭居委会、鹅湖居委会3个居委会合并为朝阳社区居委会。因驻地位于朝阳南路,故名。

东隔萍水河与光丰街黄泥塘社区隔河相望,南连马煌桥社区、金典社区,西靠五里井社区,北毗福田镇碛石社区。辖区面积0.63平方千米,主要管辖朝阳南路双号、站前路5号及建设中路189号、建设中路191号—193号,有20个居民小区,划分为6个网格管理。户籍人口1992户6192人,常住人口4999人(男性2483人,女性2516人),平均年龄45.52岁,以汉族为主,有畲族、回族5人。

经济概况 有1个商业综合体润达国际综合体,1个旧货交易市场,有大型足浴店2家,连锁超市10家,餐饮店32家,衣帽服饰店12家,电器商店2家,移动电信6家,诊所2家,美容美发店10家,五金店3家,汽车修理店3家。

基础设施 朝阳南路、滨河西路、德铭路、站前路、建设中路纵横境内。社区内道

朝阳社区

路宽3.5~5.5米,生活道路约6.2千米。

家庭通电率100%。生活用水来源于自来水公司。居民日用能源为天然气。境内主干道均已完成雨污分离处理。

2019年,滨河小区及大有旧货市场家属院进行老旧小区改造;2022年,安康小区进行老旧小区改造工程,实施道路"白改黑"、路灯安装等民生工程。

社会发展 境内有民办幼儿园1所,七彩虹幼儿园,占地面积400平方米,建筑面积1200平方米,在职教职工16人,在园幼儿150人。有社区卫生服务站1个,占地面积600平方米,建筑面积600平方米,专业卫生人员16人,床位4张。居民医保缴纳率98.12%。城镇低保255户410人。残疾人122人,享受政策补助84人。2018年建成800平方米的党群服务中心,内设娱乐、学习、休息、助餐等服务功能室。

特色地情 鹅湖桥。跨萍水河连接楚萍西路和金陵西路。《昭萍志略》载:"鹅湖桥,在县北姚家屋,明万历时,姚氏独建。光绪五年重修。"相传桥初建时,墩无实处,屡易弗成,众皆苦于无计。一日,忽一银须白发老翁策杖来此,见状,以杖指一处曰:循此下挖,遇一石棺,即下墩处也。言毕,飘然而去。众奇之,从翁示,果如其言。开棺视之,二白鹅展翅骤起,翩翩旋舞,嘎嘎互鸣。良久,冲霄疾逝。据云:此乃天鹅,返归仙湖矣。桥成,遂名鹅湖桥。1976年,重修为7孔、面宽4.8米的公路桥。2003年,在原址新建钢筋混凝土拱桥,桥长63米,面宽18.6米,桥下净高5米,最大跨度9米,载重量50吨。桥两边有红色钢管弧状立于桥头并安有灯饰,远看似两道彩虹悬于河上,故新称彩虹桥。

社区荣誉 江西省"绿色社区 美丽家园"示范社区、江西省"爱心妈咪小屋"示范点、江西省"四星级幸福社区"、萍乡市文明单位。

九龙社区

社情概况　地处后埠街西南部。居委会驻龙古巷百春和小区。原系柑橘地,新中国成立初期为长北乡长兴馆村,1954年逐步建工厂和住宅,1955年设立新建居委会,1962年以辖区内有省地质局九〇一地质大队而改为九〇一居委会。1995年8月以驻地龙古坳为名设立龙古坳居委会。2002年9月九〇一与龙古坳合并为九〇一居委会。九〇一与龙古坳各取首字,得名九龙。

东连勤俭社区、后村社区,南邻勤俭社区,西隔浙赣铁路老线与横龙街红星社区为界,北靠城北社区、勤俭社区。辖区面积0.28平方千米,共有15个居民小组(7501、人民银行家属院、第四地质大队家属院、百春和小区、金土地小区、九龙山庄、冷冻厂家属区、金鹏小区、总府小区、长运小区、城建小区、烟草小区、储运小区、富丽家园、万公塘小区),划分6个网格管理。户籍人口2360户5744人,常住人口6915人(男性3398人,女性3517人),平均年龄45岁,以汉族为主,有藏族6人,黎族1人。

经济概况　九〇一地质队驻境内。大队下设地质勘查院、钻探工程院、生态文明院、水文地质勘查院、工程勘察院、测绘工程院、江西省赣西地质集团有限公司、萍乡市安源建材市场有限公司、萍乡市九龙房地产开发有限公司、九龙儿童世界分公司、安福钱谷温泉发展有限公司、职工医院等经济实体。

安源建材市场,占地面积24721.32平方米,建筑面积17804.66平方米,出租总面

九龙社区

积15973.95平方米,已出租面积15243.15平方米(其中商铺面积12609.15平方米,仓库面积2634平方米),100多家建材经营商户入驻,是萍乡市的大型专业建材集散、批发、直销市场。

基础设施　楚萍西路、西环路、龙腾路在境内交会。社区内道路宽3.5～5.5米,生活道路约5.7千米,均为沥青路面。

家庭通电率100%。生活用水来源于自来水公司。居民日用能源为天然气。

7501、901大院、金土地小区、九龙山庄、冷冻厂家属区、万公塘小区、城建小区、烟草小区进行了老旧小区改造。

社会发展　境内有安源机关幼儿园(三园),占地面积1300平方米,建筑面积4900平方米,在职教职工53人,在园幼儿444人。

安源九华医院驻境内,是在第四地质大队职工医院基础上发展起来的有专科特色的综合性医疗机构,包括肛肠医院和九龙社区卫生服务站,是萍乡市医疗保险定点医疗机构、北京中日友好医院肛肠专科医联体帮扶医院、北京专家"老区医疗行"活动执业地。

居民医保缴纳率98%。城镇低保137户228人。残疾人123人,享受政策补助86人。

社区文化活动场所占地面积约3300平方米,包括居委会(含党群服务中心)约300平方米、"安源红·邻里之家"约300平方米,新时代文明实践站约500平方米、文化健身广场约2000平方米。

社区荣誉　全国和谐社区建设示范社区、全国科普示范社区、江西省综合减灾示范社区、江西省充分就业星级示范社区、江西省绿色社区。

勤俭社区

社情概况　地处后埠街西南部。居委会驻龙古巷西侧。1949年8月前属中山镇第四保。1950年8月后属积善后埠乡。1957年萍矿开始在此建房。1958年设立勤俭居委会。以驻地勤俭前村得名,取勤俭建国之意。

东邻柑子园社区,南和九龙社区并隔昭萍西路与八一街吕家冲社区为邻,西和九龙社区并隔铁路与横龙街红星社区相望,北至九龙社区、后村社区。辖区面积0.14平方千米,管辖跃进北路337号、315号、前村巷,共有房屋64栋,12个居民小组,划分4

勤俭社区

个网格管理,户籍人口1228户3749人,常住人口3159人(男性1623人,女性1536人),平均年龄62岁,以汉族为主。境内金信花园,占地1.8万平方米,建筑面积3万平方米,2004年始建,2006年建成。

经济概况　前村巷内有矿区农贸市场,始建于2002年,占地面积7500平方米。近年来,矿区市场经历整体化改造、常态化规范管理,实现菜市场"超市化",市场摊位360个,一楼188个,二楼172个,内铺、店面73个。

有商铺300余户,其中中大型商超2家、星级酒店1家、银行1家、药店4家、小卖部9家、餐饮店15家、文具店5家、衣帽服饰店11家、移动电信1家、诊所1家、美容美发店6家、五金店3家、家电维修店2家。

基础设施　东有跃进北路纵贯,南有昭萍西路横穿,西有西环路经过。社区内道路宽3.5～5.5米,生活道路约6.4千米,均为沥青路面。

家庭通电率100%。生活用水来源于自来水公司。居民日用能源为天然气。

前村巷1—8栋、跃进北路315号、跃进北路337号、轴承厂家属院、金信花园进行了雨污分流改造。开展老旧小区改造,改造房屋42栋,解决了群众关心的"沟不通""路不平""灯不亮"和环境"脏乱差"等问题。

社会发展　前村巷内有安源区第一小学和安源区第一中学。安源一小前身是萍乡矿务局机关小学,1957年创办。学校占地总面积23660平方米,建筑面积15700平方米。有22个教学班,学生1162人,教职员工63人。安源一中前身是萍乡矿务局机关中学、萍矿集团公司第一中学,1957年创办,2004年被安源区整体接收,是一所全日制公办初中。学校占地总面积23772平方米,建筑面积10400平方米。有18个教学班,学生853人,教职员工99人。

居民医保缴纳率98%。城镇低保122户186人。残疾人124人,享受政策补助45人。

在轴承厂家属区一块空地上建了党群服务中心、新时代文明实践站等,社区文化活动场所占地面积约1050平方米,包括居委会(含党群服务中心)约600平方米、文化健身广场约400平方米、文化活动室50平方米。

特色地情　指掌画家朱骏萍居住在社区前村巷。朱骏萍用指掌代替毛笔在纸上绘画。朱骏萍所作,既有传统水墨神韵,又能展现出摄影作品的质感,远观层次丰富,山石肌理活现,近观纹理近乎天然,表现精微细腻,有自然天成之妙韵。作品《桂林山水甲天下》《山谷风云》《唐人诗意》被上海世博会永久收藏。

社区荣誉　江西省"绿色社区　美丽家园"示范社区、萍乡市创建全国文明城市集体嘉奖、萍乡市五星人社服务平台和A类优秀社区服务平台。

城北社区

社情概况　地处后埠街西北部。居委会驻柳家南巷2号。1978年3月由勤俭居委会分出设立城北居委会,2002年9月万公塘居委会并入,仍称城北居委会。以地处城北得名。

东邻马煌桥社区、南毗九龙社区、后村社区、西与横龙街长兴馆村交界,北与北站社区接壤。辖区面积0.55平方千米,共有27个居民小组,划分9个网格管理。户籍人口3022户8378人,常住人口9107人(男性4394人,女性4713人),平均年龄46岁,以汉族为主,有回族5人、满族4人、蒙古族2人、彝族1人、傣族1人、瑶族1人、畲族1人。

梦想天街

经济概况　工行市分行、九江银行、市中医院、江西省电力公司萍

城北社区

乡供电分公司等单位驻境内。梦想天街购物公园,商超面积达14万平方米,商场共6层,是一家集生活超市、时尚市集、精致生活、童趣工厂、悦享主义、美食餐饮、靓丽空间、影视娱乐、运动健身等于一体的特色情景式体验商业综合体。

基础设施 跃进北路、建设西路、楚萍西路、永丰街交织于境内。

家庭通电率100%。生活用水来源于自来水公司。居民日用能源为天然气。进行雨污分流改造,解决了部分老旧小区单元原管网系统老旧、破损、错混接情况导致的部分污水散排问题。

除梦想天街小区、柳园花园、新岭煤矿、金领公寓、祥景明珠公寓、新天地公寓外,其余均已进行老旧小区改造。

社会发展 境内有城北幼儿园,创办于2014年,占地面积520平方米,建筑面积2000平方米,在职职工18人,在园幼儿152人;安源区机关幼儿园二园,创办于2020年,占地面积2020平方米,建筑面积2710平方米,在职教职工38人,在园幼儿272人。

萍乡市中医院,是一所集医疗、教学、科研、预防和保健为一体的国家三级甲等中医医院。医院于1954年成立,是江西省乃至全国最早创建的中医医院之一。1982年12月搬至现址,占地面积30余亩。随着青山村水口130号新院区的投入使用,医院形成"一院两区"的发展格局。

居民医保缴纳率98.24%。城镇低保149户225人。残疾人128人,享受政策补助74人。社区与企业对接,搭建集智能胸牌、SOS报警探测器、门磁探测器、智慧养老综合平台为一体的智慧养老系统,开创智慧养老新模式。

社区荣誉 江西省绿色社区、江西省星级充分就业社区、萍乡市最美社区。

马煌桥社区

社情概况 地处后埠街中部。居委会驻楚萍东路4号。2001年设立居委会。原境内小河多蚂蟥,架有桥,故名。后演变为今名。

东邻金典社区,南连枫树湾社区,西依城北社区,北靠五里井社区。辖区面积0.3平方千米,共12个居民小组,划分4个网格(山下网格、楚萍网格、邮电网格、联合网格)管理。户籍人口共1037户3162人,常住人口3385人(男性1659人,女性1726人),平均年龄48岁,均为汉族。

经济概况 以商贸为主。市总工会、中国石化公司萍乡分公司、安源公安分局、洪城大厦等单位驻境内。有经营性企业35家,商铺200余家。其中有农贸市场1处、大型酒店2家、电影院1家、KTV1家、幼儿园1家、诊所3家、小卖部26家、餐饮25家、衣帽服饰店8家、美容美发店12家。

基础设施 建设中路、楚萍西路、山下路、跃进北路、朝阳南路在境内交织。

家庭通电率100%。生活用水来源于自来水公司。居民日用能源为天然气。50%居民区已进行雨污分流改造;邮政小区、电信小区进行"三供一业"改造,山下小区完成老旧小区改造。

社会发展 境内有4家大药房、3家诊所。城镇低保42户61人。残疾人69人,享

马煌桥社区

受政策补助33人。

居委会办公楼设有家长学校、市民学校、党员活动室、阅览室、电子阅览室、未成年人活动室、科普活动室、棋牌室等各类功能室,室内配有投影仪、电脑、各类书刊4000余册,是集文化娱乐、党员活动、教育培训、图书阅览为一体,覆盖社区居民文化生活服务所需的重要阵地。

社区荣誉 全国社区志愿者工作先进单位、江西省先进基层党组织、江西省普法用法示范社区、江西省廉政文化建设示范点、江西省民主与法治示范社区。

北站社区

社情概况 地处后埠街中部。居委会驻寒水巷。原为后埠村地域,1978年建萍乡火车站后陆续建房,属城北居委会,1983年5月从城北居委会分出设立站北居委会。

东邻五里井社区,南连城北社区,西毗横龙街长兴馆村,北接二南塘社区。辖区面积0.12平方千米,共18个居民小组,划分3个网格管理。户籍人口1245户3760人,常住人口2721人(男性1294人,女性1427人),平均年龄55岁,以汉族为主,有苗族2人。

经济概况 以商贸为主。萍乡火车站既是南来北往旅客的集散地,又是市内公共交通重要的枢纽,带来大量的客流、物流,北站社区商业发展迅速,形成餐饮、零售和休闲娱乐为一体的站前商圈。有商铺70余家,其中小型商超3家、小卖部9家、餐饮30家、衣帽服饰店8家、电器店4家、移动电信5家、诊所3家、美容美发店3家、五金店5家、汽车修理店2家。

基础设施 浙赣铁路横贯境内并设站。跃进路、站前路、建设西路纵横境内。

家庭通电率100%。生活用水来源于自来水公司。居民日用能源为天然气。

2020年,幸福小区、铁路家属楼、绿城苑小区进行改造。

社会发展 境内有萍乡市第三幼儿园和田家炳中学(四中)。市第三幼儿园,占地面积2250平方米,建筑面积4484.42平方米,在职教职工19人,在园幼儿270人。田家炳中学,坐落在建设西路和中环路旁,始建于1959年,早年是铁路中学,后改为萍乡市第九中学。2005年得到香港实业家、慈善家田家炳先生捐助,更名为萍乡市田家炳中学。2018年萍乡市第四中学整体搬迁至田家炳中学办学。现为初级中学,占地面积

北站社区

90亩,在职教职工194人,教学班53个,在校学生1739人。

有一个卫生服务所,为居民提供医疗保健服务。居民医保参保率97.24%。城镇低保101户174人。残疾人89人,享受政策补助51人。

社区文化活动场所占地面积约800平方米,包括居委会(含党群服务中心)约100平方米、新时代文明实践站约300平方米、文化健身广场约400平方米。

特色地情　长丰街古玩市场,是萍乡市首届古玩交流会的开幕地,现有古玩艺术品商铺有50余家,市收藏协会的会员是古玩市场开店、摆摊的主力,还有不少外地的摊主。每月24日是古玩市场的"赶集日"。

社区荣誉　江西省综合防灾减灾示范社区、江西省幸福社区、江西省绿色社区、萍乡市民主法治社区、萍乡市人口普查先进单位、萍乡市创建文明城市先进单位。

后村社区

社情概况　地处后埠街中部。居委会驻后村巷东端北侧。1983年6月从勤俭居委会析出设立后村居委会。因位置和建房时间都在勤俭前村之后,故名。

东至柑子园社区,南靠勤俭社区,西连九龙社区,北接北站社区、马煌桥社区。辖区面积0.12平方千米,共32个居民小组,划分3个网格管理。主要由萍乡客车厂、萍乡电焊条厂、江西省煤田地质局二二六地质队、萍矿机关的职工构成,户籍人口共1215户3544人,常住人口2557人(男性1229人,女性1328人),平均年龄46岁,以汉族为主,有维吾尔族1人、蒙古族1人。

经济概况 经济活动以便民服务为主,有商铺40家,其中小商铺16家、餐饮店7家、美容美发店7家、小诊所1家、药房1家、快递点1家、移动电信2家、水电安装店2家、房产中介3家。

基础设施 临跃进北路。对外道路有后村巷、新建巷。

家庭通电率100%。生活用水来源于自来水公司。居民日用能源为天然气。

2019年后村巷进行老旧小区改造,对住宅楼进行墙面防水、屋面落水管更换、雨污分流、管网线整改、楼道灯安装,同步进行统一沿街店铺店招雨棚、道路路面整体升级、停车位规范画线、安装人行道护栏、优化和完善背街小巷及单元楼栋各项基础设施。24栋楼房外墙焕然一新,35家商铺旧貌换新颜。

社会发展 创建于1979年的安源区人民医院坐落境内,占地面积1.8万平方米,职工160人,是安源区唯一的综合性医院,已发展成为医疗为主,集预防保健、医疗康复、教学科研以及社区卫生服务为一体的二级甲等医院,可便捷高效满足居民就医和保健需求。

居民医保参保率100%。城镇低保100户153人。残疾人90人,享受政策补助67人。

后村社区

居委会办公楼占地面积约500平方米,内含党群服务中心和新时代文明实践站,有理论宣讲室、市民教育室、科普宣传室、文化活动室、健身活动室等功能区。文化健身广场约100平方米。

特色地情　毛衣奶奶志愿团。八旬老党员"毛衣奶奶"谢芝兰,20多年来一针一线织起温暖大爱,为福利院孩子们织毛衣,不少居民自发加入进来,不仅为福利院儿童织毛衣,还主动提出再"上岗",有电工技术的退休职工为孤寡、空巢老人,残疾人和低保户义务维修电路、家用电器;有钳工技术的退休职工义务维修水管、水龙头;有修理技术的退休职工义务修缮辖区损坏的健身器材、围墙、下水道井盖等;其他退休居民,协助社区进行文明城市创建工作等。从"一个人"到"一群人",从"一针一线"到"千针万线",爱心不断扩展、延续。

社区荣誉　全国科普示范社区、江西省创建国家园林城市工作先进单位、江西省绿色社区。

枫树湾社区

社情概况　地处后埠街南部。居委会驻文化路中段西侧。1983年6月从城北居委会析出,设立山下居委会。1995年8月设立锁匙湾居委会。2002年9月山下和锁匙湾两居委会合并,以境内枫树湾(因湾内多枫树,故名)得名。

东连锦绣社区、凤凰街江湾社区,南接柑子园社区,西依后村社区,北靠马煌桥社区。辖区面积1.1平方千米,共13个居民小组,划分6个网格管理。户籍人口1455户4565人,常住人口5342人(男性2581人,女性2761人),平均年龄49岁,以汉族为主,有少数民族9人。

经济概况　境内有文化路步行街、汇蓝国际名品街。文化路步行街,于2006年5月建成,总占地面积158亩,总建筑面积26万平方米,长1168米,南起昭萍东路、北至朝阳路,商铺300余家,集购物休闲、餐饮美食、文艺娱乐、专业市场、商业金融、观光旅游等商业功能为一体,店铺林立,名品荟萃,设施完善,人气旺盛,有"萍乡王府井"美称。

基础设施　跃进北路、文化路纵贯境内。

家庭通电率100%。生活用水来源于自来水公司。居民日用能源为天然气。污水处理达到全覆盖。

枫树湾社区

2020年至2022年，变压器厂家属院、四鲜巷、南方宾馆家属院、跃进北路224号院内进行了老旧小区改造。

社会发展　前身为萍乡私立鳌洲中学的市第三中学位于辖区范围内。学校历北伐、抗战和解放战争硝烟，育新学、民主及革命、建设之人才，六易校名，九秩斯盛。1973年迁入现址，原为六年制中学，现为高级中学，占地面积60491平方米，在职教职工230人，教学班52个，在校学生2911人。

境内有3家大药房，1家诊所。居民医保参保率98%。城镇低保94户149人。残疾人107人，享受政策补助48人。90%老年人参加了社会养老保险。

社区文化活动场所占地面积约900平方米，包括居委会（含党群服务中心）约300平方米、新时代文明实践站约200平方米、室外文化健身广场约400平方米。室外设立健身体育点2处，步行街设有篮球场和亲子活动广场。

社区荣誉　江西省绿色社区、江西省充分就业星级示范社区、江西省最美工会户外劳动者服务站、萍乡市文明社区、萍乡市人社A类优秀社区服务平台、萍乡市充分就业星级示范社区、萍乡市五星级"模范基层工会"、萍乡市消防安全社区创建先进社区。

五里井社区

社情概况 地处后埠街北部。居委会驻站前路铁路家属院。1987年10月从北站居委会析出设立。以境内五里井(清顺治年间罗姓来此建村,挖有一井,时距萍城五里,故名)得名。

东邻朝阳社区,南连城北社区,西依北站社区,北靠二南塘社区。辖区面积0.25平方千米,共14个居民小组,划分5个网格管理。户籍人口1791户5271人,常住人口4264人(男性2111人,女性2153人),平均年龄52岁,以汉族为主,有仡佬族1人。

经济概况 以商贸为主。有商铺107家,其中小卖部12家、餐饮店45家、衣帽服饰店6家、电器店6家、移动电信5家、诊所2家、美容美发店17家、五金店8家、水电安装店3家、汽车修理店3家。

基础设施 浙赣铁路横过境北。跃进北路、朝阳南路、建设中路、站前路纵横境内。市长途汽车站驻境内,1990年1月落成,系一等站,占地面积3.75万平方米,总建筑面积10375平方米,辟有省内外营运线路100多条,日发车次400余班,年客运量86万人次,年货运量10万吨以上。

家庭通电率100%。生活用水来源于自来水公司。居民日用能源为天然气。污水经统一的雨污分流管道排出和处理。

萍乡汽车站

五里井社区

社会发展 居民医保参保率100%。城镇低保78户119人。残疾人94人,享受政策补助45人。

社区文化活动场所占地面积约300平方米(含党群服务中心),新时代文明实践站约100平方米,"安源红·邻里之家"、五里井社区室外健身活动点约200平方米。

特色地情 萍乡公交。萍乡公交始于1964年,当时人民汽车公司(现萍乡市公共交通总公司)成立,燃煤的道奇车是进入萍乡的第一批公交车,每车可乘坐20余人。初期,只有三四辆公交车、小西门到矿务局一条公交路线。20世纪70年代,新开公交南站(萍师附小对面)到安源的城内公交线;20世纪70年代末火车站建成后,原小西门到矿务局线,也将终点站延伸至火车站。80年代,萍乡城内有了从火车站出发,分别往中医院、山下路方向,再回到火车站的环城线路。从萍乡到排上、腊市等地的郊外线,也在这个年代开通。90年代,加长版公交车通道车驶入萍城人民的视野,通道车由两节车厢组成,中间通过绞盘连接在一起,长约15米,可容纳百余人,主要是跑小西门到火车站线。2001年元月,萍乡市首次实行无人售票制度,这个年代,萍乡公交开始使用安源客车厂生产的安源客车。从单门到双门,从木炭机、汽柴油、天然气到如今的新能源公交车,从燃煤的道奇车到如今的空调车,从有人售票到无人售票……50余年的公交发展史,见证了萍城发展的沧桑巨变,成为城市发展变化的一个缩影。

社区荣誉 江西省绿色社区。

柑子园社区

社情概况 地处后埠街南部。居委会驻柑园巷南段东侧。清末叫枫树冲,新中国成立初期山下村砍掉枫树开辟柑橘园,1956年萍矿在此建房,1958年属勤俭委员会,1978年3月属城北居委会。1983年6月从城北居委会分出,设立柑子园居委会。

东邻凤凰街江湾社区,南至凤凰街商城社区,西连勤俭社区,北接枫树湾社区。辖区面积0.2平方千米,共4个居民小组(幸福巷、爱群巷、柑园巷、跃进北路小组),划分3个网格管理。90%以上居民是萍矿的职工和家属。户籍人口共1165户3011人,常住人口2173人(男性1050人,女性1123人),平均年龄51岁,以汉族为主,有回族1人。境内爱群巷、幸福巷的房子多建于19世纪末,柑园巷、跃进北路的房子多建于20世纪初。

经济概况 以商贸为主。有商铺65户,其中小卖部5家、餐饮店2家、衣帽服饰店11家、电器店1家、移动电信1家、美容美发店7家。

基础设施 东邻文化路,南沿昭萍东路,西临跃进北路。社区内道路宽3.5~5.5米,生活道路约2千米,均为沥青路面。

生活用水来源于自来水公司。居民日用能源为天然气。

2018年进行老旧小区改造,将3条巷道打造成文化宣传巷柑园巷、交通安全示范巷爱群巷和特色法治文化巷幸福巷。

柑子园社区

社会发展 境内有安源区机关幼儿园、萍矿机关幼儿园。区机关幼儿园，创办于1982年，占地面积1500平方米，建筑面积1200平方米。萍矿机关幼儿园，创办于1952年，占地面积3100平方米，建筑面积2500平方米，拥有1880平方米的户外综合运动场所。

萍乡矿业集团办公大楼

居民医保参保率98%。城镇低保82户122人。残疾人63人，享受政策补助40人。

萍矿企业改制后，把原有萍矿退管会（爱群巷16栋）移交给社区使用。社区文化活动场所占地面积约1400平方米，包括居委会（内含党群服务中心、新时代文明实践站）约600平方米，多功能活动场地约300平方米，游艺园小广场约500平方米。社区有老年艺术团、合唱团、舞蹈队、羽毛球队、乒乓球队、书法社、京剧社等。社区的爱群巷、幸福巷、柑园巷中活跃着一支由60多名老党员、老乡贤、老教师、老楷模、老战士、老专家组成的"六老"志愿服务队，平均年龄70岁，最大的82岁，他们不辞劳苦，日夜穿梭在巷道间，守护着群众的幸福。

特色地情 萍乡矿务局。前身是萍乡煤矿（俗称安源煤矿），1950年命名为萍乡矿务局，1965年改为华东煤炭公司萍乡分公司，1986年恢复现名。辖区萍乡矿务局办公大楼和招待所，时为萍乡市建筑面积最大、楼层最高、外观最新颖的建筑群。随后以此建筑为中心修建跃进路、昭萍路以及设计院、保卫处、报馆（萍矿工人报社）和家属住宅等。1985年新建的12层萍矿招待所，是当时萍乡市第一栋高楼、第一栋积木式房子、第一栋电梯楼、第一栋外墙用马赛克装饰，后招待所变更为黑天鹅宾馆和天鹅宾馆。

社区荣誉 全国科教进社区活动先进集体、全国预防青少年违法犯罪工作示范点、江西省老年体育工作示范社区。

金典社区

社情概况 地处后埠街东部。居委会驻楚萍东路230号。2006年12月设立,以境内金典城得名。

东隔萍水河与光丰街登岸下社区相望,南邻锦绣社区,西接马煌桥社区,北毗朝阳社区。管辖范围东临萍乡市博物馆,南为虎形公园,西靠萍乡市老年大学,北临秋收起义广场。管辖楚萍东路8号、208号、218号、滨河西路399号、419号、山下路168号,市国土资源局等单位驻境内。辖区面积0.14平方千米,共15个居民小组(金典城1—36栋、金典城别墅1—18栋、中央豪门、国土和国安家属院、人民剧院、金典新城等),划分5个网格管理。户籍人口共1038户2932人,常住人口3724人(男性1774人,女性1950人),平均年龄48岁,以汉族为主,有少数民族18人。

经济概况 以商贸服务业为主,有商铺160余家,其中大型酒店1家、小卖部8家、餐饮店15家、衣帽服饰店4家、美容美发店10家、汽车修理店1家。

基础设施 德铭路、滨河西路、楚萍东路、山下路纵横境内。社区内道路宽4.5~6米,生活道路约2.8千米,均为沥青路面。

家庭通电率100%。生活用水来源于自来水公司。居民日用能源主要为天然气。

金典社区

2017年对经典城小区实行海绵技术改造,路面改换成透水沥青和透水砖,应用雨污分流控制,种植耐旱又耐涝的树木与花,解决由于年久老化造成的下水道不畅通、路面坑洼积水等问题。

社会发展 境内有1所幼儿园。小太阳幼儿园,占地面积150平方米,建筑面积2100平方米,在职教职工40人,在园幼儿190人。安源妇幼托育综合服务中心驻境内,占地面积3150平方米,建筑面积3150平方米,在职教职工29人,在园幼儿105人。

居民医保参保率98%。城镇低保11户13人。残疾人26人,享受政策补助10人。

社区文化活动场所占地面积约2300平方米,包括居委会(内含党群服务中心)约200平方米、新时代文明实践站1000平方米、室外悬浮地板多功能运动场约800平方米,为开展理论宣讲、科普教育、便民服务、未成年人活动、文化文艺活动、图书阅览提供了场地。依托"五色花"党员志愿服务队,打造融红色物业、协商共治、志愿服务、文体活动、宣传教育五大功能于一体的"安源红"党建联盟,推动服务常态化,实现基层治理与时代发展和群众需要同频共振。

社区荣誉 全国文明社区、全国综合减灾示范社区、全国无邪教创建示范社区、全国"四个100"先进典型最美志愿服务社区、全国学雷锋志愿服务联络工作示范站和江西省"绿色社区 美丽家园"创建活动示范社区、江西省廉政文化建设示范点、江西省十大和谐社区、江西省科普示范社区、江西省优秀志愿服务社区。

锦绣社区

社情概况 地处后埠街东南部。居委会驻文昌路152号。2012年9月从枫树湾居委会析出设立。以驻地锦绣山庄而得名。

东以滨河西路为界与山下村相邻,南以市盲人工厂为界与枫树湾社区相邻,西以永康巷为界与江湾社区相邻,北以山下路为界与金典社区相邻。辖区面积0.38平方千米,共26个居民小组,划分5个网格(山下路网格、尚层国际网格、安源区家属院网格、锦绣山庄网格、文化小区网格)管理。户籍人口共2600户7341人,常住人口6949人(男性3338人,女性3611人),平均年龄49岁,均是汉族。

经济概况 以商贸为主,有商铺480余家,其中小卖部21家、餐饮店55家、衣帽服饰店280家、电器店1家、诊所2家、美容美发店20家、汽车修理店1家。

基础设施 境内有文化路、滨河西路、文昌路等。

家庭通电率100%。生活用水来源于自来水公司。

居民日用能源为天然气。老旧小区改造3个,具体情况如下:中国银行家属院小区2栋、54户;泰安小区3栋、80户;安源区家属院小区12栋、208户;共涉及辖区17栋、342户。

社会发展 在文昌路66号(文化路步行街后门黄花巷出口旁)坐落着萍乡市妇幼保健院,这所三级甲等妇幼保健专科医院,2013年8月搬入现址,占地面积37亩,现有职能科室38个,临床、医技科室50个,保健科室4个,设有病床410张,现有员工692人,全年收治新生儿近2000例,精准服务儿童、孕妇、妇女三类人群。

萍乡市妇幼保健院

居民医保缴纳率99.6%。城镇低保114户176人。残疾人116人,享受政策补助62人。

社区文化活动场所占地面积约1020平方米,包括居委会(含党群服务中心)约520平方米、新时代文明实践站约300平方米、文化健身广场约200平方米。

锦绣社区

特色地情 金螺峰。上得山去,横柯上蔽,台阶向上渐隐于树影婆娑中,拾级而上,一座精致的茶舍,静处于绿荫里。从庭院往下数步台阶,是一块小平地,陈设着数件健身器材,周围亦是绿树成荫,一座风雨亭静守风雨。文廷式的半身石像静静矗立在山坡树丛中,仿佛从金螺峰俯瞰萍水河,于无声中独自吟哦"萍水扬波簇螺峰出岫,秀林承荫和清茶洗心"。

虎形山公园。北起山下路,东至滨河西路,占地面积120亩,傍山而建。公园内有花岗岩石雕《赛马》,石上镌刻着二胡名曲《赛马》作者黄海怀先生的名讳。

社区荣誉 江西省绿色社区。

二南塘社区

社情概况 地处后埠街北部。居委会驻站北路北侧佳福小区。2015年7月设立。以境内二南塘而得名。二南塘的地名取自二难堂。清乾隆年间,王云章兄弟由泰和迁此,建一享堂,寓意兄弟俱佳,难分高下,取名二难堂,后演变为今名。

东邻朝阳社区,南毗北站社区、五里井社区,西与青山镇青山村接壤,北接福田镇硖石村。辖区面积0.35平方千米,共15个居民小组,划分4个网格管理。户籍人口共1288户2756人,常住人口3439人(男性1716人,女性1723人),平均年龄42岁,均是汉族。

经济概况 以务工和经商为主。有商铺23家,其中小卖部5家、餐饮店3家、移动电信1家、诊所药房2家、美容美发店4家、五金店2家、水电安装店1家、汽车修理店1家。

基础设施 浙赣铁路和萍乡站在境南。社区对外道路有站前北路和朝阳中路,生活道路1千米,建设有铁路涵洞2座。

家庭通电率100%。生活用水来源于自来水公司。居民日用能源主要为天然气。

特色地情 安源银雕。最早可追溯到清末同治时期,明末清初,该项技艺传至安源地区。有文献记载,唐代一些银器饰上的纹饰图案不是錾刻而出(故宫博物院藏有唐代实物),而是用刀凭手力雕刻的。自古雕银刻铜技艺一脉相承,深受文人雅士的喜爱。

社会发展 居民医保缴纳率100%。城镇低保20户31人。残疾人17人,享受政策补助17人。

二南塘社区

社区文化活动场所占地面积约480平方米,包括居委会(含党群服务中心)、新时代文明实践站、文化健身广场等。

后埠村

村情概况 地处后埠街北部。驻萍实北大道与萍水河交叉处的西侧。解放前夕属北一区的进化乡,解放初为积善区后埠乡,1958年为萍乡镇后埠大队,1971年属郊区公社,1984年3月改为郊区乡后埠村,2001年7月撤销郊区乡划归后埠街办,2002年改为城郊管委会后埠管理处,2017年改为后埠村,2023年1月划归后埠街。以境内后埠里片区而得名。据说,开村时三眼塘、五里井、谢家园、茅坪岭一带是一片开阔地,前面有几家店铺,故名后铺里,后演变为后埠里。

东邻光丰村鹅湖村,南至山下村、横龙街长兴馆村,西连横龙街长兴馆村、青山镇青山村,北接福田镇磷石村。为城中村,东临萍水河,北枕天子山,南望萍乡老城区,西眺浙赣铁路老线。辖区面积0.63平方千米,共11个村民小组,划分为11个网格管理。户籍人口2400户7164人,常住人口13349人(男性6644人,女性6705人),平均年龄74岁,以汉族为主。共有69个姓氏,其中王、叶、姚、康、吴、刘、柳、李、罗、钟、谢、徐、邓、陈、肖、张、殷、文姓均超过100人。

自然资源与环境 萍水河流经境北。有山岭200亩。神船岭有棵百年树龄的古樟树，树形高大优美，枝叶茂盛，树高10米，胸径约60厘米，树冠直径约20米，为区重点保护的古树名木。

经济概况　耕地109.95亩，其中水田13.2亩、水浇地0.75亩、旱地96亩。现五组有番鸭育种专业合作社，主营鸭子育种。

经济结构由工业经济和房产开发过渡到以商贸服务等第三产业为主。境内曾有萍乡市首家村办蛋鸡场、首家村办纺织企业毛涤纶厂以及汽修厂、第二纺织厂等；建有萍乡市首家村办住宿、餐饮、零售综合服务大楼——北站服务大楼；20世纪90年代创办煤炭经营部、楚萍宾馆、后埠林场，开发了五里井、九建、校办3个商业小区，建设了萍乡市首家封闭式集中管理的村级农贸市场。

村集体资产有北站服务大楼、楚萍宾馆、后埠小学和幼儿园、村老办公大楼、蛋鸡场旧厂房、旧农机厂、农贸市场，有村级卫生所2家、店铺30间。2022年村级集体经济年收入487.3万元，收入主要来源于企业上缴、租赁收入、土地附加值收入、征地收入、劳务收入。

基础设施　浙赣铁路横穿北部并设站，朝阳路、建设路、站前路在境内交织。2017—2020年境内背街小巷均"白改黑"。

山塘7口，即老虎塘、坪塘、本冲水塘、新塘、下简塘、门口塘、二南塘，集雨总面积27.3亩。

家庭通电率100%。自来水管网全覆盖，自来水主要来自麻山水厂。村民日用能源主要为天然气。

从2006年至2012年，有杨梅塘、彭家冲、桐子园、康家冲、二南塘、铁路边、谢家园、万公塘为新农村建设点，建休闲广场、安装路灯等。

社会发展　境内有小学1所。后埠小学，1925年创办，占地面积3900平方米，建筑面积5900平方米，在职教职工52人，教学班22个，在校学生1099人。

有村卫生服务站1家。村民医疗保险参保率100%。购买灵活就业养老保险率80%，965人享受失地农民保险。城镇低保80户114人，农村低保22户35人。五保户1人，集中供养。残疾人142人，享受政策补助76人。

村文化活动场所占地面积约5500平方米，包括村委会（含党群服务中心）约80平方米、百姓大舞台400平方米、新时代文明实践站约200平方米、文化健身广场约4820平方米。

特色地情　姚纯（1894—1940），1916年12月毕业于保定军官学校第三期，国民党第三十六军中将军长，抗日战争时期，带病率部血战昆仑关，病发以身殉职。

李新华，男，1926年生，1950年12月参加中国人民志愿军，1951年在抗美援朝战斗中牺牲。

后埠村

罗连生，男，1924年生，1949年12月入伍，1951年在抗美援朝战斗中牺牲。

韩浒庙。据载，清乾隆二十一年（1756）春大水，萍水河上游的福田楚王庙遭灾，其木质物品、神位牌被水冲向下游，大水消退后，村民在河滩沉落物中发现楚王庙供奉的"韩浒将军神位"木牌（韩浒是楚昭王的随侍将军），当时就在萍水河左岸结庐奉祀。目前供奉韩浒将军、华光大帝、傩神大帝、菩萨。

山下村

村情概况 地处后埠街东南部。村委会驻虎形巷南侧。新中国成立前期属进化乡第二保，新中国成立初期为积善区后埠乡，1958年为萍乡镇后埠大队，1969年并入五星大队，1971年划归郊区公社，1974年分开，名郊区公社山下大队，1984年3月改为郊区乡山下村，2001年7月撤销郊区乡划归后埠街办，2002年改为城郊管委会山下管理处，2017年改为山下村，2023年1月划归后埠街。以驻地在虎形山下得名。

东邻光丰街登岸村，南至凤凰街北桥村，西接横龙街长兴馆村，北邻后埠村。为城中村，辖区面积0.32平方千米，共8个村民小组（东茅壁一组、江湾里二组、大塘坡三组、北门坳下四组、三山下五组、廖家冲六组、虎形山下七组、黄花冲八组），划分为4个网格管理。户籍人口838户2647人，常住人口4427人（男性2139人，女性2288人），平均年龄42.5岁，以汉族为主，有壮族2人、畲族2人。共有69个姓氏，其中刘、陈、姚、李、廖、黄、王姓均超过100人。

自然资源与环境　有棵290年树龄的古樟树,树形高大,郁郁葱葱,枝繁叶茂,高约20米,胸径约为1.2米,树冠直径约为13米,2023年被评为古树等级3级。

经济概况　1988年前,山下村以种植水稻、蔬菜等农作物为主。随着城市的开发建设,全村土地被征收。目前主要发展商贸业,有商铺200余家,其中小卖部16家、餐饮店24家、衣帽服饰店5家、电器店2家、美容美发店7家、汽车修理店2家、其他各类公司若干,以小微型企业为主。

村集体资产有虎形湾宾馆、两栋半门市17间、山下小学。2022年村级集体经济年收入约98.2万元。

基础设施　一、三、四、五、七组被文昌路、山下路围绕;二组、八组被滨河西路、文昌路、永康巷包围;六组被龙腾路和跃进北路包围。境内背街小巷均为沥青路面。

家庭通电率100%。自来水管网全覆盖,自来水主要来自麻山水厂。村民日用能源主要为天然气。生活污水进入城市污水处理管网处理。

从1998年至2020年,有康庄小区、虎形山、廖家冲、黄花冲等新农村建设点,建早晚晨练点、安装路灯等。

社会发展　山下小学创办于1971年,占地面积4500平方米,2018年停办,村内小学生目前分别就读于城北小学、北桥小学和安源一小,初中生就读于田家炳中学(萍乡四中)。境内有民办幼儿园3所,在园幼儿共421人。村民医疗保险参保率100%。1000人享受失地农民保险。城镇低保27户41人。五保户2人,分散供养。残疾人52人,享受政策补助16人。

文化活动场所占地面积约1000平方米,包括村委会(含党群服务中心)约400平

山下村

方米、新时代文明实践站约200平方米、文化健身广场约400平方米。

特色地情 秋收起义广场。坐落在山下村北面,旨在纪念1927年9月9日的爆发湘赣边秋收起义这一历史事件。广场占地面积346亩,整体由中央广场、西北广场、东北广场、东西广场组成。秋收起义纪念碑建在秋收起义广场中央,纪念碑正面镌刻着江泽民同志题写的碑名"秋收起义纪念碑",碑背面是毛泽东的词《西江月·秋收起义》;基座正面是碑文,其他三面为浮雕,按顺时针方向依次为《张家湾的红灯》《霹雳一声暴动》《转战上井冈》,展现了秋收起义的历史画面。碑身有线刻的猎猎战旗和崇山峻岭,表示秋收起义是中国共产党领导的工农兵联合武装斗争,第一次举起工农革命军旗帜,并转战井冈山创建革命根据地。秋收起义广场集纪念展览、庆典集会、休闲娱乐等功能于一体,是萍乡市的"城市会客厅"。

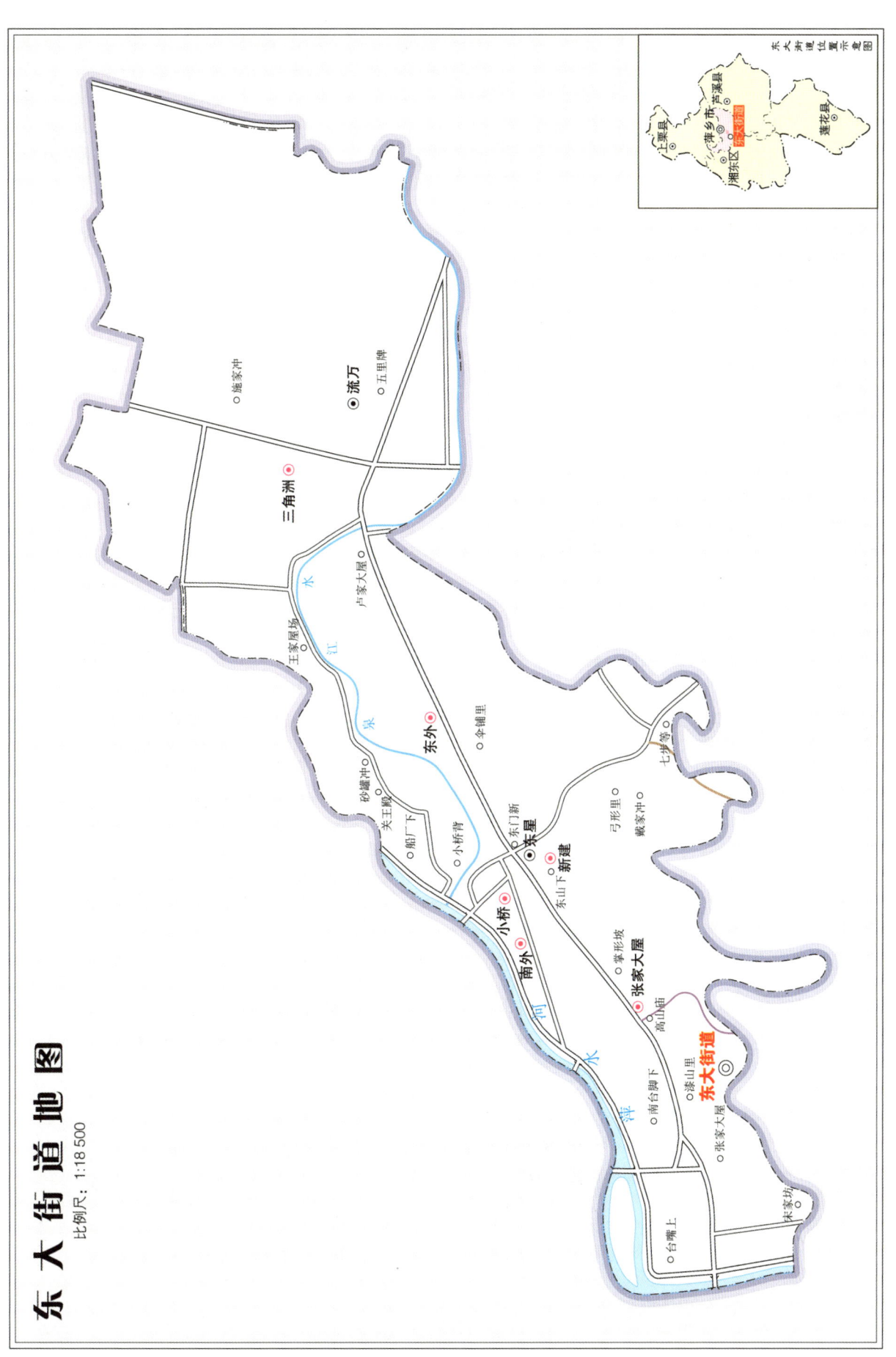

东大街道

地处安源区中部。办事处驻南环路233号。东连开发区和安源镇,南邻丹江街和安源镇,西隔萍水河与八一街相望,北隔萍水河与八一街、凤凰街相对。街区面积4.45平方千米,辖2个村委会和6个居委会。因是古城门东门外一带,故名。

1949年8月前属中山镇第三保。1950年8月后为城市区东山街。1956年南外街并入,改属萍乡镇,名东山街居委会。1957年改称萍乡镇东大街。1958年8月改称萍乡镇东大街分社。1962年4月复称萍乡镇东大街。1968年改称萍乡镇东风街。1983年撤销萍乡镇设立东大等5个街道办事处,属城关区。1993年5月改称安源区东大街道办事处。

常住人口52878人(男25577人,女27301人),以汉族为主,城镇化率93.43%。

自然环境与资源 属丘陵地貌,属沿河小平原,南部边缘有部分偏高丘陵,海拔约300米,山岭林地1200亩。北邻萍水河,萍水河流经东大街段1500米,起点在白源河小桥入口,终点在萍水河西门桥。支流白源河东大段流域全长3384米,起点在流万村象形湾树碑桥,于小桥社区东门桥汇入萍水河。

经济概况 财政总收入26575.5万元,同比增长16.47%,其中税收完成26051.5万元,同比增长16.5%。一般预算收入10697万元。

耕地面积161亩,经济作物以蔬菜为主,秧苗基地占地50亩,以大棚育蔬菜苗为主,销往省内和湖南等地;东星村境

东大街

内有果园65亩,于1966年建成,年产量橘、柚、橙50吨,可供休闲采摘。

境内原有萍乡市毛巾厂、萍乡市无线电元件一厂、外贸公司(鞭炮烟花仓库)、萍乡市江发总厂4家国有企业,均已关闭。现有工业企业17家,其中规上工业企业9家(境内5家,安源工业园4家)。新材料和节能环保产业有京萍热能环保、佰利环保设备、丽王新材料等企业,电子信息产业有德友科技、光安科技、世普精密科技等企业,食品产业有金鹏等企业,另有萍乡水务、源滟二次供水公司在境内。全年工业产值6.95亿元,同比增长3.42%;规上工业营收同比增长3.46%;工业增加值增长7.2%。

以餐饮、住宿、零售、汽车4S店为主,境内有天虹商场、天空里等城市综合体。商贸限额以上企业17家,其中餐饮、住宿6家(梅园、雅致、江西榕港、开发区榕港、无间源酒店)汽车4S店6家(福源、华健、吉佳、骏菱、鑫亚、东安),零售、批发企业5家(阅帆教育、虹裕造梦空间、鑫滟农副产品批发、休食聚惠电子商务、农发腾润农业)。限上消费品零售总额115359万元。

基础设施 浙赣铁路老线和萍乡至安源运煤专线穿越境内,长6千米,是萍乡老场连接沪昆正线的重要货物运输通道。萍安大道、萍水南路、南环路、新城路纵贯全域。城南汽车站班车通往市东、市南各乡镇,城南亦为市内多路公交车始发站。

境内生活用水均由萍乡市水务有限公司提供;用电由国家电网萍乡分公司提供;用气由萍乡市天然气有限公司提供。电信宽带网络全覆盖。污水管网纳入市政管网。环卫实行市场化管理,由玉禾田公司负责东大片环卫保洁。

由于历史原因和客观条件,街区呈现"三老三多",老龄人口多、老旧房屋多、老旧厂房多。积极推进老旧小区改造,改造老旧小区23个,238栋6715户,惠及2万余人。以清苑小区、东升巷小区为试点,探索无物业小区管理路径,分批次实现全街374栋居民楼无物业小区自治化。

社会发展 大学院校1所(萍乡学院);小学2所(区级学校城区小学、街属学校南台小学),在校学生共2760人;幼儿园6所(萍乡市保育院、同翔幼儿园、好未来幼儿园、大学生幼儿园、聪聪幼儿园、龙凤美幼儿园),在园幼儿共1110人。

社区卫生服务中心1所,村卫生所(室)2所,诊所8所,药房15所。安源区妇幼保健院驻境内。

有新时代文明实践站(所)8处、公共图书馆(室)8个、文化广场4处(南外社区南门桥休闲广场、新建社区初心广场、东星村宋家坊休闲广场、关王殿休闲广场)、艺术表演团体17个(含个体)。

城镇低保1127户1840人,农村低保50户74人。建设"安源红·邻里之家"社区服务站2个,分布在小桥社区、新建社区,为老年人、残疾人提供"社区食堂"等服务。建设"安源红·就业创业之家",为青年大学生、散工人员等零工群体提供就业服务。

特色地情 有省级文物保护单位黄钟杰烈士墓、市级文物保护单位宝积寺,流江老桥、东门小桥、黄钟杰烈士墓文物古迹3处,华佗寺、万福寺、宝莲寺、将军庙、福音堂、金轮寺、宝积寺、天福宫宗教场所8所。

将境内残奥冠军贾君婷仙自强不息、克难奋进的精神作为街道文化的一部分,成立贾君婷仙志愿服务队、贾君婷仙工作室,传递爱心力量、弘扬志愿精神。

街道荣誉 全国文明单位、全国人力资源社会保障系统优质服务窗口、江西省社会保障工作先进集体、江西省矛盾纠纷排查化解专项行动先进集体、江西省三星级新时代文明实践所、江西省公共机构节能现场教学示范点、"八五"普法中期全省通报表扬单位。

张家大屋社区

社情概况 地处东大街西部。居委会驻南环路宝积寺对面。1949年8月前属中山镇第二保。1950年8月后为南外街第四间的一部分。1957年属于东大街南外居委会。1983年6月从南外居委会划出部分设立高山庙居委会。2002年9月改称张家大屋居委会。以境内张家大屋(清康熙年间张姓由广东曲江迁此)得名。

东邻新建社区,南连城南社区,西隔萍水河与八一街汪公塘村相望,北与南外社区和八一街罗家塘社区、永昌寺社区、藕塘边社区交界。管辖范围东起宝积寺,西达特巡警防爆支队,南至浙赣铁路,北抵夕阳福老年公寓。辖区面积0.51平方千米。市林业局、市公安局特巡警支队等单位驻境内。有10个居民小组,划分6个网格(高山巷网格、漆山巷网格、余家西巷网格、长冲巷网格、宝塔路网格、学堂巷网格)管理。常住人口6352人(男性3159人,女性3193人),平均年龄48岁,以汉族为主,有维吾尔族8人。

自然资源与环境　在市林业局后山有一座以植物为主题的公园——萍乡市植物园,面积79920平方米,植物种类数量260种,园内有环山鹅卵石小路,空气清新,是隐藏在闹市中的天然氧吧。

经济概况　境内以前有市元件一厂等工业企业,后来消亡。现有城南农副产品批发市场和水果批发市场以及鑫滟物流市场,还有环城路建材一条街,沿街商铺繁多。

基础设施　浙赣铁路货运线和环城南路贯穿境内。城南汽车站驻境内,位于宝塔路北侧,主要运营芦溪、宣风、高坑、上埠、南坑和麻山、腊市方向11条线路,年客运量22万人次,年货运量65万吨。

水电气全部接通于市政管网。林业局、建材市场、苗圃、漆山巷小区进行了老旧小

张家大屋社区

宝积寺主殿

区改造,实施路灯安装、雨污分流、道路"白改黑"等工程,受益居民470户。

社会发展 低保户170户286人。残疾人142人,享受政策补助49人。

社区综合文化服务中心总面积约1400平方米,涵盖非物质文化遗产展览厅、未成年人活动室、图书室、音乐室等13个功能室。有林业局小广场,面积2000平方米,设有篮球场、网球场、环山鹅卵石散步通道等。有1支20人的京剧票友社。

特色地情 宝积寺。始建于唐代,旧名星居寺、梵林寺。后周广顺年间(951—953),邑人李氏施地重建。后周显德年间(954—959),传说寺顶有宝光冲入太虚,又以佛经中有"宝积"之说,改名宝积寺。宋时,因域内杨岐祖师禅法大兴,宝积寺为十方参方僧俗挂锡必经之地。寺内有历代高僧大德、长者居士、文人儒流题词、额匾、撰文、作赋、植树等。宋黄庭坚曾撰《宝积寺记》,书"德味厨""八返堂"匾额,并手植罗汉松于内院。宋方云翼曾题诗"暂脱尘闉马足埃,僧窗高卧白云堆。青山影里春醒解,黄鸟声边午梦回"。清王彦邦曾题诗"宝积城南寺,桥通古道平。薄云生屋角,疏竹度钟声。爱共高僧话,闲穿竹径行。山禽知客到,眼睆亦多情"。寺现占地面积约5700平方米,建筑面积7000平方米,为明清风格建筑。系市级文物保护单位。

天符宫。初建于晋太和年间(366—371),邑人称"高山庙"。山顶有井,晋太和间,民多疫,乞水于井,获愈,邑人立庙。"医道同源"的道医传统一直在天符宫传承至今。天符宫经历了数次兴毁,明清时多有重修,其建筑群得以保存下来。现为萍乡市道教协会所驻道教宫观。

社区荣誉 全国综合减灾示范社区、国家级充分就业示范社区、江西省民主法治示范社区、萍乡市创建全国文明城市工作先进集体。

南外社区

社情概况 地处东大街中部。居委会驻新城路114号。1949年8月前为中山镇第二保。1950年8月后属南外街第三闾和第四闾。1957年分为南外、南台两个居委会。1972年南外、南台合并为南外居委会。1983年6月析出部分设立高山庙居委会（今张家大屋居委会）。清嘉庆年间成居民区，名南城外小街，简称南外。

东邻小桥社区，南毗新建社区，西至张家大屋社区，北隔萍水河与凤凰街河口下社区相望。管辖范围以南门桥为中心，西起西门桥，东起城区小学，南连萍水南路，北连新城路。辖区面积0.39平方千米。市水务局、市污水处理公司等单位驻境内。有10个居民小组，划分6个网格（佳苑小区网格、河东巷网格、毛巾厂网格、武云巷网格、南台巷网格、萍水南路网格）管理。户籍人口1728户5216人，常住人口4199人（男性1985人，女性2214人），平均年龄51岁，均是汉族。

自然资源与环境 北面是铁路沿线，南面靠近萍水河畔。武云巷中有2口井，供

南外社区

南门桥

居民生活用水。

经济概况 境内以前有市毛巾厂等工业企业,后来消亡。现有临街商铺60余家,以餐饮、零售、药房等为主。南门菜市场,营业面积200平方米,摊位21个。

基础设施 主干道有新城路和萍水南路。

水电气全部接通市政管网。新城路、河东巷、武云巷进行老旧小区改造,对毛巾厂小区、武云巷周边居民区实施雨污分流改造工程,受益居民525户。

社会发展 境内有南台小学、城区小学、市保育院。南台小学,位于南台巷,前身为南台书院,是萍乡市办学最悠久的小学,且为唯一仍在原书院原址办学的学校;现占地面积4500平方米,在职教职工51名,教学班18个,在校学生714名。城区小学,位于萍水南路300号,1923年创办,校址位关王殿崇文书院,因处城区,取名城区小学,1956年迁现址;现占地面积7520平方米,在职教职工127名,教学班48个,在校学生1988名。市保育院,1923年创办,在职教职工39名,教学班8个,在园幼儿243名。

低保户173户246人。残疾人68人,享受政策补助43人。

社区内设占地面积450平方米的党群服务中心和新时代文明实践站。建有毗邻萍水河、绿树成荫的南门桥休息广场。

特色地情 萍实桥。跨萍水河连接萍水南路和萍水北路。因处古城南门外,故俗称南门桥。因楚昭王经萍乡渡江得萍实的典故而冠名。三国时期由邑人李喜发起始建,元代桥毁,明代五次修建,清代四次修建,现存之桥为清同治三年(1864)重建。"萍实长桥"是古时萍乡十景之一。明代官员朱祺作诗:"萍川桥下水,彻底碧澄寒。雁齿横江稳,虹梁复道宽。观流凭玉柱,举钓倚雕栏。风雨行人歌,清歌聚合欢。"明代袁州推官陈辂作诗:"断岸愁征役,行人诵楚萍。鹤巢仙舫旧,龙卧晚波清。霸业空流水,童谣尚有声。车书今一统,王政囿苍生。"

南台书院。萍乡十大书院之一,始建于清乾隆七年(1742)。萍乡县乡绅钟、黎、王三姓众资组织,称为文兴会。清同治六年(1867),由时任知县顾家相改建为南台书院。清光绪三十二年(1906),科举制度废除后,改为南台高级小学。从南台书院出来的有著有《蒲园医案》的中医赖良蒲等名人。1924年,萍乡先后建立了社会主义青年团支部和中国共产党支部,南台小学时为爱国青年和革命志士的秘密集会地点之一。

金轮寺。始建于宋大观年间（1107—1110），原为道教武云观。民国二十六年（1937）由离相、清法、远康三师集资购买，改为佛教金轮寺。明代大儒王守仁（号阳明）赴谪时，经过萍乡，曾在此夜宿，留下诗作《宿萍乡武云观》："晓行山径树高低，雨后春泥没马蹄。翠色绝云开远嶂，寒声隔竹隐晴溪。已闻南去艰舟楫，漫忆东归沮杖藜。夜宿仙家见明月，清光还似鉴湖西。"

萍乡花果。萍乡民间历来有晒盐果子的习惯，花果则是经过特殊工艺加工而成的精品系列。萍乡花果作为传统艺术食品，在全国是唯一的，被称为"中国一绝"。它的原料选用各种可食植物的根、茎、叶、花、果，经过选料、洗净、雕刻、切叠、挤正、编织、烫煮、保色、定形、蜜腌、烘干等十多道工序精制而成。构图秀美，原色原味，口感独特。

李萍兰，女，1962年生，曾任毛巾厂织造挡车工，1982年参加工作，1985年入党，曾获得全国纺织工业劳动模范称号和全国总工会五一劳动奖章等荣誉。

小桥社区

社情概况　地处东大街中部。居委会驻东平巷3号。1949年8月前为中山镇第五保。1950年8月后属东山街第一、二间。1957年为上街和中街居委会。1972年下街和上街居委会划出一部分成立小桥背居委会（地处东门小桥河背，故名）。2002年9月上街居委会和小桥背居委会合并为小桥居委会。以境内东正街连接关王殿的石拱桥而取名小桥。

东邻东外社区，南毗新建社区，西接南外社区，北靠凤凰街凤凰池社区、北桥外社区。管辖范围东起气象局，西达城区小学，南至新城路，北抵萍水河。辖区面积0.48平方千米。市气象局、市政建设公司、市政维修管理处驻境内。有8个居民小组，以拆迁房、单位家属房、商品房、自建房形成，划分8个网格（东平巷网格、东升巷网格、东升巷1—2号网格、亨通南街网格、萍水南路网格、江发小区网格、亨通北街网格、凤凰小区网格）管理。常住人口6285人（男性3082人，女性3203人），平均年龄43岁，均是汉族。

自然资源与环境　境内河流为白源河小桥背段，河流从流万村流入白源河，最后在东门桥汇入萍水河。

经济概况　主要商圈以亨泰街临街店面、亨通北街店面、萍水南路临街店面和小桥背菜场为主。临街店面主要经营范围有餐饮店、日用品店、理发店、广告店、药房等。小桥背菜场商户经营种类包括蔬果零售、水产零售、五金批发、冷冻食品、熟食类、鲜肉家禽等零售。

基础设施　境内有萍水南路等道路。小街小巷中东平巷、东升巷、亨通北巷、亨通南巷、萍水南路158号,实施"白改黑"。

水电气全部接通于市政管网。东升巷小区、亨通小区、江发小区、清苑小区进行老旧小区改造,实施雨污分流,改造道路,新建充电桩,增设停车位,新装智能探头、门禁道闸,受益居民1394户。

社会发展　低保户201户319人。残疾人165人,享受政策补助69人。

社区内设占地面积600平方米、建筑面积530平方米的党群服务中心和新时代文明实践站。室外则在江发小区、清苑小区、东升巷小区设置休闲石桌石凳、健身器材。有1支17人的非洲鼓队、1支8人的乐器队、1支7人的合唱队。

特色地情　亨泰桥。处凤凰街与东大街之间的萍水河上,跨萍水河连接萍水南路和萍水北路。《昭萍志略》载:亨泰桥,在县东门外,旧名馆埠桥,古名阜渡。北宋宣和年间(1119—1125),知县郑强建木桥,元毁。明知县窦时用建石桥,圮。明万历年间(1573—1620),知县常自新、陆世勋重修,后圮。清乾隆三十年(1765),职员宋茂圣重

小桥社区

建,圮;清乾隆四十九年(1784),知县胥绳武率监生胡庆简等重建为五孔石桥,改今名(取"亨者,嘉之会""履而泰,然后安"之意。胥绳武写有《亨泰桥记》)。清道光二年(1822),石栏圮,知县甘恪任率邑人修。清同治十三年(1874),重修。以其处古城墙东门外,习称东门桥。系市级重点文物保护单位。

东门小桥。古时位于萍乡城东门,古名迎恩桥,因桥侧曾建有"迎恩坊"。据传,北宋诗人黄庭坚偕友人访萍乡,一行人说笑间来到城东门萍水河边,只见一座小桥映入眼帘,时任知县率官员在小桥上迎候。黄庭坚向其感慨萍乡竟有"小桥、流水、人家"之灵动秀美景色,此桥后名为"小桥"。

贾君婷仙,女,1986年8月出生,2016年里约残奥会上夺得女子T11—T13级4×100米接力赛冠军,获评全国自强模范、全国先进工作者、全国三八红旗手、全国青年五四奖章等称号,其家庭获评"全国最美家庭"。

社区荣誉　全国就业示范社区、江西省绿色社区、萍乡市先进基层党组织。

新建社区

社情概况　地处东大街中部。居委会驻南环路南侧的三眼井旁。1949年8月前属中山镇第九保。1950年8月后属东山街第五闾。1957年为伞铺里和东山下居委会。1972年两居委会合并,以地处东门外得名东外居委会。1985年由东外居委会划出一部分成立三眼井居委会和新建居委会(意为1985年新设立的居委会)。2002年三眼井居委会和新建居委会合并为新建居委会。

东邻东外社区,南靠丹江街江矿社区、牛角坪社区,西毗张家大屋社区,北接南外社区、小桥社区。管辖范围东起伞铺巷,西达迎凤巷,南至南环路,北抵余家西巷。辖区面积0.54平方千米,有10个居民小组,划分6个网格(华源路网格、东山巷网格、掌形巷迎凤巷网格、南环路网格、余家中巷网格、谭家巷网格)管理。常住人口1994户4885人(男性2389人,女性2496人),平均年龄44岁,以汉族为主,有蒙古族4人、土家族3人。

自然资源与环境　有5口井,分别在华源路、三眼井、掌形巷(2口)、迎凤巷,是居民生活用水来源。有3眼塘,用于水产养殖,都在红沙坡。

经济概况　境内有个体经营户店面61个。

社区集体固定资产有余家东巷仓库和谭家巷仓库。

基础设施 有两条主干道,环城南路和华源路。南环路、东山巷、掌形巷、迎新巷、谭家巷和余家中、西、东巷"白改黑"。

供电全覆盖。绝大部分自来水、天然气入户,红沙坡有7户使用井水,掌形巷、红沙坡、华源路150户未通天然气。南环路小区、迎风小区、余家巷、东山巷、谭家巷进行了老旧小区改造,受益居民652户。

社会发展 境内有聪聪幼儿园,占地面积800余平方米,在职幼师23人,在园幼儿223人。街道卫生服务中心(属萍乡市二医院下属单位)在南环路368号,占地面积2000平方米,建筑面积1624平方米,专业技术人员18人,床位20个。

低保户235户403人。残疾人106人,享受政策补助65人。

社区活动场所为单独建设,分别在社区办公楼的党群服务中心、新时代文明实践站,建筑面积为560平方米;另有"安源红·邻里之家",建筑面积236平方米,设有电子阅览室、教育室、健身室、棋牌室、理疗室、茶话室、餐厅等功能室。迎新巷内有初心广场,占地面积520平方米。有一支32人的姐妹舞蹈团。

特色地情 黄钟杰烈士墓。系省级文物保护单位,位于浙赣铁路货运线北侧台地上。1924年建,1982年重修,占地180平方米。黄钟杰(1882—1910),中国同盟会湘赣外务委员,在湘赣萍乡、浏阳、醴陵等地开展活动时被清政府缉捕,于1910年被清政府杀害。现墓冢为花岗岩铺面半球状,墓冢两边有翠柏相伴,墓前为石柱牌坊,横

初心广场

黄钟杰烈士墓

匾正面刻"黄钟杰烈士墓",背面刻"气壮山河"四字。四根石柱正面刻有黄兴撰写的两副对联,外联为"一死结成新世纪;万山罗拜此英雄",内联是"为祖国捐躯,倡义先声垂宇宙;择名山葬骨,稽勋旷典炳旗常"。左边是6.8米高的黄钟杰烈士像。墓前坪地为长方形青砖铺就。

三眼井巷。因巷中有三股天然泉眼的水井而得名。此水井一井三眼,已有几百年的历史,附近居民长年靠此井水生活。2006年当地居民自发募款修缮,在井台砌了石砖,在井圈井口都铺了瓷砖,以起到保护井水水质和方便使用的作用。三眼井巷东起华源路,西至南环路,并与东山巷相接,是百年历史老巷的代表。

东外社区

社情概况 地处东大街中部。居委会驻南环路428号。1949年8月前属中山镇第九保。1950年8月后属东山街第五闾。1957年为伞铺里和东山下居委会。1972年两个居委会合并,称东外居委会。2009年9月东外、星子石居委会合并,仍称东外居委会。因地处萍城东门外,故名。

东邻三角洲社区,南靠跃进村,西毗新建社区,北接小桥社区。管辖范围东起星子石,西达原江发,南至卢家大屋(将军庙),北抵东门铁路。辖区面积0.32平方千米,共7个区域(星子石、船形里、流江桥、卢家大屋、伞铺巷、东门新村、华源路),10个居民小组,划分为5个网格(华源路网格、东门新村网格、伞铺巷网格、佳境天城网格、船形里网格)管理。常住人口12689人(含萍乡学院)(男性5721人,女性6968人)。

自然资源与环境 地势平坦,社区华源路、伞铺巷地势坡度变化较大,南高北低。最高海拔282.4米,位于伞铺巷坡顶电视塔处;最低海拔97.1米,位于社区办公楼。

经济概况 境内东风皮鞋厂、江发集团、电线厂、制药厂、飞碟电扇厂均已倒闭，目前无工业企业。

境内有药房1家、小卖部3家。

基础设施 境内有1条主干道，长3千米，从南环路东门道口起至与萍安中大道交界处，为柏油路面，途经东门新村、伞铺巷、卢家大屋、流江桥等4个区域。境内另有柏油路共2条，共计4.5千米。小巷主要是伞铺巷及卢家大屋。

水电气全部接通于市政管网。南环路477号、南环路535号、伞铺巷1号、2号、3号、4号、5号、6号、7号、8号、9号、10号、11号、43号、44号、45号进行了老旧小区改造，受惠居民328户。

社会发展 萍乡学院，位于萍安中大道211号。1941年创办省立萍乡简易师范学校，1949年更名为萍乡师范学校，1982年成立萍乡教育学院，1993年更名为萍乡高等专科学校，2004年与萍乡师范学校合并，2013年更名为萍乡学院。学校占地面积80万平方米，建筑面积33.14万平方米。开设12个二级学院，有本、专科专业共计64个，专任教师近600人。

低保户193户340人。残疾人88人，享受政策补助31人。

社区办公楼占地面积200平方米，设建筑面积640平方米的党群服务中心、新时代文明实践站。室外休闲广场有3处，分别位于佳境天城小区内、萍乡学院内、伞铺巷内，占地面积1000平方米，均配备健身器材。

特色地情 邓贞谦(1907—1928)。1924年加入中国社会主义青年团。1927年加入中国共产党。四一二反革命政变后，以省农民协会特派员身份回萍乡领导农民运动。在伞铺里建立党的秘密机关，开展革命活动。1927年12月，当选为中共安源市委委员，任湘关（湘东、老关）区委书记，开展游击战争。邓贞谦还负责中共安源市委和井冈山革命根据地的联络工作，往返于安源和井冈山之间。1928年4月，赴井冈山汇报工作，毛泽东让他携带一些黄金下山，作为党的活动经费，途经南坑，不幸被捕，被押往萍乡县城监狱。6月，邓贞谦在萍乡大西门外英勇就义，牺牲时年仅21岁。

将军庙和伞铺里的传说。在萍乡古城东门外至流江桥的道路右侧山麓，晋朝时有一座祭祀战国某将军的小庙，故"将军庙"成了该地地名。《昭萍志略》载："将军本雍州京兆郡望族，苏秦后也。以石勒之乱，徙居常州晋陵郡（县）。晋太和间见神于邑人许氏家，遂立为庙。""将军庙"的名字被叫了千余年，到了清同治年间，这个地方逐渐被人们称为"伞铺里"。相传，清同治年间，外地一财主欲往萍乡做生意。他有一颗价值连城的夜明珠，他将夜明珠放置于一特制的伞把之中，外出时带在身边。一日，行至将军庙，在一酒店用膳后，发现自己的伞不知去向。为找回夜明珠，他在将军庙租

将军庙

房开一伞铺,亮出告示:"本店伞概不出卖,只以旧换新。"携旧伞来换者甚众。将军庙地处萍(乡)宜(春)古驿道,行人过往不绝,一传十、十传百,以旧换新的伞铺声名远扬。三年之后,那藏有夜明珠的伞竟失而复得,财主悄然离去。于是"伞铺里"这一名称盖过"将军庙",流传至今。

社区荣誉　全国充分就业社区、江西省绿色社区。

三角洲社区

社情概况　地处东大街东北部。居委会驻萍安北大道与浙赣铁路线货运交叉口西北侧。三角洲居委会成立于2012年10月,其范围似三角,且处泉江水两岸洲地,故名。

东邻安源镇跃进村,南毗东外社区,西靠凤凰街北桥外社区,北接光丰街凤凰山社区。管辖范围东起学院路2号,西达康庄路3号,南至萍安北大道,北抵天空里。辖区面积0.75平方千米,有凤凰天成、天境、龙华云锦、大学城锦江华庭、市自规局家属院等居民区,划分为5个网格(龙华云锦一网格、龙华云锦二网格、大学城网格、凤凰天

天虹综合体

成网格、天境网格)管理。户籍人口1086户2741人,常住人口7770人(男性4058人,女性3712人),平均年龄52.5岁,以汉族为主,有回族、维吾尔族5人。

经济概况 境内天空里有个体商户80家、企业5家;天虹商场有个体商户150家、企业19家;凤凰天成有个体商户41家、企业4家;市创新创业实践基地有企业44家;龙华云锦有个体商户131家、企业11家;大学城有个体商户66家、企业7家。境内还有梅园国际酒店。

基础设施 境内有康庄路、萍安北大道。

水、电、气接通市政管网。凤凰天成实施雨污分流改造工程,受益群众1260户3121人。

社会发展 残疾人10人,享受政策补助1人。

社区活动场所有乒乓球室、舞蹈室、文化书屋、篮球场、网球场等。凤凰天成小广场面积500平方米,龙华云锦广场面积1500平方米。

特色地情 安源面塑。系萍乡民间传统美术,相传为明朝始有。面塑原料初为木头和泥土,后被面粉取代。捏面艺人取发酵后的面团用手捏、搓、揉、掀,再用小竹刀灵巧地点、切、刻、划,塑成身、手、头、面,再披上发饰衣着,并描上不同色彩,顷刻之间,栩栩如生的艺术形象便脱手而成。面塑的造型包罗万象,样品多达几百种,传统的有双凤朝阳、八仙过海、二龙戏珠、西游记、二十四孝等。被列入省级非物质文化遗产保护名录。

社区荣誉 江西省星级充分就业社区、萍乡市文明社区。

东星村

村情概况 地处东大街西南部。村委会驻南环路272号。1949年8月前属进化乡第二保。1950年8月后属积善区登岸乡。1954年为东星初级社。1956年为五星高级社。1958年属萍乡镇五星大队。1959年从五星大队析出称东星大队,属萍乡镇。1969年与流万大队合并。1971年与流万大队分开,属郊区公社。1984年3月改为郊区乡东星村。2001年7月撤郊区乡划入东大街办,2002年改为城郊管委会东星管理处。2017年改为东星村。2023年1月划归东大街。以地处萍城东门外,希冀村如启明星一样耀眼而得名。

东至流万村,南邻丹江街联星村,西与八一街汪公潭村相邻,北接横龙街长兴馆村、凤凰街北桥村。辖区面积0.56平方千米,萍矿工人报社、萍乡市电视差转台等单位驻境内,有9个村民小组(1—9组),划分为4个网格(张家大屋网格、东山下网格、卢家大屋网格、小桥背网格)管理。户籍人口1036户2797人,常住人口1397人(男性688人,女性709人),平均年龄40岁,以汉族为主,有苗族1人。共有12个姓氏,其中张、卢、王、刘、李、钟、文、肖姓人数均超过100人。

自然环境与资源 宝塔岭。处东大街南部与丹江街北部之间的边界线上。东靠华源路,南接城南路,西至张家大屋,北连南环路。面积约0.9平方米,海拔187.2米。植被以松、杉为主。山上能俯瞰全城。原名迎凤岭,又名笔架山。

萍水河流经境内,境内长约1000米。白源河途经东星村,汇入萍水河。

卢家大屋有一口古井,名为将军泉,泉水清澈,将军泉四周新修的围墙上刻有一副对联:"竹雨谈诗将军泉;松风煮茗长坡水。"

山岭林地1000余亩。关王殿(建于明万历二十四年即公元1596年)有1棵500年树龄及3棵270年树龄的古樟树。

经济概况 有农田150亩,分布在五组、六组、九组,主要种植秧苗、蔬菜、水果等。村民以务工和商贸为主。

2022年,村级集体经济收入289.52万元,其中租赁收入78万元、补助收入175万元、其他收入为36.17万元。租赁收入指租赁环城南路(东门道口至城南转盘)沿线的45间店面和仓库收入,其他收入指公墓、山岭管理费的收入。

基础设施 浙赣铁路货运线和南环路横贯境内,道路还有萍水南路、华源路等。山塘9口,均在六组、九组,集雨面积共计10.6亩,库容共计1479万立方米。水渠共计长405米。农田灌溉率80%。

水、电、气均接通于市政管网。从2009年至2020年,有王家屋场、掌形坡、柑子园、七组钟家屋场、八组关王殿为新农村建设点。

社会发展　村办公楼占地面积600平方米,内有建筑面积1000平方米的党群服务中心和新时代文明实践站。在小桥背有7人制(含5人制)足球场1个。白源河段足球场旁有综合体育广场1个,场地面积约1000平方米,内设篮球场、羽毛球馆。钟家屋场、关王殿通过新农村建设均配置休闲广场,其中关王殿广场750平方米,配有篮球场、停车场。一组宋家坊、九组王家屋场均有广场。

村卫生所1所,面积100平方米,卫生人员2人,床位3张。421户794人购买养老保险。12户21人享受失地农民保险。31户54人享受城镇低保,31户47人享受农村低保。五保户2人,分散供养。残疾人56人,享受政策补助38人。

特色地情　笔塔文林。旧时萍乡十景之一。萍乡城南迎凤岭,南宋乾道年间(1165—1173)建塔于其上,明嘉靖年间(1522—1566)在旁又增建二塔,三塔相连,形似笔架,俗称笔架山,象征文运昌隆,并列为"笔塔文林"一景。清乾隆三十六年(1771)拆除左右二塔,修葺中间一塔,传至20世纪50年代。明万历年间(1573—1620)萍乡知县姚一理作诗:"三峰尖插五云端,北拱宸枢迓彩鸾。宋代黉宫排玉案,

东星秧苗基地

明时奎璧映金銮。挥毫砚底龙蛇动,染指行中琬琰縶。神助人工无费力,琴堂闻向别屏峦。"

宝莲寺。位于掌形坡,坐北向南,依山而傍。始建于后周广顺年间(951—953)。占地面积6000余平方米,建筑面积4000余平方米。

宝莲寺

彭奠国,男,1962年出生,娶瘫痪姑娘为妻倾心照顾三十余载,诠释爱比金坚,入选2017年"中国好人榜"。

乡村荣誉　萍乡市文明村镇。

流万村

村情概况　地处东大街东部。村委会驻萍安北大道东侧世家村。1949年8月前属进化乡。1950年8月后属积善区登岸乡。1958年为萍乡镇流万大队。1969年并入东星大队。1971年分开后仍称流万大队,属郊区公社。1984年3月改为郊区乡流万村。2001年7月撤郊区乡划入东大街办。2002年改为城郊管委会流万管理处。2017年改为流万村。2023年1月划归东大街。以境内流江桥、万家冲各取首字而得名。

东至安源镇十里村,南邻安源镇跃进村,西接东星村,北联光丰街观丰村。辖区面积0.9平方千米,萍乡学院、市国土局安源分局、区妇幼保健院等单位在境内,有5个自然村(施家冲、王家屋场、流江桥、周家屋场、五里牌),6个村民小组,划分4个网格(是青草冲网格、五里牌网格、施家冲网格、流江桥网格)管理。户籍人口757户2988人,常住人口5022人(男性2522人,女性2500人),平均年龄37岁,均为汉族。共有114个姓氏,其中刘、李、卢、周、陈、王、肖、邱姓人数均超过100人。

自然环境与资源　海拔约300米。境内白源河途经五里牌、流江桥,最后从王家屋场汇入萍水河。

经济概况 耕地17亩,种植玉米、大豆、红薯等农作物。村民以务工和经商为主。

村集体建设流万综合大楼进行出租,雅致酒店、乐岛KTV、湘西部落等商户入驻;升级打造流万农贸市场,是为萍乡首家智慧农贸市场;打造元亨坊主题夜市风情街,运营后提供就业岗位2000多个。

2022年村级集体经济收入379.4万元。

基础设施 浙赣铁路货运线从境内穿过,安源北大道和学院路在境南交叉通过。

山塘1口,集雨面积12亩。2021年实施白源河流万段清淤疏浚工程。

水、电、气全部接通于市政管网。2006—2014年,在施家冲、周家屋场、羊角坪等6个地点开展新农村建设,受益644户。

社会发展 因流万小学在高专棚改项目拆迁范围内,现学生借读于安源学校。境内有1所私立幼儿园,在职教职工8人,在园幼儿160人。境内有安源区妇幼保健院,1981年创办,建筑面积11000平方米,担负安源区30多万妇女儿童的卫生保健工作。有村卫生所1所,专业卫生人员2人,床位2张。

486户1750人享受失地农民保险。9户13人享受城镇低保,19户27人享受农村低保,五保户1人。残疾人49人,享受政策补助21人。

村综合文化服务中心占地面积150平方米。同时,室外设有文化健身广场1个,约200平方米。有金沙滩文体广场、流万村文化活动休闲广场2处广场,面积2000平方米,有篮球场、羽毛球场、乒乓球桌、凉亭桌凳等体育休闲设施。

特色地情 流江桥。位于流万村泉江河上,明万历年间,漆氏族人出资于此建桥,该桥全长55米,主跨38米,中间有2墩,是由石方长条做桥梁,青石板做桥面的全

元亨坊

流万村

石头拱桥。后由于洪水破坏,漆氏族人又于清康熙三十三年(1694)、乾隆三十六年(1771)两次出资重修。1984年10月,这一古石桥碑被列入市级文物保护单位。

华佗寺。位于四组流江桥、迎凤森林公园北山脚下,是一座三开间的寺庙。寺侧有仙水井,井水清澈见底。

万福寺。位于六组。元代五里牌与陈家湾原属二王庙一社,社址在邱家陂。后因受水害,于清顺治年间分社,二王庙于五里牌路旁重建,从此两社隔河分立。该社以龙为主题,新年里开展舞龙贺新春活动,祈风调雨顺,清泰平安。1991年由于路改,迁址五里牌船形山脚下,更名为万福寺。

乡村荣誉　全国民主法治示范村、江西省文明村镇。

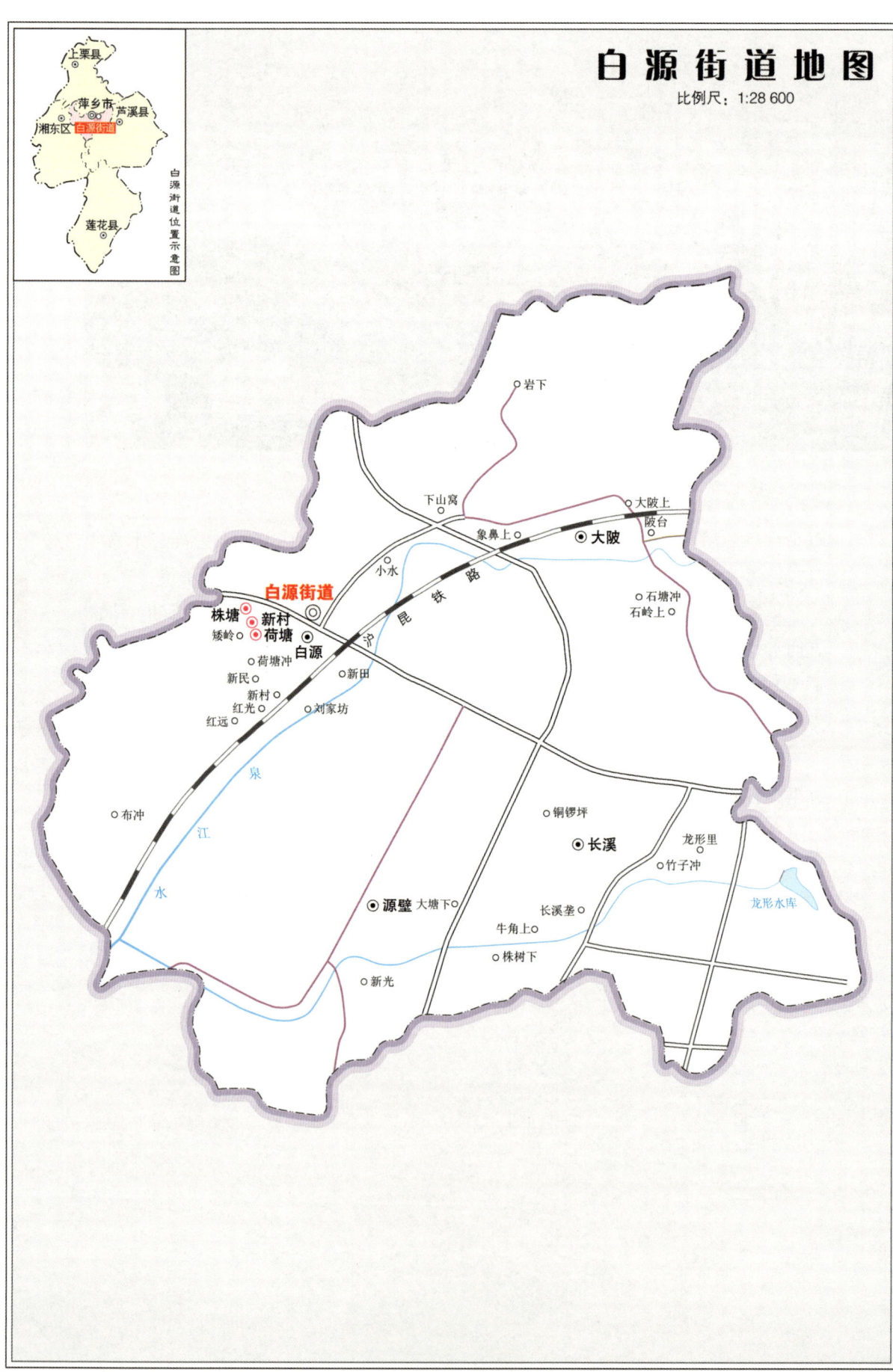

白源街道

地处安源区北部。办事处驻白源(武功山中大道中段浙赣铁路西面北侧)。东邻高坑镇,南与安源镇相接,西与凤凰街、东大街、上栗县彭高镇接壤,北毗上栗县赤山镇。街区面积10.82平方千米。辖2个居委会和4个村委会。以境内白源区片得名。

1949年8月前属萍乡县进化乡。1950年8月后属赤山区源壁乡和积善区观横乡、赤山区民主乡一部分。1958年属萍乡县高坑公社。1968年五丰、新丰、星光、大坪、高坑镇的长溪5个大队合并为源壁大队。1976年源壁大队改设为城关区农业科学研究所。同时析出长溪大队划归高坑镇。1984年4月改设白源镇,将农科所分拆为白源、东壁、源壁3村(后东壁、源壁2村划归光丰街所辖)。同时高坑镇的长溪村、上栗区赤山乡的横板村划入,共5个村(后横板村划归光丰街)。1985年设立荷塘、新村居委会。1993年5月改称安源区白源镇。2003年9月镇改设街道办事处,同时高坑镇大陂村划入长溪村合并为长陂村。2011年11月设立玉湖居委会(后划归光丰街)。2016年9月长陂村分为大陂和长溪村。

常住人口15395人(男性6107人、女性9288人),以汉族为主,城镇化率11.55%。

自然环境与资源 为丘陵地貌,地势东北高,西南低。边境最高点为东边龙形山,海拔175米;最低点为大陂村张家坝,海拔102米。森林覆盖率63.7%。主要河流为泉江水,自高坑镇丰园村铁桥边流入,经大陂村陂台入境,由东北流向西南,经光丰街东壁村庙下流入东大街,汇入萍水河,境内河

白源街

道长3.5千米。

经济概况 财政总收入4.81亿元,同比增长1.5%。一般预算收入2.05亿元,同比增长23.5%。着力打造三大片区:在320国道南侧的源壁村、长溪村境内打造产业升级集聚片区;在街道中心地带打造城市服务功能片区;在320国道北侧的大陂村、白源村境内打造生态休闲旅游片区。

耕地面积1045.96亩,其中水田646.47亩;基本农田面积399.49亩。种植早稻144.7亩、中稻241.5亩、晚稻114.7亩,其他大豆、红薯、高粱、玉米等杂粮面积575亩。利用白源矿区的闲置土地,打造安源辣文化产业园(安源食品城)。

工业企业33家,其中规上工业企业12家。先进陶瓷产业,有顺鹏、瓷创、三盈、国科等企业。电子信息产业,有安芯美先进半导体封装等企业。服装产业,支持菲力康技改扩建,向军警装备领域延伸业务范围,已开通电商平台在萍运营。食品产业,有江西明月湖等企业,正在筹备安源食品城(辣文化产业园)建设。规上工业产值1.57亿元,同比增长5.7%。工业增加值4.14亿元,同比增长5.7%。

商铺100余户,其中大型商超2家:家惠超市、老地方超市。标准化农贸市场1个,在建农贸市场1个。规模以上商贸企业14家。社会零售额8.96亿元。

基础设施 浙赣铁路复线、320国道穿镇而过。主要街道有中环东路、武功山中大道、安源大道、吴楚大道、玉湖路、观泉路等。通班车和公交车。中环北路2020年竣工通车。2020年修建凯光大道,该路段起于武功山大道(G320),下穿中环北路铁路桥与匝道相交,终至凯光新天地生态旅游区主入口。

有小(2)型龙形水库1座,总库容16万立方米。山塘22口,集雨面积约52亩,其中重点山塘6口，分别是小水后背山塘、张家冲山塘、谢家冲山塘、宋家冲山塘、大井库山塘、黄鳝塘，总库容2704万立方米。水渠共计长2800余米。农田灌溉率82%。

家庭通电率100%，均由国家电网供电。村、社区生活用水均采用城市供水管网供水，自来水入户率100%。群众日常使用的能源主要为液化气和天然气，社区天然气覆盖率90%，农村天然气覆盖率80%。有1个城镇污水处理厂，6个农村生活污水站。

改造老旧小区4个，改造面积约35万平方米，受益2000余户。建设新农村建设点63个，改建房屋270栋，改建道路26千米，供水改造1417户，改厕1417户。建设体育文化活动场所32处。绿化面积2.56万平方米。安装路灯592盏，受益点63个，受益1050户。

中国邮政集团有限公司萍乡市白源所设有2个快递点，包含顺丰、中通、圆通、韵达、申通、极兔、邮政、百世汇通，业务现有函件、包件、汇兑、报刊发行、邮政储蓄、集邮、快件、特快专递等。

社会发展 有职业学校1所（萍乡卫生职业学院）、初中1所（白源中心学校）、小学1所（长溪小学）、幼儿园2所（白源中心幼儿园、润达美墅幼儿园），在校中小学生750余人，在园幼儿290余人。有1个社区卫生服务中心，除白源村外村各有1个卫生所（室）（白源村与新村、荷塘相邻，共用社区卫生服务中心）。

城镇低保109户171人，农村低保75户134人。街敬老院集中供养25人，在敬老院打造长天松康白源康养服务中心，为失能、半失能以及自理老人等多类型长者，提供居家养老、托养、助餐、助娱等养老服务，近600余名老人受益。建有"安源红·邻里之家"社区服务站3个，分别为"邻里之家爱心超市""邻里之家养老食堂"和"邻里之家康养中心"，为社区周边长者提供专业化的居家养老、康复、护理等服务。

环卫保洁全覆盖，垃圾清运和主次干道均实现市场化管理。有垃圾分类亭12座，垃圾分类兑换亭1座，覆盖大陂村、荷塘社区、新村社区。有垃圾中转站1座，压缩垃圾中转至中节能焚烧，日压缩垃圾30余吨。

街综合文化站占地面积700多平方米，建有标准的图书室、电子阅览室和电影放映厅，藏书4900余册，还有光盘和投影仪等硬件设施。各村（社区）均有1个综合性文化服务中心。文艺队伍4支，文化志愿者队伍4支，文化志愿者120余人。

特色地情 黄显丕烈士、老红军叶文杰均系白源街人。

境内有凯光新天地生态旅游区，包括萍傩文化体验区、健康养生体验区和花海婚庆庄园、禾趣休闲田园和山地运动公园。还有西泉寺、魁星阁、沈将军庙等古迹在境内。

街道荣誉 全国维护青少年权益岗、第十二届"江西魅力乡镇"20强、江西省"七五"普法中期先进集体、江西省人大代表联络工作示范站、江西省"六化"乡镇（街道）

民政服务站、江西省第一批基层政务公开标准化规范化乡镇(街道)、萍乡市安全生产工作先进单位、萍乡市新农村建设工作先进单位、萍乡市河(湖)长制工作优秀单位、萍乡市创建全国文明城市工作先进集体、萍乡市农业农村工作和粮食生产工作先进集体、萍乡市武装工作先进单位、萍乡市五星人社服务平台、萍乡市统计工作先进单位、全市"十个一"标准化体系建设先进镇街。

新村社区

社情概况　地处白源街中部。居委会驻矮岭片区。1985年由白源火车站、养路工区和镇机关等单位合并而成新村社区。

东毗白源村,南邻荷塘社区,西、北接壤光丰街横板村。辖区范围东起白源街,南至135型片区,西达新荷塘小区,北抵润达美墅。辖区面积1.36平方千米有5个居民小区(珠塘、矮岭、135型、新荷塘小区、润达美墅小区),划分为2个网格(新园网格、新家网格)管理。户籍人口790户2680人,常住人口1007人(男性483人,女性524人),平均年龄52岁,均为汉族。

经济概况　有商铺7户、超市2家、酒店1家、餐饮2家、商行1家、食品店1家。2022年社区集体经济收入25.45万元。

基础设施　319、320国道和浙赣铁路纵横交错,穿境而过。从320国道边进社区主干道全长1.3千米,路宽4.5米,两边设有人行道并采用海绵工程设施,主干道全部铺沥青。家庭通电率100%。居民饮用水由市自来水厂供用。居民日常使用的能源主要是天然气。

2020年老旧小区改造,拆除杂屋275间,房屋顶加盖隔热防漏层,下水道、化粪池全面清理更换,路面硬化沥青铺设率达100%,安装路灯35盏,安装安防设施,给每栋居民安装停车棚,种植绿化新增面积15%。辖区保洁外包,日常保洁、洒水、绿化实现常态化管理。

社会发展　境内1所幼儿园,润达美墅幼儿园,2018年开园,建筑面积968平方米,有教职工29人,教学班8个,在园幼儿223人。

320国道进100米建有占地面积500平方米的白源街社区卫生服务中心,含地下室共6层,建筑面积2600多平方米,有专业卫生人员36人,设有门诊部、住院部、防疫站,有中医科、中医理疗科、中西结合科、综合内科、公共卫生科、妇科、儿科、放射科、

新村社区全景

检验科、B超室、心电图室、急诊室、手术室、中西药房,理疗床位10张,住院部床位30余张。

70%的居民参加了职工(居民)养老保险,居民医疗保险参保率100%。低保户25户38人。残疾人43人,享受政策补助1人。组建"妈妈帮帮团"、"新长征"志愿服务队、"法律明白人"、"唐太富调解"4支志愿服务队,提供便民利民、扶贫帮困、法律咨询等便民服务。与荷塘社区共建共享"安源红·邻里之家"社区服务站,服务老人。

居委会建有占地面积200平方米、建筑面积682平方米的党群服务中心和新时代文明实践站,内设图书室、科普室、舞蹈室、老年人活动室等功能区域。2015年修建白源文化广场,占地面积3000平方米,安装有健身运动器材和设施。有1支20人的舞蹈队、1支12人的太极拳队。

特色地情 白源豆腐。取甘洌清澈的山泉,用传统石磨工艺,以柴火烹饪而成。鲜嫩的豆腐,拌以芹菜、葱叶、生姜等佐料,色、香、味俱全,尤以鲜、香为著,入口生津,落肚口有余香。

社区荣誉 全国科普示范社区、全国和谐社区建设示范社区、江西省"绿色社区美丽家园"创建活动示范社区、萍乡市平安社区、萍乡市学雷锋活动示范区。

荷塘社区

社情概况 地处白源街中部。居委会驻荷塘片区。1985年设立居委会。以境内荷塘冲得名。1982年白源煤矿在此建立,昔时此地三面环山,冲口朝东南,冲内有莲藕塘,故名荷塘。

东毗白源村,南邻源壁村,西接光丰街横板村,北壤新村社区。辖区范围东起白源街,南至白源煤矿,西达白源卫生院,北抵经贸大厦。辖区面积1.5平方千米,有小区2个(荷塘冲、经贸大厦),划分为2个网格(荷美网格、荷谐网格)管理。户籍人口428户885人,常住人口1390人(男性752人,女性638人),平均年龄42.6岁,以汉族为主,有哈尼族2人、瑶族1人。

境内白源经贸大厦,建于2014年,共21层:1至3楼为商业店铺,面积5437.33平方米;4至21层为居民商品房,面积19496.3平方米,共计180套。

自然环境与资源 矿藏有煤炭。境内白源煤矿1982年动工,1990年12月竣工投产,其煤种为主焦煤,洗选加工后的商品煤以冶精煤和电煤为主,后来依照政策,于2019年关闭。

经济概况 2022年社区集体经济收入22.55万元。

基础设施 仅有1条主干道,路宽4.5米,全长420米,从白源派出所旁边路口起至白源街卫生院处,沥青路面。

荷塘社区

家庭通电率100%。居民饮用水由市水务公司供用。居民日常使用的能源主要是天然气。设有一个邮政代办点,居民在此缴纳电费、水费、燃气费等日常费用。社区实现通信网络全覆盖。

2020年4月,启动老旧小区改造,拆除8000余平方米的违建房,解决房屋漏水、墙体脱落、小区停车难、下水道堵塞等老大难问题;建1个污水处理站,实现雨污分流,改造项目涉及14个楼栋,受惠居民428户。

社会发展 居民医疗保险参保率为100%。居民95%参加职工(居民)基本养老保险。低保户31户55人。残疾人37人,享受政策补助17人。

居委会建有占地面积960平方米、建筑面积739平方米的党群服务中心和新时代文明实践站,内设图书室、科普室、舞蹈室、老年人活动室等功能区域,和新村社区共用占地面积3000平方米的白源文化广场。有1支18人的文娱舞蹈队和1支6人的太极健身队。

2022年,"安源红·邻里之家"服务站在荷塘社区居民区正式启动,服务站一共2层,面积240平方米,建有养老食堂和康养中心,围绕"助餐""助医""助急"等方面,开展居家养老服务,不仅解决老年人吃饭问题,还为老人提供交流平台和"精神食粮"。康养中心与萍乡卫生职业学院建立合作关系,采用医养结合模式,康养床位6张,中心设有热敏灸、拔罐、推拿、刮痧、健康评估、康复评定、理疗、养老护理等项目,由萍乡卫生职业学院的老师和学生志愿者为老人提供健康管理、康复护理等全方位一站式康养服务,促进老年人幸福指数不断提升。

社区荣誉 全国综合减灾示范社区、江西省综合减灾示范社区、江西省五星幸福社区、萍乡市基层劳动保障先进单位、萍乡市老龄工作先进单位、萍乡市文明社区、萍乡市民主法治社区、萍乡市"十无"平安社区、萍乡市创建全国文明城市先进单位。

白源村

村情概况 地处白源街中部。村委会驻安全组。1949年8月前属进化乡第四保,1950年8月后属赤山区源壁乡白源村,1958年为高坑公社星光大队,1968年与五丰、新丰、星光、大坪和高坑镇的长溪大队合并为源壁大队,1976年改属城关区农科所,1984年4月设立白源镇时将农科所拆分为白源、东壁、源壁3村,2003年9月为白源街白源村。以境内白源区片(白源,处泉江水以西,清康熙年间刘姓从浏阳来此,以白水渊源之意称为白源）得名。

东至长溪村，西、南至光丰街东壁村，北至光丰街横板村和上栗县赤山镇丰泉村。辖区面积1.74平方千米，有10个村民小组（白源、刘家坊、车轮下、安全、小水、红远、红光、新村、新民、新田），划分为4个网格（刘家坊车轮下网格、小水安全网格、红远红光网格、三新网格）管理。户籍人口412户1872人，常住人口2923人（男性1490人，女性1433人），平均年龄42.6岁，以汉族为主，有满族4人。主要有10个姓氏，其中姚、刘、邓、张姓人数较多。

自然环境与资源　地势北高南低。白源河流经境内，在东门桥汇入萍水，河道全长22千米，流域面积70平方千米。矿藏有煤炭。

经济概况　耕地300.15亩，其中水田150.9亩、旱地149.25亩。种植水稻等粮食作物和蔬果等经济作物。

萍乡萍钢安源钢铁有限公司驻境内，占地4245亩，总资产216.64亿元，员工近7500人。

2022年村级集体经济收入50万元。

基础设施　浙赣铁路和320国道在境内十字相交穿过，还有中环路穿境而过。

山塘1口，小水后背山塘，集雨面积共计5亩，库容共计15万立方米。水渠共计长200米。农田灌溉率98%。

供电用户数量412户，100%覆盖。自来水管网铺设全覆盖。天然气覆盖率90%。

邮政代办点1个，电信、移动、联通和宽带安装数412户。

从2006年至2020年，有新村、车轮下、小水、刘家坊、新田、安全、红远、红光、三新、白源、新民、新安、铁路边、邓家冲为新农村建设点，实施道路拓宽基础设施修复、铺设沥青、水沟修复、排污管改造、安装太阳能路灯等民生工程。

社会发展　境内有白源街中心学校，1986年从源壁村搬迁至现址，2012年白源小

白源村

白源河景观

学与白源中学合并为白源学校,2021年更名为白源街中心学校。占地面积16650平方米,建筑面积16650平方米,在职教职工55人,教学班15个,在校学生535人。

有药房2家。群众购买养老保险510人,享受社保320人,低保户24户45人。残疾人48人,享受政策补助48人。

村委会建有占地面积200平方米、建筑面积800平方米的党群服务中心和新时代文明实践站。有文体广场2个。

特色地情 西泉寺。属佛教寺庙,占地3500平方米,寺内有大雄宝殿、地藏殿、财神殿、南岳殿、老殿、念佛堂、斋堂等。

乡村荣誉 萍乡市文明村镇。

源壁村

村情概况 地处白源街南部。村委会驻兴业南路东侧光明小区。1949年8月前属进化乡第四保,1950年8月后为赤山区源壁乡大坪村,1958年为高坑公社大坪大队,1968年与五丰、新丰、星光、大坪和高坑镇的长溪大队合并为源壁大队,1976年改属城关区农科所,1984年4月设立白源镇时将农科所分拆为白源、东壁、源壁3村,2003年9月为白源街源壁村。解放初期设立源壁乡时,以白源、东壁各取一字得名。

东连长溪村,南靠安源镇石板村,西接白源村和光丰街东壁村,北邻大陂村。辖区面积1.5平方千米,有7个村民小组(布冲,宏远小区,光明小区东A、东B、西A、西B、新光),划分为2个网格(光明小区网格、布冲宏远网格)管理。户籍人口455户1730人,常住人口1576人(男性818人,女性758人),平均年龄41岁,以汉族为主,有壮族1

人、布依族1人。主要有10个姓氏,其中刘、王、李姓人数较多。

自然环境与资源　地势东北高西南低。白源河自西向东流经域内,域内全长1.4千米。森林覆盖率30%。矿藏有煤炭。

经济概况　耕地45.9亩,其中水田13.5亩、水浇地8.55亩、旱地23.85亩。主要种水稻、玉米、大豆、蔬菜,养殖土鸡、土猪等。大豆、玉米种植面积约30亩,种植户约45户,年产量15000斤。土鸡、土猪等皆为家庭散养,未形成规模。

萍乡萍钢安源钢铁有限公司、萍乡市氧化钙有限公司、萍乡市联意实业高新建材厂、萍乡市众鑫沥青混凝土有限公司等工业企业驻境内。商贸企业有萍乡市万家福农业发展有限公司。

2022年,村集体经营性收入65.18万元。收入来源主要是土地租赁租金和税收返还资金。

基础设施　东侧毗邻中环东路,320国道从北侧及西侧经过,沪昆铁路穿过本村中部,兴业南路、015乡道由北向南途径源壁村至安源镇石板村,021乡道从东向西连接光丰街东壁村。319、320国道和沪昆铁路纵横交错,穿境而过。

山塘8口,主要分布在源壁村布冲、新光、光明小区,分别为谢家冲山塘、中塘、方坡里、高塘、长塘、南塘、烟花场山塘、宋家冲山塘,集雨面积共计4亩,库容共计2680万立方米。水渠共计长2000米,农田灌溉率50%。

2002年利用白源水厂、山口岩水库资源安装自来水(布冲组村民饮用水由市自来水厂供用,新光组、光明小区饮用水由白源水厂供用)。村民日常使用的能源为天然气。生活污水由1座村级污水处理站处理。

2006—2020年,有布冲、新光、光明、宏远上、新田下、谢家冲、铁路边、太坪等14个新农村建设点。

源壁村

社会发展 村委会建有占地面积460平方米、建筑面积1840平方米的党群服务中心和新时代文明实践站。室外健身活动点约1000平方米,建有3个文化活动广场(光明小区广场600平方米,宏远小区广场45平方米,布冲组广场35平方米),村内有篮球场、文化广场、羽毛球场、健身广场等。

有卫生室1个,建筑面积106平方米,内设诊疗室、检查室、换药室等,有医护人员1人。医保参保率100%。村内退休人员均购买社保,享受社保360余人。城镇低保户12户17人。农村低保户14户31人。残疾人42人,享受政策补助17人。

特色地情 魁星阁。位于茶园组,建于1910年。2003年迁至光明小区。2015年翻新,占地面积200平方米。

乡村荣誉 萍乡市第十七届文明村镇。

长溪村

村情概况 地处白源街东部。村委会驻长溪小区内。1949年8月前属进化乡第六保。1950年8月后属赤山区民主乡。1958年为高坑公社长溪、院冲两个大队。1968年并入源壁大队。1976年从源壁析出,名长溪大队,属高境镇。1984年4月属白源镇。2003年9月镇改设为街道办事处,同时高坑镇的大陂村划入白源街办。大陂村与长溪村合并,称长陂村。2016年9月分开,仍称长溪村。以境内长溪垄地片(长溪垄,源于龙形水库的小溪自东向西贯穿长约2千米的田垄)得名。

东与高坑镇丰园村、浒泉村相邻,南与安源镇石板村相邻,西与源壁村相接,北与大陂村毗邻。辖区面积2.4平方千米,有12个村民小组(上院冲、中院冲、下院冲、上龙形、下龙形、竹子冲、许家冲、新塘、大塘、新田院、株树下、牛角上),划分为3个网格(同乐小区网格、长溪小区网格、李家屋场网格)管理。户籍人口368户1588人,常住人口1230人(男性665人,女性565人),平均年龄41.7岁,以汉族为主,有壮族1人、侗族1人、土家族1人。主要有李、黄、邱、刘、姚、龙、彭、赵、赖、阳、肖、巴、叶等13姓,其中邱、李、黄、姚、刘姓人数较多。

自然环境与资源 林地398.8亩。

经济概况 耕地299.65亩,其中水田190.95亩、水浇地0.6亩、旱地108.1亩。主要种植水稻和蔬菜。

境内有企业4家,分别为萍乡众萍建设有限公司、萍乡金昌气体有限公司、萍乡浩大集团、萍乡市科华新材料有限公司。

有家庭型超市7家,农家酒店3家。

2022年村级集体经济收入116.9万元。

基础设施　G320穿境而过。

龙形水库,1965年建,总库容16万立方米,有效灌溉面积340亩,原为小(2)型水库,由于安源工业园征拆,水库已无灌溉功能,2019年降为普通水库。

境内有跑马坪变电站,家庭通电率100%。村民生活用水为市政供水,供水公司为白源水厂。10个自然组接入天然气管道,覆盖率达80%,村民日常生活使用的能源主要为天然气,少数家庭使用液化气和蜂窝煤。75%农户接入市政污水处理管道。

2006—2020年,有下龙形新农村建设点、冲上组新农村建设点、跑马坪新农村建设点、竹下组新农村建设点。

社会发展　境内有1所小学和1所幼儿园。长溪小学,占地面积2400平方米,建筑面积1600平方米,在职教职工21人,教学班2个,在校学生62人。长溪中心幼儿园(二部),2019年建成,占地面积961平方米,建筑面积1400平方米,在职教职工14人,教学班3个,在园幼儿68人。

2017年建设村级卫生室,占地面积120平方米、建筑面积240平方米,专业卫生人员1人,床位2张。全民享受医疗保障。村民养老保险85%为失地农民社保。低保户28户40人。残疾人42人,享受政策补助8人。

长溪村

文化活动场所占地面积约7200余平方米，党群服务中心约200平方米、新时代文明实践站约400平方米、室外健身活动点约5600平方米。有百姓活动场所6处，分别为风雨篮球场、门球场、图书室、群众娱乐活动室、百姓大舞台、居家养老中心。

长溪小学

特色地情　黄显丕（1895—1927）。字尧凤，生于1895年5月，1926年2月加入中国共产党，曾任萍乡县农民协会干事。1927年6月萍乡"六五事变"后前往南昌，参加了南昌起义，随军南下，同年9月下旬在广东潮汕地区的战斗中牺牲。1950年被追认为革命烈士。

沈将军庙。属佛教寺庙，占地面积约4100平方米，庙内有观音殿、财神殿、沈公殿、法官殿等建筑。

乡村荣誉　江西省民主法治示范村、江西省精品农村社区、萍乡市和谐秀美乡村建设优秀示范点、萍乡市普法依法治理工作先进集体、萍乡市"五好"基层党组织示范点、萍乡市"十无"和谐平安村。

大陂村

村情概况　地处白源街东北部。村委会驻庙背小区。1949年8月前属进华乡第三保，1950年8月后为赤山区民主乡大陂村。1958年为高坑公社大陂大队。1961年属泉江公社。1968年并入杨桥大队，属高坑镇。1980年与杨桥分开，仍称大陂大队。1984年3月改为大陂村。2003年9月划入白源街，与长溪合并为长陂村。2016年9月复分开，仍称大陂村。以境内大陂上得名。

东与高坑镇丰园村相邻，南与长溪村交界，西与光丰街横板村相接，北与上栗县赤山镇丰泉村毗邻。辖区面积2.32平方千米，有13个村民小组（陂台、大陂、樟树窝、象背、下山窝、东冲、岩下、井冲、江万、桥边、台上、庙边、石岭），划分为4个网格（石岭网格、江万网格、大陂网格、民宿网格）管理。户籍人口405户1818人，常住人口1360人（男性901人，女性917人），平均年龄39.3岁，以汉族为主，有苗族1人、仡佬族1人、布依族1人。共有10余个姓氏，其中叶、刘、欧阳姓人数较多。

自然环境与资源 北部为高山，南部为丘陵，中部为垄墘。大陂河穿村而过，域内全长1.5千米，入萍水河。林地2000余亩。

境内有燕子洞，也称风洞，是历经两亿年沧桑巨变造就的地质奇观。

经济概况 耕地556.8亩，其中水田520.2亩、旱地36.6亩。主要种植水稻等粮食作物和蔬果等经济作物。畜牧养殖业，养猪存栏60头，均属分户养殖。

建有凯光新天地生态旅游区，导入"文旅+康养+田园"发展模式，形成"两区·三园"。"两区"即萍傩文化体验区和健康养生体验区，其中傩神洞（又称燕子洞）占地面积4800平方米，洞内游客步道长450米，奇险俊美的溶洞景观和神秘古老的萍乡傩文化水乳交融，相辅相成；"三园"即花海婚庆庄园、禾趣休闲田园和山地运动公园，每年举办郁金香花海旅游节、绣球花文化旅游节等节庆活动。

2022年村级集体经济收入40万元。收入主要来源于土地和固定资产租赁。

基础设施 浙赣电气化铁路、320国道和中环北路交叉穿行全村，村主干道、村组道路全部完成沥青铺设。

山塘13口，主要分布于陂台组、石岭组、庙边组、台上组，其中重点山塘3口，分别为张家冲山塘、黄鳝塘、大井库山塘，集雨面积共计43亩，库容共计9万立方米。建有小型水坝2座，水渠共计长600米。农田灌溉率达98%。

家庭通电率100%。村民生活用水为市政供水，供水公司为白源水厂。建有生活污水处理站2座。村民日常生活使用的能源主要为天然气和液化气。

凯光新天地生态旅游区

大陂村一角

2006—2020年,有上山窝、樟树窝、大陂、象背、陂台、陂台上、桥边、黄善塘、台上、东冲岩、庙背、井冲、叶家冲、陂中、陂下、李家冲为新农村建设点,实施道路拓宽基础设施修复、铺设沥青、水沟修复、排污管改造、安装太阳能路灯等民生工程。开展了大陂村美丽村庄建设,修建露营基地、农耕小院、儿童户外游乐等项目,实现农旅融合。

社会发展 境内有1所职业学校,萍乡卫生职业学院,学校占地面积800亩,建筑面积21.82万平方米;设有8个二级学院、23个高职专业;有学生10482人,教职工443名。

有卫生室1个。农村医保缴纳率100%。失地农民均已购买养老保险。低保户45户78人。残疾人50人,享受政策补助29人。

村委会建有占地面积400平方米、建筑面积2000平方米的党群服务中心和新时代文明实践站。建有文体广场3个,分别位于陂台组、台上组、樟树窝组,设置有篮球场和健身器材。

特色地情 跨河石桥。位于桥边组,跨大陂河,距今有100余年的历史。

叶秋根。2020年12月23日,一年轻女子驾驶摩托车不慎落水,叶秋根不顾自己八级伤残及寒冬,下水救人。2021年荣登见义勇为类"中国好人榜"。

乡村荣誉 江西省水生态文明村。

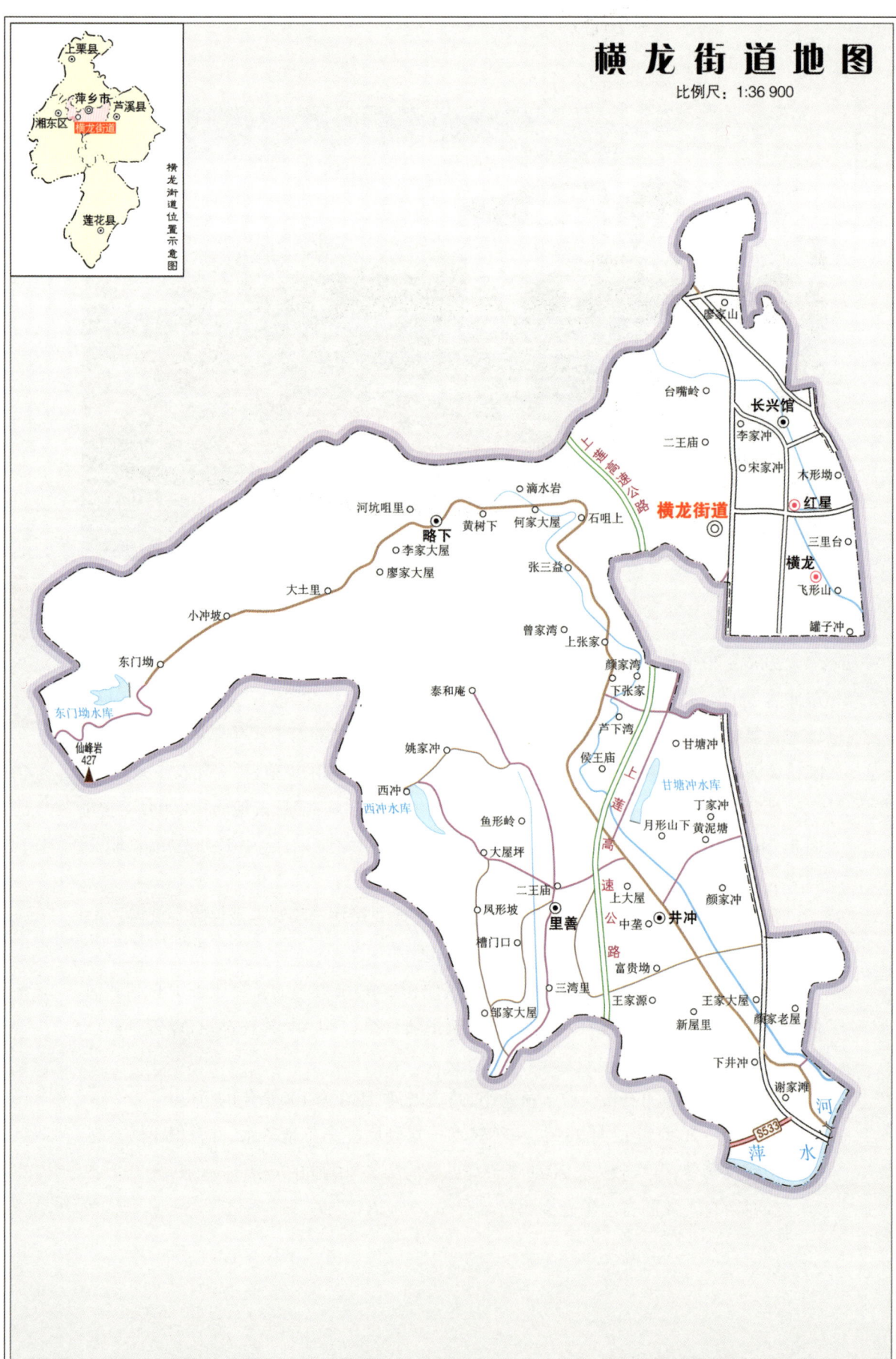

横龙街道

地处安源区西部。办事处驻昭萍西路与中环西路交叉处。东接后埠街,南壤八一街、五陂镇,西毗湘东区麻山镇,北邻青山镇。街区面积15.48平方千米,辖4个村委会和2个居委会。以境内横龙寺而得名。

解放前夕境域分属萍乡县中山镇、进化乡、鸣盛乡、四维乡、居安乡。1950年属萍乡县湘东区青山乡、略下乡,积善区观横乡、登岸乡、后埠乡、流万乡,麻山区井冲乡和安源区嘉埠乡。1971年12月成立郊区人民公社,属城关区。其辖区由萍乡镇划出的五星、观丰、登岸、后埠、流万、略下大队,由安源人民公社划出的嘉埠、联星、建生大队组成。1974年又从湘东区麻山公社划出井冲、里善大队,属郊区公社。1966年略下大队改设郊区人民公社林场。1984年3月撤销郊区人民公社,改设郊区乡,同时郊区公社林场复设略下村。1993年5月改称安源区郊区乡。1995年7月登岸村、观丰村划归萍乡市经济开发区。1998年3月,丹江村、联星村划归丹江街。2001年12月撤销郊区乡,改设城郊管理委员会,为安源区人民政府派出机构。原辖11个村民委员会改设11个管理处,即后埠、略下、北桥、山下、青坪、长兴馆、东星、流万、汪公潭、井冲、里善。2011年,成立三角洲、红星、横龙三个社区。2023年1月,城郊管委会更名为横龙街,调整行政区划,划出7个村委会和1个居委会。

常住人口31254人(男性15511人,女性15743人),以汉族为主,城镇化率30.1%。

自然环境与资源　属丘陵地貌。横龙山穿行而过,森林覆盖率76%，林地1.37万亩。萍水河支流长兴河流经。煤炭资源较丰富。

经济概况 财政总收入4.96亿元；一般预算收入2.4亿元，同比增长8.3%。

耕地2800亩，其中旱田380亩、水田2420亩。水稻种植面积400亩，粮食总产量336万斤。油菜种植200亩，产量3万斤。畜牧业以饲养生猪、家禽为主，生猪出栏0.45万头，家禽出栏1.2万羽。有1户种粮大户，即智军合作社；有3家龙头企业，分别是中国农产品供销社（中农批）、萍乡黄家将食品有限公司、萍乡花蝴蝶食品有限公司。

规上工业企业4家（街区2家，安源工业园2家）。电子信息产业有福佳电子、晶蓝科技、萍乡星拓梦网络科技、非凡电子、仟盾消防科技、星瑞龙吉网络科技等企业。建材产业有深安混凝土等企业。规上工业总产值2.5亿元，同比增长44.39%；营业收入2.2亿元，同比增长31.12%。

以餐饮、住宿、零售、批发类为主，商贸企业33家，限额以上企业6家，分别是老地方、黄家将、泉哥美食、奇丽福、山水田园、良东生鲜。并打造虹裕造梦空间商业及夜市经济项目。社会消费品零售总额2.5亿元，同比增长16.7%。

基础设施 境内有长兴路、中环路、萍莲高速、萍麻路等主干道，中环路南北相连320、319国道。各村户户通水泥路。

有3个水库，里善村的西冲水库、井冲村的甘塘冲水库、略下村的东门坳水库，均属国家小（2）型水库，总库容36.1万立方米，有效灌溉面积共689亩。有山塘11个、水塘36个，山塘水塘总库容33.02万立方米，总集雨面积184亩。

市供电公司提供村（居）民用电，市水务公司、麻山自来水厂提供村（居）民用水，市燃气公司提供村（居）民用气。家庭通电、通水率100%，天然气覆盖率90%。建有村级生活污水处理站4座，各村生活污水已基本纳入污水管网。

通信网络信号覆盖100%，有邮政、申通、韵达、菜鸟驿站等物流配送点满足居民日

横龙公园

横龙街道办事处

常需求。

推进采煤沉陷区城西片区安置小区建设及城西片区地下排水管渠建设项目、城郊里善养老服务中心项目、萍麻路(宝塔路段)排水防涝建设项目、莲花街老旧小区改造项目、大喜巷老旧小区管道更新项目、康养型旅游特色小镇建设项目、中环西路宝塔路地下管廊铺设工程建设项目等民生项目。废弃矿山生态修复治理，走"修复、保护、重塑"路线，打造"阳光花海"，实现从"地下开挖"到"地上开花"的华丽蝶变。

社会发展 幼儿园5所(大唐幼儿园、加嘉幼儿园、明道幼儿园、爱婴幼儿园和横龙街中心幼儿园)，在校幼儿766人。小学2所(晨曦小学、旭日小学)，在校学生1708人。

村、社区党群服务中心、新时代文明实践站、综合文化服务中心实现全覆盖。有文化广场等各类大小文体活动场所共45处。

设有定点药房、卫生所13个，其中村、社区级网格辖区内定点医药机构10个，乡级网格辖区内定点医药机构3个。6个村(社区)医保服务网点提供16项医保服务帮办代办业务。

城镇低保对象113户169人，农村低保对象179户285人。639人办理残疾证，274人享受两项补贴。

特色地情 寺庙6座，分别是衡龙寺、崇福寺、傩神庙、泰和观音禅院、侯王庙、张杰公祠。长兴馆村铜管乐队历史悠久，里善番薯酒远近闻名。

街道荣誉 江西省金牌劳动人事争议调解组织、萍乡市先进医保基金监督网络、萍乡市练兵备战先进单位。

红星社区

社情概况 地处横龙街北部。居委会驻长兴北路1号。2012年设立红星居委会。所属地域为长兴馆村,该村原称红星大队,故名。

东、北毗邻后埠街城北社区、九龙社区、勤俭社区,南邻横龙社区,西至横龙公园邻长兴馆村。管辖塞纳名城、塞纳印象、城市森邻、优山美域、左右城、八达花苑、长兴铁路经适房等7个居民小区,划分5个网格管理。户籍人口893户4022人,常住人口6076人(男性2960人,女性3116人),平均年龄53岁,均是汉族。

自然资源与环境 境内萍水河支流长兴河流经。境内小区绿化面积均在40%以上。

经济概况 以工商贸为主,个体工商户112家,主要是餐饮店、便利超市、美容美发店、药店、母婴用品店、洗衣店、维修点、家政服务网点等便民商业店。

基础设施 中环西路、昭萍西路、长兴北路、建设西路在境内交织。市水务公司提供居民用水,市供电公司提供居民用电,天然气覆盖率100%。长兴铁路经适房进行老旧小区改造,道路提升改造3430平方米,排水沟渠提升改造215米,绿化提升改造230平方米。雨污分流、污水处理均在建设中。

社会发展 境内有大唐幼儿园,位于塞纳名城南门口,占地面积2285平方米,建筑面积3587.51平方米,在职教职工32人,教学班8个,在园幼儿195人。

红星社区

低保户4户4人,残疾人18人,享受政策补助9人。

社区办公楼内设有党群服务中心、新时代文明实践站和综合文化服务中心,占地面积360平方米,建筑面积600平方米。境内6个小区均有文体活动场所,室内设置乒乓球室、舞蹈室、文化书屋,室外配备篮球场、网球场、健身器材等。有1支16人的舞蹈队。

社区荣誉 江西省"绿色社区 美丽家园"创建活动示范社区、江西省综合减灾示范社区、江西省五星级"幸福社区"。

横龙社区

社情概况 地处横龙街南部。居委会驻长兴南路1号。原为长兴馆村地域,21世纪初,城区扩建,在村内逐步建设居民小区。2012年6月设立横龙居委会。以境西横龙寺而得名。

东、南邻八一街罗家塘社区,西至中环西路邻八一街汪公潭村,北邻红星社区。管辖阳光嘉园、紫金名门一期、紫金名门二期、公园壹号、荷塘馨苑、三里台散户7个居民小区,划分6个网格管理。户籍人口1223户3669人,常住人口9025人(男性4377人,女性4648人),平均年龄46岁,以汉族为主,有满族4人、彝族5人、蒙古族3人、苗族2人、壮族3人。

自然资源与环境 境内萍水河支流长兴河流经。境内小区绿化面积均在40%以上。

经济概况 以工商贸为主,个体工商户187家,有宾馆、餐饮店、超市便利店、药房、母婴用品店、洗衣店、五金店、美容美发店、快递驿站等便民商业店。

基础设施 中环西路、长兴路、昭萍西路纵横境内。

市水务公司提供居民用水,市供电公司提供居民用电,天然气覆盖率100%。

社会发展 加嘉幼儿园位于阳光嘉园小区内,占地面积1318平方米,在职教职工共30人,教学班7个,在园幼儿187人;明道幼儿园位于公园一号小区内,占地面积1168平方米,在职教职工26人,教学班6个,在园幼儿156人;爱婴幼儿园位于龙门世家小区内,占地面积890平方米,在职教职工13人,教学班5个,在园幼儿107人。

低保户4户6人。残疾人12人,享受政策补助3人。

社区办公楼内设有党群服务中心、新时代文明实践站和综合文化服务中心,占地

横龙社区

面积230平方米,建筑面积1380平方米。境内5个小区有文体活动场所,室内设置文化书屋,室外配备篮球场、网球场、健身器材。有1支10人的太极队、1支20人的舞蹈队。

特色地情 三里台。东至浙赣铁路老线,西接龙门世家,北至昭萍西路。相传从明朝起此地为接送官员的地方,此台离城三里,故名。

井冲村

村情概况 地处横龙街西部。村委会驻中垄。1949年8月前属四维乡第三保。1950年8月后属麻山区井冲乡。1958年为麻山公社井冲大队。1959年与里善分开,名井冲大队。1960年划归萍乡镇。1962年属麻山区桐田公社。1966年重归麻山公社。1972年11月划入城关区郊区公社(实际划入时间为1974年)。1974年又与里善分开仍为井冲大队,划归城关区郊区公社。1984年3月改为郊区乡井冲村。2001年7月撤郊区乡划入八一街办,2002年改为城郊管委会井冲管理处。2017年改为井冲村。2023年1月更名为横龙街井冲村。以境内井冲地片(井冲,三面环山,冲口朝东南,为西北、东南向大山冲,约3平方千米,冲南下井冲附近挖了一口深而较大石板砌面的水井,故名井冲)得名。

东邻八一街汪公潭村,南邻五陂镇长潭村和麻山镇小桥村,西连里善村,北毗略下村。辖区面积3.7平方千米,共11个村民小组(一组富贵坳、中垄、杉树下,二组林家大屋、王家源、新屋里,三组张家大屋,四、五组谢家滩,六组颜家老屋,七组颜家冲,八组黄泥塘、月形山、丁家冲,九组甘塘冲,十组双管陂、侯王庙,十一组上屋),划分2个网格管理。户籍人口1012户4458人,常住人口4085人(男性2092人,女性1993人),平均年龄38岁,以汉族为主,有哈尼族1人、壮族1人、黎族3人、苗族2人。共有37个姓氏,其中张、颜、兰、刘、吴、彭、林、李、陈、肖、王姓人数均超过100人。

自然环境与资源　东西为丘陵地,中部为大垄塅,有林地360亩,山林环绕,村庄、农田、水塘位于谷地中,南面为谷地出口。有一条南北走向的河流汇入萍水河。

经济概况　耕地815.7亩,其中水田659.85亩、水浇地7.35亩、旱地148.5亩,主要种植水稻等粮食作物和蔬果等经济作物。有专业合作社7家,其中忠鑫种养专业合作社、井冲生态专业合作社打造种植面积1200亩的葡萄园,亩产2500斤,每亩纯收入2万元,同时,种植蔬菜150亩、柚子40亩、脆冠梨30亩、草莓30亩、西瓜20亩等。

大型企业2家,为金鹏食品有限公司、萍乡市污水处理厂,解决村劳动力34人。有农家乐2家,为乡间乐酒楼、宴客楼,带动10余名村民就业。有小卖部13家。

2022年村级集体经济年收入87万元。以前村集体经济收入主要是征购土地,现在经济来源于上级拨付和房屋租金。

基础设施　上莲高速公路纵贯境内,并设出口。宝塔路和中环西路过境内。

小(2)型水库1座,为甘家冲水库,1989年建成,库容12.5万立方米,有效灌溉面积236亩。山塘4口,分别为杉树下、富贵坳、张家大屋、王家大屋,集雨面积共计37亩,库容共计9.2万立方米。水渠总长1212米。农田灌溉率60%以上。

井冲村

井冲村丹井路路口

完成农网改造,家庭通电率100%。饮用水来自麻山自来水厂,自来水普及率100%,村民日常使用的能源主要为煤气。在上大屋、双管陂开展新农村建设,受益121户。申请革命老区专项资金65万元,改造谢家滩段河道。

社会发展 旭日小学,2010年创办,由略下村、里善村、井冲村三所村级小学合并,占地面积20亩,位于井冲村十组,教职工30人,教学班12个,在校学生408人。横龙街中心幼儿园,2020年创办,占地2.7亩,在职教职工12人,教学班5个,在园幼儿121人。卫生所3个,分别在村委会、富贵坳、颜家老屋,医护人员3人。

105户178人购买养老保险。51户87人享受低保。残疾人79人,享受政策补助39人。

村委会办公楼有占地面积294平方米、建筑面积884平方米的党群服务中心、新时代文明实践站。村委会前有文化广场1个,占地15亩。村级活动场所有6处,分别位于村部、黄泥塘、甘塘冲、上大屋、新屋里、木莲塘,占地面积共20000平方米,均配备了相应的健身设施。

特色地情 侯王庙。位于井冲村十组。每年的佛诞日和重阳节期间,寺庙会举行盛大的庆典和活动。

张杰公祠。始建于清光绪元年(1875),位于下井冲,气势雄伟壮观。

里善村

村情概况 地处横龙街西部。村委会驻二王庙。1949年8月前属四维乡。1950年8月后为麻山区井冲乡里善村。1958年为麻山公社井冲大队。1959年与井冲分开,名里善大队。1960年划归萍乡镇。1962年属麻山区桐田公社。1966年属麻山公社。1971年又并入井冲大队,属湘东区麻山公社。1972年11月划入城关区郊区公社(实际划入时间为1974年)。1974年又与井冲分开仍为里善大队,划归城关区郊区公社。1984年3月改为郊区乡里善村。2001年7月撤郊区乡划入八一街办,2002年改为城郊管委会里善管理处。2017年改为里善村。2023年1月更名为横龙街里善村。以境内里善地片(里善,为南北向垄墩,背面多山,东西两边为丘陵地,南有萍麻公路横过。清初李姓来此建村,称李家冲,后多姓氏陆续迁入,清末为共勉邻里和睦相处,遂改称里善)得名。

东至井冲村,南、西两面临麻山镇小桥村,北连略下村。辖区面积3平方千米,共10个自然村组(二王庙、泰和庵、姚家冲、西冲、大屋坪、凤形坡、槽门口、邹家大屋、三湾里),划分5个网格管理。户籍人口470户2132人,常住人口2041人(男性1025人,女性1016人),平均年龄40岁,以汉族为主,有布依族2人。共有113个姓氏,其中陈、曾、邓、刘姓人数均超过100人。

自然环境与资源 四面环山,北部、西部高,东部、南部低,中部为垄断,属典型小山沟地貌。有一条南北走向的河流,全长1500米,河流途经泰和庵三组、二王庙十组、三湾八组、槽湾九组,最后汇入萍水河善洲段。全村绿化率达80%以上,有300多亩桂花林。

经济概况 耕地704.4亩,其中水田566.85亩、水浇地5.25亩、旱地132.3亩,主要种植水稻等粮食作物。智军农种专业合作社承包七组、十组水田,种植水稻150亩,玉米、黄豆15亩;珊荷种养合作社打造"初心微农场",流转320亩土地,接受100余家企事业单位和个人认领种植蔬菜,并开发亲子研学、农旅文化游,邀请第三方团队专业运营,打造红领巾丹勋营地,带动农民就业增收。养殖方面,多为家庭散养鸡、鸭、鹅等家禽,12户养殖香猪35头,鱼塘15亩。食品加工业方面,有豆芽作坊2个,供应城区各饭店和全市菜市场;豆腐作坊2个,一个位于西冲,生产香干豆腐为主,一个位于掌形岭,生产水豆腐为主,供应城南菜市场和本村村民;年糕厂1个,占地面积40平方米;久逢合作社,年酿造番薯酒9000斤左右,销往城区以及附近村落。工业方面,有深安混凝土有限公司，年产值2344万元，纳税100万元。商贸方面，有小卖部7家。

2022年村级集体经济收入42.03万元。收入主要由深安混凝土有限公司税收返还、上级转移专项拨付构成。

基础设施　上莲高速纵贯南部，有省道在境南穿过。外有萍麻公路、安五公路、中环西路、丹井大道等连接。

小（2）型水库1座，为西冲水库，1958年建成，库容12.6万立方米，有效灌溉面积247亩，并建有环库游步道。山塘6口，分别为许家潭前塘、上茶子山塘、下茶子山塘、泉塘、泰和寺山塘、四组山塘，集雨面积共计120亩，库容共计5.82万立方米。水渠共计长6千米。农田灌溉率达90%以上。

完成农网改造，家庭通电率100%。饮用水来自麻山自来水厂，自来水普及率100%，村民日常使用的能源主要为煤气。

2006—2020年，有西冲、泰和庵、凤形坡、水库上、三湾、槽湾、姚家冲、二王庙、鱼形岭、大屋坪里、邹家大屋、掌形里、邓家大屋、掌形湾、泉塘、龙嘴上、脚庵坡、大岭上、许家塘、曾家屋场、叶家坡、学塘岭、樟树坡等为新农村建设点。

社会发展　村卫生所1所，占地面积120平方米，专业卫生人员1人。430户910人购买养老保险（新农保520人）。77户141人享受低保，五保户4人。残疾人73人，享受政策补助55人。市儿童福利院驻境内，占地1.73万平方米，建筑面积1.18万平方米，集生活、医疗、特教、康复、技能培训于一体，现有职工36人，收养老人43人，儿童39人。

村级组织活动场所为单独建设，建于2008年，建筑面积1050平方米，配备党群服务中心、新时代文明实践站。室外文体广场7个，分别为占地800亩的掌形里一组广场、占地600亩的掌形里二组广场、占地700亩的姚家冲广场、占地1000亩的西冲广

里善村鸟瞰

泰和观音禅院

场、占地400亩的叶家坡广场、占地500亩的邹家大屋广场、占地1800亩的脚庵坡广场、掌形里一组广场、姚家冲广场、西冲广场和邹家大屋广场配备篮球场。有1支30人的广场舞队、1支15人的军鼓队、1支15人的足球队、1支10人的篮球队。

特色地情　泰和观音禅院。位于村北部,所处的小地名叫"苍龙吐珠",占地2.7万平方米,建筑面积1.2万平方米。以西晋泰始元年(265)建寺得名泰和寺。2003年整体改建更今名。院前有千年古樟(国家一级保护古树)一棵。院内建筑物之间,丹桂成行,花圃散香,古代石雕罗汉保存完好。是萍乡最古老的佛教道场,现为江西省重点寺院,系县级文物保护单位。

番薯酒。里善村民保持家家酿造番薯酒的传统,番薯酒原料是十几种芳香中药与大米发酵制成的酒饼和当地番薯,其制作过程完全纯手工、原生态,此酒具有"不口干、不上头、不宿醉、醉得浅、醒得快"的特点,是无污染、无添加、纯天然的绿色食品。

乡村荣誉　全国民主法治示范村、江西省森林乡村、江西省"十无"平安村。

略下村

村情概况　地处横龙街西部。村委会驻河坑。1949年8月前为鸣盛乡第二保。1950年8月后属湘东区略下乡。1954—1955年称略下初级社,属青山乡。1958年为萍乡镇略下大队。1966年改为略下林场,属萍乡镇,1971年划归郊区公社。1984年3月改为郊区乡略下村。2001年7月撤郊区乡划入八一街办,2002年改为城郊管委会略下管理处。2017年改为略下村。2023年1月更名为横龙街略下村。以境内略下地片(略下,为一"7"字形狭长山冲,长约7千米,多山少耕地,名称来历待考证。据说原名"料下",因地产料石而得名,后演变为今名)得名。

东毗长兴馆村,南连里善、井冲、马山镇小桥村,西邻麻山镇新塘村,北接青山镇光辉村、青山村。辖区面积5.06平方千米,共7个村民小组(一组张三益、二组富裕坳、三组何家大屋、四组李家大屋、五组廖家大屋、六组烂泥冲、七组略下安置小区),划分3个网格管理。户籍人口636户2568人,常住人口2170人(男性1123人,女性1047人),平均年龄47岁,以汉族为主,有哈尼族2人、苗族1人、彝族2人。共有80个姓氏,其中张、李、何、廖姓人数均超过100人。

自然环境与资源　地形呈带状,分南北两翼,南北宽平均不到0.6千米,东西走向,西高东低,长5.8千米,属小山沟地貌,形成"十八坡",有"十里长廊"美誉。南有大岑上,北有天子山,西有仙峰岩。仙峰岩海拔426.4米,若登峰极目,则西北可望湖南,东南尽览萍城。境内略下河,由马岭山的山泉流入村尾东门坳水库,汇集村两翼的山泉,自西向东流经全村,出井冲、汪公潭村后流入萍水河,全长5000米。林地面积6549亩,其中毛竹2500亩,杉树1300亩,活立木3万立方米。

境内煤炭、料石资源丰富,其次为石灰石、铁矿石、耐火石。曾大规模开采煤炭,后对烂泥冲等600亩采煤沉陷区进行废弃矿山生态修复,运用近城、依山、傍水的优势,结合仙峰岩省级森林公园,围绕仙峰岩水库,打造阳光花海"一日游植物花卉博览园",种植桂花、香樟、樱花、紫薇、海棠、杜鹃等花木3万余株,修建游步道、休闲亭、停车场等基础设施,建成集森林生态观光游、煤炭科普教育、健身娱乐、休闲度假为一体的近郊森林公园。

略下村

阳光花海

经济概况 耕地159.15亩,其中水田78亩、水浇地9.75亩、旱地71.4亩。主要种植水稻等粮食作物。境内种植板栗265亩、枇杷112亩、柚子40亩、无花果30亩。家庭散养猪、鸡、羊、鸭、鹅、鸽子、蜜蜂等,鸡年出栏600羽,猪年出栏1363头,黑山羊年出栏132头,有鱼塘32亩。

西郊花木种养合作社占地1000亩,种植紫薇树、桂花树、红花檵木、香樟树、桑葚等。阳光花海种养专业合作社占地3000亩,主营花卉观赏、果木采摘,是全市种植规模最大的花园。阳光花海附近有农家乐,分别是菜根潭、卢下湾、幸福之家。

工业方面,以采煤为主。清代,就出现合伙开采煤炭的企业。民国时期,地主豪绅富商联合经营,合股开矿。解放初期,出现第一家小集体企业"略下河坑煤矿"。1966年略下改为略下林场后,副业队新开两个煤矿。20世纪80年代,开办了长坡煤矿、小坡煤矿。1980—1997年共开办各种所有制煤矿28家,后来基本关闭。目前只有崇福煤矿,其于1998年建矿,剩余保有储量71.48万吨,年产60000吨,年产值约1200万元,年纳税约156万元。江秦电器有限责任公司,位于原花木宾馆,主营汽车线路代加工,年产值约100万元,纳税约13万元。

2022年村级集体经济收入42.57万元。主要为资产租赁收入、生态补偿性收入、上级转移专项拨付资金、经营活动取得的收入、其他由单位赞助和上级奖励构成。

基础设施　上莲高速公路在东部纵向通过。

水库1座,为东门坳水库,库容11万立方米,有效灌溉面积206亩。水塘36口,山塘1口,集雨面积共计27亩,库容共计18万立方米。水渠共计长5500米。农田灌溉率达90%以上。

家庭通电率100%。自来水管网进村到组入户,有2个自来水加压站,自来水来自市水务公司。村民使用的能源主要为液化气。

2006—2018年,在全村20处开展新农村建设。

社会发展　村卫生所1所,面积150平方米,医护人员2人。1645人参加失地农民保险。43户55人享受低保。残疾人96人,享受政策补助38人。

村级文化活动场所占地面积约2040平方米,其中党群服务中心约240平方米、新时代文明实践站约200平方米、略下村综合文化服务中心100平方米、文化健身广场约1500平方米。文化健身广场8个,每组均有1个。有一支17人的腰鼓队、一支17人的军鼓队。

特色地情　崇福寺。位于凰云山,占地250余亩,寺庙正门悬"重光古刹"牌匾。此寺历宋、元、明、清至民国,迄今已逾千年。始为叶氏所建,旧时曾为书舍,继为庵,名曰重光台。寺内古木参天,山间云雾蔽日,清泉涓涓,草木葱葱。寺后有一井,四季不涸。

傩神庙。位于富裕坳,该庙始建于唐,是赤山石洞口傩神庙的分支。萍乡傩庙不上山,而是与乡民比邻而居。傩神庙,实际是一座以傩正殿为第一主体,以戏台、酒楼、大坪为第二主体,且具有多种功能的四合院的建筑群,1949年之前,傩庙是乡村里的政治、经济、商业、文化、生产、生活、交际的中心。

乡村荣誉　全国文明村镇、全国科普示范村镇、全国"美德在农家"活动示范点、江西省现代农业生态示范村、萍乡市水生态文明示范村、萍乡市AAAA级乡村旅游示范基地、萍乡市美丽休闲乡村、萍乡市十大森林旅游点。

长兴馆村

村情概况　地处横龙街东部。村委会驻长兴北路999号。1949年8月前属鸣盛乡第一保。1950年8月为湘东区青山乡长兴村,1952年属长北乡。1958年8月与星辉、五星合并称五星大队,属萍乡镇。1959年从五星分出成立长兴大队。1961年划为红星、长兴两个大队。1969年10月夏合并，仍称红星大队，属萍乡镇。1971年改属郊区公社。1984年3月改为郊区乡长兴馆村。2001年7月撤郊区乡划入八一街办，2002年改为城郊管委会流万管理处。2017年改为长兴馆村。2023年1月更名为横龙街长兴馆村。以境内长兴馆得名。

东邻后埠街后埠村，南壤八一街汪公潭村，西毗略下村，北接青山镇青山村。辖区面积3.73平方千米，有长红、富丽、富裕、富强4个拆迁安置小区，李家冲、廖家山、二仁庵、孟家冲、朱家冲、三里头、龙古坳、牛角坡8个自然村，共13个村民小组，划分6个网格管理。户籍人口1936户6014人，常住人口7857人（男性3934人，女性3923人），平均年龄41岁，均是汉族。共有46个姓氏，其中李、刘、赖、黄、彭、林、张姓人数均超过200人。

自然环境与资源　　西部为山，东部与市区融为一体。西部南北走向的是横龙山脉，东西走向的低矮山岭。境西有横龙公园，依托长约1.5千米的自然山脉而建，山上密林茂盛，被称为"天然氧吧"。

境内有长兴河，从水口流入，从牛筋树下起，自北向南蜿蜒流过全境，从罐子冲流入汪公潭村，再汇入萍水河。小河过境全长约2.5千米。

经济概况　　以工商贸为主。工业方面，有位于龙谷坳的市第四建筑工程公司，年产值1000多万元，纳税约100万元。商贸方面，建有仓储场地5000平方米、商铺60余间，仓储商户29户，钢材市场商户20户，年产值2000余万元，纳税50余万元。

2022年村级集体经济收入373.70万元。

基础设施　　浙赣铁路货运线绕村境东、境北。上莲高速公路纵向通过西部。昭萍西路横穿村中，长兴路、中环西路纵贯村中。2004年建成的长兴馆立交桥上浙赣铁

长兴馆村

路、西环路横跨而过。

市水务公司提供村民用水，市供电公司提供村民用电，天然气覆盖率90%。

2010—2012年在廖家山、朱家冲进行了新农村建设，建设了休闲广场。

社会发展　境内有晨曦小学，原为红星学校，2017年2月搬入新校区更名为晨曦小学，毗邻横龙公园，占地面积30.8亩，建筑面积12300平方米，在职教师17名，在校学生1300余人。村卫生所1所，面积130平方米，专业卫生人员2人，床位2张。

参加失地农民保险3000余人。有城镇低保户54户80人，农村低保38户54人，五保户1人。残疾人147人，享受政策补助56人。

境西横龙公园是一座约5万平方米的体育公园，围绕始建于1958年、占地面积约20亩的宋家冲水库，建有环库游步道、林间小道、登山步道和亭台楼阁等活动场所，内有健身广场6个，有各种智能健身器材（自动检测运动量，播报运动指数），堪称科学锻炼的"智能教练"，门球场、篮球场和太极拳场1个，综合文体娱乐中心1个，面积约为600平方米。设有老年人体育协会，有太极拳、篮球、铜管乐队、门球、合唱团、广场舞等多支队伍，人数达600人以上。

特色地情　横龙寺。系市级文物保护单位，省级重点风景名胜区。位于横龙公园内，占地1.27万平方米，建筑面积6000平方米。《昭萍志略》载：该寺始为庵，宋时依岩结茅而建，明、清多次修改扩建，清乾隆三十六年（1771）重修时，始称横龙寺。1947年，道长李天泰筹资购得横龙寺全部僧房、山田。1988年更名为纯阳观。横龙寺风景秀美，寺周翠峰烟饶，寺内甘泉清冽，前后两栋，中连十八拱，殿宇宏邃，佛像庄严。香客游人，四时不绝。文人学士，多有题咏。如欧阳鹤鸣《四奇亭记》、邓锡礼《游横龙寺诗》、刘凤诰《游横龙寺集杜少陵句》、罗淳作《横龙洞诗》、文廷式《同游横龙洞》等。

农民铜管乐队。始创于20世纪80年代。在1988年大连举办的"国际服装节"铜管乐比赛中，获优秀奖；2002年铜管乐团受邀参加央视"心连心"艺术团在秋收起义广场的演出；2016年，作为萍乡市群众艺术代表，被选送参加第六届江西艺术节暨第二届农民工才艺大赛，荣获一等奖。现乐队有成员20余人。

乡村荣誉　江西省文明村镇、江西省关心下一代工作先进集体。

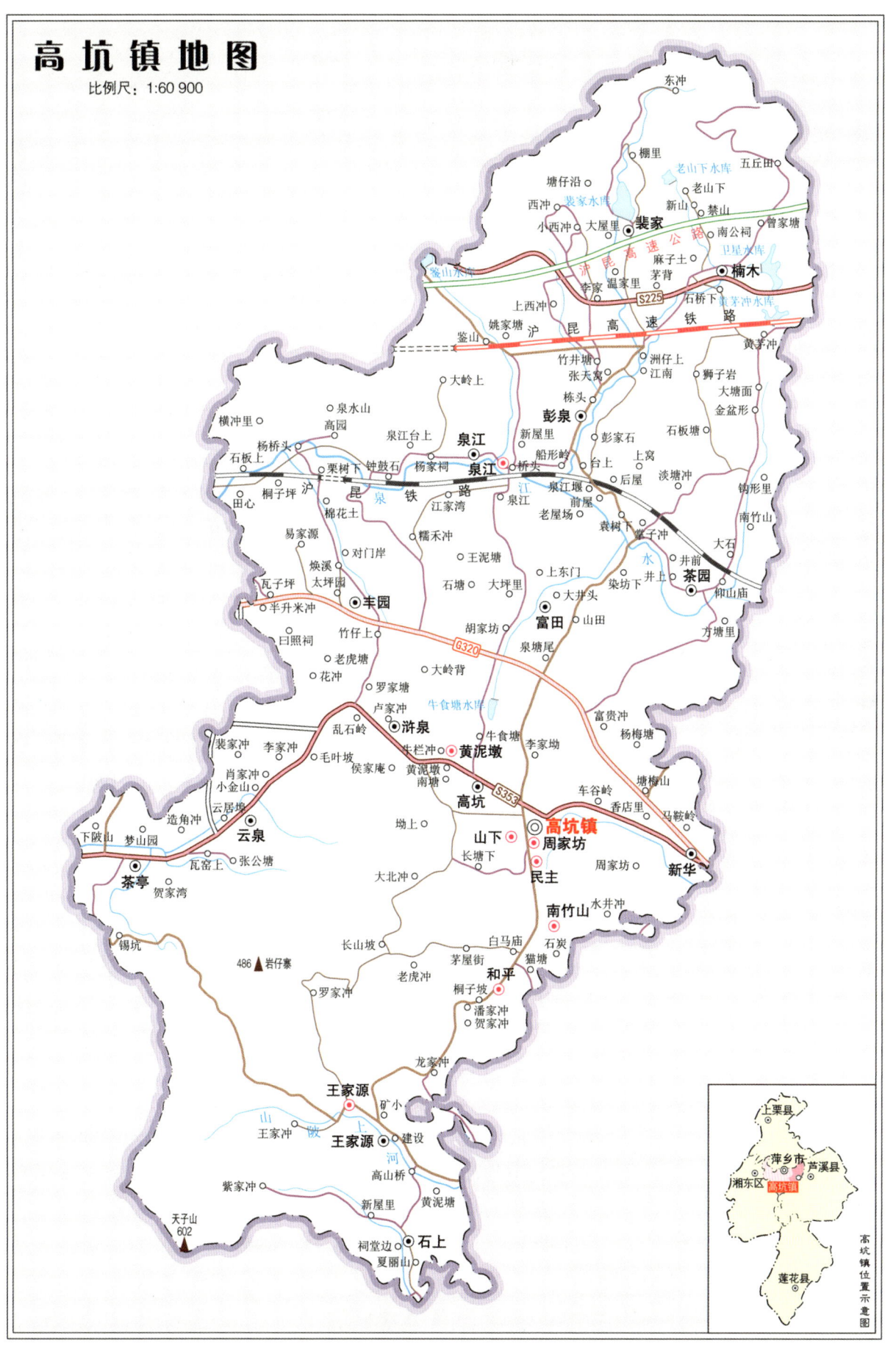

高坑镇

地处安源区东部。镇政府驻地高岗埠1号。东临芦溪县源南乡、芦溪镇、上埠镇,南接芦溪县南坑镇,西与白源街、安源镇接壤,北与上栗县赤山镇交界。镇区面积61.71平方千米,辖14个村委会和8个居委会。以境内高坑得名。

1949年8月前,属泉岗乡、上埠乡和进化乡之一部分。1949年8月,属萍乡县第一区进化乡和第二区泉岗乡。1950年8月,城镇地区为萍矿区泉江、合源、高坑乡,农村为赤山区源壁、泉楠乡。1956年4月撤销萍矿区设立高坑镇。管辖民主、和平、泉江、高岗埠、王家源居委会。农村为赤山区源壁、楠木乡。1958年1月高坑镇并入萍乡镇,9月从萍乡镇划出,成立高坑人民公社,属萍乡县。1960年属萍乡市。1961年9月复设高坑镇,同时分设王家源镇和泉江人民公社,属城关区。1993年5月改称安源区高坑镇至今。2003年9月茶垣与园塘合并为茶园村,杨桥与焕溪合并为丰园村,大陂村划归白源街。2002年铁桥背并入黄泥墩,高岗埠并入周家坊,火车村、小冲并入山下,民主一、二、三合并为民主,白马庙、潘家冲并入和平居委会。

常住人口34277人(男性17844人、女性16433人),以汉族为主,城镇化率49.96%。

自然资源与环境 属丘陵地貌,地势中高,东、西低,山脉呈南北走向。最高点为石上村天子山,海拔602米;最低处为丰园村石板上,海拔114米。

境内以黄泥墩为分水岭,东边新华河东流袁水入赣江;东北裴家河、泉江河、丰园河流萍水入湘江,西北茶亭河西流

高坑镇中心区域

萍水入湘江。森林覆盖率55.63%,境内有江西省小金山森林公园。煤炭、高岭土、石英砂储量丰富,其中煤炭资源经过近百年开采,至2016年9月25日所有煤矿关闭前,剩余储量达1654.95万吨,可采储量445.08万吨。

经济概况 财政总收入4.59亿元,同比增长9.9%。一般预算收入2.02亿元,同比增长12%。北部打造乡村振兴示范带,中部实施工业扩区计划,南部推进矿山修复和工业平台建设。

耕地11592.9亩,林地5.36万亩。水稻种植8942.15亩,制种1000亩,粮食总产量501.76万斤。油菜种植4577亩,产量137.31万斤。蔬菜种植0.1万亩,产量250吨。畜牧业以饲养生猪、家禽、肉羊为主,生猪出栏1.5万头,家禽出栏5.7万羽,肉羊出栏1.3万只。推进农业产业化、品牌化发展,有种粮大户4家(茶园村和顺合作社,裴家村汇世达合作社,富田村农飞奕合作社、学勇合作社),有省级龙头企业1家(泉江村新农园"宝贝蛋"),市级龙头企业3家(新华村金信农庄、王家源村荷树坪肉羊养殖、富田村炎龙辣椒种植),另有石上村舍上肉鸡、泉江村油茶、王家源村四季腊味、彭泉村旭鑫肉牛养殖、裴家村农事服务中心等农业项目,农业产业发展迅速。农业总产值36609.6万元,农民人均年可支配收入24259元。

工业企业100余家,其中规上工业企业21家(镇区15家,安源工业园5家)。陶瓷新材料产业有百斯特电瓷、玻瓷高压绝缘子、中原瓷业、华洋电瓷、利红电瓷、利华电瓷、多普电瓷、安源红电瓷、江安瓷业、高压电瓷、东维电气、环球新材料、红星瓷业、欧姆绝缘子等企业,建材产业有德建搅拌、君贤管业、新越沥青等企业,电子信息产业有奕东电子、琛嘉电子等企业,另有高坑工业煤气、六六一厂、江能光伏等能源产业、机械加工产业企业在境内。规上工业生产总值13亿元,同比增长7.71%;规上工业营业收入占全区比重13.31%;规模以上工业利润总额同比增长38.21%;规上工业增加值占全区比重14.39%。

集镇主要街道有2条,一条北起铁路桥下,南至高坑煤业有限公司(原高坑煤矿),长约2000米,宽10米;另一条东起车谷岭,西至萍矿六六一厂,长约1500米,宽12米;两街互为丁字形,三岔路口为最繁华段。街道两旁设有邮政、电信、工商、税务、法院、粮管、环卫、房管、交管等行政事业单位和各类商店、旅社、餐馆、诊所等。有一个大型综合性农贸市场、一条学院商业街、一条商业步行街和一条早餐饮食街,营业门店300余间。社会商品零售总额达7518.5万元,同比增长25%。

基础设施　有浙赣铁路、杭南长高铁、320国道、沪昆高速公路、高泉铁路、萍高公路、高楠公路、高杨公路、高泉公路、高上公路、杨宣公路通过。"农村四好公路"建设,实现村村通、组组通、户户通,沥青路全覆盖。高坑火车站、泉江火车站办理货运业务。

有裴家、老山下、卫星、鉴山、牛食塘、黄茅冲水库等小(2)型水库6座,库容总计138.5万立方米。山塘712口,库容总计1129.54万立方米。水渠总长15107米,农田灌溉率88%。

镇区和农村电网全面提升改造,供电用户24000户,年用电量1.8亿千瓦时。推进茶园、泉江、彭泉、富田4个村城乡供水一体化(山口岩自来水);镇区(周家坊社区、民主社区、山下社区、和平社区、黄泥墩社区、南竹山社区和高坑村)自来水安装5000余户,新华村安装450余户。生活污水处理厂2个,农村生活污水处理站20个。推进废弃矿山生态修复治理。

邮政局1处,代办所1处,投递路线单程总长度92千米,乡村通邮率100%;年投递国内函件0.7万件,征订报纸4.3万元,期刊4.9万元,业务收入6.37万元。电信企业1家,服务网点6个,5G网络实现全覆盖。

以新农村建设为契机,推进"厕所革命"、人居环境整治等,提升农村面貌,截至2022年底,新农村建设点244个,美丽村庄4个。改造镇区所有老旧小区,完成老旧小区改造项目5个,惠及居民1920户。

社会发展　幼儿园13所,其中公办幼儿园9所,在园幼儿731人,学前教育毛入园率98%以上,普惠幼儿园覆盖率95%以上。中小学10所,其中完全小学5所(泉江堰小

污水处理站

学、丰园小学、裴家小学、富田小学、源上小学)、教学点2所(楠木小学、茶垣小学)、九年一贯制学校3所(泉江学校、高坑学校、茶亭学校),在校学生2200余人,义务教育覆盖率100%。公办全日制普通高职院校江西应用工程职业学院驻境内。

镇中心卫生院(社区卫生服务机构)1家,村计生卫生服务室18个(其中产权公有的村卫生室13个)。医养结合的萍乡萍雅老年病医院驻境内。

镇新时代文明实践所1个,新时代文明实践站22个。体育健身广场57个,文化广场9个,足球场3个,篮球场4个。

城乡低保2778户4127人,其中农村1117户1545人、城镇1661户2582人。五保户85人,镇敬老院集中供养36人,分散供养49人。1797名残疾人相关政策全面落实,城乡医保、城乡居民养老保险、失地农民养老保险补助实现全覆盖。建成黄泥墩社区、王家源村"安源红·邻里之家"和民主社区"安源红·颐养之家",提供助老服务。

特色地情 有高坑矿大井门坊、朝谒古庵等区二级保护文物16处;有浒泉寺、毛仙寺、大惠庵、龙王庙、廖氏祠堂等名胜古迹;有AA级景区小金山省级森林公园、AAA级乡村旅游点楠木生态旅游景区、环堰塘湖乡村振兴示范景区和裴家村玉屏峰度假区等旅游景点;傩文化历史悠久,傩舞表演细腻,傩面具精致而远近闻名,2021年被列入省级非物质遗产名录。饮食文化悠久深厚,有十大碗、八碗四碟、十碗四碟、高坑小炒肉、高坑绿豆稀、绿豆冰和高坑麻辣烫等特色美食。

乡镇荣誉　江西省百强乡镇、江西省卫生乡镇、江西省脱贫攻坚先进集体。

周家坊社区

社情概况　地处高坑镇东部。居委会驻高岗埠3号。1953年设立和平、民主、高岗埠3个办事处,属萍矿区,1956年撤销萍矿区改设和平、民主、高岗埠3个居委会,1958年3个居委会合并设立高岗埠办事处,1984年3月撤销办事处设立民主一村、民主二村、民主三村、和平、高岗埠、小冲、南竹山、潘家冲、白马庙等9个村委会,同时设立周家坊居委会,2002年高岗埠居委会并入。以境内周家坊而得名。

社区东邻新华村,南连富田村,西靠黄泥墩社区,北接民主社区。管辖范围东起高坑镇污水处理厂,西至高坑铁桥,南达李家坳液化器站,北抵惠联超市。管理周家坊小区(2012年始建,2016年建成,为高坑、分宜杨桥煤矿沉陷区安置小区)及江西应用工程职业学院及镇政府驻地的部分城镇居民,共13个居民小组,划分为2个网格(周家坊网格、高岗埠网格)管理。户籍人口938户2369人,常住人口1025人(男性503人,女性522人),平均年龄51.55岁,均为汉族。境内高岗埠古为驿站,处萍乡至宜春大道要冲,明初在此设埠,因地势较高,得名高岗埠。

周家坊社区

自然资源与环境 地势较高,呈纵向狭长态势。有新华河流经社区车谷岭组,流入新华村。生活用井3口,分别位于高岗埠、辽叶冲、车谷岭。

经济概况 1898年萍乡煤矿(今安源煤矿)开办不久后开设高坑煤矿,从而陆续在高岗埠建住宅区,开设店铺,渐成小街。1951年在此建高坑矿工人俱乐部、电影院、高坑矿子弟学校;1953年,沿萍宜公路建萍矿职工医院、银行、邮电、汽车站、粮管所等单位,逐渐形成集镇。集镇以公路和铁路为交叉点,老街向南进入矿区,新街沿320国道老线东西延伸。沿街店肆相连。经济以商业为主,现境内有服装行业个体工商户100余家,其他零售行业个体工商户100余家。有一高岗埠塑料厂,年产塑料制品1000万件。

周家坊汇福新苑小区

基础设施 有公路北连320国道老线。萍高路贯穿社区,另有高王路、高楠路。高坑铁路为周家坊社区与黄泥墩社区边界线。

有1个大型综合性农贸市场——国辰菜市场,摊位70个,商铺101个。

家庭供电率100%。饮用水源主要自高坑村自来水及山口岩饮用水,自来水入户率100%。周家坊廉租房、机关小院2个小区铺设燃气管道,受益居民258户。

主干道已完成雨污分流,部分小区正在进行雨污分流改造。机关小院、周家坊廉租房、萍矿三中小区开展了老旧小区改造,实施楼顶防水平改坡、路面白改黑、地下雨污分流等工程,受益居民228户。

社会发展 境内有江西应用工程职业学院和童欣幼儿园、启智幼儿园。江西应用工程职业学院,前身为安源路矿工人补习学校,创办于1922年1月,数易校址,经过江西共产主义劳动大学萍乡分校、工人技校、七二一工人大学、萍乡煤矿职工大学的变迁,2003年,经省人民政府批准成立江西应用工程职业学院。现有6个系,开设28个高职专业;在职教职工712人,在校生11933人。童欣幼儿园,位于高岗埠新街,2004年创办,在职教职工11人,在园幼儿80人。启智幼儿园,在高王路沿线,2008年创办,在职教职工15人,在园幼儿146人。

高坑镇中心卫生院在境内,1952年创办,占地面积2700平方米,专业卫生人员73人,床位70张。低保户273户。五保户3人,集中供养2人,分散供养1人。残疾人

128人,享受政策补助66人。

社区室内文化活动场所占地面积约100平方米,有建筑面积约240平方米的党群服务中心和新时代文明实践站。周家坊小区有休闲广场1个,占地面积约100平方米。并在周家坊小区打造居家养老服务中心,设乒乓球、阅览室、麻将室等各类活动室。有1支16人的文娱队。

民主社区

社情概况　地处高坑镇东南部,居委会驻民主南区。1951年为管理高坑煤矿职工及家属,设立家属委员会,以呼应当时正在进行的民主改革而得名。1953年设立和平、民主、高岗埠3个办事处,属萍矿区,1956年撤销萍矿区改设和平、民主、高岗埠3个居委会,1958年3个居委会合并设立高岗埠办事处,1984年撤销办事处,将民主村划分为民主一村、民主二村、民主三村3个居委会,2003年复合为民主社区。

社区东邻周家坊社区,南连南竹山社区,西、北靠山下社区。管辖范围为:东起高坑学校后面文明楼院,西至高泉铁路,南达高坑镇陶瓷厂,北抵高坑镇政府。共18个

民主社区

民主广场

居民小组,划分为2个网格管理。以民主广场为界,分民主南区(属棚户区改造项目,2004年建成)、北苑小区(系中央下放煤矿棚户区改造项目,该小区为第三期工程,2019年建成)。户籍人口1829户5686人,常住人口2751人(男性1327人,女性1424人),平均年龄49.74岁,以汉族为主,有畲族1人、彝族1人。

经济概况 萍乡高雅服饰有限公司在境内。有一条商业步行街和一条早餐饮食街,商铺14户,其中大型商超1家、小卖部2家、餐饮7家、移动电信1家、美容美发店3家。

基础设施 社区一期、二期,北苑小区,高岗埠小区接通天然气和自来水,居民区雨污分流全覆盖。

2021年、2023年对境内老旧小区进行了改造,共改造41栋1394户,安装太阳能路灯82盏,拆除老旧危房21栋,安装充电桩15个。

社会发展 境内有高坑学校,1947年创办,前身是赣西煤矿局员工子弟学校。2018年9月,原安源区第二小学、高坑中学、高坑镇中心小学三校合并,更名为高坑学校。在职教职工62人,教学班21个,在校学生573人。

社区卫生所1个,位于民主广场旁,占地面积80平方米,建筑面积80平方米,专业卫生人员1人,床位4张。低保户247户。特困人员5人,集中供养2人,分散供养3人。残疾人168人,享受政策补助111人。

社区文化活动场所占地面积约3500平方米,社区办公楼室内设有党群服务中心和新时代文明实践站约300平方米;室外建有民主广场、文化健身广场、篮球场和11人制足球场。有1支35人的文艺舞蹈队。

社区荣誉 江西省第二批绿色社区。

山下社区

社情概况 地处高坑镇东南部。居委会驻镇政府对面原卫生防疫站内。1959年分别以境内山下和地处火车站一带为名设立山下村居委会、火车村居委会,属高岗埠办事处。1984年撤销高岗埠办事处,仍称山下村居委会、火车村居委会,同时以小冲为名设立小冲居委会。2002年火车村居委会、小冲居委会并入。以驻地山下得名。

社区东邻民主社区,南连南竹山,西、北靠黄泥墩社区。管辖范围东起亚细亚,西至江西创泓建材公司,南达高坑煤业公司,北抵高坑村农民街。管理境内单位及散户城镇居民,共8个居民小组,划分为2个网格(火车站网格、山下网格)管理。户籍人口565户1311人,常住人口688人(男性338人,女性350人),以务工和经商为主,平均年龄58.6岁,以汉族为主,有藏族1人、苗族1人。

自然资源与环境 背靠山岭,地势东西低、南北高。有4口用于居民生活用水的砖井,位于火车村居民小区、长凌、亨塘、山下三组。

经济概况 北科冶金器材有限公司,主要生产和销售钢铁企业配套的冶金器材,年产值1000余万元。

基础设施 社区供电、安全饮水率均达100%。居民使用能源主要为液化气。

主干道完成雨污分流。镇医院职工小区、火车村小区进行了老旧小区改造,实施

山下社区

雨污分流等工程,改造楼栋15栋502户,建筑面积28600平方米。

社会发展 高坑镇中心幼儿园,2016年创办,占地3000平方米,在职教职工15人,在园幼儿62人。

城乡居民养老保险参保率98%。低保户181户291人。五保户6人,集中供养5人,分散供养1人。残疾人124人,享受政策补助92人。

占地面积260平方米的社区办公楼设党群服务中心、新时代文明实践站,共7个活动室。文体广场2个,一处位于火车村小区,占地约100平方米;一处位于镇医院职工小区,名亨塘广场,占地约80平方米。有一支12人的太极拳队。

特色地情 萍乡春锣。由"报春"民俗演变来的一种民间曲艺形式。每逢春节之后,报春人身背锣鼓,挨家挨户去告诉人们当年的农事季节,提醒人们注意及时播种、耕田。随着时代的发展,历书的普及,春锣演唱的内容开始改变,成为向人们恭贺新年、传吉报喜,并逐步发展到说唱人物、扬善贬恶的一种艺术形式。

社区荣誉 萍乡市平安社区、萍乡市城乡环境综合治理考评年度先进社区。

和平社区

社情概况 地处高坑镇东南部。居委会驻和平村。1953年设立和平、民主、高岗埠3个办事处,属萍矿区;1956年撤销萍矿区改设和平、民主、高岗埠3个居委会;1958年3个居委会合并设立高岗埠办事处;1984年3月撤销办事处,设立民主一村、民主二村、民主三村、和平、高岗埠、小冲、南竹山、潘家冲、白马庙、周家坊等10个居委会;2002年潘家冲、白马庙并入和平居委会。以驻地和平村而得名。

社区东邻芦溪镇路行村,南连芦溪镇茶园村,西靠王家源村,北接民主社区。共16个居民小组,划分为5个网格(潘家冲网格、白马庙网格、猫塘网格、牛栏冲网格、小栏冲网格)管理。户籍人口1121户2010人(男性1034人,女性976人),常住人口998人,平均年龄52岁,均为汉族。

自然环境与资源 三面依山,冲口朝北。新华河流经。

经济概况 有一冷饮冰厂。有小商超、早餐店等商铺24家。

基础设施 高王公路沿辖区而过。公路北连320国道老线,东南通往芦溪上埠。

家庭通电率100%。以前居民饮用小栏冲泉水、班冲泉水,后来矿区公房改为自来水公司供水,少数私房饮用水为山泉水。经老旧小区改造,住户已全部接入天

和平社区

然气。

和平社区高坑矿公房进行了老旧小区改造,改造楼栋33栋1140户,建筑面积20080平方米。改造安装了统一的污水处理设施和化粪池,实施路面平整硬化、停车位和排水沟渠、照明路灯、绿化带改善等工程。

社会发展 原有一个矿区医院,2016年高坑矿关闭而撤出。现有1个健康诊所,占地25平方米,有专业卫生人员1人,床位1张。

低保户332户490人。五保户2人,分散供养。残疾人192人,享受政策补助118人。

社区活动场所和高坑镇共享,为原高坑矿工会旧址,建于20世纪80年代,建筑面积500平方米,配备新时代文明实践站。境内有和平社区广场,为原高坑矿工会球场,占地450平方米。有1支32人的舞蹈队。

特色地情 高坑煤矿。始建于1946年,1954年续建,1957年投产,1979年完成改扩建工程。1977年至1979年,连续3年开采量达150万吨,高坑煤矿有了"江南第一矿"的美誉。2000年以后煤矿资源枯竭,煤矿破产重组。2009年10月改制并入江西煤业,核定年生产能力30万吨。2014年矿井封停。

白马庙。据传为感谢董晋等三位白马将军的恩德,于唐朝末年建庙,取名白马庙。白马庙傩神香火始于北宋,是安源区现存历史最悠久的傩神庙。现在的白马庙,坐东朝西,占地面积1400余平方米,建筑面积600余平方米。

泉江社区

社情概况 地处高坑镇北部。居委会驻桥头。1956年设立居委会,因当时泉江村内有泉江电厂、电瓷厂、泉江火车站等单位,故设立居委会管辖境内单位和散户城镇居民。以境内泉江得名。

社区东邻彭泉村,南连富田村,西靠丰园村,北接赤山镇长睦岭村。管辖范围为:东起高南公路,西至浙赣复线,南达320国道,北抵沪昆高速。共9个居民小组(楠木、茶园、裴家、彭泉、富田、丰园、泉江、泉电、泉站),划分为1个网格(泉江网格)管理。户籍人口580户1390人,常住人口572人(男性286人,女性286人),平均年龄50.15岁,均为汉族。

自然资源与环境 泉江河从社区南部穿过。

经济概况 原有泉江电厂、泉江电瓷厂、泉江火车站、泉江工区,随着社会的发展,退出历史舞台。境内现有南杂店5家。

基础设施 浙赣铁路过境并设站,为高坑运煤铁路专线起点。

家庭通电率100%。饮用水为山口岩自来水。

社会发展 泉江小学,1956年创办,为一所完全小学。泉江中学,1969年创办,前身是泉江五七高中,1975年迁至泉江村和彭泉村交界处的童古岭,更名为泉江中学。2020年9月,泉江小学和泉江中学两校合并为泉江学校,新校区占地20070平方米,是

泉江社区

泉江片区的九年一贯制学校。校内配套1所幼儿园。在职教职工56人,教学班18个,学生570人。

社区与泉江村共享泉江卫生所。低保户94户153人。五保户1人,分散供养。残疾人50人,享受政策补助46人。

特色地情 泉江电厂旧址。位于泉水河畔,紧邻浙赣铁路、泉江火车站。20世纪80年代初期,产业调整,泉江发电厂退出历史舞台。萍乡供电局接管后改为泉江电瓷厂,于2005年破产。厂区保留着从20世纪40—80年代的建筑。

社区荣誉 萍乡市优秀基层工会组织。

黄泥墩社区

社情概况 地处高坑镇中部。居委会驻黄泥墩。1959年分别以驻地黄泥墩、铁桥背之名设立黄泥墩、铁桥背居委会,属高岗埠办事处。1984年3月撤销高岗埠办事处,仍称黄泥墩居委会。2002年铁桥背居委会并入。

社区东邻新华村,南连高坑村,西靠浒泉村,北接富田村。管辖范围东起铁桥背,西至浒泉村,南达高坑村,北抵富田村。共23个居民小组,划分为2个网格(泉江路口网格、牛栏冲网格)管理。户籍人口1105户2617人,常住人口2028人(男性999人,女性1029人),平均年龄51.6岁,以汉族为主,有哈尼族2人。

自然环境与资源 高坑村是赣湘水系的分水岭,东流之水入赣江水系的袁河,西流之水入湘江水系的萍水河。

经济概况 国泰六六一厂,始建于1966年,占地523亩,是江西省民爆器材重点生产企业。

市鑫升铸造厂,经营钢件、机械配件铸造,年营业额200万元左右。

有小商铺71家,包含小商超、早餐店、摩托车店、五金店、服装店、美容美发店等。

基础设施 萍高路沿社区而过。

供电、供水率100%。牛栏冲小区、六六一厂围子小区、井边小区、总医院公房小区、太平村小区、牛食塘小区、亚细亚小区进行了老旧小区改造,受益居民667户。通过老旧小区改造,实现主干道雨污分流,小区内雨污分流;实施天然气安装工程,境内供气率50%。

社会发展 萍雅老年病医院占地50亩,1904年创办,职工138人,床位293张,养

黄泥墩社区

老床位420张,内设医养科,集医疗、康复、养老为一体,收治失能、半失能等有医疗需求的老人。

低保户217户336人。残疾人115人,享受政策补助110人。

打造"安源红·邻里之家",设有休息室、活动室、老年食堂、未成年活动室、舞蹈室等功能室以及养老食堂。文体广场3处:一处位于泉江路口,占地490平方米;一处位于总医院公房后,占地800平方米;一处位于鸿远大道,占地300平方米;均配备健身器材、羽毛球场、休闲庭院。有1支19人的文艺队。

社区荣誉　江西省第二批绿色社区。

王家源社区

社情概况　地处高坑镇南部。居委会驻王家源。解放前夕属上埠乡第五保;1950年属萍矿区合源乡;1952年成立王家源办事处;1956年成立王家源居委会,属高坑镇;1961年为王家源镇王家源居委会,属城关区;1964年并入高坑镇为王家源办事处;1966年改为红星街办事处;1970年复称王家源办事处;1984年3月王家源办事处改设为王家源居委会。以驻地王家源(明洪武年间王姓由湖南浏阳迁此,故名)得名。

社区东南邻上埠镇许坊村、西南连石上村、南坑镇三田村、西北靠茶亭村、高坑村、安源镇张家湾村。管辖范围东起学堂边,西至张公塘,南达湾冲里,北抵龙家冲。共6个居民小组(龙家冲、张公塘、自建村、老山村、黄泥塘、申塘尾),划分为1个网格(王家源网格)管理。户籍人口286户643人,常住人口72人(男性45人,女性27人),

王家源社区一角

平均年龄56岁,均是汉族。

自然环境与资源 四面环山。用于居民生活用水的砖井3口,分别位于花麦冲、黄泥塘、龙家冲。

经济概况 1948年前此地多小煤窑,渐形成小街,1953年煤矿规模扩大,人员增多而另建新街。后煤窑关闭,居民多外出务工或经商。

基础设施 高上公路(县道)沿社区而过,由高矿大井门口经白马庙、茅屋街、张公塘、刘家冲、王家源至上埠。

家庭通电率100%。饮用水主要由外来供水(山口岩)和本地抽深井水(龙王庙后背山水塔)解决,自来水入户率100%。居民使用能源主要是液化气。

社会发展 低保户120户188人。五保户2人,分散供养。残疾人37人,享受政策补助25人。社区文化活动场地与王家源村共享。

特色地情 王家源煤矿。1898年萍乡煤矿建成,以安源山机矿(今安源煤矿)为主矿,王家源为萍乡煤矿的重要采煤区之一。煤矿开采历史逾百年,最多时有2万余名矿工。彼时,一条街上4家银行、5个商场,餐馆林立,影院爆满,为山区重要集镇。随着王家源煤矿陆续关停和人口外流,当时的医院、学校已关闭,邮局、银行、商店为保存其使用价值,转为民房。

南竹山社区

社情概况 地处高坑镇东南部。居委会驻流水坳。高坑煤矿在此建职工宿舍和家属房,1984年3月设立居委会。以地处南竹山(该地盛产楠竹)得名。

社区东邻和平社区,南连高坑村,西靠民主社区,北接新华村。管辖范围东起高坑煤矿,西至原第三陶瓷厂,南达高坑洗煤厂,北抵萍矿高雅休闲中心。共10个居民小组,划分为3个网格(南竹山网格、流水坳网格、楠竹小区网格)管理。户籍人口950户2283人,常住人口1030人(男性558人,女性472人),以务工和经商为主,平均年龄55.1岁,均是汉族。

自然环境与资源 境内流水坳为分水坳,向东流入芦溪路行班冲,向西流入高岗埠。境内煤炭资源丰富,主要为烟煤。

经济概况 实体企业1家,萍乡市众智机电科技有限公司,主营电力电子元器件制造、冶金专用设备制造、配电开关控制设备制造、金属结构制造等。个体户5家,其中小型超市2家、便利店1家、理发店1家、移动营业厅1家。

基础设施 泉江至高坑运煤铁路专线和高坑至芦溪和上埠公路从境内穿过。家庭通电率100%。自来水入户率100%。居民使用能源主要为液化气。

社会发展 居民以高坑煤矿和高坑电厂退休职工为主,大部分购买城镇居民养老保险,少数购买新农村养老保险。低保户179户259人。残疾人121人,享受政策补

南竹山社区

助102人。

文体广场1个,在楠竹小区,占地约500平方米,有健身器材和休闲庭院。有1支25人的操舞队。

特色地情 苏联风格建筑物。20世纪50年代,苏联的大批专家来到高坑矿区,矿区建成了多幢苏式风格浓郁的楼房,供异国他乡的专家居住和办公。高坑地区认定为苏联风格建筑物的有高坑煤矿办公大楼、萍矿高雅休闲中心1号楼等建筑物。这些有着浓郁的原苏联风格建筑物尽管"年岁"已高,但建筑质量非常好,是我国江南一带目前保护得较为完整的矿区遗址。萍矿高雅休闲中心一号楼是高坑地区保持最好的苏式风格建筑之一。高雅休闲中心内设网球场、篮球场、门球场、乒乓球场、羽毛球场等。

社区荣誉 萍乡市劳动力调查先进单位、萍乡市住房调查先进单位。

高坑村

村情概况 地处高坑镇东南部。村委会驻黄泥墩。解放前夕属泉岗乡第十保,解放初为萍矿区高坑乡高坑村,1958年为高坑公社高坑大队,1961年为高坑镇高坑大队,1968年浒泉村并入,1972年浒泉村复分开,1984年3月改为高坑镇高坑村。因地势较高,山岭夹峙,中成坑谷,故名高坑。

东邻新华村,南连王家源村,西靠茶亭村、浒泉村,北接富田村。辖区面积7.9平方千米,共6个村民小组,户籍人口647户1944人,常住人口1013人(男性523人,女性490人),平均年龄45岁,均为汉族。共有99个姓氏,其中李、刘、吴姓均超过100人。

自然环境与资源 地势西南高、东北低。境西黄泥墩坳口处为湘江和赣江水系分水岭。地处高安煤系地带,煤炭资源丰富。

森林面积5278.5亩,森林覆盖率40.7%,绿化率49.7%。

经济概况 耕地329.85亩,其中水田145.5亩、水浇地14.1亩、旱地170.25亩。土鸡年出栏500羽、黑山羊年出栏100头、生猪年出栏80头、肉牛年出栏5头,鱼塘30亩。

工业企业名称	主营业务	占地面积(亩)	企业年产值(万元)	企业年纳税(万元)
兴隆玩具厂	玩具制造	30	500	40
华洋瓷厂	电瓷	30	3000	200
利华瓷厂	电瓷	53	3800	170
红星瓷厂	电瓷	52	5000	300
星辰瓷厂	电瓷	30	2000	150
利红瓷厂	电瓷	26	4000	170
银光机电	冲压机	3.8	300	15
路行透水砖厂	透水砖	8	200	5
鑫昌建材	矸石砖	26.6	1000	16

商贸方面，有一鹏泰超市，年销售200万元，年纳税1万元。

2022年村级集体经济收入232.32万元。

基础设施　泉江至高坑运煤铁路专线贯穿南北，320国道老线穿越东西。有县道萍高路、高王路和乡道高南路以及若干村道。

山塘14口，库容共计25.3万立方米。水渠总长2000余米。农田灌溉率100%。

家庭通电率100%，由高坑供电所供电。有2个饮水点和1座自来水站，自来水入户率100%。村民使用能源主要为液化气。

从2007年至2020年，有天子山、山下、四组、仙塘冲、六组、方塘、坑口、二组、五组、泉塘冲、桂花树下、南塘冲、仙塘、虎塘为新农村建设点。

高坑村

高坑煤矿大井门楼

社会发展　四合院式村卫生所1所，占地面积115平方米，建筑面积95平方米，专业卫生人员1人，床位3张。

享受失地农民保险1623人。享受社保退休待遇727人，享受农保退休待遇119人。低保户82户105人。残疾人59人，享受政策补助33人。

村综合文化服务中心内有羽毛球场、乒乓球场、观影室等。室外晨、晚练广场3个，山下广场有门球场、篮球场，天子山广场有灯光球场、乒乓球室，潘矿广场有健身器材。

特色地情　大井门楼。位于高坑煤矿矿区内运输隧道右侧200米处，建于1967年，坐西向东，砖混结构，长21.9米，宽2.6米，占地面积约80平方米，共四层，有一大两小的三个拱形门，顶层为天安门城楼形，中间为五角星，两边各有三面红旗。

忠字馆。位于高坑煤矿矿区内，建于1967年，坐北朝南，平顶砖混结构，前门墙高13米，面宽15米，进深6.7米，占地面积约200平方米。馆门墙上部塑有"五朵葵花向太阳"，太阳中间是毛主席头像，两边各有三面红旗，第二层两边有雕塑，右为韶山、瑞金、井冈山；左为遵义、延安、天安门。门两侧题词：左为"伟大的毛泽东思想胜利万岁！"右为"毛主席的革命路线胜利万岁！"门上为："伟大的领袖、伟大的统帅、伟大的导师、伟大的舵手毛主席万岁、万岁、万万岁！"

忠字塔。位于高坑煤矿矿区内，四方形忠字塔四面绘有毛主席等人的油画头像，塔上立有一大五角星，体现了社会主义计划经济时期工业遗产的特点。

有白马庙、积善故寺、证党寺、观音庙、杨泗庙、望台寺。

富田村

村情概况 地处高坑镇北部。村委会驻泉塘尾。解放前夕属泉岗乡第七保,1950年8月为萍矿区泉江乡富田村,1958年为高坑公社富田大队,1961年属泉江公社,1968年并入泉江大队,1969年改属高坑镇,1974年与泉江分开仍称富田大队,1984年3月改为高坑镇富田村。取境内富甲、山田各一字得名。

东邻茶园村、新华村和芦溪镇柳江村,南连高坑村,西靠丰园村,北接泉江村、彭园村、茶园村。辖区面积3.86平方千米,共17个自然村组(泉塘尾、王泥塘、上东门、染坊下、蔡岭上、大坪里、大井头、胡家坊、牛食塘、李家坳、山田、上园、下园、井边、上屋、宕古、围子),户籍人口517户2168人,常住人口1912人(男性982人,女性930人),平均年龄43岁,以汉族为主,有侗族1人。共有32个姓氏,其中邹、梁、邱、刘、李、巴姓均超过100人。

自然环境与资源 地势东高西低、南高北低,呈现狭长状。有一萍水河支流太井头河从牛食塘流入,自南向北穿村而过,途经围子组、太坪里、井边、大井头、染坊下、蔡岭上等村小组,流入茶园村。

经济概况 耕地1189.2亩,其中水田1096.05亩、旱地93.15亩。水稻种植约650亩,种植户75户;油菜种植约400亩,种植户约300户。依托炎农生态农业发展有限责任公司,打造千亩辣椒、蔬菜、莲藕基地。黑山羊养殖户2户,年存栏130头。

富田村

富田村一角

工业以电瓷产业为主,企业15家,规模较大的有萍乡百斯特电瓷有限公司、萍乡市中源瓷业有限公司、萍乡市玻瓷高压绝缘子有限公司等,带动2600余人就业,人均年增收5万元以上。

2022年村级集体经营性收入39.28万元(税收分成22万元、租赁费11.6万元、扶贫产业分红5.68万元)。

基础设施 泉江至高坑运煤铁路专线和公路纵向通过境内,320国道横贯东西,高楠、高泉公路不仅与320国道相连,还把高坑镇与泉江片其他6个村连接起来。

小(2)型水库1座,为牛食塘水库,1978年建成,库容15.7万立方米,有效灌溉面积137亩。山塘79口,集雨面积共计116.5亩,库容共计56.61万立方米。水渠共计长5200米。农田灌溉率达95%以上。

家庭通电率100%。饮用水为市政供水和村集中供水点供水,集中供水点3个,分别位于泉塘尾、围子、上园。村级生活污水处理站3座。

2007—2020年,有大坪里、井边、山田、下园、上园、宕古、染坊下、上东门、泉塘、牛食塘、庙边、李家坳、牛角上、广冲、龙王庙、白泥塘、李家屋、刘家塘、铁路边、藕塘、上屋、下屋、围子、石塘为新农村建设点。

社会发展 富田小学1957年创办,在职教职工14人,教学班6个,在校学生57人。附属幼儿园2017年创办,在职教职工3人,教学班2个,在园幼儿12人。

村级卫生室1个,占地面积130平方米,总建筑面积120平方米,专业卫生人员2

人，床位2张。率先打造萍乡市"村卫合一"医疗保障基层服务示范点，将村医保服务窗口与村卫生室整合，实现费用门口报、业务村里办。利用数字乡村平台，开展医保电子凭证应用推广和"136"医疗保障新模式，实现城乡居民参保登记、医保信息变更登记、转移接续手续、异地就医备案等16项业务村级办理。

享受失地农民保险51户172人。低保户83户119人。残疾人66人，享受政策补助35人。

文化体育休闲广场10个，百姓大舞台2个。村部有新时代文明实践站、学雷锋志愿服务站、党员活动室、图书阅览室、科普宣传室、未成年活动室、卫生服务室等多功能活动室。

特色地情　扶兴社。坐落在大坪里。古社始建于唐朝，为宗教活动场所。辛亥年间，游立生秀才在扶兴社创办私塾，1926年由邹牧梁聘贤秀才任教同时创办"三星会""四友堂""育婴庄"，教习国文算术。1957年扶兴社与富田小学分立。扶兴社是宗教活动场所，并为民乐、西乐、腰鼓等民间文艺的培训交流提供场所。

乡村荣誉　江西省第四届全民健身运动会全省乡（镇）村级老年人柔力球交流活动优秀奖、萍乡市基层党建"三化"建设先进基层党组织。

泉江村

村情概况　地处高坑镇北部。解放前夕属泉岗乡第五保，解放初属萍矿区泉江乡，1958年为高坑公社泉江大队，1961年属泉江公社，1968年富田大队并入，名泉江大队，1969年改属高坑镇，1974年与富田大队分开，仍名泉江大队，1984年3月改为高坑镇泉江村。以流经境内的泉江河而得名。

东邻彭泉村，南连富田村，西靠丰园村，北接赤山镇长睦岭村。辖区面积5.59平方千米，共17个村民小组（冲口上、大岭、鉴山、辽里、年形、糯禾、桥头、泉江、蔬菜、台上、湾里、新屋、杨家岭、姚家塘、樟园、钟鼓石、竹山下），户籍人口633户2339人，常住人口1398人（男性720人，女性678人），平均年龄42.49岁，均为汉族。共有87个姓氏，其中张、易、江、李、温、冯、杨姓均超过100人。

自然环境与资源　地势由西北逐渐向东南倾斜。泉江河从彭泉村流入，从中部垄墩中自东向西流过，途经蔬菜、桥头、冲口上、台上、钟鼓石，流入丰园村，为季节性河流，5—10月为丰水期。泉江河流经白源街、安源镇，在东大街亨泰桥旁汇入萍水河。

耕地1209.75亩，其中水田1151.55亩，旱地58.2亩，园地、林地4038.45亩，牧草地、居民点及工矿用地1334.55亩，交通用地746.4亩，水域290.85亩。

经济概况　辽里、年形、冲口上、杨家岭、樟园下、鉴山、泉江、桥头、新屋、姚家塘等10个村民小组250户村民的362.92亩高标准农田流转给炎龙公司制种。

将1000亩林地出租给众隆公司，打造千亩油茶林。引进年产1000吨冷榨茶油生产线，引进全不锈钢茶油精炼设备和灌装生产线。配备检验室和研发室，按HACCP标准生产优质物理压榨的山茶油。

鉴山有新农园实业有限公司，占地300亩打造农业农村部畜禽养殖标准化示范场，集蛋鸡养殖、种鸡饲养、鸡苗孵化与电子商务为一体，拥有鸡蛋出口资质，获得农业农村部绿色食品证书2个和全国名特优新农产品证书。现存栏富硒绿壳蛋鸡10.5万羽。

鉴山有泉江畜牧业专业合作社，养羊350只、猪220头，年营业额约200万元。

2022年村级集体经济收入298.75万元。

基础设施　浙赣铁路横贯东西，设泉江货运站。沪昆高速公路、沪昆高速铁路平行村自北横过。有省道杨宣公路、155县道、Y007彭泉村—钟鼓石路段乡道以及若干

泉江村

村道。

小（2）型水库1座,为鉴山水库,1955年建成,库容10万立方米,有效灌溉面积186亩。山塘112口,集雨面积共计149亩,库容共计107.18万立方米。水渠总长5300米。农田灌溉率85%以上。

泉江村油菜田

家庭通电率100%。从丰园村引自来水,自来水入户率100%。村级生活污水处理站1座。村民使用能源主要为液化气。

2006—2019年,有蔬菜组、大岭上、钟鼓石、冲口上、辽里、鉴山、竹山下、糯禾冲、新屋、桥头、年形、姚家塘、大台上为新农村建设点。沿泉江河建有骑行游步道。

社会发展 村卫生所1个,位于桥头组,占地面积120平方米,建筑面积180平方米,专业卫生人员1人,床位2张。

低保户90户130人。五保户6人,分散供养。残疾人68人,享受政策补助40人。

村办公楼室内设有党群服务中心和新时代文明实践站约120平方米;室外广场240平方米。

特色地情 六毒古庙。位于桥头组,历史可追溯到明洪武十一年(1378)。

乡村荣誉 江西省水生态文明自主创建村。

丰园村

村情概况 地处高坑镇西北部。村委会驻大坪园。2003年9月焕溪和杨桥两村合并,名丰园村,寓意建设丰收家园。杨桥村在解放前夕属进化乡第二保,1950年8月后属赤山区民主乡,名杨桥村,1958年称高坑公社杨桥大队,1961年属泉江公社,1969年划归高坑镇,仍称杨桥大队,1984年改为杨桥村;焕溪村在解放前夕属进化乡第七保,1950年8月后属赤山区民主乡,1952年属赤山区大陂乡,1958年为高坑公社焕溪大队,1961年属泉江公社,1969年改属高坑镇,1969年并入杨桥大队,1980年从杨桥分出,仍称焕溪大队,1984年改为高坑镇焕溪村。

东邻富田村、泉江村,南连浒泉村,西靠白源街大陂村、长溪村,北接赤山镇幕冲村。辖区面积5.08平方千米,共18个自然小组(竹仔上、竹仔下、大坪园、大新园、焕溪、对门岸、易家源、下底坪、棉花土、栗树下、泉水山、高园、竹山、塘坝、桐子坪、铁桥边、田心、横冲),户籍人口580户2559人,常住人口1820人(男性930人,女性890人),平均年龄41岁,主要为汉族,有苗族、土家族各1人。共有88个姓氏,其中刘、赖、叶、欧阳姓均超过100人。

自然资源与环境 地势西高东低。有河流2条,焕溪河源于丰园村万冲水库,途经竹仔上、竹仔下、大新园、焕溪、对门岸、下底坪、棉花土、栗树下、竹山、塘坝,与泉江河合流。泉江河源于茶园村、楠木村,从泉江村顺流而下,途经高园、泉水山、栗树下、竹山、塘坝、横冲、田心、铁桥边,最后汇入萍水河。

有自然山洞老虎洞。有百年樟树2棵。

经济概况 种植水稻275亩、油菜300亩、蔬菜90亩、其他农作物230亩。土鸡年出栏800羽、生猪年出栏50头、黑山羊年出栏5头、肉牛年出栏3头。有鱼塘20亩。

工业企业名称	主营业务	占地面积(亩)	企业年产值(万元)	企业年纳税(万元)
江晨塑业	家具,土建	37	3200	400
新越沥青	沥青	80	9000	1100
绿宝陶瓷	墙面内瓷砖	140	9800	1200
大成陶瓷	瓷砖	270	13000	1600
太和釉料	釉料加工	30	1500	200
华鑫纺丝棉	纺丝棉	35	1800	230

商贸方面,泉水山休闲山庄,利用泉水山自然条件和资源,发展生态旅游和农家乐。

2022年村级集体经济收入60.41万元。

基础设施 浙赣铁路和320国道平行横穿境内,高杨公路连接高坑镇。栗树下有铁路桥,横冲有赖家桥,为钢混铁路桥。

山塘116口,集雨面积共计744.59亩,库容共计255.73万立方米。水渠共计长3960米。农田灌溉率达95%以上。

家庭通电率100%。饮用水为泉水山,自来水入户率100%。生活污水处理站1座,

丰园村

覆盖大坪园、大新园、对门岸、焕溪、下底坪、竹仔下。村民使用能源主要为煤气。

2007—2020年,有栗树下、大坪园、铁桥边、竹仔下、焕溪、对门岸、下底坪、大新园、泉水山、高园、横冲、杨桥头、竹仔上、桐子坪、易家源、田心、塘坝、黄土岸、水口山为新农村建设点。

社会发展 丰园小学,2012年创办,占地面积1800平方米,建筑面积750平方米,在职教职工14人,教学班6个,在校学生136人。

卫生室2所,分别位于竹仔下、泉水山,总占地面积530平方米,总建筑面积480平方米,专业卫生人员2人,床位6张。养老保险参保率80%,享受社保320人,被征地农民保险享受率85%。低保户101户121人。五保户2人,集中供养。残疾人61人,享受政策补助31人。

文化广场8个,位于焕溪、杨桥、栗树下、竹仔下、田心、桐子坪、易家源、竹山。杨桥广场设足球场、篮球场、羽毛球场。村部打造新时代文明实践站,设有村史馆和未成年人活动室、科普宣传室、理论宣讲室、文化活动室以及健身活动室等。村民成立有军鼓队、广场舞队。

特色地情 观音古寺。坐落在泉水山组观音岩,始建于清末。

乡村荣誉 全国文明村镇、国家森林乡村。

彭泉村

村情概况 地处高坑镇北部。村委会驻栋台。解放前夕属泉岗乡第七保,解放初属萍矿区泉江乡,1958年为高坑公社友爱大队,1961年属泉江公社,1972年为高坑镇泉江堰大队,1981年从泉江堰大队分出,名彭泉大队,1982年泉江堰并入,仍称彭泉大队,1984年3月改为高坑镇彭泉村。以境内彭家石和泉江堰两自然村首字得名。

东邻茶园村,南连富田村,西靠泉江村,北接裴家村。辖区面积1.61平方千米,共9个自然村组(栋台、江南、余家埠、彭家石、台上、船形岭、泉江堰、老屋场、下街),户籍人口327户1204人,常住人口885人(男性457人,女性428人),平均年龄41岁,主要为汉族,有壮族2人。共有54个姓氏,其中李、冯、游、廖姓均超过100人。

自然资源与环境 有南北向和东西向两大垄塅。有河流2条,泉江堰河源于茶园村,途经泉江堰、下街,流向泉江河;江南河源于楠木村,途经江南、栋头、彭家石、余家埠、船形岭,流向泉江河。

林地2800余亩,森林抚育500余亩。村头有百年樟树、枫树各1棵。

经济概况 耕地737.85亩,其中水田709.35亩,旱地28.5亩,种有水稻、油菜等粮食作物和西瓜、油茶等经济作物。依托民强种养专业合作社,流转耕地600亩、林地150余亩,种植水稻、油茶等。旭鑫肉牛养殖场肉牛年出栏220头。土鸡年出栏500羽、生猪年出栏30头。有鱼塘200亩。

彭泉村

2022年村级集体经济收入19万元。

基础设施　浙赣铁路从村南缘横过,沪昆高速客运专线穿过,村南高楠公路直通高坑。320国道和沪丽高速公路与村中心地段直线距离不足1千米。老村部有石拱桥1座。

山塘39口,集雨面积共计110亩,库容共计87.84万立方米。水渠共计长13000米。农田灌溉率95%以上。

泉江堰组有一水闸,下街组有一水坝,有一彭泉泵站。

家庭通电率100%。自来水入户率100%。生活污水处理站2座,实现污水处理全覆盖。村民使用能源主要为液化气。

2007—2020年,有泉江堰、六组、船形岭、余家埠、栋台、江南、老屋场、八组、堰心、下街、台上为新农村建设点。

社会发展　泉江中学,前身是泉江五七高中,1969年创办,1975年迁至泉江村和彭泉村交界处的童古岭,更名为"泉江中学",1980年停办高中。

村卫生所1所,总占地面积100平方米,总建筑面积120平方米,专业卫生人员2人,床位2张。低保户69户93人。五保户6人,集中供养2人,分散供养4人。残疾人48人,享受政策补助29人。

村级文化活动场所占地面积约110平方米,室内设有党群服务中心和新时代文明实践站约120平方米;村各小组广场有露天舞台。

乡村荣誉　江西省水生态文明村。

茶园村

村情概况　地处高坑镇东北部。村委会驻井岸上。2003年9月茶垣与园塘两村合并,各取首字称茶园村。茶垣村解放前夕属泉岗乡第六保,1950年属萍矿区泉江乡,1956年属赤山区楠木乡,1958年为高坑公社茶垣大队,1961年属泉江公社,1968年泉江堰并入茶垣大队,1969年属高坑镇,1972年分开,仍称茶垣大队,1984年改为茶垣村。园塘村解放前夕属泉岗乡第七保,1950年属萍矿区泉江乡,1958年为高坑公社友爱大队,1961年属泉江公社,1972年与茶垣大队分开属高坑镇泉江堰大队,1981年从泉江堰大队分出,名园塘大队,1984年改为高坑镇园塘村。

东邻芦溪镇葛溪村,南连新华村,西靠富田村、彭泉村,北接楠木村。辖区面积

6.64平方千米。共24个村民小组（井岸上、黄茅冲、大塘面、金盆形、石板塘、钩形里、上窝、前屋、后屋、园树下、掌子冲、南竹山、大石、仰山庙、茶垣、堰塘、横塘、淡塘、长坪、井泉、泉江、二组、杨梅塘、牛角上）。户籍人口864户3374人，常住人口2562人（男性1334人，女性1228人），平均年龄42.5岁，共有78个姓氏，其中廖、李、吴、赖、韩、梁、刘、陈、温、张姓均超过100人。

自然环境与资源 地势南高北低，黄茅冲水库海拔197米，为全村最高点；道口海拔115米，为全村最低处。

河流2条，以黄毛冲小（2）型水库为分水岭，分别是仰山庙河、泉江河。堰塘组有堰塘湖，由常年上升泉形成，塘面6000平方米。

林地5000余亩，森林抚育1000亩。

经济概况 耕地2008.15亩，其中水田1689.9亩、旱地318.25亩。依托禾顺农业合作社，流转耕地1000亩、林地150亩，种植水稻、脐橙、西瓜、花生等，年销售额200余万元；同时，打造粮食加工厂，经过加工筛选后的大米直接打包销售给商超。彩化苗圃项目落户，一期流转土地200亩，种植紫薇花瓶树、小型迎客松等苗木。依托堰塘湖，发展"休闲观光+垂钓"农旅项目，形成"一轴两环"格局，"一轴"即沿华能专线道路为中轴线，"两环"即环农产品精深加工产业园2.8千米和环人工湖2.3千米环线。有福乐山庄、茶园山庄等农家乐饭庄。

2022年村级集体经济收入20.43万元。

茶园村

基础设施 浙赣线、高铁线、华能电厂货运专线三条铁路贯通域内东西。紧邻杨宣旅游公路、320国道,通过高楠公路、高茶公路连接高坑镇区。桥梁2座,淡塘桥、大石桥。

小(2)型水库1座,为黄茅冲水库,1958年建成,库容11万立方米,

茶园村一角

有效灌溉面积600亩。山塘107口,集雨面积共165余亩,库容共计154.03万立方米。水渠总长20000余米。农田灌溉率达99%以上。仰山、堰塘湖、掌子冲、双江口各有一水闸。

家庭通电率100%。饮用水、生活用水来自山口岩水库,自来水入户率100%。生活污水处理站2座,在大石、园树下。村民使用能源主要为煤气。

2007—2020年,有园树下、南竹山、井泉、钩形里、前后屋、上窝、掌子冲、横塘、游家祠、淡塘、井上、大石、长坪、仰山、梁家祠、黄茅冲、大塘面为新农村建设点。围绕堰塘湖,紧扣"山水+景观+人家",扮靓一圈最美庭院,打造一条漫游环线,建设一批临湖亲水民宿,打造美丽村庄。

社会发展 茶垣小学1970年创办,在职教职工7人,教学班3个,在校学生22名。泉江堰小学1972年创办,在职教职工18名,教学班6个,在校学生208名。仰山庙幼儿园2021年创办,在职教职工4人,教学班2个,在园幼儿20人。

村卫生所3所,分别在横塘组、前后屋组、钩形里组,总占地面积225平方米,总建筑面积370平方米,专业卫生人员3人,床位8张。

养老保险参保率77%,购买农保1335人,社保644人,失地农民保险参保率23%。低保户141户218人。五保户11人,集中供养5人,分散供养6人。残疾人95人,享受政策补助66人。

村级文化活动场所占地面积约1450平方米,室内设有党群服务中心和新时代文明实践站约460平方米;室外文体广场7个,为道口、钩形里、园树下、上窝、井泉井上以及前后屋广场。有1支16人舞蹈队。

特色地情 龙王庙。位于堰塘组山水之麓。

仰山庙。始建于清朝同治年间。

菁龙井。据传北宋年间，村民遇大旱，遍寻水源，路过一绿竹丛生之处竟有一眼泉水冒出，像是一条小青龙，清泉涓涓而出，村民大喜之下合力开凿出一口深井，取名为"菁龙井"。此井呈"口"字形，井水冬暖夏凉，甘甜润口，至今取水的村民仍络绎不绝。

裴家村

村情概况　地处高坑镇北部。村委会驻茅背坪。解放前夕属泉江乡第四保，1950年8月为赤山区泉楠乡裴家坊村，1956年为竹井、裴家两个初级社，1957年两社合并转为和平高级社，1958年由和平高级社分为竹井、裴家两大队属高坑公社，1961年属泉江公社，1969年由楠木、裴家、竹井3个大队合并为高坑镇楠木大队，1973年分开楠木，仍称裴家大队，1984年改为裴家村。以境内裴家坊地片得名（裴家坊，明末裴氏由广东迁此）。

东邻楠木村，南连彭泉村，西靠泉江村，北接赤山镇湾里村、枫桥村。辖区面积5.66平方千米，共18个村民小组（茅背、东冲、棚里、塘仔沿、西冲、上西冲、中西冲、下西冲、小西冲、牛角上、新屋场、庙下、洲仔上、竹井塘、张天窝、上张天窝、大塘面、大屋），户籍人口650户2670人，常住人口1991人（男性1012人，女性979人），平均年龄45岁，以汉族为主，有3个少数民族共14人。共有15个姓氏，其中李、甘、冯、吴、彭、张、朱、肖、何、温、王姓均超过100人。

自然环境与资源　北部为高山，南部多南北向丘陵地，多垄墩。河流2条。茅背组河源于出水冲，流经茅背，后流入裴家河；大屋组河源于裴家水库，途经大屋、大塘面、庙下、洲仔上，后流入裴家河。

玉屏峰峰峦叠嶂、溪涧纵横，登高可俯瞰安源、芦溪、上栗三县和萍乡城。雨后天晴或暮春时节，山间白云缭绕，蔚为壮观。

经济概况　耕地1743.95亩，其中水田1609.23亩，旱地134.72亩。依托汇世达种养专业合作社，打造万亩育秧中心、千亩富硒大米种植基地、百亩水塘、家禽牲畜饲养基地、上千平方米的烘干储藏工厂等产业链基地，种植水稻1500余亩，水产品养殖面积300亩。土鸡年出栏1200羽、生猪年出栏180头、黑山羊年出栏112头、肉牛年出栏20头。2家油榨坊年榨油2.5万公斤，2家酿酒坊年酿酒5500公斤。

通过招商引资，在裴家水库打造玉屏峰度假区项目，规划总面积169.2亩，其中核

裴家村

心面积63.6亩,周边生态涵养区面积105.6亩。玉屏峰乡村森林公园以古驿道文化为线索,串联乡土民俗、山居农耕、古刹宗教、古寨军事文化,发展乡野休闲度假产业,景区配套瞭望台、垂钓区、游玩区、巴士站、萌宠乐园、艺术民宿街、树屋酒店、酒吧一条街等业态。在玉屏峰度假区外围,建设美丽村庄,配套垂钓基地、露营基地和骑行驿站。

2022年村级集体经济收入34.52万元。

基础设施 杭长南高铁和沪昆高速公路、杨宣公路、高楠公路横穿境内。桥梁4座,分别在村部、牛角上、上西冲、新屋场。

家庭通电率100%。深水井2口,实施集中供水。生活污水处理站2座,位于茅背、竹井塘。村民使用能源主要为液化气、煤气、沼气,有沼气池2个。

小(2)型水库1座,为裴家水库,1978年建成,库容55.6万立方米,有效灌溉面积795亩。山塘83口,集雨面积共计85亩,库容共计194.1万立方米。水渠共计长3500米。农田灌溉率85%以上。

2007—2020年,有大西冲、塘仔沿、竹子上、小西冲、庙下、牛角上、大屋、棚里、下西冲、李家、茅背、新屋场、张天窝、竹井塘、东冲、西冲、中西冲为新农村建设点。

社会发展 裴家小学2004年创办,在职教职工15人,教学班6个,在校学生270人。幼儿园2016年创办,在职教职工4人,教学班2个,在园幼儿35人。

村级卫生所2所,位于村部、栋头,总占地面积180平方米,总建筑面积320平方米,专业卫生人员1人,床位5张。养老保险参保率60%,享受社保546人,失地农民保险参保率5%。低保户140户174人。五保户5人,集中供养3人,分散供养2人。残疾

裴家水库

人91人,享受政策补助61人。

村级文化活动场所占地面积2334平方米,室内设有党群服务中心和新时代文明实践站约1000平方米;室外建有文体广场8个,村部广场和茅背、新屋场、洲仔上、张天窝、庙下、大西冲、西冲广场,村部广场和洲仔上、张天窝、庙下、大西冲、西冲广场设有篮球场。

乡村荣誉 国家森林乡村。

楠木村

村情概况 地处高坑镇北部。村委会驻后屋。解放前夕属泉岗乡第四保,1950年8月为赤山区泉楠乡楠木村,1952年属第一区楠木乡,1956年属赤山区楠木乡,1958年属高坑公社名楠木大队,1961年改属泉江公社,1969年裴家、竹井两大队并入,名楠木大队,改属高坑镇,1973年楠木大队分出,1984年改为高坑镇楠木村。以境内楠木塘地片得名(明崇祯年间张氏由湖南徙此,因东侧有口大水塘,山上盛产楠木,故名)。

东邻源南乡龙泉村,南连茶园村,西、北靠裴家村。辖区面积3.62平方千米。共10个村民小组(前屋、后屋、老山下、新山、禁山、曾家塘、南公祠、石桥、狮子岩、窑棚),户籍人口378户1452人,常住人口1004人(男性510人,女性494人),平均年龄42岁,均为汉族。共有71个姓氏,其中吴姓超过100人。

自然环境与资源 东、北、南三面环山,冲口朝西南。地势由东北向西南逐渐倾斜,白云寨、石古寨两山系武功山、银峰岭延绵而来,石古寨海拔484米,为全村最高点;水口山垄中海拔143.2米,为全村最低处。河流3条:曾塘河源于五丘田,流经前屋荷花山、石桥八口河;南公河源于莽形窝,流径山隔背;老山河源于老山水库,流经新山、后屋、前屋；三河均汇入石桥河。

森林面积3500亩，绿化2万平方米。有石古寨、白云寨，山色秀美；有张天洞、老虎洞、十八罗汉观音崖，怪石嶙峋；有狮子岩牛形界、仙人桥，景色奇异。

窑棚组山岭地下瓷泥藏量约有26640立方米。

经济概况 耕地813亩，其中水田704亩、旱地109亩。土鸡年出栏220羽、生猪年出栏80头，鱼塘160亩。有油榨坊2家，年榨油0.3万公斤。有富田生态科技有限公司，主营农作物、林木用肥料的研发、生产、销售，占地2.25亩，年产值300万。

引进金丝楠木田园综合体项目，种植金丝楠木等各类花卉苗木，发展花木经济。商贸方面，农村集市"逢一赶闹"。

2022年村级集体经济收入27.69万元。

基础设施 沪昆高速公路、沪昆高铁、杨宣公路在境内横穿，村南有高楠公路直通高坑。石桥组有一拱桥。

家庭通电率100%。饮用水来自老山水库，自来水普及率达100%。深水井2处，分别在老山水库脚下、七仙岭老虎洞口下。生活污水处理站2座，在石桥、禁山组。村民日常使用能源主要为煤气。

楠木村

楠木生态旅游景区

小（2）型水库2座。卫星水库，1958年建成，库容30万立方米，有效灌溉面积327亩；老山下水库，1983年建成，库容16.2万立方米，有效灌溉面积400亩。山塘61口，集雨面积共计61.5亩，库容共计55.85万立方米。水渠共计长2150米。农田灌溉率80%以上。

2007—2020年，有石桥、麦子土、老山、戏台坪、荷花山、新山、禁山、前屋、后屋、南公祠、窑棚、水口山、狮子岩、五丘里、新屋、老山水库、新祠堂为新农村建设点。

社会发展 楠木小学1956年创办，在职教职工7人，教学班3个，在校学生16人。附属幼儿园2013年创办，在职教职工5人，教学班3个，在园幼儿12人。

村级卫生所1所，占地面积90平方米，建筑面积100平方米，专业卫生人员1人，床位2张。

购买农保449人，购买社保220人。低保户65户92人。五保户4人，集中供养1人，分散供养3人。残疾人30人，享受政策补助30人。

村级文化活动场所占地面积2334.5平方米，室内设有党群服务中心和新时代文明实践站约350平方米；室外有文体广场6个，在老山组、前屋组戏台坪、后屋组、石桥组、新山组、增塘组。

特色地情 仙人桥。村口之东有座黄岗岩山，从山顶俯视，山形如马鞍，三向凹进，马鞍口向着村中。马鞍内壁黄岗岩峭壁几十米高，岩壁之顶成一下垂的弧形黄岩，天生一个孔隙，孔隙之上又是黄岩连接，天然生成，桥面四尺宽、十余米长。

七仙庙。位于老山组雅石，背倚石古寨，坐北朝南，青山环抱，暮鼓晨钟，环境清幽，飞檐翘角，雄伟肃穆。始建于唐，庙前对联"半壁清风临宝陛，一轮明月照仙颜"据传在清乾隆重修时为刘凤浩手书。

古砖道。位廖家冲，建于清代，采用白砖铺成，中间为横侧砖排列，两边为直侧砖排列，东西走向，东往芦溪源南，西往泉江。古道原长约40千米，现存长约130米，宽约0.6米。

戏台坪。地处村中心，面积近2000平方米。20世纪60年代末，为晒谷场，也是露天电影的放映场。

乡村荣誉　国家森林乡村、江西省美丽乡村、江西省水生态文明村。

浒泉村

村情概况　地处高坑镇中部。驻水口山。解放前夕为进化乡第七保,1952年为第一区茶亭乡浒泉村,1958年为高坑公社浒泉大队,1960年与云泉大队分开仍称浒泉大队,1968年并入高坑公社高坑大队,1972年从高坑大队分出,仍称浒泉大队,1984年3月改为高坑镇浒泉村。以当地浒泉寺得名。

东、南邻高坑村,西靠云泉村,北接丰园村。辖区面积2.6平方千米,共7个村民小组(日照祠三组,大岭背一、七组,罗家塘二组,乱山岭四组,小金山五组,侯家庵六组),户籍人口301户1114人,常住人口947人(男性483人,女性464人),平均年龄34.5岁,以汉族为主,有土家族1人。共有20个姓氏,其中欧阳、刘姓超过100人。

自然环境与资源　西南部为高山,东北为丘陵,山多田少。最高海拔220米,位于侯家庵与乱山岭交界处。半升米冲,长约2.5千米,传说因该冲较长,要走完此冲,需吃半升米,故名。

煤炭资源丰富,煤矿开采曾是经济发展的支柱行业。

林地约2331.32亩,绿化总面积2000余亩。

经济概况　耕地567.15亩,其中水田541.05亩,旱地26.1亩。种植水稻等粮食作物和蔬菜等经济作物,有蔬菜基地60亩,夏秋种秋葵,冬春种青菜。

工业方面,有多普电瓷公司,生产电力设备用电瓷;博发橡塑厂,生产大型机械设备用密封橡胶圈,都属于小型加工厂。

2022年村级集体经济收入18.9万元。

基础设施　320国道老线横穿村中。另有萍高县道。

山塘32口,集雨面积共计128亩,库容共计62.4万立方米。水渠共计长5000米。农田灌溉率达95.2%以上。

已完成农网改造,家庭通电率100%。修建蓄水池,集中供水,自来水入户率100%。多数村民家中有井,多使用井水。生活污水处理池2座。村民使用能源主要为煤气。

2007—2020年,有乱石岭、卢家冲、水口山、侯家庵、罗家塘、大岭背一组、大岭背

浒泉村

七组、五业场等11处为新农村建设点。

社会发展 浒泉小学,1981年创办,1992年停办。在村小原址,建有居家养老服务中心。

村级卫生室1所,位于村部右侧,占地面积145平方米,专业卫生人员2人,床位3张。

失地农民保险参保率100%。低保户49户72人。五保户1人,集中供养。残疾人39人,享受政策补助23人。

村级文化活动场所占地面积约420平方米,室内设有党群服务中心和综合文化服务中心约180平方米;室外文体场所7处,为侯家庵五业场广场、乱石岭广场、水口山广场、罗家塘广场、瓦子坪广场、大岭背广场、村部广场。均配备健身器材,设置凉亭石桌石凳、篮球架。

特色地情 浒泉寺。古名侯家庵,因有清泉顺流而下,故别名浒泉庵。始建于东晋。唐代,又在小金山建福星庵,在万名山建万名庵,两庵都属浒泉寺管理。明代诗人欧阳宏曾到浒泉寺,留诗一首:"永日淡无事,行经幽涧东。遂登古兰若,叹息失支公。唯见西窗下,空花生几丛。金英谁共采?零乱幕烟中。"清乾隆二十年(1755)重修。浒泉寺现为四合院式,有观音殿、大雄宝殿、天王殿、厢房等房屋30余间,建筑面积1200余平方米,寺内有佛像33尊。寺庙周围山上还有古墓近百穴,其中墓塔十多座。

云泉村

村情概况 地处高坑镇西部。村委会驻云居埠。解放前夕属进化乡第二保，1952年为第一区茶亭乡云居村，1957年与浒泉合并成立云泉高级社，属安源乡，1958年属高坑公社浒泉大队，1960年与浒泉分开称云泉大队，1968年与茶亭合并称茶亭大队，1973年与茶亭大队分开仍称云泉大队，1984年3月改为高坑镇云泉村。1957年以境内云居埠和浒泉（现浒泉村）各一字得名。

东邻浒泉村，南连茶亭村，西靠安源镇石板村，北接丰园村。辖区面积约2.32平方千米，共9个自然小组，户籍人口329户1355人，常住人口1203人（男性626人，女性577人），平均年龄40.4岁，主要为汉族，有壮族2人。共有14个姓氏，其中黄、李、刘、裴姓均超过100人。

自然环境与资源 东南部多高山，西北部为丘陵，西北多小山冲。茶亭河云泉段沿萍高公路顺流而下，经经毛叶坡、喜乐亭、云居埠，汇入茶亭河。

云泉村

经济概况 耕地264.15亩,其中水田172.15亩、水浇地20亩、旱地72亩,主要种植水稻和蔬菜,"云泉萝卜"闻名。

商贸方面,有扶倚山山庄、罗家农家乐等,形成住宿、饮食、娱乐一条龙的服务产业链。

2022年村级集体经济收入28万元。

基础设施 320国道老线由东北向西南穿过。萍高路穿过。

山塘7口,为扶倚山水库,集雨面积共计12亩,库容共计14.3万立方米。水渠共计长1500米。农田灌溉率65%以上。

家庭通电率100%。饮用水为自来水供给。生活污水处理站2座。村民使用能源主要为液化气。

2007—2020年,有云居埠、学堂边、喜乐亭、毛叶坡、裴家冲、窑上、石咀上、肖家冲、李家冲、吊瓜子冲、姚家冲、单家冲、长坡冲、婆婆井、金山、乐亭、李家为新农村建设点。

社会发展 村级卫生室1所,位于村委会旁,占地面积100平方米,建筑面积80平方米,专业卫生人员1人,床位5张。

养老保险参保率92%,社保243人,失地农民农保95人。低保户48户67人。五保户1人,分散供养。残疾人50人,享受政策补助43人。

村级文化活动场所占地面积约500平方米,室内设有党群服务中心和新时代文明实践站约120平方米;室外建有文体广场4个,村部广场和云居埠、小金山、麻竹冲广场,均有健身器材、篮球场和羽毛球场。

特色地情 老虎石,位于村部后面,重逾千吨,近看如巨虎盘踞,栩栩如生,相传八仙铁拐李肩挑两块石头路过此地,扁担突然断裂,两块石头一块落在茶亭村张公塘,取名火焰石,另一块落在云泉村,因其形如巨虎,取名老虎石。

小金山风景区。东起高坑村坳上,西至茶亭村龙王庙,南到岩仔寨主峰,北止萍乡至高坑公路。总面积440平方千米。小金山林地面积378.6平方千米,森林覆盖率75%。

毛仙山。有毛仙庵、铁钉坊、关门石和古寒婆井等景点。相传南宋贤哲、理学家朱熹路过毛仙庵,曾赋有《毛仙驿》诗:"人言毛女住青冥,散发吹箫夜夜声。却是邮童解端的,向人说是野狐精。"关门石,山冲两边,有巨石相夹,如两扇大门,道路从中穿过。古寒婆井,井水夏天寒气逼人,冬日温暖如汤。

茶亭村

村情概况 地处高坑镇西部。村委会驻茶亭里。解放前夕属进化乡第二保，1952年8月为第一区茶亭乡茶亭村，1958年为高坑公社茶亭大队，1968年云泉并入称茶亭大队，1973年与云泉分开仍称茶亭大队，1984年改为高坑镇茶亭村。以驻地茶亭里得名，村处萍宜古驿道，建有茶亭供行人休息，故名。

东邻高坑村、云泉村，南连安源镇张家湾村，西、北靠安源镇石板村。辖区面积约4.47平方千米，共12个自然村组（下陂山、梦山园、皂角冲、贺家湾、横岭冲、锡坑、胡家大屋、上街、下街、牛筋树下、冷水庙、张公塘），户籍人口768户2835人，常住人口2324人（男性1182人，女性1142人），平均年龄39.5岁，以汉族为主，有2个少数民族共5人。共有99个姓氏，其中李、朱、刘、赖、黄、胡姓均超过100人。

自然环境与资源 东南部多高山，北部为丘陵地，中部为开阔垄墚。有河流2条，

茶亭村

茶亭学校

张公塘河和锡坑河，流入茶亭河后，途经十里村，流入萍水河。

林地4679.32亩，主要植被是竹林、松树林、杉树林。

有火岩石、水口山母子石。

经济概况 耕地589.56亩，其中水田450.4亩、旱地139.16亩，主要种水稻和蔬菜。张公塘种养专业合作社，养藏香猪，年出栏50头；还有4家专业合作社养猪，年出栏150头。

工业方面，有泥子粉厂、美孚仑加油站、家之港家具厂。

2022年村级集体经济收入47.26万元。

基础设施 320国道老线东西穿行。萍高公路穿村而过。还有县道安茶公路。

家庭通电率100%。生活用水来源于深井水，有5个集中供水点，位于下街、梦山园、皂角冲、张公塘、贺家湾。村民使用能源主要为液化气。生活污水处理站1座。

山塘13口，集雨面积共计23.2亩，库容共计17.4万立方米。水渠总长10.6千米。农田灌溉率100%。

2006—2020年，有贺家湾、胡家大屋、街咀上、横岭冲、苏家冲、冷水庙、牛筋树下、下陂山、学堂背、九里坪、大塘坝、清辉桥、凤顶桥、老榨下、瓦窑上、胡家岩下、赖家坳上、杨梅岭为新农村建设点。

社会发展 茶亭学校，1906年创办，原名"萍乡县立茶亭里完全小学"，现集幼儿、小学、初中于一校，在职教职工35人，教学班10个，在校学生（在园幼儿）375人。

村级卫生所1所，位于村部旁，占地面积120平方米，总建筑面积320平方米，专业卫生人员1人，床位2张。

养老保险参保率40%（其中被征地农民社保参保率30%）。低保户103户145人。五保户4人，分散供养4人，集中供养1人。残疾人84人，享受政策补助48人。

村级文化活动场所占地面积约560平方米，室内设有党群服务中心和新时代文明实践站约85平方米；室外建有文体广场4个，分别位于贺家湾、下街、九里坪、下坡山，贺家湾广场有篮球场、游步道等。

特色地情 龙潭寺。始建于清顺治十一年（1654），留有石质文碑。寺旁挺立一棵千年古樟,独木成林,为江西省十大樟树之一,古樟下有一水潭,面积约30平方米,泉水清澈,终年不涸。

新华村

村情概况 地处高坑镇东部。村委会驻马鞍岭。解放前夕属芦溪乡第三保,1952年属第二区路行乡,1958年为高坑公社新华大队,1984年3月改为高坑镇新华村。1957年合作化时,取名新华高级社,后以"新华"为名。

东、南邻芦溪镇路行村,西靠高坑村,北接富田村。辖区面积3.15平方千米,共15个村民小组(马鞍岭一、二、三组,香店里四组,塘梅山五、六组,车谷岭七组,周家坊八、九、十、十一组,梧桐树下十二、十三组,水井冲十四组,杨梅塘十五组),户籍人口453户1708人,常住人口1302人,平均年龄42岁,主要为汉族,还有畲族1人。主要有28个姓氏,其中周、易、利、刘、曾、张姓超过100人。

自然环境与资源 西南高、东北地,中部为开阔大垄墩。袁水河支流新华河自西向东穿村而过,从高坑村流入,途经高岗埠,流入新华河。林地3000余亩,主要为油茶林、松树林、杉树林和樟树林。

经济概况 耕地627.75亩,其中水田571.05亩,旱地56.7亩,主要种植水稻。以"公司+合作社+农户"的模式,发展果园产业,依托新联生态农业开发有限公司,建立300亩生态果园基地,辐射带动202户农民增收。

工业企业名称	主营业务	占地面积(亩)	企业年产值(万元)	企业年纳税(万元)
旭升东海有限公司	电瓷	35	500	35
江安瓷业	电瓷	20	1000	70
琛嘉电子厂	电子产品加工	35	800	50
保安加油城	燃油服务	8	1200	85
君贤管业	管道制造	5	500	38
变压器厂	变压器制造	3	300	20

打造宠物数字经济产业园区,孵化吉金肯宠物用品有限公司、八公物语宠物用品有限公司、帕尔马宠物用品有限公司3家销售端公司(电商),江西中一策划设计和江

西蝌蚪科技(电商服务)、猫咪事务所和旺财研究社(公益机构);筹划落地华创生物科技(宠物用品生产)、护卫神宠物食品(宠物食品生产)、天次立宠物科技(宠物营养补剂生产)等企业。园区达日均1万单、年化4000万单(月均300万单)的规模,其中Aiervolino的宠物奶粉系列、吉金肯的营养膏剂系列,上榜淘宝和拼多多销售榜前三,全网市场占有率达到3%到5%。

有一条学院商业街,商铺50余户,其中大型商超4家、小卖部17家、餐饮20家、移动电信1家、美容美发店5家。

2022年村级集体经济收入22.44万元。

基础设施 320国道新老线、萍高公路穿村而过,在境东南汇合。桥梁4座,其中周家坊2座。

山塘19口,集雨面积共计75亩,库容共计151万立方米。水渠共计长5200米。农田灌溉率达100%。

家庭通电率100%。自来水安装率100%,自来水来自萍乡市春雨水业有限公司。村民日常使用能源主要为液化气。

有2个集中污水处理厂,分别年处理量为300吨、800吨,处理镇区范围(周家坊社区、民主社区、山下社区、和平社区、黄泥墩社区、南竹山社区和高坑村)和新华村的生活污水。

2006—2020年,有车古岭、塘梅山、杨梅塘、周家坊、马鞍岭、下马鞍岭、杨梅岭、梧桐树、新村、耙几冲、戏头坪、坳几上、杉坡里、枯桐等22处为新农村建设点。

社会发展 村级卫生所2所,分别位于村委会左右两旁,有中医、西医,总占地面积160平方米,总建筑面积160平方米,专业卫生人员3人,床位5张。

新华村

新华村新农村建设点

享受失地农民保险110户169人。享受低保60户74人。五保户4人,集中供养3人,分散供养1人。残疾人45人,享受政策补助32人。

文化活动场所占地面积约3600平方米,包括村委会(党群服务中心)约380平方米、新时代文明实践站约350平方米、文化健身广场约2870平方米。村民自建军鼓队、龙灯队。

特色地情 新塘碉堡。建于民国时期,该碉堡是萍乡抗战历史的有力见证。

朝谒古庵。又称杨泗将军庙,位于马鞍岭,据传,此庵为纪念唐朝名将杨泗将军而设。公元618年杨泗平寇有功,被唐高祖李渊敕封"东海平浪王"。当年杨泗将军领旨带领将士追杀敌寇,路经马鞍岭,为纪念将军战功,民众在马鞍岭建庵立位,名为朝谒古庵。

傩舞。源于古代原始宗教的巫文化现象。主要以"巫"的表现手段和形式,通过歌舞礼神、事神、娱神的途径,求得神灵的保护。舞者或模仿禽类飞跃,或模拟兽类奔跑,或模仿人类劳动情景,形象逼真,妙趣横生。傩舞数千年一脉相承,现有当地傩舞队保留古代"逐疫于衙署及各民户"的"沿门舞"风俗和正月初二至正月十三的"耍傩神"仪式,多次到国外进行文化交流和演出。被列入省级非物质文化遗产保护名录。

王家源村

村情概况 地处高坑镇南部。村委会驻王家源。解放前夕属上埠乡第五保,解放初属萍矿区合源乡,1958年为上埠公社王家源大队,1961年为王家源镇王家源大队,属城关区。1964年为高坑镇王家源蔬菜场,1966年改为东方红大队(1970—1972年与石上大队合并),1969年复称王家源大队,1984年改为高坑镇王家源村。以驻地王家源而得名。

东邻上埠镇许坊村,南连石上村,西靠安源镇张家湾村,北接云泉村、高坑村。辖区面积7.66平方千米,共有6个村民小组(张公塘、锡坑、龙家冲、紫家冲、黄泥塘、王家源),户籍人数330户978人,常住人口607人(男性311人,女性296人),平均年龄42岁,以汉族为主,有布朗族2人。共有72个姓氏,其中黄姓、钟姓人数均超过100人。

自然环境与资源 西部高,东部低。小冲多,田地少。以天子山、岩仔寨山脉偏东西走向,形成紫家冲、王家冲、龙家冲、锡坑、灯心塅5个长坡沟壑,天子山为境内海拔最高。岩仔寨,东邻张公塘,南接王家源,西连锡坑,北靠云泉村,长约3.4千米,宽约1.3千米,面积约4.4平方千米,海拔486.7米,岩石突兀,相传旧时有绿林豪杰立寨抗暴,故名。

煤炭资源丰富,处高安煤系地带。境内还有石灰石、无烟煤(石炭),分布在灯心塅和黄泥塘枫树塘。

龙家冲、张公塘(罗家冲、邓家冲、刘家冲)、王家冲、花麦冲、矿小冲溪水汇流成河,流经茶园村、上埠许坊村入芦溪袁河。紫家冲溪水流入南坑山田、妙泉入五陂下河汇入湘江;张公塘灯心段、锡坑溪水流入萍水河汇入湘江。

王家源矿区通过生态修复,种植泡桐240亩。林地9730亩,占土地总面积90%。

经济概况 耕地55.5亩,其中水田21亩、旱地34.5亩。依托村集体农业合作社,建设果园130余亩,在黄泥塘垄中和枫树塘山坡地种植金兰柚3000余株、菊花20亩、桃树15亩,养土鸡500羽。荷树坪农业开发公司,建成江西省最大的肉羊养殖基地,以饲养本地黑山羊、青海藏羊及波尔山羊为主。利用衔接资金建设3250平方米肉类加工厂房,引进萍乡四季腊味农业开发有限公司发展土特产深加工(生产萍乡传统腊味),发展村民家禽定点收购。同时,引进润久利源农业开发有限公司发展菊花种植基地和特色水果种植。

2000年国家实施关井压产政策,境内所有煤矿关闭。现有市高压电瓷厂、安源红电瓷电器有限公司、宏隆砖厂等。

王家源村

2022年村级集体经济收入78.5万元。

基础设施 高上公路（县道）穿村而过，由高矿大井门口经白马庙、茅屋街、张公塘、刘家冲、王家源至上埠。

高山桥小型水库1座，建于1970年。山塘13口，集雨面积共计20亩，库容共计21.3万立方米。水渠总长4300米。农田灌溉率达100%。

饮用水主要由外来供水（山口岩）和本地抽深井水（龙王庙后背山水塔）解决，自来水入户率100%。企业使用工业天然气，由芦溪上埠供气站管道输送供给；村民使用能源主要是液化气。生活污水处理站1座。

2006—2018年，有黄泥塘、王家源、龙家冲、王家街、笼里、张公塘、枫树塘、海螺、虎形、冷水坝为新农村建设点。

社会发展 民国时有小学2所，龙王庙小学解放后停办，紫家冲小学延续到20世纪60年代；解放后，1953年创办王家源煤矿子弟学校，1964—1969年，江西工业学院在王家源煤矿职工大礼堂侧边修建教、研、学平房数栋、楼房1栋，后移交给高矿三校做小学部教学室，后来改成厂房。

王家源煤矿医院始建在老山里，后搬到王家源贸易部对面岸上，20世纪90年代再搬到七区坪里。现有村级卫生所1所，位于黄泥塘小区中心地段，占地面积105平方米，专业卫生人员1人，床位2张。

全村纳入失地农民养老保险，村民享受补贴购买职工基本养老保险或农保。低保户38户52人。残疾人34人，享受政策补助29人。在黄泥塘小区创办幸福食堂，80

王家源村安置小区

岁以上老人免费午餐,60岁以上至79岁老人每餐只需付费5元。

村里有文化大礼堂、文化活动中心,占地450余平方米,村文化广场、篮球场占地1600余平方米。

特色地情 罗运兴,1928年在芦溪大安里参加游击队并任党代表,1929年在执行任务途中被捕,在狱中受尽折磨,宁死不屈,1930年英勇就义。黄道富,在土地革命战争中壮烈牺牲,1983年被民政部追认为革命烈士。

紫家冲八角楼,汉冶萍公司萍乡煤矿建立紫家冲分矿时期时由德国工程师承建的建筑物。

锡坑石板路,从进入锡坑口沿山谷上锡坑坳再下坡至下锡坑,再连接张家湾九里坪,该路修建于清末民国初年。

锡坑的竹子很有名,直径大的能拿来制作饭甑。竹子产品从原竹拓展到造纸、篾器制作。王家冲、高山桥冲口,20世纪六七十年代保存有造纸作坊遗存建筑物——纸槽。

有福主、傩神、沈公、龙王、二王等寺庙和赖氏祠堂、黄氏祠堂。

石上村

村情概况 地处高坑镇南部。村委会驻学堂边。解放前夕属上埠乡第五保,解放初属萍矿区合源乡石上村,1958年为上埠公社全民大队,1961年为王家源镇石上大队,1969年并入高坑镇王家源大队,1972年分出,1984年3月改为石上村。以原驻地石上得名。

东邻上埠镇许家坊村,南连南坑镇山田村,西、北靠王家源村。辖区面积为1.54平方千米,共4个村民小组(石上二、三、四组,深塘尾组),户籍人口213户712人,常住人口456人(男性235人,女性221人),平均年龄53岁,均为汉族。共有48个姓氏,其中曾姓超过100人。

自然环境与资源　三面环山,冲口朝南。山集中在村北部,最高点海拔330.6米;中北部为低丘缓坡地带,海拔在180~200米;南部和东部地势较平坦,现状为基本农田,南部平均海拔178~183米,东部平均海拔188~194米。

河流1条,源于紫家冲,途经石上二、三、四组和南坑山田村、河口、南坑、五陂下、湘东,最后汇入湘江。

林地1438亩。矿藏主要为烟煤、石炭。

经济概况　耕地116亩,其中水田84.05亩、旱地31.95亩。粮食作物以水稻为主,畜牧业以饲养家禽为主。

舍上农业发展有限公司打造肉鸡养殖场,一期已建设自动化标准鸡舍15000平方米,年存栏50万羽;二期将建设自动化标准鸡舍20000平方米,年存栏突破120万羽。

高塘冲有顺和种养专业合作社,规模养殖山羊、生态黑猪、生态甲鱼、淡水鱼等。一期养殖各类家禽、牲畜保有量5000头。

阳艳天农业发展有限公司打造蔬菜基地,种植叶菜等类蔬菜89亩。

石上村

2022年村级集体经济收入20.87万元。

基础设施　有公路北接320国道老线,南通上埠河口。

山塘17口,集雨面积共计12亩,库容共计23.5万立方米。水渠总长2364米。农田灌溉率达98%以上。

完成农网改造,家庭通电率100%。饮用水来源于深井水,有自来水井1座及成套净化水设备,自来水普及率达100%。村民使用能源主要为液化气。

2007—2020年,有祠堂边、新屋、学堂边、深塘尾、围子里、麻子塘、路口、七眼塘、农里等10处为新农村建设点。

社会发展　源上小学,位于王家源村和石上村交界处的麻子塘,2020年创办,设有幼儿园和小学,在职教职工6人,学生35人。

居民养老保险参保率90%。低保户62户89人。残疾人38人,享受政策补助89人。村部建有居家养老服务中心、幸福食堂。

村级文化活动场所占地面积约2660平方米,室内设有党群服务中心和新时代文明实践站约160平方米;室外建有文体广场1个(清泉广场),占地面积约为2500平方米,配有篮球场、休闲亭、健身器材。

特色地情　有天花寺、曾氏祠堂、袁氏祠堂、深塘尾土地庙。

天花寺位于夏丽山公路边,传说为纪念周朝天花公主而建。

石上村清泉广场

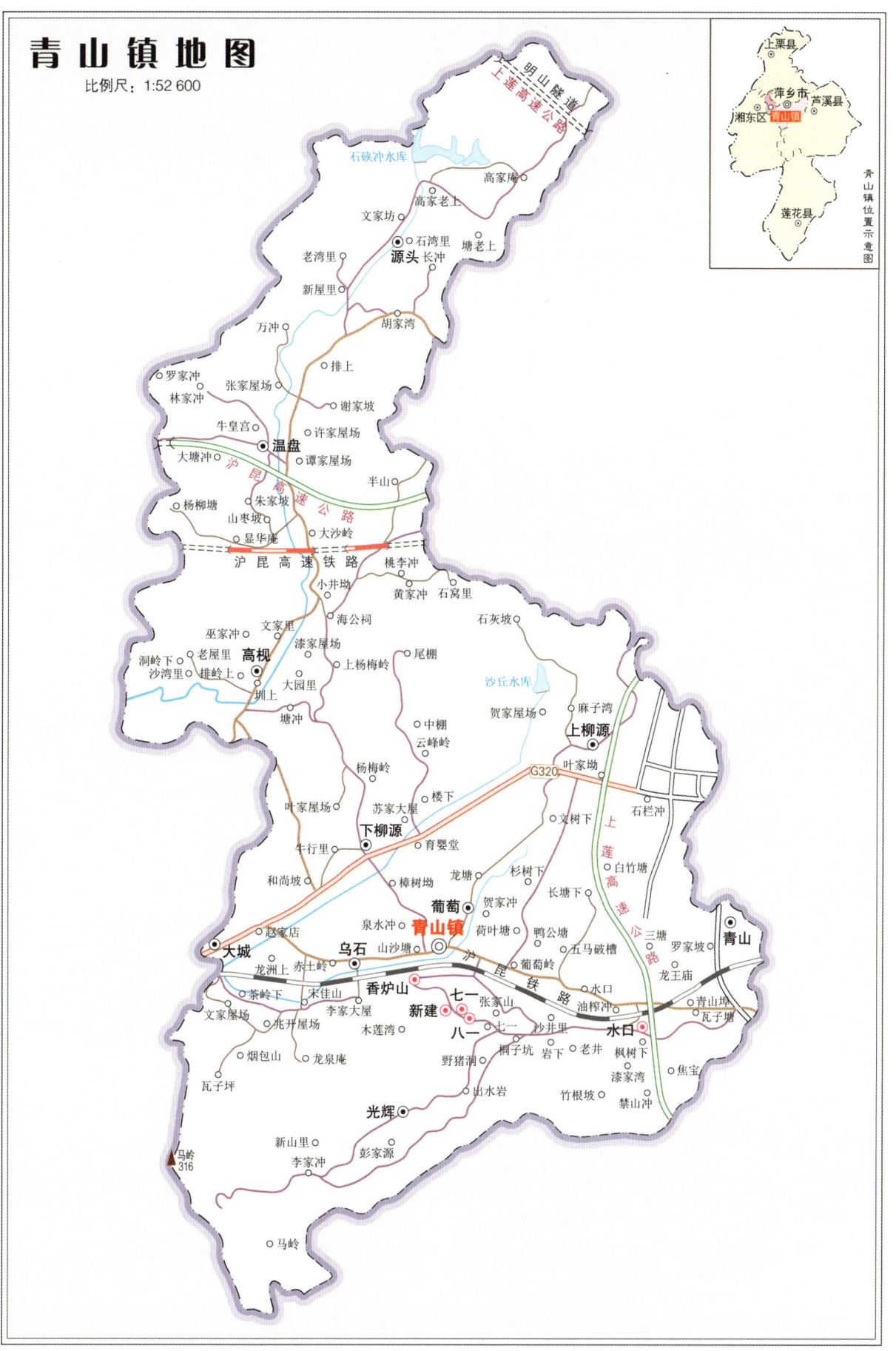

青山镇

地处安源区西北部。驻葡萄村观山庙。东临上栗县福田镇,南连八一街,西与湘东区荷尧镇、湘东镇接壤,北毗上栗县长平乡。镇区面积29.1平方千米,辖8个村委会和5个居委会。以境内青山埠得名。

1949年8月前属鸣盛乡、清明乡。1950年8月后属湘东区青山、葡萄、温盘、樟树4乡。1956年樟树乡并入湘东区澜潭乡,其他3乡合并为青山乡,属萍乡县萍乡镇。1957年从萍乡镇分设青山乡。1958年青山乡复属萍乡镇,葡萄、温盘2乡改属湘东公社。1960年属萍乡市。1961年2月青山镇成立,辖青山、朝阳、光辉、葡萄、乌石、大城大队,属城关区。1962年分设为大城公社和青山镇。葡萄、乌石、大城和湘东公社的温盘、高枧、甘泉、柳源、樟里、五里亭大队属大城公社;青山、朝阳、光辉大队属青山镇。1964年青山镇并入萍乡镇。1965年又从萍乡析出;大城公社合并到湘东公社。1969年将湘东公社所辖的温盘、高枧、下柳源、乌石、大城、葡萄大队和福田公社的上柳源大队划归青山镇。1971年3月城关区成立,属城关区。1972年源头大队从上栗区福田公社划入青山镇温盘村,1973年从温盘村划出,名源头大队。1993年5月改称安源区青山镇。1997年彭家源村更名为光辉村。1997年上柳源村划归萍乡经济技术开发区代管。2003年9月水口村并入青山村。2005年11月新生村、丝草塘居委会并入新建居委会,建设居委会并入七一居委会,五一、张家山居委会并入八一居委会,油榨冲居委会并入水口居委会,设立香炉山居委会。2022年下柳源村划归萍乡经济技术开发

青山镇

区代管。

常住人口24121人（男性12300人，女性11821人），以汉族为主，城镇化率98%。

自然资源与环境 属丘陵地貌，地貌类型有中低山、丘陵、岗地和山间河谷盆地四类，地势东高西低，南北多山，有马鞍岭、古墓岭、窝棚里、马岭等，山脉整体呈东西走向、东北—西南走向。边境最高处为温盘马鞍岭，海拔364米；最低处为大城龙洲上，海拔85米。山林面积22510亩，森林覆盖率84.3%，有凤龙森林公园，乔木主要以常绿针叶林、常绿阔叶林、落叶阔叶林为主，同时灌木、草本、藤本植物种类丰富多样。境内流经源头、温盘、高枧等小溪之水在洞岭下跌入阴河。矿藏主要有煤、石灰石、高岭土、粉石英、瓷土等非金属矿产资源。

经济概况 财政总收入4.78亿元，同比增长19.4%。一般预算收入20968万元，同比增长9.7%。

基本农田5335.96亩，水稻早稻种植面积1103亩，年产量88.2万斤。培育"金瑞蛋鸡""温哥蛋鸡""温盘高山蔬菜""乌石火龙果""大城绿色茶油""草米香黑猪肉"省市级农业产业龙头企业6家、农民专业合作社27家、持经营执照的家庭农场3家。农业总产值1.66亿元，农民人均年可支配收入2.54万元。

工业企业10家，其中规上工业企业10家（镇区7家、安源工业园3家）。智能制造、新能源、康养、电子商务为四大经济支柱，有伯乐、巴特威、恩地、市中医新院等高新企业32家，税收占全镇总额的90%以上，超4.3亿元。全年规上工业增加值6.21亿元,工业固投11亿元。

传统商贸发达,建有赣湘物流港、青山家具灯具街、大城集市、温盘集市、高枧集市、鑫友超市、永发超市、中润联华超市、老地方生活超市、兔掌柜、家嘉、百家乐等27家商贸企业成为青山商贸的实体品牌,与网优科技、长青盛总部、机电五金仓储物流电子商务产业园、金惠源、慧农选等24家电子商务网络平台,以及与316户个体工商户一起,年纳税5000万元。

基础设施 浙赣铁路过境并有萍乡至青山运煤专线。沪昆高速铁路和沪昆高速公路在境北部横贯,上莲高速公路纵贯北部和东部,320国道新老两线在大城交会,县际公路萍青路自青山至福田纵贯境北,市区中环西路半环境东。村村通公路,村组公路全域35.8千米,均为柏油路面。村村通班车。

有全区最大的小(1)型水库(石硖冲水库)。有水塘38口,蓄水容量180万立方米。农田灌溉率98.5%。

电信网络、电视网络覆盖率100%。镇城区及农村电网已全面提升改造。完成全镇自来水主管网铺设。日常使用的能源是天然气和液化气,天然气主管道外的青山村、大城村、新建社区、七一社区已完成安装。

全面完成采煤沉陷区、棚户区改造;完成四条河道改造工程、1个镇级污水处理厂、8个村级污水处理站建设;完成1500亩矿山生态修复工程,完成1800亩土地整理;完成320国道、青矿公路人行道居民集中居住社区的管线下沉、房相改造和路灯安装及公厕、农贸市场等市政工程的提升改造工程,完成全镇所有128个自然村新农村建设的基本任务,完成城镇5个社区117个居民组和镇村主干道的房相改造和路灯安装及公厕、农贸市场等市政工程的提升改造工程。

社会发展 有中学1所,小学8所,教师183名,学生2893人,其中青山中学(创办于1916年)、青山小学(创办于1916年)、温盘小学(创立于1924年)均为百年老校。有公办1所镇中心幼儿园(镇中心幼儿园,为全省高标准农村幼儿园)和7个村级幼儿园,共有幼师67人、育师36人,可接纳幼儿550余名。有全省一类乡镇中心卫生院1所,卫生防疫站1个,村、社区卫生所11个,共有医护人员82人。镇村两级便民服务中心重装并投入运行,年服务群众达3万余人次,为群众解答、解决民生事项2万余件。年累计发放低保金360余万元,完成2500余名70岁以上老人1元免费意外伤害保险、80岁以上高龄老人补助77人55310元。2016年建高枧村"友邻茶社",系村民自发自建自管自用的社会公益平台。

全民文化体育活动场所26个,学校文化体育活动场所22个,在青山村有全市规模最大的专业老年体育活动中心。镇、村、社区文化站院均设有图书室、棋牌

青山镇街道

室、球类场地、室内外健身器材、电脑视频设施等,实现专人管理、制度完善、服务规范。目前有龙灯、广场舞、合唱团、木兰扇、太极拳等各类43个文体团队,人员达600余人。

特色地情 古迹有唐宋佛教名寺遗址龙泉寺、显华庵、朱亭公祠。

有高自立廉政教育基地、石硖冲水库、竹海、民宿、油菜花海、盆栽基地、中小学教学实践基地、高山蔬菜、特色农产品拓展等景点和娱乐项目有机组成的生态旅游示范带。

乡镇荣誉 江西省家风家教实践基地、江西省特色小镇。

水口社区

社情概况 地处青山镇东部。居委会驻安源区青山路与萍莲高速交叉路口南约190米处。1958年9月设立水口居委会,属青山办事处。1984年3月撤销青山办事处,居委会直属镇管。1985年5月从建设居委会析出油榨冲居委会。水口居委会坐落在萍乡焦宝矿脚下,主要服务焦宝矿、电焊条厂、萍乡工务段青山线路工区职工及职工家属和周边居民。油榨冲居委会坐落在萍青路青山路段,主要服务青山矿及周边散户居民。2005年11月,水口、油榨冲2居委会合并,称水口居委会。以境内水口(因南北两山形成峡谷,各溪水汇总经流谷口而去,故名)得名。

东毗青山村,南邻源头村,西接综合社区,北壤温盘村。辖区与青山村交叉,两村居民混居。居民主要分布在青山埠和瓦子塘、焦宝煤矿一带,为分散型居委会,共10个居民小组(1—10组),划分为2个网格[油榨冲网格、工区(南铁职工家属区)网格]管理。户籍人口468户1700人,常住人口336人(男性162人,女性174人),平均年龄61.5岁,均是汉族。刘、漆、巫、邹、李姓较多,其中刘姓超过100人。

境内油榨冲小区和工区为19世纪80年代建成。油榨冲小区占地约1440平方米,有单元楼4栋12个单元;工区占地约900平方米,有单元楼4栋8个单元。

自然环境与资源 矿藏有煤炭和石灰石。

基础设施 境内有浙赣铁路和浙赣铁路货运线、320国道老线经过,还有青山路、萍莲高速、青矿路等道路。

水、电供应正常到位,居民日常生活用水由市自来水公司直供。

2018年对油榨冲小区进行老旧小区改造,2020年对南铁职工家属区进行老旧小区改造,实施房相改造、道路提升等工程,解决如厕难、停车难、雨污堵塞、管道破损等问题,社区由脏乱差、天蒙蒙、地灰灰的情况,变为了整齐划一、生机勃勃、环境优美的社区。

砂子塘小区原为棚户区,改造后占地面积23628.4平方米,总建筑面积72655.28平方米,5栋住宅楼共计414户。

社会发展 低保户61户98人。残疾人72人,享受政策补助117人。

居委会建有占地面积150平方米、建筑面积200平方米的党群服务中心和新时代

水口社区一角

文明实践站,包括图书阅览室、电子阅览室、老年人活动中心、未成年人健身运动活动区、休闲娱乐中心等功能区域。有1支16人的舞蹈队。

社区荣誉 萍乡市文明社区。

八一社区

社情概况 地处青山镇南部。居委会驻青山煤矿。青山煤矿于1963年开始兴建家属住宅,1965年8月1日竣工,故名八一村。同年设立居委会,以驻地而得名"八一",属青山办事处。张家山居委会设立于1955年,因当时其房屋系居民自建,故名自建村居委会,属青山办事处。1968年改为防修村居委会。1983年3月以驻地张家山改为张家山居委会。五一居委会于1976年成立,以居民5月1日迁入得名,属青山办事处。1984年3月撤销青山办事处,居委会直属镇管。2005年11月,八一、五一、张家山3居委会合并,称八一居委会。

社区东南邻光辉村,西与七一社区、新建社区接壤,北与葡萄村相接。居民多为矿工及家属,共18个居民小组(一——十八组),划分为1个网格(八一社区网格)管理。户籍人口939户2123人,常住人口1143人(男性564人,女性579人),平均年龄54岁,以汉族为主,有瑶族2人、畲族1人、苗族1人。共有101个姓氏,其中李、刘、张、陈姓均超过100人。

自然环境与资源 矿藏有煤炭和石灰石。青山煤矿于1954年5月1日正式开矿,边建设边开采,于2018年1月封井停产。

基础设施 境南青矿路北接320国道老线,萍青线、青矿路贯穿境内,境内道路全长约1千米,皆为沥青路面。

水、电供应正常到位,饮用水由市自来水公司直供。

2020年对八一社区八一村、张家山村、五一村的公租房进行老旧小区改造,受益24栋529户,对小区内的楼房、道路、排水、停车、亮化、绿化和文体活动等公共配套设施设备进行改造建设提升。

社会发展 城镇低保户124户182人;残疾人83人,享受政策补助86人。

居委会文化活动场所占地面积约600平方米:新时代文明实践站约400平方米,设立9个集中活动室,包括两个阅览室、关爱儿童活动室、健身室、理论宣讲室、舞蹈室

八一社区

等;文化健身广场约200平方米。有5支文艺队,共80余人。2021年底,建"安源红·邻里之家"八一社区服务站。社区居家养老服务中心占地面积达600平方米,设有休息室、文化活动室、娱乐室、阅览室等。

特色地情 易利媛,1956年9月到青山煤矿,1978年被江西省人民政府授予三八红旗手称号,1982年获江西省劳动模范、全国煤炭系统劳动模范称号,1983年中华全国妇女联合会授予易利媛全国三八红旗手称号。

七一社区

社情概况 地处青山镇南部。居委会驻青山镇社区综合服务中心。青山煤矿1956年7月1日开始在此建房,得名七一村。1957年成立七一居委会,属青山办事处。建设居委会于1963年9月从七一居委会析出,属青山办事处。1984年3月撤销青山办事处,居委会直属镇管。2005年11月建设居委会并入。

东、南邻光辉村,北与葡萄村相连,西与新建社区接壤。共9个居民小组(七一小区——八组、青新家园小组),划分为1个网格(七一社区综合网格)管理。户籍人口811户2021人,常住人口786人(男性395人,女性391人),平均年龄53岁,以汉族为主,有瑶族1人、回族2人、藏族1人。姓氏多样,其中张、李姓超过100人。境内居民区占地约0.3平方千米、建筑面积0.2平方千米,于1985年夏拆除,1994年冬相继建成8栋5层空心板房;建设村于2017年初拆除,2021年初建成1栋16层的电梯房和4栋6层的板房。

自然环境与资源　矿藏有煤炭和石灰石。位于青山矿区。

经济概况　有个体户10家,有中型超市1家,小型农贸市场1个、大型药房1家、早餐店2家、小卖部数家。

基础设施　浙赣铁路从境北横穿。128县道与002乡道交叉。境内有一条楼栋主巷道,全部为沥青路,交通便利。

家庭通电率100%。饮用水由山口岩水库供应。完成天然气安装到户。

2020年启动老旧小区改造,对小区进行路面硬化、雨污分流、绿化补植、停车位设置、水电气管线完善和休闲娱乐、体育健身区增设等全方位的改造升级。后又实施雨

七一社区

污分流改造。

社会发展 低保户88户116人。残疾人62人,享受政策补助29人。

社区文化活动场所占地面积约1500平方米,包括居委会党群服务中心400平方米、新时代文明实践站约100平方米、文化健身广场约1000平方米。有一支40余人的"舞动飞扬舞蹈队",队员由社区退休职工及广场舞爱好者组成。

特色地情 萍乡炒粉。萍乡"十大创意美食小吃"之一,是街头巷尾的热门特色美食,解馋又顶饥。靠着猛烈的火力炒就,刚出锅的炒粉,米粉根根分明且爽弹韧劲十足,配合酸咸的擦菜,吃到的第一口,便能感受到辣味和食材的深度融合碰撞。

香炉山社区

社情概况 地处青山镇南部。居委会驻青矿路与原萍乡市青峰水泥厂交界处。1963年市水泥厂在此建家属楼,称新生村。同年9月,属新生居委会。1969年3月从新生居委会析出,取名革命村居委会,属青山办事处。1983年3月以境内香炉山(清康熙年间贺姓由长丰迁附近木连湾建村,因小山形似香炉,故名)改今名。1984年撤销青山办事处,居委会直属镇管。

东邻光辉村,南毗新建社区,西与五石村相连,北接葡萄村。居民多为原企业矿工及家属,90%为原企业离退休人员,共5个居民小组(一——五组),划分为1个网格(香炉山社区综合网格)管理。户籍人口462户877人,常住人口296人(男性153人,女性143人),平均年龄62.5岁,以汉族为主,有满族1人、瑶族2人。共有38个姓氏,其中刘、李、张、陈姓均超过100人。

自然环境与资源 矿藏有煤炭。光辉小河自东向西贯穿境内,河道于2021年进行了治理改造。

经济概况 2022年盘活境内原企业闲置土地,新建1个占地约200余亩的农产品批发市场。

基础设施 青矿路为社区进出主要路段,路面均为沥青路面,境内道路全长约5千米。

家庭通电率100%。居民生活用水来源为市政自来水集中供应和社区原有深井水供应。

香炉山社区

2020年进行老旧小区改造,受益居民347户。小区进行雨污分流改造,绿化面积近1000平方米。建有垃圾集中分类站2个,智能垃圾分类兑换机1台,智能集中充电桩4个。

社会发展　低保户38户57人。残疾人38人,享受政策补助23人。

社区文化活动场所占地面积约600平方米,有2个健身小广场,均配套健身设备,包括社区党群服务中心、新时代文明实践站、文化健身广场。其中社区新时代文明实践站采取"一室多区"形式建设,设有活动室、图书室、理论宣讲室、党群活动室等多个功能区域,组建有1支文艺志愿服务队开展文体活动。

特色地情　黎菊兰。2006年10月4日,勇救在铁路青山专运线上的3名小女孩而壮烈牺牲。入选中央电视台感动中国200强候选人、全国三八红旗手、江西省舍己救人模范、江西省三八红旗手。

社区荣誉　萍乡市文明社区。

新建社区

社情概况 地处青山镇南部。驻青山镇社区综合服务中心。1955年青山煤矿新建家属住宅,取名新建村。1956年成立新建居委会,属青山办事处。1963年9月从新建居委会析出新生居委会、和平居委会。和平居委会1968年改名为反修村居委会,1983年以驻地更名为丝草塘(原为光辉村旱地,常年有丝草,故名)居委会。1984年3月撤销青山办事处,居委会直属镇管。2005年11月,新建、新生、丝草塘3居委会合并,称新建居委会。

东邻七一居委会,南接光辉村,北与香炉山居委会相连,西接乌石村。7个居民小组,划分为2个网格(新建社区网格、丝草塘网格)管理。户籍人口1076户3042人,常住人口1685人(男性865人,女性820人),平均年龄52岁,以汉族为主,有布依族1人、瑶族4人、回族2人。姓氏多样,其中王、周、李、张、吴姓均超过100人。

自然环境与资源 矿藏有煤炭、石灰石,位于青山矿区。

经济概况 境内有家庭型经营的小卖部4家、理发店1家、小吃店2家、服装店2家。

基础设施 浙赣铁路从境北横穿。128县道与002乡道交叉。

新建社区

家庭通电率100%。饮用水来自山口岩水库，自来水安装到户。

2020年启动老旧小区改造，对小区进行路面硬化、雨污分流、绿化补植、停车位设置、水电气管线完善和休闲娱乐、体育健身区增设等全方位的改造升级。后又实施雨污分流工程。

社会发展 低保户86户135人，特困户1人。残疾人88人，享受补助政策49人。

社区综合性文化服务中心占地面积400平方米、建筑面积1500平方米，其室内有书籍阅览室、电子阅览室、老年人活动中心、培训室、未成年人健身运动活动区、休闲娱乐中心。青山矿广场面积200平方米。社区组建有一支有100多人的"红心合唱团"，还有居民自发组织的歌咏、军鼓、腰鼓、舞蹈等多支文艺队伍。

青山村

村情概况 地处青山镇东南部。村委会驻山塘。解放前夕属鸣盛乡第二保。解放初为湘东区青山乡。1958年属萍乡镇，为青山、朝阳两个大队。1961年属城关区青山镇。1964年划归萍乡镇。1965年复属青山镇。1968年青山、朝阳合并为青山大队。1984年3月改为青山村。1994年1月分出水口村，2003年5月复并入青山村。以原驻地青山埠得名。

东邻后埠街后埠村、横龙街长兴馆村，南接横龙街略下村，西毗光辉村、葡萄村，北至上柳源村、福田镇硖石村。辖区面积3.56平方千米，共9个村民小组（水口、山塘、龙王庙、清泥坳、铺上、漆家湾、禁山冲、大墩古、岩下），户籍人口1178户4833人，常住人口4982人（男性2500人，女性2482人），平均年龄38.2岁，均为汉族。共有34个姓氏，其中漆姓超过1800人，刘姓超过1600人。

自然环境与资源 地势南北高、中部低，整体坡度较缓。境内有条小溪，流向长兴馆，全长约700米。山岭面积1800余亩，矿山复绿面积15万平方米。

矿产资源主要有煤炭和石灰石。煤为二叠系上统的安源煤系，属小型无烟煤矿点，主要分布在南部青山陂、米筛塘一带。石灰岩为二叠系下统的茅口石灰岩，厚度达370余米，质地较纯，且分布遍境，尤以东部马鞍岭为优，地表土层覆盖浅，开采便利。

经济概况 有耕地426亩，其中水田281.1亩、水浇地2.85亩、旱地142.05亩。主要种植水稻等粮食作物和蔬菜、瓜果等经济作物。主要养殖鸡、鱼。有5家专业合作社、宏和达种养专业合作社、向前养殖专业合作社、水口养殖专业合作社、春风种养专业合作社、显萍种养专业合作社。

境内有1家小型私营采石场,江西和令集团萍乡泰昌实业有限公司采石场,矿区面积0.0285平方千米,开采建筑石料,设计生产能力6万吨/年。

境内有萍乡市灯具贸易市场。沿着萍青路两边约1.2千米,分布着大大小小的店铺,有灯具经营户22户、家具经营户26户,往来客商络绎不绝。境内中小型商超4家、农家乐1家。

2022年村级集体经济收入44.4万元。收入主要由征地补偿收入、租赁收入、光伏发电、公墓收入、转移支付、利息收入构成。

基础设施　浙赣铁路客、货运线在境内交汇,上莲高速公路纵贯境内,320国道老线东西贯穿,中环西路自北向东南斜穿境内,萍青公路贯穿。村组道路全部硬化,全村各主干道路全长3.5千米,均安装太阳能路灯亮化。

家庭通电率100%。生活用水来源于自来水、深井水,一、五、六、七、八、九组使用自来水,自来水来自萍乡水厂;二、三、四组均由罗家坡集中供水点供给,建有蓄水池1座,可蓄水280吨。日用能源主要为液化气、天然气。

2007—2022年,有漆家湾、大塅古、青泥塘、岩下、王家大屋、漆家湾、禁山冲、沙子

青山村

塘、铺上、枫树下、红树下、镰刀坡等为新农村建设点。

社会发展 青山小学，创办于1916年，占地面积11000平方米，建筑面积2128平方米，在职教职工21人，教学班7个，在校学生245人。有2所村卫生所，共占地140平方米，专业卫生人员4名。1064户3889人购买养老保险。1053户3244人享受失地农民保险。105户179人享受农村低保。五保户2人。残疾人112人。

占地面积430平方米的村委会有建筑面积2150平方米的党群服务中心和新时代文明实践站。境内有小广场10余处，分布在一——九组。有1支12人的女子舞龙队。境内还有老年体育中心，占地10961平方米；有中心大楼1栋、风雨门球场6块、气排球场4块、地掷球场2块和室内乒乓球室、休息室等。

特色地情 中医药健康养生小镇。获评"江西省特色小镇"，该小镇位于境内中环西路与建设路交汇处，紧邻横龙公园，总规划面积4500亩，核心区规划面积1468亩，是原萍乡市焦宝煤矿所在地。2012年焦宝煤矿去产能停产后，积极推进矿山生态修复，填平废坑、改善土质，因地制宜修建排水沟和休闲小道，种植牡丹、芍药、白芷、玉簪等药材200余亩，以及银杏、杜鹃、樱花等观赏性绿植100余亩，目前已修复废弃矿山567亩，昔日的废旧矿山成为今日的养生福地，"青山如黛药草香"。

刘天泉（1927—2000），中国科学院院士，岩石力学与工程学专家，煤炭科研和岩石力学与工程界泰斗，采矿理论及特殊开采技术领域开拓者，创立完整的矿山岩体采动响应理论体系。

福主灵官庙、三王庙。位于一组。2002年重修福主灵官庙，2016年又在福主庙边修建三王庙，两个庙宇建筑面积约350平方米，占地面积约1700平方米。场所内主要供奉福主灵官帝、三王帝等神像，福主灵官帝寿诞四月十六日、三王帝寿诞十月十一日，每年庙委会以纪念主神诞辰等形式开展庆典活动。

水口龙王庙、罗家坡龙王庙。水口原有一龙王庙，始建于清嘉庆二年（1797），2018年重新选址于八组大墩古，占地约3000平方米。罗家坡龙王庙，始建于明代嘉靖年间，2006年重修，占地面积约500平方米。龙王庙主要供奉二尊龙王、观世音菩萨等神像，每年五月二十日，庙委会以纪念主神诞辰等形式开展庆典活动。

葡萄村

村情概况 地处青山镇中部。村委会驻贺家冲。解放前夕为袁州府萍乡县鸣盛乡第五保。解放初为湘东区葡萄乡。1958年为湘东公社葡萄大队。1961年属城关区青山镇。1962年属大城公社。1966年复属湘东公社。1969年改属青山镇。1984年3月改称青山镇葡萄村。以境内葡萄岭得名。

东毗青山村,南邻光辉村,西接乌石村,北壤下柳源村。辖区面积2.8平方千米,共16个自然村组[青山中学、荷叶塘、鸭公塘、葡萄岭、快活岭、五马破槽、长塘下、文树下、上龙塘、杉山下、贺家冲、观山庙(2个组)、山沙塘(2个组)、泉水冲],户籍人口913户3456人,常住人口3703人(男性1895人,女性1808人),平均年龄42.41岁,以汉族为主,有土家族1人、壮族3人、苗族3人、侗族1人。共有54个姓氏,其中杨、贺、刘、吴、周、李、张姓均超过100人。

自然环境与资源 地势西北高、东南低。从炮台岭、五马破槽、香炉山向西逐渐降低,中间螺丝形、葡萄岭突起,东高西低,形成一个略微倾斜的小盆地,中间为樟里河上游及两岸河滩形成的稻田,同时附有诸多小山及台地。

有山林1980亩。地下水资源丰富,有63口水塘,有龙塘、泉水冲、沙井垅3处泉水井,均建起自来水抽水站,是村民生产生活重要水源地。

境内贺家冲炭坡里有优质煤炭矿藏,矿藏稀散不多,人们称为猪屎槽。桐子坡至

葡萄村

泉水冲石嘴上有优质的、丰富的石灰石矿藏,适宜作为水泥和烧石灰的原料,也可制成片石、石子、石渣末,是建筑的多用途材料。

经济概况 耕地821.7亩,其中水田644.85亩、水浇地9亩、旱地167.85亩。主要种植水稻等粮食作物,旱地以种红薯为主,有六十薯、四十薯、红皮黄心薯、茶陵薯、胜利百合薯、紫薯、杂交红薯、白薯等品种,还种了杂粮,俗称黑豆子、黄豆子。金雨合作社流转贺家冲、泉水冲等土地种植蔬菜、水果。

工业经济主要以水泥生产及其配套产业为主,现有年产量为15.6万吨的萍乡葡萄水泥厂;与之配套的葡萄采石场,矿区面积0.0655平方千米,开采水泥石灰岩,设计生产能力5万吨/年。

商贸方面,占地面积300余亩的赣湘国际物流坐落在境内,于2013年正式启动,主要运营电子商务和物流。境内有农贸市场和综合市场各1家:农贸市场占地面积4295.6平方米,有冷饮店1家,水果区3个,蔬菜区10个,冷冻区1个,水产品区1个,活禽区(半成品)1个,熟食区2个,禽蛋区3个,面制品区2个,干货区9个,其中蔬菜摊位35个,肉类摊位26个;综合市场内有238家门市,涵盖服装鞋帽、建材产品店、日用百货、杂货店、仓库储存、饮食店、通信行业、电器产品店、维修行业、美容理发、电脑打字复印照相、书纸文具用品店、农业生产资料等门市。

2022年村级集体经济收入48万元。

基础设施 浙赣铁路和320国道老线平行东西横贯。境内有萍青公路、物流港专用道路穿村而过,村组道路宽3.5—5.5米,沥青路总长约18千米。

以前通过"三机(泉水冲抽水机站、沙井抽水机站、龙塘抽水机站)、一库(荷叶圹水库)、百口塘(大小蓄水塘)",并修建灌溉水渠和排水河道,灌溉农田,水旱无忧,旱涝保收。

家庭通电率100%。村民生活用水全部来源于深井水,自来水普及率100%。村民日常使用的能源主要是液化气。

2016年在泉水冲组打造村镇联动的美丽示范点"泉水叮咚巷"。2018年打造7个新农村建设点:第一、二个是在上龙塘的休闲广场、是集休闲娱乐观光为一体的亲水平台;第三个是进村路到上柳源320国道的白改黑道路;第四、五个为贯穿进村路口到文树下尾端的绿化、亮化和房相改造;第六个为观望台;第七个为贺家冲的休闲广场。

社会发展 青山中学,占地13000平方米,在职教职工58人,教学班18个,在校学生1011人;青山镇中心幼儿园,占地2000平方米,在职教职工16人,在园幼儿208人;境内还有青山矿中、青山镇保育院、青山镇好孩子幼儿园、萍乡市舞之星国际标准舞蹈学校、小蜜蜂补习学校、青阳文体活动中心、柠萌艺术中心(创意美术书法国画)等。

有1所村卫生所,医疗保险参保率100%。2179人享受征地农民社保;236人享受

赣湘物流园

征地农民农保。60岁以上老人养老保险参保率100%。81户140人享受农村低保,五保户2人。残疾人126人,其中41人享受低保补助,40人享受残疾生活补助,22人享受生活护理补助。

文化活动场所占地面积约3300平方米。新时代文明实践站约200平方米、文化健身广场约300平方米。设有文化广场有10个,面积平均为280平方米。有军鼓队、腰鼓队等5支队伍。

特色地情 贺国昌(1865—1919),龙塘冲人,1856年3月出生于书香世家,祖父贺澍恩是清道光进士,父贺培桢为清同治拔贡。贺国昌于1894年中举人,旋任湖南沅江县知县,后任祁阳、浏阳知县,清正爱民,百姓尊称为"贺青天"。后留学日本,其间加入同盟会,归国后参加辛亥革命,曾任江西省民政长(省长)、福建省省长,1919年病逝于北京,葬本村国公岭。

贺宪武(1916—2000),曾任沈阳军区总医院副院长、内科主任医师,第三军医大学兼职教授,是全国全军著名的心脑血管病专家。长期负责军区首长的医疗保健,并为周恩来总理主持过保健工作。1988年7月离职休养,享受中将待遇。

贺威俊(1930—),铁道电气化与自动化技术专家,中国铁道电气化与自动化技术的主要开拓者之一。20世纪50年代中期,作为主要成员之一参加铁道部"干线铁路电力牵引电流、电压控制标准"重大项目的研究。70年代,研制国内第一套电气化铁道新型布线逻辑远动装置。

古樟树、古桂花树。贺家冲内有1株古樟树,树龄210年,树高约20米;3株古桂花树,树龄220年,树高约10米。

乡村荣誉 江西省级文明村镇。

大城村

村情概况 地处青山镇西部。村委会驻赵家店。解放前夕属鸣盛乡第六保。解放初期属湘东区樟树乡。1958年为湘东公社大城大队。1961年属城关区属青山镇。1962年属大城公社。1966年复归湘东公社。1969年划归青山镇。1972年乌石大队并入。1983年1月乌石大队分开。1984年3月称今名。以境内赤土岭曾名大城得名。

东邻乌石村、下柳源村,南接光辉村,西至湘东镇五里村、甘泉村、新圹村,北接下柳源村。辖区面积2.87平方千米,共15个村民小组(宋家山、龙泉庵、兆开屋场、文家屋场、瓦子坪、烟包山、井仔岸上、茶岭下、丁家屋场、赵家店、和尚坡、龙洲上、赤土岭、山仔台、安置小区),户籍人口1086户3050人,常住人口2872人(男性1455人,女性1417人),平均年龄42岁,均是汉族。共有40个姓氏,其中杨、刘、李、王、钟、邓姓超过100人。

自然环境与资源 北部为丘陵地,南部多独立小山散布垄中,山林地面积3200亩。中部区域地势较平坦,平均海拔130~160米之间,境内龙洲上海拔85米,为青山镇最低点。樟里河自东向西穿越村南部,樟里河大城段约1500米。境内有泉水多处,集中在村南部。山塘60余口,分布全村各村民小组。矿藏资源主要有石灰石、高岭土。

经济概况 耕地956.7亩,其中水田754.8亩、水浇地33.75亩、旱地168.15亩。主要种植水稻和蔬菜。不断拓展山上林下经济,主要种植油类经济作物油茶,果树脐橙树、安福柚子等,苗木有桂花树、罗汉松等,年产值超过800万元。全村有大小合作社11家,形成以油茶种植、加工、销售为主,花卉苗木、果蔬种植为辅,融合农耕体验、瓜果采摘、农家餐饮、亲子教育、休闲娱乐等项目于一体的生态农业发展态势。春可赏花、夏可摘果(西瓜、杨梅、野果子等)、秋可闻香(赏桂花、采油茶籽、摘柑橘、柚子、挖红薯、酿红薯酒等)、冬可品农(萍乡传统腊肉、杀猪饭等)。

工业经济起步于20世纪90年代,随着乡镇企业异军突起,充分利用丰富的石灰石资源,大力发展水泥、玻璃制造业,一度成为江西省著名的"建材之乡"。进入21世纪,随着环境保护意识增强,许多企业实行"退二进三",改行商贸服务业。目前仍在生产的较大规模企业有泰昌水泥、明珠玻璃厂、永强商砼,安排农村剩余劳动力近千人;赣兴吊装主要承接安装大型风力发电机,年产值过亿元;智能装备产业园中链主企业伯乐智能+伯顺流体、琪拓机械、泰恒精密机械等5家配套企业,形成产业链完整的注塑机产业集群。

经济工、农、商并重,沿320国道两旁形成商业街,境内的大小个体商户100余家,规模较大的餐饮服务企业有城湘饭店、江湘酒家、大城小厨、温哥土鸡馆等。每月农历逢四为大城村赶集日,各种商品琳琅满目,赶集人员摩肩接踵。

2022年村级集体经济收入41万元。

基础设施 浙赣铁路在中部东西穿过,320国道新老两线在境内交会,县级公路青(山)福(田)线起于320国道新线和尚坡处。村庄内其他道路全部硬化并完成"白改黑",路幅宽度为3~7米。有4座桥梁。

有1座小型水库,即瓦子坪水库,库容共计8万立方米。山塘30口,集雨面积共计45亩,库容共计5万立方米。水渠总长5000米。农田灌溉率95%。

电力引自青山供电所,通电率100%。村民以井水和山泉水作为生活用水,通过龙泉庵、安置小区、井仔岸上各设一处饮用水取水点,赵家店、丁家屋场、和尚坡用水来自湘东自来水厂,自来水普及率100%。村民日用能源主要为液化气、天然气,2021年1月,完成浙赣线北侧天然气管道铺设并投入正常使用,7个村民小组村民用上天然气。集中污水处理站2个。

15个村民小组均有新农村点建设,建有活动广场、健身器等设施,山顶游步道1

大城村

大城村油菜花盛开

条,位于茶岭下、井仔岸上两组中间山岭,河流旁建有小型湿地公园。

社会发展 始建于1916年的大城小学,占地面积2000平方米,位于大城村和乌石村接壤处,现有在职教职工17人,在校学生182名。2019年,在大城小学内建成附属幼儿园,占地面积1500平方米,现有在职教职工6人,在园幼儿32名。有1所村卫生所,医疗保险参保率为100%。637户2133人享受被征地农民养老保险。87户131人享受低保。残疾人98人,已享受国家相关补助政策。

村民文化活动场所形式多样,村新时代文明实践站内,建有图书阅览室、健身活动室、未成年人活动室、科普宣传室、市民教育室等各功能室,设施健全。境内有休闲活动广场10个,室外标准化篮球场6个、羽毛球场1个。

特色地情 龙泉寺。始建于宋元丰年间(1078—1085),坐落在马岭南麓,占地34亩,是一座保存较好的典型宋代建筑风格的建筑,内有2棵200年以上的老樟树。山川竹林秀丽,灵泉四时不息,清澈如镜。历经战火,多次重建。历史上曾吸引了无数文人、武士和僧侣驻足,明万历年间萍乡进士简继芳少年时期在此读书,曾撰联刻于西厢房檀木门房之上云:"地僻不堪容野马;山深正好养潜龙。"清代康熙年间萍乡人罗淳祚作诗《题龙泉庵》云:"泉以龙称灵,龙以泉为宅。长此山之深,空余地之僻。古木郁青苍,白云闲朝夕。庵小少行人,石上苔痕碧。"

乡村荣誉 江西省科普示范村、萍乡市保粮稳供先进单位、萍乡市离退休人员社会化管理服务工作先进单位。

光辉村

村情概况 地处青山镇西部。村委会驻出水岩。解放前夕属鸣盛乡第四保。解放初属湘东区葡萄乡。1958年为萍乡镇光辉大队（工作组根据当时当地有黎明、曙光、光辉、照耀四个高级合作社带头入社，取其中光辉合作社名为生产大队队名）。1961年改属城关区青山镇。1964年复归萍乡镇。1965年又归青山镇，仍称光辉大队。1983年3月驻地更名为彭家源大队。1984年3月改称彭家源村。1997年10月复称现名。

东邻青山村，南毗横龙街略下村，西与湘东镇新垅村相邻，北与大城村、乌石村、葡萄村相接。辖区面积2.87平方公里，共13个自然村组（杨家祠、山头岭、桐子园、彭家湾、刘家大屋、野猫洞、庙山里、出水岩、姚家湾、邱家大屋、李家大屋、李家冲、马岭），户籍人口593户2108人，常住人口1695人（男性878人，女性817人），平均年龄47.9岁，以汉族为主，有壮族5人、苗族3人。刘、李、邱、彭、邓、伍、糜姓人口均超过100人。

自然环境与资源 三面环山，冲口朝东北。南边为山林，北边为丘陵，西边有马岭（山顶突兀似一马头），呈弧形走向，海拔305米。山中有一狭长地带，地带中有一条小河，河水由西向东，中途绕山转大弯，再由东向西，流经乌石、大城、五里亭到湘东河。山林面积3850亩，森林覆盖率95%。矿藏资源主要有无烟煤、石灰石和少量铁矿石。

经济概况 耕地578.85亩，其中水田355.5亩、水浇地2.85亩、旱地220.5亩。以传统种养业为主，种植番薯、玉米、豆子等，牲畜养殖以猪牛羊狗鸡鸭鹅和鱼为主，也有肉鸽、野鸡等特种养殖。有种养专业户20多户，养猪、羊、鸡、狗，经营蜜橘、甜橙，种植红薯、高粱酿酒出售，其中豪强苗木种植专业合作社，占地约200亩，种植罗汉松；山农种养专业合作社，利用60亩山地，开展果树、有机蔬菜规模种植和山羊养殖。同时，引进龙头企业，发展新型生态高效农业。新华生态有限公司，坚持生态农业、休闲旅游两大定位，利用旱田山地1500亩，种植江南蜜柚和有机蔬菜，并开展观光旅游、柚子采摘、果蔬采摘，打造绿色生态产业链；三农农业发展有限公司，利用山地1000亩，种植高产油茶和杂交板栗，发展红豆杉种植和中草药种植基地；金瑞农业发展有限公司，利用山地150亩，进行蛋鸡养殖，日产鸡蛋12万枚。

创办包装箱厂1个，安排本村劳动力50多人。原交通饭店出租办生活超市，原针

光辉村

织内衣厂出租办大酒店。个体商户15个,主要从事经营日常用品和水果零售以及提供餐饮、缝纫、理发等服务。

2022年村级集体经济收入39.4万元。收入主要来源为光伏发电、房屋土地租赁收入和企业分红等。

基础设施 浙赣铁路于境北由东向西而过。有320国道老线通青山煤矿。境内有3条公路主干线,全长11.7千米,构建了组通、户户通的水泥柏油路的交通网络。

有山塘23口,一组的三八水塘、泉塘和五组的中塘面积较大,其他均属小型山塘。

通电率100%。有蓄水千吨的蓄水池1座,可满足全村企事业单位和村民生产生活用水需要。村民日用能源主要为液化气。污水处理覆盖村辖区一——五组部分农户。

2007—2020年,有杨家祠、苏家山、梨子园、野猫洞、出水岩、邱家屋、李家冲、下马岭、姚家湾组、山塘岭、庙山里等新农村建设点,其中杨家祠点进行房相改造、修通铁路涵洞口至青矿路的公路、建设篮球场、野猫洞点建有小区活动室、百姓大舞台、大广场和篮球羽毛球场,李家冲点一栋栋小洋楼、小别墅镶嵌在绿树婆娑中,柏油路、游步道、八角亭、海绵工程小广场交相辉映。

社会发展 光辉小学,2015年新建,占地1000余平方米,在校学生47人。有幼儿园1个,2017年创办,占地约300平方米,在园幼儿22人。光辉小学和幼儿园现有师资8人。有村卫生所1所,占地280平方米。医疗保险参保率90%。398户1150人购买征地农民养老保险,其中新农保82人。96%的居民参加城乡居民社会养老保险,年满

60岁的均参加农保。54户77人享受低保。残疾人80人,享受政策补助35人。

文体设施完善,村新时代文明实践站内设有图书阅览室,境内有8个文体活动广场,其中篮球场5个。百姓大舞台1处,安装健身器材80多件(套);有威风锣鼓、军鼓、腰鼓、民乐、西乐、广场舞、柔力球、篮球、乒乓球和门球等各类文艺队伍。

特色地情 民间流传"邱四古打官司"民告官故事,20世纪70年代初改编成宣传小戏《马岭风波》。

有寺庙3座,即福主庙、观音寺、渡人寺,1座基督教堂。

有祠堂5座,即昌华山下杨家祠、彭家湾彭家祠、李家围子彭家祠、庙山里彭家祠、下马岭伍氏宗祠。

乡村荣誉 萍乡市乡村振兴模范党组织。

乌石村

村情概况 地处青山镇西部。村委会驻乌石埠。解放前夕属鸣盛乡第六保。解放初属湘东区樟树乡。1958年为湘东公社乌石大队。1961年属城关区青山镇。1962年属大城公社。1965年复属湘东公社。1969年划归青山镇。1972年并入大城大队。1983年1月与大城分开,仍称乌石大队。1984年3月改为乌石村。以驻地得名。

东邻葡萄村,南接光辉村,西靠大城村,北至下柳源村。辖区面积1.02平方千米,共9个自然村组(叶家围子、罗家塘、乌石埠、勾形湾、林家湾、上木连、中木连、李家大屋、灯盏窝),户籍人口330户1425人,常住人口1054人(男性534人,女性520人),平均年龄52岁,均为汉族。共有23个姓氏,其中李、黄、刘、叶、赖均姓超过100人。

自然环境与资源 地势南高北低,中为东西向大垄塅。樟里河由东向西贯穿乌石村流向湘东区。林地1568亩,森林覆盖率52%,品种主要为松树林、杉树林和樟树林。有300余年树龄古樟2棵。

经济概况 耕地560亩,其中水田453亩、水浇地25亩、旱地82亩。主要种植水稻、油菜、红薯,2022年引进优质中稻种子,种植100余亩,种植油菜50余亩。鸡、鸭皆为家庭散养,未形成规模。有农业专业合作社3家,船形弯种养专业合作社、上好佳葡萄专业合作社、星青火龙果种植专业合作社。流转土地300余亩。建有百亩葡萄园和火龙果基地、苗木基地、无花果基地、蘑菇致富车间(蘑菇产量100余万公斤,销售额800万元,占萍乡蘑菇市场份额65%)等项目,打造以徒步、休闲、采摘、农家乐为主题

乌石村

的"乌石印象"乡村旅游接待中心。合作社常年安排劳动力70多人,繁忙季节安排劳动力百余人。

工业经济以水泥制造为主,有昌萍水泥有限公司,年产值5000余万元,年纳税200余万元。第三产业方面,有家庭型经营的小卖部2家。

2022年村级集体经济收入46万元。

基础设施 浙赣铁路和320国道老线境中平行通过。对外道路为萍青公路,沥青路面,境内全长1.3千米。组通4米宽道路均硬化,全长9千米;户户通2.5米宽道路,均硬化,全长12.2千米,其中6千米为沥青路面。

境内最大水塘为罗家塘,面积1500余平方米。有水利工程1处,位于勾形湾、樟里河,由2个电机控制2个水闸门运行,确保一——五组农用水灌溉。水渠总长4.8千米,农田灌溉率70%。

家庭通电率100%。自来水为深水井供应,自来水实现"户户通"。村民日用能源主要为液化气。建有生活污水处理站1座。

2007—2020年,罗家塘、灯盏窝、中木连、李家大屋、勾形湾、叶家围子、乌石埠、杨家冲、下木连、棚下利、赖家湾、刘家屋场为新农村建设点。

社会发展 有1所村卫生所,占地面积120平方米。医疗保险参保率100%。278户751人享受被征地农民养老保险。36户57人享受农村低保。残疾人43人,享受政策补助26人。

村级组织活动场所面积300平方米。村内建有文化广场9个,均配备各种健身器材。有1支10人的女子舞蹈队。

乡村荣誉 萍乡市"十无"和谐平安村(社区)。

源头村

村情概况 地处青山镇北部。村委会驻石湾里。解放前夕属清明乡第二保。解放初属积善区双源乡。1958年属湘东公社火源大队。1960年为福田公社源头大队。1961年并入双源大队。1972年划入青山镇温盘大队,1973年从温盘分出仍名源头大队。1984年3月改为源头村。以境内大源头(大源头,明成化十三年高姓由萍城迁此,以地高水源充沛而得名)地片得名。

东与福田镇双源村交界,南接温盘村,西与荷尧镇上云村相接,北与长平乡大塘村、平基村为邻。辖区面积4.97平方千米,共5个社区(宝塔社区、新湾社区、广场社区、花园社区、龙塘社区),15个村民小组(一——十五组),户籍人口528户2069人,常住人口1516人(男性800人,女性716人),平均年龄48岁,均为汉族。共有22个姓氏,其中高、朱、漆、胡、潘姓均超过100人。

自然环境与资源 四面环山,中部有东北—西南走向垄墩,西南地势较低。境北鹰形岭,其形如鹰,海拔453.2米,为境内最高点,有"徒步鹰形山,俯瞰萍乡城"之说。境北窝棚里,东西走向,长1.3千米,宽1.2千米,面积1.6平方千米,最高海拔355米,山四周山岭重叠,像个鸟窝,故名。境北枫树岭,东西长约1.2千米,南北宽约0.8千米,面积约1平方千米,海拔413米,以山多枫树得名。境东北朝形岭,山周围有猪形、象形、狮形三小峰,如对主峰朝拜,故名,南北长约1.6千米,东西宽约0.6千米,面积约1平方千米,南北走向,最高海拔435.2米。境东北明山岭,呈半圆球状,长宽各近千米,面积约0.9平方千米,最高海拔376米,因其高于周围山岭,树木青翠,朝晖映照显得明朗清晰,故名。植被以松、杉、油茶林为主。林地328.09公顷,森林覆盖率66%,公益林占林地的88.29%。矿产资源主要为石灰岩,储量丰富。

经济概况 耕地946.95亩,其中水田835.95亩、旱地111亩。主要种植水稻、油菜。整合高标准农田种植水稻、蔬菜,整理林下土地和山塘,种植油茶。有农业合作社6家,显辉合作社种桃子、李子、红柚、油茶;南区合作社种红柚、玉米、白莲、蔬菜,养虾、鱼;启云合作社养猪、狗、鸡;金雨合作社种葡萄、草莓,养鸡、鸭;浩杰合作社养猪、羊、狗、鸡;有旺合作社,养黑山羊。

工矿业方面,有青山镇源头强根建材厂,矿区面积0.0176平方千米,开采建筑石料,剩余保有储量为102.13万吨,设计生产能力6万吨/年。

2022年村级集体经济收入50万元,主要来源为土地租赁和流转收入。

基础设施　上莲高速公路斜过东北部。沪昆高速、县道156、乡道001穿境而过,县道青(山)福(田)公路从村南通过。组组通沥青路面,户户通水泥路面。

鹰型岭南麓有安源区唯一的小(1)型水库,石硖冲水库,1973年始建,1975年建成,乃截源而成,总库容184万立方米,有效灌溉面积2225亩。建有环源头水库旅游徒步道,全长5千米。山塘41口,村水域面积100亩,分布在各个村组。农业灌溉主渠道3.6千米,支线渠道8.72千米。农田灌溉率90%。

家庭通电率100%。有11处集中供水点,自来水普及率100%。村民日用能源主要为液化气。漆家湾建有一个污水处理站,漆家湾、石湾里、老祠堂、文家坊、高家老上组污水管网接入处理站。

2006—2020年,新湾、宝塔岭、石硖冲、风龙、石湾立、牛王宫、漆家湾、水库脚、蛇形坡、桥头、长冲、胡家湾、龙王洞、高家庵等为新农村建设点。

社会发展　1979年始建的源头小学,占地2600平方米,在职教职工15人,在校学生86人;2012年创办的附属幼儿园,占地200平方米,在职教职工5人,在园幼儿50

源头村

石硔冲水库

名。有2所村卫生所。450人享受养老保险，650人享受社保。低保户95户157人。五保户5人，集中供养3人，分散供养2人。残疾人85人，享受政策补助35人。

文体设施完善，村新时代文明实践站建筑面积300平方米，内部设有文化活动室、理论宣讲室、棋牌室、未成年活动室、老年活动室及农家书屋等设施。2021年建成村史馆，占地120平方米；有6个健身广场，面积1100平方米，均配套健身设备；现有女子舞蹈队、腰鼓队、军鼓队等4支文娱队伍。

特色地情 高自立（1900—1950）。高家老上人。1926年10月加入中国共产党，1927年参加中国工农红军。参加了湘赣边界秋收起义，经历了井冈山斗争、中央苏区第一到第四次反"围剿"斗争。1935年7月，高自立作为中共代表出席在莫斯科召开的共产国际第七次代表大会，是唯一一个当选共产国际监察委员会的中国人。历任红三军政委兼军委书记，红五军团十五军政委兼军长，中央革命军事委员会后方办事处政委，中华苏维埃共和国工农监察委员会委员，中央审计委员会委员，中央执行委员会执行委员，中央政府土地部部长，共产国际监察委员会委员，陕甘宁边区政府代主席，中共七大正式代表。境内有高自立故居，建有高自立铜像广场、高自立生平陈列馆。

省级凤龙森林公园。坐落在青山湖（石峡冲水库）畔。峰峦叠嶂，云缠雾绕，洞溪交错，风景别致。鹰型岭有大片映山红、满山红、鹿角杜鹃混交林；鹰型岭西南麓、青山湖西岸有樱花谷，面积约20亩；鹰型岭南麓、青山湖北岸有一小型瀑布，如白布悬空，飞流直下，形成美丽的跌瀑，取名三叠泉；鹰型岭南麓、青山湖北岸还有枫晚亭，枫树遍布周边，青山湖竹海如绿海碧波，竹林中鸟语虫鸣，竹下溪水潺潺，林间山花点缀。鹰型岭山下有一小型溶洞——龙王洞，洞中钟乳石形态各异，有石琴，叩之声如古筝；有石墙，光彩夺目。

高家庵。始建于乾隆二十年（1755），当时高家庵占地1000余平方米，中间有大雄宝殿，两边有观音殿、祖师殿、地藏殿、伽蓝殿、横殿等，设有马栏，用于养马驯马，寺右设有马道。高家庵周围山上有古墓、墓塔，墓塔造型各异。

古驿道。深藏在青山湖西侧的密林中,驿道宽约五尺,青石板砌面,依弯就曲,系石匠们精心铺筑而成。古时,这里是萍乡通往上栗、浏阳的交通要道之一。1944年中国军队和日军曾在此交战,境内有当时留下的防御工事多处。

饮马泉。位于窝棚里(明末清初棚民起义的根据地)山脚下。棚民起义军首领朱益吾领兵进攻萍乡,路过此地,人困马乏。朱益吾在此以刀插地,曰:"若可胜,当使朽壤出泉。"

朱氏祠堂。位于窝棚里山脚下。明末清初,棚民起义军失败后,一支朱家子孙隐居此地。明末清初,在朱家湾虎形山脚下建有"朱家亭公堂",占地1000多平方米,作为朱家后裔纪念先祖和习文习武之场所,后毁。近年来,近百名朱熹后裔自发捐款,抢救性修建。据传,源头村村名取自宋朝著名理学家朱熹名篇《观书有感》中"为有源头活水来"诗句。

乡村荣誉　江西省红色名村。

高枧村

村情概况　地处青山镇西北部。村委会驻圳上。解放前夕属鸣盛乡第七保。解放初为湘东区温盘乡高枧村。1958年为湘东公社火源大队。1962年为大城公社高枧大队。1966年复属湘东公社。1969年改属青山镇。1984年3月改为高枧村。以境内高枧片村(因田缺水而架高枧引渡灌溉,故名)得名。

东邻下柳源村、上柳源村,南毗湘东镇甘泉村,西靠湘东镇裕升村,北接温盘村。辖区面积4.37平方千米,共17个自然村组(洞岭下、老屋里、沙湾里、巫家冲、圳上、塘冲、杨梅岭、大园里、文家里、海公祠、小井坳、桃里冲、王家冲、漆家屋场、排上、半山、石窝里),户籍人口602户2231人,常住人口1763人(男性892人,女性871人),平均年龄49.5岁,以汉族为主,有土家族2人、壮族2人、畲族1人、布依族1人。共有35个姓氏,其中刘、谢、李、彭、邓姓均超过100人。

自然环境与资源　四面环山,中部呈"上"字形垄塅。源头小河经温盘村在村境沙湾里跌入洞岭下阴河。林地2895亩,森林覆盖率64.2%,主要为油茶林、松树林、杉树林和樟树林。矿藏资源主要有石灰石和煤炭。

经济概况　耕地1088.4亩,其中水田878.7亩、水浇地5.4亩、旱地204.3亩。主要种植水稻、油菜、红薯。养殖土猪、鸡、羊、牛等,生猪养殖户12户,年末存栏4566头,年出栏9666头；羊养殖户6户，年末存栏121头，年出栏41头；土鸡、牛等皆为家庭散养。2018年成立友邻盆景专业合作社，基地面积100余亩，有盆栽3000余盆，主打品种金弹子有2000余盆。

有家庭型经营小卖部4家。每个月在排上有三次逢六赶集。

2022年村级集体经济收入37.37万元。

基础设施　有公路北通上栗县福田镇。对外道路为青福公路，境内全长2千米，"组组通"水泥路3.5米宽，全长7.5千米。"户户通"水泥路2.5米宽，全长12.6千米。

山塘28口，集雨面积共计54.8亩，库容共计7.46万立方米。水渠共计长8640米。农田灌溉率100%。

家庭通电率100%。村民主要生活用水来源于地下水，有3个集中供水点，分别位于洞岭下、杨梅岭、巫家坡，自来水普及率100%。村民日用能源主要为液化气。在海公祠建有生活污水处理设施，接入十一—十三组的生活污水进行集中处理。

2007—2020年，有塘冲、王家冲、圳上、排上、老屋里、新屋里、海公祠、巫家冲、杨梅岭、大园里、漆家屋场、小井坳、半山、石窝里、龙坡里、文家里、石宫庙、邓家屋场、洞岭为新农村建设点。

社会发展　高枧小学，1965年创办，占地3784平方米，建筑面积2400平方米，体

高枧村

桃李冲

育运动场地1068平方米,在职教职工13人,教学班6个,在校学生72人;高枧小学附属幼儿园,2016年创办,占地300平方米,建筑面积650平方米,体育运动场地100平方米,在职教职工7人,教学班3个,在园幼儿29人。有1所村卫生所。医疗保险参保率98%。560户1275人享受失地农民保险。95户150人享受农村低保。五保户5人,集中供养1人,分散供养4人。残疾人68人,其中16人享受护理补贴,42人享受生活补贴。

村级新时代文明实践站设有图书阅览室、篮球场等。茶社广场旁边,设有小井坳党群服务中心,打造集党建、文化、政策咨询、便民于一体的"安源红·邻里之家"。全村有2个广场,面积1500平方米,有露天舞台、篮球场等,平时主要供居民休闲娱乐、运动健身等,现有3支舞蹈队定期开展全民健身运动。

特色地情 杉仙宫。始建于清乾隆元年(1736),因景仰程衫消灭蝗虫、看病施药、为民解困而建,初称杉仙庙。1988年重修,定名杉仙宫。1995年改建,建筑面积扩大到297平方米,内坪面积523平方米。每年农历七月初一为杉仙真人诞辰庆典,百姓焚香朝拜、燃爆杀牲,祈求杉仙真人庇佑,用鸡血溅波官纸,带回插田中,以驱虫保丰收。

温盘村

村情概况　地处青山镇北部。村委会驻社仓里。解放前夕属鸣盛乡第七保。解放初为湘东区温盘乡。1952年为第九区温盘乡。1956年复为湘东区温盘乡。1958年为湘东公社火源大队。1962年为大城公社温盘大队。1966年复属湘东公社。1969年划归青山镇。1984年3月改称温盘村。以境内温盘地片（温盘，地形周高中平，貌似盘子，且有温泉涌现，故名）得名。有地名联曰"东鲁南风绵后世；温泉盘前蔚前人"。

东邻福田镇双源村，南靠高枧村，西接荷尧镇上云村、沙溪村，北连源头村、长平乡平基村。辖区面积4.74平方千米，共21个自然村组（万冲、彭家屋场、张家屋场、林家冲、陈家屋场、大塘冲、社仓七组、社仓八组、山枣坡九组、山枣坡十组、显华庵、杨公坝、大山岭、钟家屋场、谭家屋场、许家屋场十六组、许家屋场十七组、谢家坡十八组、谢家坡十九组、排上二十组、排上二十一组），户籍人口745户3206人，常住人口2290人（男性1207人，女性1083人），平均年龄49.23岁，以汉族为主，有土家族3人、壮族3人、苗族2人、黎族1人。共有44个姓氏，其中曾、黄、谭、彭、朱、钟、谢、林、周、高、李、陈、宋姓均超过100人。

自然环境与资源　四面环山，中为南北向垄墩。村境南北最长2.93千米，东西最宽2.76千米。东面是与福田镇双源村的界山马鞍岭，南面是与高枧村相连的水口山，西面是凤形山及与荷尧镇上云村分界的高丘古墓岭，北面是与长平乡平基村接壤的平基岭。村内有一条河流自北向南穿村而过流向高枧村。境内丘陵山地约占60%、河谷垄墩约占40%，有"六山半水二分田，分半道路和庄园"之说。森林覆盖率78%，林地4600亩，生态林、经济林、经济作物覆盖率90%以上。

境内有煤和石灰岩。煤为二叠系上统的安源煤系，属小型无烟煤矿点，主要分布在南部青山陂、米筛塘一带。石灰岩为二叠系下统的茅口石灰岩，厚度达370余米，质地较纯，且分布遍境，尤以马鞍岭为优，地表土层覆盖浅，便于开采。

经济概况　耕地1057.05亩，其中水田806.85亩、水浇地59.4亩、旱地190.8亩。家佳红种养专业合作社采用"合作社+农户+基地+科技"模式，种植水稻、玉米、大豆、红薯、果柚等农作物，养殖猪、鸡、鸭、羊、鱼等。萍乡金瑞农业发展有限公司，集蛋鸡现代化养殖、有机肥生产、果蔬种植于一体，有规模化蛋鸡养殖场2个，鸡存栏20万羽，日产鸡蛋16万枚。

温盘村

有商铺20余户,其中超市和小卖部10家、餐饮店2家、移动营业厅1家、摩托修理店2家、电器店1家、水电安装店1家、美发店2家。每月逢九为农村集镇交易日,特色农产品和日用百货琳琅满目。

2022年村级集体经济收入61.59元。

基础设施 沪昆高速公路和沪昆高铁并行从域内穿过,青山隧道(系沪昆高速隧道)2004年建成,为双向2车道隧道。县际青(山)福(田)公路南北纵贯村境。村内主干道路和村组道路宽3.5~5.5米,实现沥青路面、水泥路面组组通、户户通。

有山塘21座,水域面积56亩。水渠总长4886米。农田灌溉率98%。

家庭通电率100%。村民的生活用水来源于深井水,有集中供水点2个,位于社仓、显华庵;自来水蓄水池2座,可蓄水400吨,自来水普及率100%。村民日用能源主要为液化气。2022年新增污水处理系统,100多户村民受益。

2007—2020年,有显华庵、社仓、山爪坡、张家屋场、杨公坝、大山岭、钟家屋场、谭家屋场、谢家坡、许家屋场、排上、守顺堂、万冲、彭家屋场、林家冲、陈家屋场、农民街、凤形山、石家屋场、老油坊为新农村建设点。

社会发展 创办于1924年温盘小学,占地3663平方米,教职工14人,在校学生108人。2015年创办的附属幼儿园,占地550平方米,教职工6人,在园幼儿38人。

家佳红合作社

设有村卫生所,占地150平方米。医疗保险参保率100%。512户1075人享受失地农民保险。100户148人享受农村低保。五保户10人,集中供养3人,分散供养7人。残疾人108人,享受补助政策58人。境内有镇敬老院。

村委会有党群服务中心和新时代文明实践站。境内有8个村级文化健身广场。

特色地情 显华庵。始建于初唐,坐落于凤凰山。占地2万平方米,建筑面积0.7万平方米。寺周群山环抱,金瓦红墙嵌于翠绿丛林中宛如金莲花显现。寺院为重檐歇山顶式,系明代古建筑。斋堂有联"斋心苦存 任他铁板无难化;常规未尽,即此粗茶岂易消"。寺后有清乾隆二年(1737)所建高僧舍利塔一座,墓志铭系进士及笔奉直大夫刘孟宏撰并书。清末,萍乡名武师、以扁脚108式驰名的李德和曾在寺开馆授徒。

牛皇宫。1908年为庆贺牛王爷农历四月初八生日,在屋场台地建牛皇宫庙,民国时文坛名人周达之曾为牛皇宫戏台撰联"宇宙小梨园,安排因果轮回事;古今大豪杰,均是悲歌慷慨人"。

乡村荣誉 江西省脱贫攻坚先进集体、江西省森林乡村。

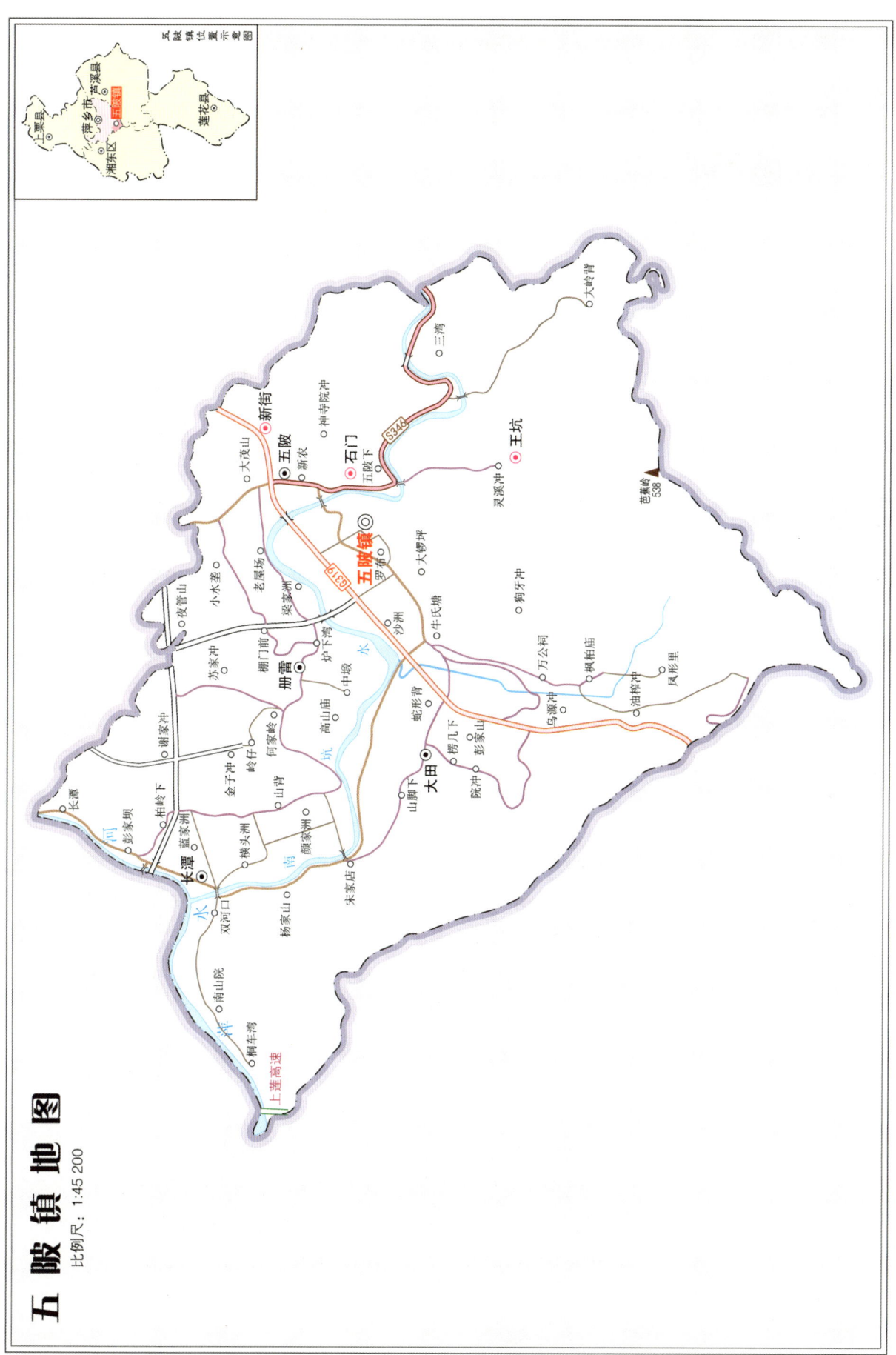

五陂镇

地处安源区南部。镇政府驻石门。东南与芦溪县南坑镇毗连,西与湘东区麻山镇相邻,北与八一街、丹江街和安源镇接壤。镇区面积23.5平方千米,辖4个村委会、3个居委会和3个分场。以境内五陂下得名。

1949年8月前属萍乡县居安乡和四维乡。1950年8月后分属安源区溪雷乡和麻山区三侯乡。1958年属安源公社。同年冬属萍乡县萍乡镇。1959年复归安源公社。1960年6月成立五陂下垦殖场,属萍乡市。1961年为国营五陂下农场,属萍乡市城关区。1962年属麻山区。1966年改为国营五陂下垦殖场。1971年属城关区。1984年3月场乡分设,成立五陂下乡。1987年5月从大田村析出一、二、三、四村民小组设立乌源村。1988年9月场乡合一。1993年5月属安源区。1994年8月撤乡建镇,同时更名称五陂镇。1995年8月设立石门、新街居委会,同时将丹江街的王坑居委会划入。2003年9月乌源村并入大田村。

常住人口14959人(男性7605人、女性7354人),以汉族为主,城镇化率62.5%。

自然环境与资源 半山区丘陵地貌,地势东南高西北低,平均海拔152.2米。自东南的石门至西北的萍水河地域为千亩大垄。南部山区有芭蕉岭、乌龙山、天台山,三山呈鼎足之势。边境最高处芭蕉岭位于林业分场,海拔538.9米;最低处桐车湾位于长潭村,海拔87米。境内主要河流有萍水河、南坑河(五陂河),南坑河自东向西穿境而过,经三湾、大田至双河口汇入萍水河,境内南坑河长约7千米,流域面积约

五陂镇

20平方千米，五陂河两岸为冲积平原。

境域位于赣湘两省边界罗霄山脉的北段，矿藏资源主要为煤炭、瓷土、石灰石和铁矿石。煤炭为烟煤，储量3120万吨，目前保有储量120万吨。五陂煤矿原煤年产量11万吨，王坑煤矿煤年产量14万吨，境内原有红旗煤矿、乌源煤矿已分别于2011年、2016年关闭。大田、长潭、册雷、五陂、园艺等地的瓷土矿、铁矿、石灰石已开采60多年。

境内群山竞秀，河渠纵横，随处可见茂林修竹，沃野田畴。全境森林覆盖率68%，有自然风景区乌龙山风景区。有林地23平方千米，生态保护区11平方千米。

经济概况 财政总收入3.93亿元，同比增长19.2%。一般预算收入1.63亿元，同比增长13.3%。

农田2880亩，粮食总产量445.2万斤。油菜种植520亩，产量51480斤。蔬菜种植1570亩，产量4100余吨。畜牧业以饲养家禽、生猪为主。生猪出栏0.55万头，家禽出栏3.6万羽。推进农业产业化、品牌化发展，规模养殖场1家（长潭文华养殖场，猪年出栏6000头以上），规模专业合作社3家（常兴生态合作社、大田双花蔬菜合作社、炉下湾合作社），市级龙头企业2家（祥国农业科技发展有限公司、益丰园绿色实业有限公司）。2022年农业总产值约37680.6万元，农民年人均可支配收入约2.56万元。

工业企业60余家，其中规上工业企业8家（镇区5家，安源工业园3家）。有煤炭、新材料、装备制造和电子信息等产业。采矿业有五陂煤矿、王坑煤矿2家。新材料产业以金桥焊材为龙头，带动形成年产值11.4亿元的新材料产业链。装备制造产业有凯天电力、天钊色谱等企业。电子信息产业有栢晟电子等企业。年规上工业产值15.14亿元，同比增长12.98%。

集镇全长1000余米，呈"十"字交接形，有商铺100余户，其中大型商超2家（中润联华超市、老地方超市),标准化农贸市场1个,品牌电器店2家(美的、海尔),年营业额100万元以上商家10家,年营业额300万元以上商家7家。规模以上商贸企业7家,总年营收为3.08亿元。街道两旁设有邮政、电信、餐馆、药房、理发店等。

基础设施　上莲高速公路在境西缘纵向通过,319国道、中环南路穿境而过,老319国道穿过境东北。通公交车25路。农村公路57.80千米。县道1条6.88千米,乡道6条12.15千米,村道56条39.46千米。

家庭通电率100%。有五陂下邮政代办所,设有3个快递点,有移动、电信、联通3家营业厅。生活用水管道供给通达率100%,分城市自来水网和农饮集中供水两种,其中城市自来水总用户数为2152户,占比42.9%,农饮集中供水,共有供水井13口,总用户为2865户,占比57.1%。境内有500吨污水处理厂2家,涉及五陂村、大田村、园艺分场、红旗分场及金桥焊材,有4家小型污水处理站,林业分场3家,分别位于车里坪(40吨出水量)、三湾(30吨出水量)、王坑电厂(20吨出水量),长潭村1家,位于双河口(40吨出水量)。

着力打造配套设施齐全、建设布局美观、风格协调、生态优良的农工商综合发展型城镇。住宅建设有城镇居民住房、农民住房和居民小区,包括凉亭口小区、五福新城小区、杨家山小区、双河口小区、苏家冲小区、民俗文化广场等。新农村建设特色亮点村有三湾、王坑、牛氏塘、青湖冲、大罗坪、府前、院冲、岩下及富民小区。

社会发展　5所中小学校,分别是安源乐源学校、五陂学校、册雷小学、大田小学、长潭小学。幼儿园2所,分别是五陂镇中心幼儿园、红旗幼儿园。

趣山野花溪营地

海绵城市博物馆

镇卫生院1所,村级卫生室9所。城镇低保户453户643人。农村低保户463户681人。全镇参保人数为12169人,其中农保参保6241人、职工社保参保5928人。"安源红·邻里之家"服务站5所(大田村服务站、长潭村服务站、红旗分场服务站、三湾服务站、园艺分场服务站),努力实现"老中小"贴心服务全覆盖。

建成农家书屋7所,分别在镇本级、五陂村、长潭村、册雷村、大田村、林业分场、园艺分场。有业余文艺表演团队10个,包括园艺分场军鼓队、长潭村金鹰舞蹈队、大田村威风锣鼓队、林业分场吉祥文艺队、红旗分场炫曳舞团及广场舞、太极拳团体等,群众文体活动在各村(分场)和社区得到普及。

特色地情 从萍浏醴起义到安源路矿工人大罢工,从湘赣边秋收起义到井冈山斗争,历次革命中,均有五陂的革命志士参与,曾任湖北省委书记、全国总工会副主席、全国总工会书记处书记的宋侃夫为五陂镇人氏。

三侯庙为省级文物保护单位,另有册岗庙、光明鼎等古迹。境内的安源国家森林公园为国家AA级旅游景区,境内还有乌龙山和十里花溪2个市级风景区,乌云寺、云飞古寺、张相公墓、大锣坪古桂花树为区级文物保护单位。

乡镇荣誉 国家级生态乡镇、江西省百强乡镇、江西省最佳投资环境二十强乡镇、江西省示范森林乡镇、江西省和谐秀美乡村建设先进单位、江西省文明村镇、江西省文明乡镇、江西省水生态文明建设示范镇。

红旗分场(新街社区)

分场概况　地处五陂镇中部。场部驻树山里。1949年8月前属第三区居安乡第十一保。1950年8月后属安源区溪雷乡。1952年与册雷分开,仍属溪雷乡。1955年为溪雷乡第二初级社。1956年合并为大田乡溪雷高级社。1958年属安源公社五陂大队。1960年从五陂大队分出,为五陂下垦殖综合分场,同年6月又改称原种分场。1963年改为良种分场。1969年与五陂大队合并成红旗大队。1973年又与五陂大队分开,为红旗分场。1984年3月场、乡分设,改为五陂下垦殖场红旗分场。1988年9月场乡合一,属五陂下乡(场)。1994年8月为五陂镇(场)红旗分场,意为农垦战线上的旗帜。1995年8月设立新街居委会,因驻地位于五陂镇新建的街道,故名;借驻红旗分场办公楼,为分散型居委会,居民分布在五陂、册雷、长潭等村,下设5个居民小组(长潭、册雷、五陂、水厂坳上、侯家岭)。

分场东邻五陂村,西连大田村,南靠园艺分场、林业分场,北接册雷村。区域面积1.85平方千米,共9个村民小组(牛氏塘一、二组,沙洲上三组,罗布上四组,下山五组,树山里六组,宋家屋场七组,窑上八组,大茂山九组),1个集中安置小区(富民小区),红旗分场生活区常住人口3062人(男性1525人,女性1537人),平均年龄56岁,均是汉族。共有82个姓氏,其中彭、宋、刘、王、李、钟姓均超过100人。

自然环境与资源　境域为平缓小丘陵地带,地势南高北低。北部为五陂河冲积而成的小平原。南坑河流经境内。全分场山林总面积980亩,以杉树林、松柏林为主,

明月长廊

红旗分场

森林覆盖率60%。

经济概况 引进花卉种植企业,引导农户以土地流转方式,参与以319国道为轴心的花卉苗木产业示范园区,已引进10余家花卉苗木公司,建设花卉苗木基地,制作盆景销售。开展五陂河沿岸特色古镇建设,建设全长6.6千米的乡村旅游一条街,凸显红旗分场五陂镇商贸中心的地位。

分场原有耕地面积1003亩,历年建设征地面积736亩,现耕地总面积267亩,其中苗圃115亩。水产养殖面积2亩。全分场有工商业总户数125户。分场职工人均年纯收入2.9万元。

2022年村级集体经济收入75万元。

基础设施 319国道、省际公路、萍乡环城公路、沿河滨路构成分场境内四通八达的路网。

家庭通电率100%。居民饮用水来源于山口岩自来水厂。居民日常使用能源主要为液化气。

2007—2020年,有牛氏塘、宋家屋场、富民小区等25处开展新农村建设,实施了"绿改彩、上改下、旧改新、面改美、白改黑、暗改亮"的"六改"提升工程。

社会发展 境内有五陂中心小学,2012年学校与五陂中学合并,成立安源区五陂学校,占地面积13356平方米,建筑面积53424平方米,在职教职工68人,教学班22个,在校学生800余人。还有五陂中心幼儿园和民办红旗幼儿园。五陂中心幼儿园,占地面积5757平方米,建筑面积3262平方米,在职教职工24人,教学班6个,在园幼儿138人;红旗幼儿园,占地面积810平方米,建筑面积2200平方米,在职教职工15人,教学班4个,在园幼儿95人。

镇卫生院,占地4000平方米,专业卫生人员41人;村卫生所,占地总面积120平方米,专业卫生人员2人。药房3个,分别是昌盛大药房2个、平善堂1个。养老保险642人。农村低保1户2人,城镇低保108户124人。残疾人56人,其中享受政策补助29人。

建有面积4700平方米的中心休闲广场,打造农家书屋、文化站、老年人活动中心等功能建筑,配套健身器材、篮球场等基础设施的活动广场6个,平均每1.5个组内有1个活动中心。

特色地情 王溪峡(五陂下)永镇桥。为五陂村与红旗分场的主要通道,初建于清雍正十年(1732),清雍正选拔进士儒林郎、萍乡儒学教谕林道煌作诗赞曰:"利济大川不用舟,安澜胥庆砥中流。长桥永镇乾坤久,变化沧桑几春秋。"分别于1974年、2010年两次加宽、加长、加固。目前为钢筋混凝土材质,桥长100米,桥宽9米。

钟涵(1929—2023),原名宋华沐。清华大学建筑系毕业,1948年参加革命,1949年加入中国共产党。1963年发表和展出油画的《延河边上》,成为20世纪60年代中国油画的代表作之一。代表作有《雨天画室来鸽》《荒原》等,并出版有画册《乡土小品》、论著《廊下巡礼》。

分场荣誉 中国美丽休闲乡村、江西省文明村镇等。

园艺分场(石门社区)

分场概况 地处五陂镇中部。场部驻锣坪路南段东侧。1949年8月前属安源区溪雷乡。1949年10月后黄满甫在此地设茶油农场。1955年设县办奶牛场。1957年改为县办繁殖场。1958年属安源公社五陂大队。1960年从五陂大队分出为五陂下垦殖场畜牧综合场。1964年分设园艺分场。1975年改为养猪分场。1978年养猪分场与园艺分场合并为畜牧分场。1984年3月,场、乡分设,称五陂下垦殖场畜牧分场。1986年改称园艺分场。1988年9月场乡合一,属五陂下乡(场)。1994年8月为五陂镇(场)园艺分场。1995年8月设立石门居委会,以境内有巨石形似门,故名。为分散型居委会,居民分布在红旗分场、园艺分场、林业分场、大田村,下设4个居民小组(红旗、园艺、林业、大田)。

分场东隔南坑水与五陂村相望,南与林业分场相邻,西与大田村接壤,北靠册雷村。区域面积1.04平方千米,共5个村民小组(一组大锣坪、二组环园、三组狗牙冲、四

园艺分场

组石门、五组老屋场)。园艺分场生活区常住人口1233人(男性629人,女性604人),平均年龄55岁,均是汉族。共有38个姓氏,其中李、陈姓均超过100人。

自然环境与资源 境域为平缓丘陵,东部及西部临五陂河。分场山林总面积780亩,以杉树林、松树林、果园为主,森林覆盖率为80%。境内矿产资源有煤炭、石灰石等。

1952年,满甫农场原有的油茶林全被伐除,改造成水田和旱地。1953年1月成立萍乡县农场五陂下分场,主要农作物为水稻、小麦、荞麦、豆类、瓜类、花生和棉花。1956年开办了养殖场,养殖奶牛和母猪。1961年引进国外良种猪,杂交繁殖大批优良仔猪,供应全萍乡市的养猪场及农户。1963年8月,选定大锣坪周边地区,东起笔山岭,西至狗牙冲,打造果园基地。1964年至1982年,为分场果园的新生期,亦是萍乡市最早的专业化经营果园。五陂下果园品种多,水果品质优良,常年产鲜梨30万斤、鲜桃10万斤、柑橘15万斤。2008年冰冻灾害,果园灾后存活的果树仅为一成。2014年园艺分场果园由镇政府收购,现改为赣西森林植物园。

经济概况 主要从事畜牧和园艺,兼种水稻。有耕地52亩,种植水稻。果树种植400亩,油茶种植400亩,中草药材种植400亩。福园养殖合作社,养殖驴、鸡等畜禽。分场稻谷年产量5万斤,蔬菜年产量1.2万斤。年生猪饲养量850头,年出栏630头。年家禽饲养量9200羽。年农林牧渔服务业总产值200万元,分场职工人均年纯收入2万元。

小区集镇全长300余米,有商铺30余户,每月逢三有赶集。

2022年村级集体经济收入53.28万元。

基础设施 对外道路为319国道和五福新城大道;场内道路宽3.5～7.5米,约7.2

五陂新区

千米,为沥青路面。

水塘8口,总面积9亩。2007—2009年对水塘进行全面整修,塘坝增高加固,增加蓄水量。有狗牙冲、大罗坪、石门等具有水利灌溉功能的山塘3口,采用沟渠引水,水渠长1千米,水渠三面不见泥,保障供水、排水畅通,可灌溉耕地50亩。

家庭通电率100%。2009年完成清洁饮用水工程,实现家家户户通自来水。居民日常使用的能源主要为液化气。建有垃圾集中处理中心5个。

在新农村建设中,按照城镇规划兴建了一批住宅小区,有小锣坪社区、果园社区、桂花园社区和老屋场社区,均完善了供电、供水、卫生保洁、园林绿化、文体活动等设施。

社会发展 文化活动场所占地面积3000多平方米,包括党群服务中心760平方米、新时代文明实践站200平方米、"安源红·邻里之家"360平方米、文化健身广场1000平方米(大罗坪海绵广场和狗牙冲广场)。有1支12人的女子舞蹈队。

有卫生所1个,占地面积120平方米,专业卫生人员3人。农村医保参保率100%。社保参保率90%。城镇低保36户42人。残疾人10人享受政策补助。

特色地情 罗布社财神庙。始建于明万历十五年(1587),亦称粉塘庙,后圮。1987年初,乡人捐资献劳,恢复庙宇。2015年重建竣工,香火继盛。2022年增建山门,由原来的罗布社福主庙改名为罗布社财神庙。

古桂花树。系区级文物保护单位,位于大锣坪。清康熙年间钟氏家族于大锣坪兴建荣公祠,在祠前植桂花树4棵。20世纪90年代,有1棵古桂因雷击导致枯死,现存3棵,树龄均为300多年,树高均达12米,每棵树冠面积为40余平方米,树围3至4米。

林业分场（王坑社区）

分场概况 地处五陂镇东南部。场部驻义下。分场1949年8月前属居安乡第十一保。1950年8月后属安源区溪雷乡。1960年称五陂下垦殖场垦荒队。1961年称林业大队。1964年改称林业分场。1966年为国营五陂下垦殖场林业分场。1984年3月，场乡分设，改为五陂下垦殖场林业分场。1988年9月，场乡合一，属五陂下乡（场）。1994年8月为五陂镇（场）林业分场。

王坑居委会，1983年4月成立丹江街道办事处时从安源镇划入亭子下居委会，同年6月从亭子下居委会析出成立王坑居委会，属丹江街。1995年8月从丹江街划出归五陂镇。以境内王坑得名。借驻林业分场办公楼，为分散型居委会，居民分布在林业分场、红旗分场等地，下设3个居民小组（林业、红旗、散户）。常住人口152人（男性73人，女性79人）。

分场东与芦溪县南坑镇双凤村相邻，南靠芦溪县南坑镇七宝村、石灰岭村，西与大田村和麻山镇三山村接壤，北与园艺分场毗连。区域面积6.34平方千米，共4个村民小组（大岭背、三湾、岩下、光明山），林业分场生活区常住人口610人（男性320人，女性290人），平均年龄44岁，均是汉族。共有42个姓氏。

自然环境与资源 境域北部为五陂河冲积平原，南部多山岭。芭蕉岭，东至山坳，西至乌云山，北至灵溪冲，南到芦溪县南坑镇，呈东北—西南走向，长约1.4千米，宽约1千米，面积1.4平方千米。该山从东侧看，有八个山坡，形似螃蟹的8只脚，得名"八脚岭"，后雅称芭蕉岭。主峰海拔538.9米，为五陂镇海拔最高点。乌云山，北起光明山，南至芦溪镇七保栗树下，东至芭蕉岭，西达乌云坳，呈东北—西南走向，长约1.7千米，宽约1.6千米，面积约2.7平方千米，海拔526米，以山岭多为乌云覆盖得名。乌云坳，南接栗树下，西邻婆婆岩，北达黄泡冲，山坳呈南北走向，长约1.2千米，海拔360米，为五陂镇与芦溪县南坑镇之间的界山，紧邻乌云山，此为上乌云山之坳口。

境内森林覆盖率90%，是市、区长江防护林重点单位。有百年香樟、南竹林、墨竹林、百果园、百花谷、情人溪、人间鹊桥、水上秋千等景观，是集乡村风貌与自然生态于一体的AAAA级乡村旅游景区。

南坑河由南坑镇双凤村流入分场，流经境内三湾、岩下，后流经五陂村、册雷村、大田村，从长潭村汇入萍水河。

矿产资源主要有煤炭，为烟煤。

经济概况 耕地83.35亩,水塘18.5亩。蔬菜年产量6万斤,渔业年产量8万斤。年出栏生猪1135头。家禽饲养量6000羽。林区面积14400亩,其中杉树林8200亩、松树林1000亩、经济林400亩(主要有油茶林和果树),活立木蓄积量3.76万立方米,毛竹林3500亩,毛竹蓄积量为66.5万根。农林牧渔服务业总产值280万元。分场有工商企业20户。职工人均年纯收入3万元。

有五陂煤矿、王坑煤矿。五陂煤矿始建于1958年,核定产能11万吨,在岗职工412人。王坑煤矿始建于1957年,核定产能14万吨,在岗职工500余人。

有力群鞋业有限公司,占地15666平方米,建有标准厂房近4000平方米,员工300余人。

2022年,村级集体经济收入22.27万元。

基础设施 S231公路贯穿境内,辖区道路全长3.2千米,路面宽5.5~6米。有桥梁2座。

20世纪70年代,建了五陂第一座石坝——向阳石闸。整个工程包括1座拦河石坝、1条4千米长的沿山渠道(三湾—红旗分场—园艺分场)、1座王坑桥边渡槽以及王坑桥到五陂村的过水渠道,解决了林业、红旗、五陂以及册雷、大田多个村民组的农田灌溉问题。

家庭通电率100%。全面改造了境内供水管网及设施,家家户户用上自来水。居民日常使用的能源主要为液化气。建有生活污水处理站点3座。

2017—2018年新农村建设中,建设了自然景点区、生态林业区和休闲度假区,将三湾建成集餐饮娱乐、旅游观光为一体的景区。现建有休闲广场、三湾综合文化中心、桃花岛、水上乐园、向日葵观光基地、陶艺吧、三湾农家大院等参观和体验点。

王坑社区

三湾

社会发展 建有文化广场2个（三湾、岩下），总面积3400平方米，配套篮球场、百姓大舞台、健身器材。打造农家书屋、文化站、老年人活动中心等功能建筑。有1支20人的文艺队。

有卫生所1处，面积180平方米，专业卫生人员1人。医保参保率100%。农村低保3户，城镇低保134户。

特色地情 知青宿舍。位于大岭背，建于1973年。爬满青藤的知青宿舍，见证了200多名上山下乡知识青年的学习、生活、爱情和梦想。

三湾文化展示馆。仿古形式结构，内设农家书屋、农耕博物馆、村史馆、知青印象馆等。

香樟园。占地300亩，樟树成林，古木参天。有百年古樟树80棵、千年古桂树7棵，其中不乏胸径超过1.8米、树龄400多年的参天古樟。

乌云寺。系区级文物保护单位。位于乌云山，始建于明万历三十一年（1603），初名观音庵。清乾隆三十年（1765），释端圆主持观音庵，并对乌云庵进行大修。

光明鼎寺。光明鼎寺由乌云寺扩建而成，由大悲殿、天王殿、地藏殿、伽蓝殿组成。

乌云山古道。五陂古时为吴楚通衢，后成为明朝赣西丝路的重要驿站，已有600多年历史，曾有大批瓷器、绸缎、粮食、药材、竹纸通过这条山道转运。

分场荣誉 江西省文明单位、江西省水生态旅游示范点、江西省生态新农村、江西省乡村旅游示范点、江西省乡村森林公园、江西省社会科学普及教育示范基地、江西江西十大秀美乡村、省级森林养生基地。

五陂村

村情概况 地处五陂镇东北部。1949年8月前属居安乡。1950年8月后属安源区溪雷乡。1958年为安源公社五陂大队。1960年6月属五陂下垦殖场。1966年属国营五陂下垦殖场。1984年3月为五陂下乡五陂村,1994年8月称五陂镇五陂村。以驻地五陂下(五陂下,自双河口溯南坑水而上,依次建有泉陂、惠陂、渔陂、湖陂、五陂等五座陂坝灌溉农田,村处五陂下首,故名)得名。

东与安源镇安源村接壤,南靠林业分场,西与册雷村、红旗分场相接,北与丹江街丹江村毗连。区域面积1.66平方千米,共5个村民小组(老街一组、村部二组、清湖冲三组、清湖冲四组、院冲五组)。户籍人口325户1078人,常住人口1460人(男性754人,女性706人),平均年龄45岁,均为汉族。共有82个姓氏,其中林、李、黄、钟姓均超过100人。

自然环境与资源 地势东南高西北低,东部有山岭绵延,龙眼山海拔320米,北部多小丘陵,五陂河流经境域,西部为河流冲积平原,境域植被茂盛。山林面积1000亩,以杉树、毛竹、油松、湿地松为主,有银杏、红豆杉、油茶林,森林覆盖率达70%。矿产资源有煤炭、瓷土和石灰石。

经济概况 农业以水稻种植为主。耕地244.05亩,其中水田173.85亩、水浇地11.4亩、旱地58.8亩。农户散养鸡、鸭、猪、鱼等,水塘养殖10亩,年产鲜鱼10000斤;年家禽饲养1000羽。清湖冲村民用山地野花饲养蜜蜂,蜂箱200箱,年产蜂蜜5000~6000斤;院冲村民在山地养羊,存栏山羊100余头。全村农林牧渔服务业总产值295万元。村民人均年纯收入2.7万元。

村办企业起步较早,以前有龙眼井煤矿(1977年开业)、印染涂料厂、防水材料厂、胶辊厂、煤矸石机砖厂、洗煤厂(后关闭)。现境内企业有金桥焊材、栢晟电子、佳化能源储备、鹏博制冷设备、荣富工艺包装、明亮门窗等。其中金桥焊材占地0.2平方千米,年产值11.4亿元,职工550人;栢晟电子占地0.08平方千米,年产值4500万元,职工150人。

五陂下老街历史悠久,为赣西通衢,是萍乡通往莲花、安福、长丰、南坑等县乡的交

五陂村

通要道，逐步形成商贸繁荣的小城，清末至民国年间达到鼎盛。新中国成立前，这条街上客栈、饭店、布店、副食品店、中医药铺、烟酒店、杂货店及农贸市场等一应俱全。今有银行、税务所、邮政所等单位及饭店、布店、南货百货、烟酒、副食品等商店，仍为五陂镇主要商业区之一。全村经商总户数48户，从业人员110人。

2022年村级集体经济收入14.9万元。集体经济收入主要来源于税收、生态补偿性收入、经营性活动收入和政府奖励。

基础设施　319国道贯穿东西，231省道接通南北，道路为沥青路面。有桥梁3座，即319国道的五陂中桥，侃夫路的永镇桥、铁路桥。

小型水库、山塘2口，分别为龙眼冲水库，雷潭塘，集雨面积共10亩，库容共计1.2万立方米。水渠共计长1500米。农田灌溉率80%。

家庭通电率100%。自来水普及率100%，自来水来自萍乡自来水厂。二、三、四组通天然气，一、五组计划于2023年接入天然气管道，实现天然气供应全覆盖。

2006—2020年，清湖新村、新街、院冲、雷潭、杉心坡、石桥、窑上、上院冲、杉树坡、老屋场、亭子下、林家屋场、李家屋场、下院冲为新农村建设点。深挖红色资源，以宋侃夫故里为抓手，打造美丽乡村，打造"电波一条街"，以无线电测向、游山水田园为特色打造了一条"红色+绿色"的旅游路线。

社会发展　建有3000平方米的中心休闲广场，打造农家书屋、文化站、老年人活动中心等功能建筑，设有宋侃夫生平事迹陈列馆。有文化广场3处，面积6000余平方米，设有文化长廊、健身设备、休憩亭、漫步道、露天舞台等。

有卫生所(室)2个，占地面积240平方米，医务人员6名。村民医疗保险参保率99.4%。62人享受养老保险，209人享受失地农民保险。农村低保68户88人。残疾人

安源区　五陂镇

永镇桥

35人,其中享受政策补助4人。

特色地情 宋侃夫(1909—1991)。1925年加入中国共产主义青年团,次年转入中国共产党。1927年在武汉担任中共中央宣传部干事,1949年任中共长沙市委书记,1950年任中共湖北省委委员,后任湖北省委书记等职,1987年任全国总工会副主席。是我党第一代无线电通信和技术侦察专家之一,被誉为"红色电波之父",与蔡威、王子纲并称红四方面军"情报三杰",1933年2月三人联手破解四川军阀的密码——"通密",为红四方面军在反"三路围攻""六路围攻"和配合红军长征方面作出历史性的重大贡献。

云飞古寺。相传南宋理宗宝庆年间(1225—1227),广东湛江湖光岩白衣庵一尼姑,一路化缘而来,见此地风水独异,有仙气集结,遂在此结庐为舍,建立白衣庵,静心修行,讲经说法。清道光六年(1826),遇洪水,庵毁。清道光十八年(1838),萍乡上埠无名氏捐建寺院,更名为云飞古寺。寺现有大雄宝殿、观音殿、白衣仙娘殿、地藏殿,建筑总面积1100平方米。系区级文物保护单位。

乡村荣誉 省级生态村、省级森林乡村、市级红色名村。

册雷村

村情概况 地处五陂镇西北部。驻炉下湾。1949年8月前属居安乡第十保。1950年8月后为安源区溪雷乡。1958年为安源公社册雷大队。1960年6月属五陂下垦殖场。1966年属国营五陂下垦殖场。1984年3月为五陂下乡册雷村,1994年8月称五陂镇册雷村。取境内"册岗""雷塘"两庙宇名首字得名。

东邻五陂村,南隔南坑水与大田村隔河相望,西连长潭村,北与丹江街丹江村、联星村毗连。区域面积2.64平方千米,共9个自然村小组(一组小塘、二组邹公庵、三组棚门前、四组炉下湾、五组炉下湾、六组庙下、七组谭家山、八组苏家冲、九组叶管山)。户籍人口757户2680人,常住人口2680人(男性1381人,女性1299人),平均年龄32岁,均是汉族。共有113个姓氏,其中谭、周、肖、张、刘、李、谢、钟、王姓均超过100人。

自然环境与资源 境域北部及西北为平缓小丘陵,南部为沿河平地。山林总面积1000亩,森林覆盖率60%。五陂河沿村南环绕而行,在双河口汇入萍水河。境内矿产资源有石灰石,其碳酸钙含量高达98%。20世纪60年代开办了石灰厂,80年代五陂下水泥厂均在册雷开采石灰石为原料。

经济概况 耕地1261.5亩,其中水田1099.05亩、水浇地20.55亩、旱地141.9亩。农业以水稻、蔬菜种植为主。炉下湾种养合作社,养殖鸡、鸭、鹅、猪、狗、羊等家禽上

册雷村

花卉苗木基地

万只,有鱼、龙虾、泥鳅等水产养殖区8667平方米,观光树苗基地和蔬菜认领基地12000平方米。2022年,全村水稻种植210亩,稻谷总产量21万斤,小麦种植25亩,油菜种植90亩,蔬菜种植600亩,蔬菜总产量120万斤;水产养殖面积107亩,总产量6.4万斤;生猪饲养53头,年出栏53头;家禽饲养0.2万羽。农林牧渔服务业总产值417.5万元,全村工商企业总户数86户。村民人均年纯收入2.9万元。

2022年村级集体经济收入46万元。

基础设施 中环南路境北横过,有公路东连319国道。有石桥仔至长潭村山背公路,谭家山至荷塘冲公路,梁家洲至棚门前公路,侯家岭至棚门前公路,里程总长12千米。

境内实施南坑河生态水系连通工程,建设了一座以改善水环境、调配水资源为主,兼顾防洪、灌溉等综合利用的小(2)型水库,总库容4.04万立方米。水塘16余口,集雨面积共60亩。水渠总长12千米。农田灌溉率80%。

家庭通电率100%。六组、七组为农饮水,其他自然村小组已接通自来水。居民日常使用的能源主要为液化气。

从2007年至2019年,有新屋场、解水口、炉下湾、庙下、谭家山、泉水井、小塘、董家冲、潭下为新农村建设点,开展了"绿改彩、上改下、旧改新、面改美、白改黑、暗改亮""六改"提升工程。

社会发展 册雷小学,1926年创办,占地2044平方米,建筑面积1266平方米,在职教职工12人,在校学生88人。

有卫生所1个,占地50平方米,医务人员1名。村民医疗保险参保率96.3%。757

户2561人购买养老保险(新农保512人),48人享受失地农民保险。低保户79户171人。五保户7人,均分散供养。残疾人75人,其中享受政策补助55人。

建有1600平方米的中心休闲广场,打造农家书屋、文化站、老年人活动中心等功能建筑,配套健身器材、篮球场等基础设施。

特色地情 册岗庙。位于册岗山,始建于后梁(907—923),祭祀明威将军。将军名潘薇,江西南昌人,生于晋元康元年(291),晋永嘉五年(311),湘州地方官杜某率流民叛乱,晋帝派太守甘卓前往平叛,时潘薇为甘卓部下,随军出征平叛有功,官至太守,潘薇后遭奸臣陷害死于狱中,民众建庙祭祀,南唐时朝廷加封潘薇"明威将军"封号。该庙现为1995年所建,占地2亩,建筑面积1780平方米,有大雄宝殿、明威殿、慈航殿、天王殿、地藏殿、功德园、福顺亭、怡悦桥、集仙楼、宝寿库等,以及客堂等生活设施。系区级文物保护单位。

乡村荣誉 萍乡市"一村一品"示范村。

长潭村

村情概况 地处五陂镇西北部。村委会驻蓝家洲。1949年8月前属四维乡第六保。1950年8月后为麻山区三侯乡。1958年为安源公社长潭大队。1960年6月为五陂下垦殖场长潭大队。1966年属国营五陂下垦殖场。1984年3月为五陂下乡长潭村。1994年8月为五陂镇长潭村。以境内长潭而得名。

东与册雷村相连,南靠大田村,西隔萍水河与湘东区麻山镇善州村、小桥村相望,北与八一街井冲村、丹江街联星村毗连。区域面积4.04平方千米,共11个村民小组(桐车湾、岚山院、双河口、上山背、中山背、下山背、金子冲、谢家冲、柏岭下、彭家坝、长潭老街)。户籍人口935户4301人,常住人口3356人(男性1714人,女性1642人),平均年龄33岁,以汉族为主,有鞑靼族1人、瑶族1人、壮族1人。共有31个姓氏,其中文、谢、陶、程、林、张、兰姓均超过100人。

自然环境与资源 东部为丘陵地,西部为山区,中部为宽阔垄墩。萍水河在境北部自北向西再折向西南流去,南坑水在双河口与萍水河相汇。全村山林面积1500亩,其中杉树林800亩、松树林200亩、毛竹林300亩,其余为油茶林、果树林。森林覆盖率65%。境内矿产资源有石灰石、瓷土等。

经济概况 耕地1095.75亩,其中水田908.55亩、旱地187.2亩。以种植水稻和蔬

长潭村

菜为主。水稻面积200亩,种植户30户;油菜面积80亩,种植户12户;引进水稻制种项目,种植800亩,从业人员约200人。新中国成立后,长潭村一直是萍乡城区居民蔬菜供应的主要产地,是城区居民的"菜篮子"基地。1985年长潭村建成萍乡市第一个千亩无公害蔬菜基地,多年来,长潭菜农主要种植的蔬菜品种多达14类85个品种,产量较大的常规蔬菜品种48个。2018年,长潭村被授予全国"一村一品"示范村(蔬菜)。有常兴合作社,流转土地100余亩,发展无公害蔬菜,合作社纯收入37万余元。2022年,通过村级土地入股、公司筹建、社会资本运营模式,与安源区农发公司联合,建设蔬菜深加工基地,将豆角、辣椒、娃娃菜等盛产蔬菜加工成酱腌菜,年产量20万吨。养殖业方面,黑山羊养殖户2户,年末存栏80头,年出栏180头。土鸡、羊、蜜蜂等皆为家庭散养,未形成规模。全村农林牧渔服务业总产值3923万元,村民人均年纯收入2.91万元。

商贸业方面,有家庭型经营的超市14家、农家酒店2家。快乐体育产业园坐落于金子冲,占地200余亩,建筑面积10万多平方米,建有3座双层体育馆(设有羽毛球馆、乒乓球馆、篮球馆、健身馆);有1个室内恒温游泳池、1个室外标准游泳池、10片篮球场、2片网球场、2片排球场、12片五人制足球场、4片7人制足球场、1个标准400米跑道田径场、2片11人制标准灯光足球场。

2022年村级集体经济收入112.84万元。

基础设施 上莲高速公路西缘纵向通过。中环南路穿境而过。村级公路有彭家坝至册雷村庙下公路、上山背至大田村三侯庙公路、下山背至横头洲公路、丝茅坪至金子冲公路、谢家冲至长潭老街公路、双河口至桐车湾公路,里程总长15千米,为水泥或沥青路面,实现村民小组间公路网的全覆盖。有桥梁3座。

山塘8口,水渠2600米,陂坝1座。

家庭通电率100%。村民生活用水来源于深井水,有集中供水点5个。村民日常使用的能源主要为液化气。

2006年以来,有彭家坝、柏岭下、谢家冲、金子冲、岚山院、沉车湾、桐子坡、丝茅坪、石子塘、渡槽背、葫芦州、双河口、山背、黑竹坡、三侯桥等为新农村建设点,实施房相改造、道路拓宽及绿化、广场建设、路灯亮化等民生工程。

社会发展 长潭小学,1970年创办,占地面积3876平方米,建筑面积3100平方米,在职教职工13人,在校学生178人。乐源杜威国际学校,15年一贯制学校,占地200余亩,建筑面积10万多平方米,可容纳近4000名学生。

有卫生所1所,面积140平方米,医务人员3名。医疗保险参保率96%,养老保险参保1213人。832人享受失地农民保险。低保户141户253人。五保户6人,其中集中供养1人,分散供养5人。残疾人102人,享受政策补助64人。

文化活动场所占地面积7000余平方米,其中党群服务中心约60平方米、新时代文明实践站约220平方米,文体广场8处(桐车湾、岚山院、文明社区、桐子坡、丝毛坪、柏岭下、彭家坝、石子塘),6000余平方米,有露天舞台、篮球场、健身器材等。有1支19人的军鼓队。

特色地情 三侯桥。位于双河口,清同治六年(1867)建,1930年重建,为三孔石拱桥,桥长45米、宽6米,1976年整修加固。

长潭古渡。创建于清乾隆三十六年(1771),萍乡监生宋希贤设渡置船,雇请船工

南坑河长潭村段

摆渡,方便过往行人。清乾隆四十六年(1781),萍乡邑人左仕庭募集资金,修建长潭渡口,建设两岸码头,并确立乡人公管渡口制度。长潭码头为萍乡第一座码头,长潭渡的发展造就了船夫一条街。道光年间(1821—1850),乡人谢树升募集资金,续修长潭渡口,建设渡口雨亭。民国初期,总统府参议、交通部船政总理张汉民捐款置船一对,码头全部用条石铺砌,据有关资料记载,当年每天都有200余只船筏在这里靠岸停泊,年货运量达1500吨。由于年代久远,今已弃置不用,却又呈现一种颓废之美。2004年7月28日被列为区文物保护单位。

大田村

村情概况 地处五陂镇西南部。村委会驻楞几上。1949年8月前为四维乡第五保。1950年8月后属麻山区三侯乡。1952年为第六区大田乡。1958年为安源公社大田大队。1960年6月属五陂下垦殖场。1966年属国营五陂下垦殖场。1984年3月为五陂下乡大田村。1987年5月析出一、二、三、四村民小组设立乌源村。1994年8月为五陂镇大田村。2003年9月乌源村复并入。以境内大田得名。

东与红旗分场、园艺分场相连,南毗南坑镇七宝村、金钩湾村,西与麻山镇善洲村、三山村相接,北与长潭村、册雷村相邻。区域面积5.93平方千米,共20个自然村组(老屋场、九生屋场、金山公祠、水冲、新农村、庙门口、楞几上、杨家山、宋家店、台几上、山脚下、蛇形背、王家屋场、院冲、彭家山、万公祠、油榨冲、凤形里)。户籍人口801户3210人,常住人口2406人(男性1209人,女性1197人),平均年龄49.5岁,均为汉族。共有27个姓氏,其中彭、刘、宋、陈、张姓均超过100人。

自然环境与资源 三面环山,北部为河滩平地,南部有大深坑自北向南折向东。南部天台山,长约3千米,宽约1千米,面积约3平方千米,海拔486.4米,呈东南—西北走向,山上建有一宝塔,以山高齐天、脊平似台故名。北部赵家洲海拔101米,五陂河沿北境而过,在双河口汇入萍水河西流。境域植被良好,有山林面积7200亩,以杉树林、松树林、毛竹林为主,间有香樟、油茶等树种,全村森林覆盖率为60%。境内有乌龙山风景区,面积88公顷,主峰乌云山海拔526米,属武功山支系,山峰连绵不断,重峦叠嶂,竹木茂密,葱茏欲滴,鸟语花香,景色迷人,山上潺潺清泉,源源不断,冬暖夏凉,并含多种矿物质,是旅游观光、休闲疗养的好地方。婆婆岩(面积4平方千米,海拔624米,为安源区、湘东区、芦溪县之间的界山,山顶有一大石岩,传说晋永嘉年间,道姑吕氏仙娘在此修炼,故名)和市麓林湖养生公馆位于其西部。矿产资源有煤炭、石灰石、瓷土和铁矿石,乌源煤矿1983年开办,年产8万吨,2014年停产。

经济概况　农业历来以水稻种植为主。耕地760.5亩,其中水田667.35亩,水浇地1.5亩,旱地91.65亩。2022年,稻谷年产量25吨,蔬菜年产量120吨。凉薯、脚板薯、芋头是"大田三宝"。农户散养鸡、鸭、猪、鱼等,水塘养殖面积36亩、年产鲜鱼24000斤,年出栏生猪44头、牛2头、羊50只、家禽1000余羽。晓牧专业种养合作社,占地200亩,种植柚子,发展农家乐餐饮、生态旅游。振辉种养专业合作社,占地50余亩,以油茶为主。华鑫常绿园林有限公司,有花卉苗木基地300亩;桃花红农业开发有限公司,有种植基地150亩;2008年科研机构萍乡市农业科技示范园入驻,示范基地占地面积364亩,主要科研项目为培育水稻杂交良种。工业有加工坊萍乡市万顺皮具厂,生产皮包成品。

2022年村级集体经济收入50.24万元。

基础设施　319国道穿境而过,长潭至大田公路、乌源冲景观大道、打毛冲相公大道、沿河滨路、环镇公路均为沥青路面,构成通达便捷的交通网络。

有具有水利灌溉功能的山塘6口,采用沟渠引水,可灌溉耕地1200余亩。

家庭通电率100%。村民生活用水来源于深井水,有4个集中供水点,分别位于老屋场、宋家祠堂、三侯寺安置区、蛇形背。村民日常使用的能源主要为液化气。

2006—2019年,有滨河园、杨家山、万公祠、学堂边、老屋场、院冲、楞几上、彭家山、宋家祠、新农村、山脚下、宋家店、庙门口、九生屋场、乌源冲、蛇形背、金山公祠等为新农村建设点,实施房相改造、道路拓宽、绿化以及沥青铺设、广场建设、路灯亮化等民生项目。

大田村

三侯庙

社会发展 大田小学,于2009年6月重建,占地面积1325平方米,在职教职工12人,在校学生100名。有村级卫生所2所,总占地面积195平方米,医务人员4名。农村医保参保率100%。养老保险参保率100%,社保参保率80%,低保户133户196人。五保户5人,分散供养。残疾人75人,享受政策补助53人。

境内建有海豚壹号游泳馆,由闲置厂房打造,规划总用地面积约9.6亩,现建成有游泳活动区3200平方米,服务用房2400平方米。其他文化活动场所占地面积约775平方米,包括党群服务中心、新时代文明实践站、"安源红·邻里之家"、大田村室外健身活动点等。有文体广场2处:三侯寺文化广场,面积7200平方米;新农村文化广场,面积3320平方米,设有健身活动器材、老年活动中心、篮球场等。有威风锣鼓队、夕阳红老年歌唱队2支队伍开展文体活动。

特色地情 三侯庙。位于乌龙山狮子岩下。占地面积5.3万平方米,建筑面积1.5万平方米。为纪念祭祀舍己救人的张景鸿而建,以其张家唐代三世皆宰相封侯,时号"三侯张相公",而称三侯庙,又称张相公庙。始建于明崇祯二年(1629),重建于清道光二十七年(1847)。2018年被列为省级文物保护单位、市级文化景区。景区内还有张相公墓、慈云阁、三侯桥河、民俗文化馆等。

乡村荣誉 省级"一村一品"优秀示范村、国家森林乡村、省级康养基地、省级水生态文明村、萍乡市第十七届文明村镇、江西十大秀美乡村。

萍乡经济技术开发区卷

萍乡经济技术开发区概况

萍乡经济技术开发区（以下简称经开区）于1992年成立，1995年升级为省级开发区，2010年升格为国家级经济技术开发区。经开区位于萍乡市中部，东南邻安源区，西北与上栗县接壤，2021年12月底调区扩容后辖区总面积119.57平方千米，319国道与320国道在辖区内纵横交会，G60沪昆高速入口、S89上莲高速入口、沪昆高铁萍乡北站均设在境内，距长沙黄花机场仅105千米，交通区域优势明显。辖区内常住人口25万人，居住人口中以汉族为主。全区发现煤、铁、锰、铜、钼、钨、铝、石灰石、高岭土、花岗岩等各类矿产共36种，非金属矿产有煤、水泥用灰岩、建筑石料用灰岩、熔剂用灰岩、砖瓦用页岩等5种，其中煤的资源储量约91万吨、水泥用灰岩约441万吨、建筑石料用灰岩约4404万吨、熔剂用灰岩约737万吨、砖瓦用页岩约25万吨，具有十分广阔的开发潜力。

全区农作物以水稻、油菜、大豆、红薯为主，养殖业以土鸡、羊、鱼为主，其中战山村是红鲫鱼养殖大村，也是萍乡的特色文旅垂钓名村。该村以萍乡地理标识产品鱼苗为主体，打造了千亩鱼苗繁育示范养殖基地，年产花鱼苗5亿尾，夏花鱼种1000万尾，冬片鱼种700万尾，商品鱼3000吨，年销售总额6000万元左右，带动农户增收2000余万元。

全区主导产业为新能源、电子信息、先进装备制造、食品、新材料和生物医药。2022年，新能源新材料产业实现产值322.64亿元，装备制造产业产值19.64亿元,食品医药产业产值30.55亿元,节能环保产业产值29.17亿元。

全区现有国家高新技术企业46家,位列全市第二;入库国家科技型中小企业67家,"瞪羚企业"2家,国家级众创空间、国家小型微型企业创新创业示范基地、省级科技企业孵化器各1家,国家专精特新"小巨人"8家,省级专业化小巨人9家,省专精特新33家。

全区共有中小学校41所,其中小学33所、初中4所、九年一贯制学校2所、普通高中1所、职业学校1所;幼儿园73所。

全区共有医疗卫生机构111家,其中二级以上医疗机构1家、民营医院1家、乡镇卫生院3家、社区卫生服务中心(站)5家、防保站2家、医务室3家、村卫生室(所)56家、综合门诊部1家、个体诊所39家。

全区农村有1217户2030人纳入最低生活保障,2022年发放农村低保资金1009万元,53个村(社区)建有居家养老服务中心。

全区公路以319、320国道为依托,形成"七横七纵一环"的路网格局。其中七横分别是建设东路、武功山中大道、宝鼎路、尚贤路、兴贤路、吴楚北大道、玉湖路;七纵是安源北大道、洪山大道、萍实北大道、观泉路、朝阳路、萍福路、吴楚东大道;一环是中环路。

全区共有省级文物保护单位2处,分别是潭台古城址(商周春秋时期)和丰泉石洞口傩庙(明末清初)。潭台古城遗址(旧称三田古城、田中古城)位于区内福田镇田中村一座低矮土岭上。20世纪50年代末,村民在土城坳取土时曾发现过青铜器。1977—1980年,江西省文物工作队和萍乡市博物馆等部门多次对潭台古城遗址进行调查。当时的古城除西、北方向的城墙局部遭到破坏外,其余各段仍明显高于地表,城内也保留着厚达1米的文化层。考古资料证明,潭台古城虽然本身面积只有4万平方米,但在其周围5平方千米内分布有很多同时期的聚落,对认识和研究湘江、赣江流域商周时期的文化面貌和政治格局都具有十分重要的意义。古城遗址内有丰富的文化遗存,东南西北四面都有轮廓明显的夯土城墙体,古城内有祭祀台、生活居住区和烽火台,出土有细绳纹陶片、陶鼎足、石器、铜矛、铜钺、铜箭镞、铜斧等,出土的文物现藏于萍乡市博物馆。丰泉石洞口傩庙位于江西省萍乡市上栗县赤山镇丰泉村,坐北朝南,始建于明洪武二年(1369),面阔三间、白砖、风火墙、硬山顶,土瓦结构,石大门架,前檐有石柱2根,内有石柱4根,庙内供奉唐、葛、周三位主神,对研究当地傩文化艺术具有非常重要的参考价值。此外,经开区横板村等地的上白垩纪紫红色粉砂岩中出土了258枚大小不同、形状各异的恐龙蛋化石,2008年5月底又发现了一些残破恐龙骨骼化石。

萍乡经济技术开发区为全国中小企业信用体系试验区、国家循环经济示范区、国家新材料产业化示范基地、国家劳动关系和谐工业园区、国家知识产权试点园区、国家知识产权融资质押试点园区、国家循环改造重点支持园区；连续9年荣获江西省先进工业园区和工业崛起奖；连续5年进入全国百强经开区之列，2022年全国排名第62位，中部排名第22位。

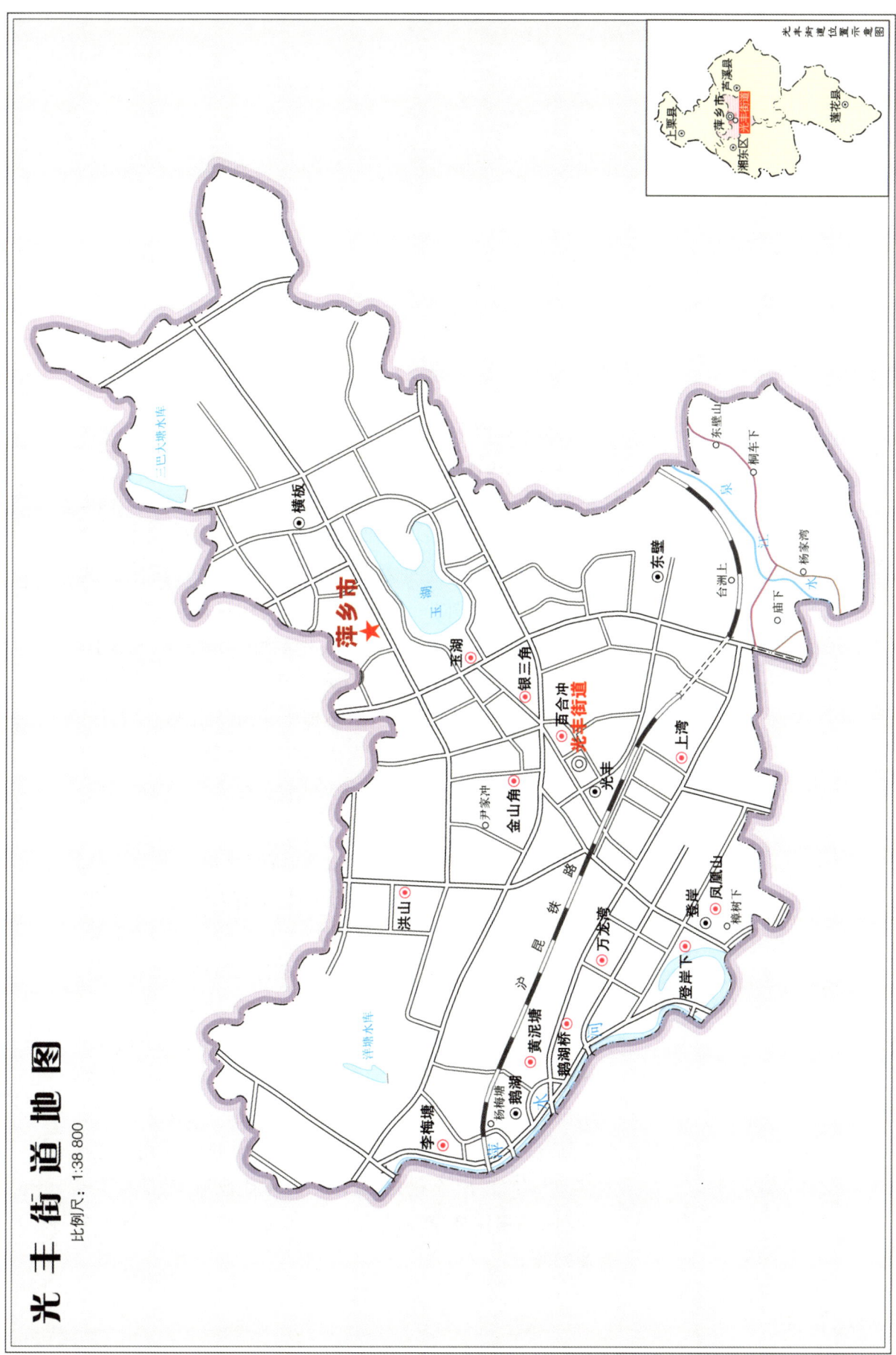

光丰街道

光丰街道于2022年9月组建,2023年5月12日挂牌成立,隶属江西省萍乡市安源区,由萍乡经济技术开发区代管,东接白源街、东大街,南临凤凰街、后埠街,北靠彭高镇、福田镇,西接青山镇。前身为萍乡经济技术开发区社会工作管理三局,辖区面积34.6平方千米,常住人口15.8万,辖登岸、光丰、鹅湖、横板、东壁、上柳源、下柳源7个村和上湾(2023年12月上湾社区拆分为上湾社区、下湾社区)、黄泥塘、登岸下、金山角、金陵(2023年12月并入鹅湖桥社区)、百合冲、鹅湖桥、万龙湾、凤凰山、银三角、李梅塘、洪山、玉湖13个社区,划分107个网格进行治理,街道办事处驻经开区苏州东街60号。辖区居民以汉族为主,有少量土家族、畲族、苗族、回族、维吾尔族等少数民族居住。

光丰街道地处南方丘陵地区,地势较平坦,平均海拔152米,地层结构稳定,地下水无侵蚀性,适宜大规模开发建设。境内有萍水河支流五丰河自北向南而流,全长约1.5千米。日常水流平缓,遇下雨天及上游玉湖公园泄洪则水流湍急,易引发内涝。自然灾害有冰雹、旱涝、霜冻、雷击等。

近年来随着城市建设和经济社会发展,光丰街道辖区水田、丘陵、水塘等基本被开发利用。现有280余亩耕地和50余亩水塘,主要集中在上柳源、下柳源一带。工业园区主要有新三板产业园和创投产业园,皆位于上柳源村境内。街道辖区内有"五上"企业154家,其中工业企业31家、批发零售业和住宿餐饮58家、服务业24家、房地产企业18家、建筑企业23家。

公路有武功山中大道、安源中大道、建设东路、萍安北大道等主干道贯穿辖区，并有安源大道、公园中路、建设中路、金陵路、登岸路、光丰路、公园北路、滨河东路、昌华街、苏州街等道路纵横交错，市政环卫设施及水、电、气、邮电通讯等基础设施完善，银行、学校、宾馆、体育中心、批发市场等配套设施齐全。辖区内供电、供水已实现100%覆盖，天然气管道实现95%以上覆盖，通信网络信号覆盖率100%，宽带网络使用率95%以上，有线电视使用率100%。

辖区内有小学8所和中学1所，分别是光丰小学、登岸小学、江万小学、台洲小学、横板小学、鹅湖小学、上柳源小学、下柳源小学和萍乡七中。街道新时代文明实践所1个，村、社区新时代文明实践站20个，各类图书室20个，藏书总量36万册。各类体育场馆11个，实现了村、社区健身器材100%全覆盖。医疗卫生机构5个，门诊部（所）10个。

2023年，辖区低保对象606户954人，保障金额6244911元；特困对象23人，保障金额298160元；临时救助75人，救助金额175000元；享受高龄老人补贴1185人，发放高龄补贴691590元；残疾人989人，享受残疾人两项补贴519人，发放残疾人补贴792420元；城乡居民医疗保险征缴人数38448人；劳动力总采集人数616人，城镇新增劳动力900人，"4050"人员352人。有农户1886户7960人，其中"八类重点人群"218户，脱贫户89户290人，监测对象2户6人。2023年脱贫人口及监测对象人均纯收入23903元（区年人均纯收入21995元，高出区1908元），较上年增长6.7%。退役军人2576人、现役军人141人，其中优抚对象162人，抗美援朝老兵5人、一等功臣2人、超期服役老兵2人。

街道各村、社区名家辈出，有革命烈士叶树梁、王荷花，革命战士余波生、金磊夫妇，有市级以上先进英模叶青超、叶林章、贺威逊等20余人；安源区原郊区乡乡长姚永康为登岸村人，1971年带领万人上阵将萍北河截弯取直并建造五七大桥。光丰村余桂珍被评为2016年第二季度"最美萍乡人"、2016年第三期"江西好人"，余桂珍家庭获评2018年"全国五好家庭"。

辖区内有福寿寺、龙泉寺、耶稣堂、中山庙、三湾社福主庙等5个宗教活动场所和观山庙、宣善庙、大城福主庙、福主庙（登岸东路）、观音庙、福主祠等6个民间信仰场所。

上湾社区

上湾社区成立于1999年7月,东至美地世纪新城,西至公园中路,南至金陵东路,北至光丰铁桥,总面积1.2平方千米。常住居民5185户11554人。现有圣淘沙小区、美地世纪新城小区、立居人家小区、盛世花城小区、赣能小区、风华大厦、萍安小区、登岸别墅山庄、市纪委家属院、市审计局家属院、市环保局家属院、市交通局家属院、市水务局家属院、萍乡市日报社家属院、金陵东路、昌华街、公园中路、廉租房等18个居民小区和街道。(2023年12月,上湾社区拆分为上湾社区、下湾社区。)

辖区有注册企业200余家,商铺400余户,其中商超便利店20家、餐饮店52家、幼儿园2所,其他商铺有衣帽服饰、美容美发、五金、汽车美容、杂货店等。

社区位于经开区中心地带,辖区道路网通畅,有建设东路、萍安北大道、公园中路3条主干道路。通信网络信号覆盖率100%。大型小区如圣淘沙小区、盛世花城小区、美地世纪新城小区都设有电动车充电桩。

辖区内有上湾社区卫生服务中心、江万小学,范围辐射人口2万多。上湾社区服务中心占地面积约260平方米,社区便民服务站(党群服务中心)和新时代文明实践站约500平方米,学雷锋志愿服务站、文化健身广场约2000平方米。其中新时代文明实

上湾社区香樟树

践站采取"一室多区"形式建设,设有图书室、理论宣讲室、科学普及室、家长学校、市民教育室、文化活动室、未成年人思想道德建设功能室、亲情连线工作室、侨法宣传室、健身活动室等10个功能区域。20户24人享受城市低保。相继完成金陵东路13号、昌华街、盛世花城、赣能小区、萍安小区等5个老旧小区提升改造,对老旧小区的路面、老化管网线进行了硬化和更换,同时拆除了各种违章搭建。

辖区内盛世花城小区大门口有一棵二级保护香樟树,树龄360年。

黄泥塘社区

黄泥塘社区成立于1996年10月,居委会驻光丰街道建设东路姚家巷15号。管辖范围从滨河东路萍矿鹅湖小区至建设东路206号螺头巷,面积约0.56平方千米。辖区内有江西省地质局第四大队鹅湖基地、萍矿鹅湖小区、人寿保险公司、烟草专卖局、新华书店等驻区单位及家属院,居住人口密集。截至2023年底,常住居民2225户7531人,其中低保户34户、残疾人24人。社区居委会有工作人员7人,办公服务场所设有一站式党群服务中心、便民服务站、新时代文明实践站、雷锋驿站、退役军人服务站等,办公用地面积约300平方米。

辖区内有商铺200余户,其中商超便利店20余家、餐饮店20余家,还有医疗卫生、

黄泥塘社区党群服务中心

衣帽服饰、美容美发、五金、汽车美容、KTV娱乐、保险、银行等。

辖区内天鹅巷、凤形巷、香梅巷、姚家巷、建设东路等道路，路网通畅，交通便利。通信网络信号覆盖率100%。还建有新能源电动汽车充电桩，建有垃圾分类集中投放点8处。

辖区内有鹅湖社区卫生服务站，居民可以在家门口享受高效便捷的医疗服务。社区为居民提供代缴医保服务，2022年辖区居民医保参保率达90%。对小区的雨污分流、路面沥青、路灯等基础设施进行提升改造，其中鹅湖小区提升改造已完成。

登岸下社区

登岸下社区成立于2001年3月，居委会驻木客西路18号。管辖范围从鹅湖公园正门沿公园中路至蓝天宾馆，沿金陵西路至彩虹桥，沿滨河东路到鹅湖公园后门，辖区面积约0.68平方千米。主要道路包括公园中路、登岸西路、滨河东路、金建街、昌萍街、广源巷、黄竹巷等。辖区共划分8个网格，有都市花城、金厦花园、华顺公寓、银苑小区、滨河苑、金建家园、金陵商住小区、市财政局家属院、农商银行家属院等26个住宅小区，共2450户，户籍人口4125人，常住人口6087人。

辖区内有注册企业350余家，商铺400余户，其中商超便利店15家、餐饮53家，其他商铺有衣帽服饰、美容美发、五金、汽车美容、杂货等。

登岸下社区党群服务中心

社区位于经开区中心地带,辖区道路网通畅,交通便利,毗邻鹅湖公园等休闲娱乐场地,有大型商贸城金碧辉煌商业中心、大型农贸市场金陵大市场。通信网络信号覆盖率100%。

辖区内有金陵卫生服务中心,服务范围辐射人口1.5万。有幼儿园4所,分别是大唐幼儿园、新世纪幼儿园、摇篮幼儿园、天彩宝贝幼儿园。登岸下社区党群服务中心占地面积约120平方米,社区便民服务站(党群服务中心)和新时代文明实践站约360平方米,学雷锋志愿服务站、文化健身广场约2000平方米,其中新时代文明实践站采取"一室多区"形式。

金山角社区

金山角社区成立于2005年9月,驻富冲路光丰小学旁,辖区范围多为城乡接合区,以金山角商贸城为中心,光丰铁桥以西至汽车城,北至碧水华庭小区,面积约1.6平方千米。管辖公园北路1—179号、苏州西街1—37号、景泰园、财富公馆、锦绣园、东来小区、碧水华庭、云龙公寓、金山大厦、群豪苑、安源中大道31—35号、洪山大道7号、洪山大道11号、立德楼、嘉年华、汽配城、琼池山庄、金旺小区、永陂路3—35号、团结大院、卧龙铭居、金山角商贸城旺角、安源中大道42号、七中家属楼、时代名城、春兰商住楼散户等34个居民小区,其中9个小区有物业或已成立业主委员会。户籍

金山角社区党群服务中心

人口6402人,常住人口10232人。驻区企事业单位有市公安局、市检察院、市产投公司等。

辖区内有商铺800余户,其中诊所药店7家、银行6家、酒店10余家、商超便利店50余家、餐饮30余家,还有衣帽服饰、美容美发、五金、建材、汽车美容等店铺。

社区内有安源西大道、安源中大道、洪山大道、公园北路等道路,交通便利,通信网络信号覆盖率100%。有加油站1个。

辖区内有幼儿园3所。横板卫生院是辖区定点医疗卫生机构,为居民提供计生、独生子女奖励、民政等民生服务。2023年辖区居民医保参保率99%。

金陵社区

金陵社区成立于2001年3月,管辖范围为东至金建街,西至梁家巷,北至建设东路,南至金陵西路,占地0.08平方千米。辖区总户数921户,共33栋62个单元,常住人口3289人。社区规划了2个网格。(2023年12月,金陵社区并入鹅湖桥社区。)

辖区内有注册企业200余家,商铺140余户,其中商超便利店10家、餐饮30家、幼儿园1所,其他商铺有衣帽服饰店、美容美发店、杂货店等。

社区位于经开区中心地带,辖区道路网通畅,交通便利,有建设东路、金陵西区、金建街等道路。通信网络信号覆盖率100%。建设东路马路对面是登岸小学,金陵西

金陵社区文化娱乐广场

路马路对面为金陵市场。

辖区有幼儿园1所,名为金陵幼儿园。金陵社区服务中心占地面积约450平方米,文化健身广场约2000平方米。新时代文明实践站采取"一室多区"形式建设,设有图书室、理论宣讲室、科学普及室、家长学校、市民教育室、文化活动室、未成年人思想道德建设功能室、亲情连线工作室、健身活动室等9个功能区域。社区有19户30人享受城市低保,有特困人员3人。

百合冲社区

百合冲社区成立于2005年7月,居委会驻黄塘巷6号。辖区面积0.6平方千米,管辖苏州东街小区、光丰公(廉)房小区、苏州河畔、家兴小区、家兴花园、苏河商品、四季花城、武警公寓、开发分局家属院、怡和家园、华悦家园、嘉和怡景园、玉泉山庄、市计生委家属院等14个居民小区,现有4538户、常住人口12300余人。驻区企事业单位有市医院、市交警支队、市车管所、开发公安分局、市森林公安局、中央粮库、洪山派出所、开发区公共服务中心、开发区两房办、市旅汽中心等10家。

辖区内有商铺140余户,其中医院1家、诊所药店5家、银行3家、酒店2家、商超便利店20余家、餐饮10家,还有衣帽服饰、美容美发、五金、建材、汽车美容等店铺。

道路网通畅,交通便利,主次干道4条,分别是苏州东街、安源中大道、319国道、石涧路;背街小巷6条,分别是老河巷、石尖巷、家兴巷、黄塘巷、常青路、玉泉路。通讯网络信号覆盖率100%。建有新能源电动汽车充电桩1处,电动自行车、电动摩托车集中充电点7处,垃圾分类集中投放点6处。

辖区内有旅游集散中心1个、车辆管理

百合冲社区党群服务中心

所1个、加油站1个、幼儿园3所、市三甲医院1所——萍乡市人民医院。社区为居民提供代缴医保服务,2022年辖区居民医保参保率99%。

鹅湖桥社区

鹅湖桥社区成立于2005年9月,辖区范围为东至建设东路梁家巷,西至雅天公寓,南至金陵西路,北至建设东路,管辖面积0.28平方千米。辖区共有1211户,目前居住1129户,共计3944人。社区居委会位于光丰街道建设东路145号华门楼小区内,社区活动场所共3层,约360平方米,是集窗口服务大厅、雷锋志愿服务站、妇女儿童之家、图书阅览室、新时代文明实践站、党员活动室、未成年人课外实践基地、健身活动室、市民教育室、科普宣传室、文化活动室、家长学校等功能于一体的综合性文化服务中心。

辖区内有商铺157户,其中商超便利店10家、餐饮12家,还有衣帽服饰、美容美发、五金、汽车美容等店铺。

道路网通畅,交通便利,有建设东路、滨河东路、金陵西路等道路。通讯网络信号覆盖率100%。建有电动自行车、电动摩托车集中充电点4处。

辖区内有口腔医院1家,小诊所2家,大药房2家,服务范围辐射人口3944人。社区有2户2人享受城市低保,社区支出型贫困户2户2人。已完成广场花园老旧小区提

鹅湖桥社区百年香樟树

升改造,对老旧小区的路面进行了硬化,老化管网线进行了更换,同时拆除了各种违章搭建。鹅湖桥社区为居民提供代缴医保服务,2022年辖区居民医保参保率100%。

辖区内滨河东路438号香樟园小区有1棵香樟树,属二级保护古树名木,树龄已有350余年,树形优美,冠大荫浓,四季常绿。

万龙湾社区

万龙湾社区成立于2005年9月,居委会驻经开区金建街114号。辖区范围为东至建设东路,南至公园中路,西至金陵西路,辖区总面积0.82平方千米。社区有居民2056户6676人,驻区单位6家。

辖区内有商铺402户,诊所药店8家、银行3家、酒店5家、商超便利店10余家、餐饮50余家,还有衣帽服饰、美容美发、五金、建材、汽车美容等店铺。

辖区位于建设东路与公园中路交会处,道路网通畅,交通便利。辖区内有公园中路、建设东路和金陵西路3条主干道。通信网络信号覆盖率100%。建有垃圾分类集中投放点3处。

辖区内有小学1所。登岸小学于1924年建校,学校占地19518平方米,有教学班47个,在校学生2479人,在职教师146人。万龙湾社区居委会办公用房420平方米,室内设有一站式服务中心、理论宣讲室、市民教育室、科普教育室、文化活动室、健身活动室、家长学校、阅览室、未成年人活动室、学雷锋志愿服务站等多功能室。社区建设了占地面积约300平方米的"幸福食堂",并配备了娱乐活动室、心理咨询室、健康房等多功能室。"幸福食堂"主要面向60岁以上的老人开放,每天提供午餐、晚餐,每餐收费10元,能同时满足近60人就餐。

万龙湾社区老旧小区改造

凤凰山社区

凤凰山社区成立于2005年9月，居委会驻经开区公园中路，地处经开区与鹅湖公园交界处，管辖范围为金陵东路体育中心以南，公园中路以东至无专路口，辖区面积约0.6平方千米。下辖凤凰山庄、税务家属院、市委家属院、司法局家属院、建行家属院、体育中心家属院、高专家属院、昌华街、泰华楼、常青小区、雅阁花园等13个居民区，常住居民2798户10863人。社区办公活动场地2层，共480平方米。设置了综合文化服务中心、党群服务中心、一站式便民服务中心等服务场所。

辖区有商铺158户，其中商超便利店13家、餐饮31家，还有衣帽服饰、美容美发、五金、汽车美容、杂货店等店铺。

道路网通畅，交通便利，有泰华楼、公园中路、木客东路、登岸东路、金陵东路等道路，通信网络信号覆盖率100%。建有电动自行车、电动摩托车集中充电点5处，凤凰山庄内还有汽车充电桩1处。

昌华街、体育新村、青坪路段、凤凰山庄小区进行了老旧小区提升改造，主要改善了小区的雨污分流、路面沥青、路灯等基础设施。

近年来，凤凰山社区先后获"全国文明单位"、全省综合减灾示范社区、江西省绿色社区、江西省四星级新时代文明文明实践站、江西省四星级"幸福社区"等多项荣誉。

凤凰山社区端午活动

银三角社区

银三角社区成立于2010年6月8日,居委会驻安源中大道3号星湖湾小区旁。辖区范围东至工业大道,南至安源大道,辖区面积0.28平方千米,辖区内有光丰小区、滨湖人家、星湖湾、誉城、美佳华等5个小区,人口户数共4735户,总人口11498人。社区居委会建筑面积约400平方米,设一站式便民服务中心、综合文化服务中心、文体活动中心。

路网通畅,交通便利,靠近萍乡市政府。通信网络信号覆盖率100%。建有电动自行车、电动摩托车集中充电点3处,紧靠玉湖公园,其中火神广场汽车充电桩1处。

社区辖区内幼儿园1所,萍乡经济技术开发区景泰馨苑幼儿园,于2011年成立,面积约500平方米,有幼师8人,学生65人。

银三角社区党群服务中心

李梅塘社区

李梅塘社区成立于2014年12月,管辖范围东至杨梅塘路,西至滨河东路,南至浙赣线,北至安源西大道,总面积0.14平方千米。下辖雍华庭,铂金水岸,开发区国土局家属房,滨河小区10号、20号等4个居民小区,总户数2846户,常住1903户6756人。社区居委会驻雍华庭小区,办公、服务用房面积约300平方米,设有党建、民生民政、劳动事务保障、计划生育、综治中心等多个服务窗口。

辖区有商铺80余户,其中商超便利店8家,餐饮20家,还有衣帽服饰、美容美发、五金、汽车美容等店铺。

道路网通畅,交通便利,有滨河东路、杨梅塘路、安源西大道等道路。通信网络信号覆盖率100%。建有新能源电动汽车充电桩2处,电动自行车、电动摩托车集中充电点5处。建有垃圾分类集中投放点4处。

李梅塘社区党群服务中心

雍华庭幼儿园,成立于2015年9月,面积约2700平方米,学校现有教师38人,幼儿375人。社区为居民提供代缴医保服务,2022年度辖区居民医保参保率达100%。

洪山社区

洪山社区成立于2015年4月,管辖范围东至工业大道,西至萍实北大道,北至齐民路,南至玉湖路,总面积3.4平方千米。下辖南剑、幸福里、光大阳光3个小区,入住总户数885户,常住人口3295人。

辖区有商铺2000余户,银行1家,商超便利店2家,餐饮6家,还有建材家居等店铺。

道路网通畅,交通便利。通信网络信号覆盖率100%。电动自行车、电动摩托车集中充电点2处。

洪山社区党群服务中心一角

社区为居民提供代缴医保服务,2022年度辖区居民医保参保率99%。洪山社区服务中心占地面积约398平方米,包括社区便民服务站(党群服务中心)、学雷锋志愿服务站和新时代文明实践站。其中新时代文明实践站采取"一室多区"形式建设,共设立图书室、理论宣讲室、科学普及室、家长学校、市民教育室、文化活动室、亲情连线工作室、调解室、心理咨询室、健身活动室等8个功能区域。在南剑小区内建有红色物业1个、老年人活动中心1家,面积约90平方米,内有图书室、棋牌室、多媒体区等。

玉湖社区

玉湖社区成立于2010年6月8日,居委会驻萍乡市图书馆南(环湖北路)。辖区地处城乡接合带,面积约6平方千米。下辖居民区有玉湖新城恒通花园和上海人家,共1886户,常住人口4338人。暂代管小区有天玺湾、首府壹号和恒大御府,共4534户,常住人口共计7665人。辖区有企事业单位4家。社区居委会建筑面积约320平方米,设一站式便民服务中心、综合文化服务中心、文体活动中心。

路网通畅,交通便利,靠近萍乡市政府。通信网络信号覆盖率100%。建有电动自行车、电动摩托车集中充电点4处,紧靠玉湖公园,其中火神广场汽车充电桩1处。

小太阳玉湖新城幼儿园,建于2008年,占地面积约1872平方米,2层,建筑面积1823平方米,现有教师45人,幼儿309人。

登岸村

村情概况　1992年之前,登岸村隶属于安源区郊区乡(现安源区城郊管委会)管辖,创建萍乡经开区后,辖区内原住村民经拆迁安置,形成现在的9个村小组。1993年经开区成立7个管理处,2005年7个管理处增加为15个管理处,全区15个村分别隶属于15个管理处管辖,登岸村为登岸管理处管辖。2015年经开区撤销15个管理处,成立5个社会工作管理局,登岸村隶属于社会工作管理三局(简称"社管三局")。2022年9月,经开区调区扩容后,撤销5个社会工作管理局,设立光丰街道,登岸村隶属于光丰街道管辖。

登岸村地处开发区中心繁华地段,东至萍安大道(圣淘沙小区),南至无专路口,西至七星商务酒店,北至东方医院,总面积2.5平方千米。与光丰村、鹅湖村、登岸下社区、金陵社区、上湾社区、凤凰山社区、万龙湾社区、鹅湖桥社区、黄泥塘社区等2个村、7个社区管辖多有交会。

登岸村下设9个村民小组,共1220户4765人,常住居民16750余人,外来流动人口多,无耕地,居住人口以汉族为主。登岸村主要姓氏是余姓、姚姓。

自然环境与资源　登岸村地处市中心地带,地势较为平缓。五丰河自北从光丰村光丰铁桥处流出,向南流向安源区青坪村界内,经过体育中心附近,全长约1.5千米。

经济概况　登岸村无流转土地,村民已完全脱离传统农业生产生活方式。村民多自主经营一些小生意,一些村民在家中开设小作坊或小加工厂,生产手套、服装等,接受一些外来手工订单,或承接一些大厂的订单。村中主街道人流车辆较多,两侧多为蔬果店、小卖铺、服装店等,且以棋牌室、麻将馆、餐饮店、养生店居多,五丰河沿线门店外卖餐饮业较为普遍。现有的商业大多规模小,分散经营,缺乏规模企业带动支持,难以形成合力做强做大。

村集体收入主要来自房租收入,其中,万龙湾大厦年租金140万元,中心幼儿园年租金75万元,其他临街店面年租金105万元,共320万元,扣除正常运转经费和提取公益公积金后,根据实际情况,已经对3966名村民进行了2个年度的股民分红,2021年每人分红320元,2022年每人分红350元。

基础设施　建设东路、建设西路、金陵东路、金陵西路、登岸东路、登岸西路、公园路这7条主干道从村辖区穿过,沪昆铁路从村罗头坳区域穿过,形成了"四横一纵"的

登岸中心幼儿园

道路交通网。全村生活道路硬化率100%，9个村小组实现了沥青路面通到家门口，直接打通了回家最后"一公里"。

全村通信网络信号覆盖率100%，宽带网络使用率95%以上（部分村民无需求或不愿安装宽带）。

全村家庭通电率100%，供电能力充足。村民饮水主要来源于自来水，为市政供水。辖区内留存有几处20世纪80年代开挖的井口。村民生活污水直接排入管道，新改造的老旧小区实现了雨污分流。

辖区内的早禾巷、大兴巷雅芝花园等6处小区被列入了全区2022年度老旧小区改造计划。

社会发展　登岸村辖区现有4所幼儿园，其中包括3所民办幼儿园，分别为中心幼儿园、七色光幼儿园、童慧幼儿园；1所公办幼儿园，为体育中心幼儿园，属区教育局主管。1所公办小学，为登岸小学，位于建设东路。

登岸村辖区内货场小区有一处占地约2亩的广场可供健身锻炼，体育中心附近有一处十几平方米的场地，装备了健身器材可供锻炼。此外，登岸村附近有鹅湖公园、秋收起义广场等可供游览参观、健身锻炼。

登岸村卫生服务站位于村委会办公楼一层，全村建档立卡户共计2800人。2022年，登岸村城乡居民医疗保险参保人数3966人，参保率100%。村里已连续3年为村民报销医保费用。2022年全村因残因病享受低保救助的总共有73户113人，其中70户110人属于城镇低保户，每人每月享受400~800元不等的生活救助，3户3人属于城镇特困户，每月享受1150元生活救助与350元失能半失能护理费。此外，14人享受城镇支出型报销，看病住院可报销部分医药费用。大部分村民购买了失地社保，女性年满55周岁、男性年满60周岁每月可以领取到1000~2000元的失地社保。

登岸村属于城中村，用地面积紧张，小区内住房集中，建筑密度大，整体绿化面积少，巷道旁多为村民自己栽种的树木、花草，辖区内无公园。全村各大小巷道口均置有分类垃圾箱，主干道由环卫工人清扫，社区街巷两侧由住户自觉清理。

人文地情 登岸村现有祠堂2座，即余氏祠堂和姚氏祠堂。村内有庙宇2座，分别为位于登岸东路的福主庙和位于金建街的福寿寺，其中，福主庙每5年举办一次活动，由村民自发组织，参加的多为中老年人。福寿寺属于佛教寺庙。

登岸村2018年修订了村规民约，近年来，村民自发组织了红白理事会、道德评议会、村民议事会、禁赌禁毒会，分别由村里威望较高的老党员、群众认可的村民代表组成。

光丰村

村情概况 光丰村原名观横村。新中国成立初期，光丰村隶属于萍乡县积善区观横乡农会管辖，1956年后归萍乡镇管辖，当时光丰村分为观横、沙田、洪山、石塘四个生产大队。1964年成立城北公社，光丰村划归城北公社管辖，将原来的观横、沙田、洪山、石塘四个生产大队合并为光丰村。1967年，城北公社撤销后，光丰村隶属彭高公社管辖，1971年，成立郊区公社，光丰村划归郊区公社，后为郊区乡管辖。1995年5月划入萍乡经济技术开发区，10月更名为萍乡经济技术开发区光丰管理处。2015年9月恢复为萍乡经济技术开发区光丰村，隶属于社会工作管理三局。2022年9月，隶属于光丰街道管辖。

光丰村位于萍乡经济技术开发区中心位置，东与东壁村、横板村相邻，南与流万村接壤，西与鹅湖村、登岸村相邻，北与高丰、联洪村接壤，连接新老城区，总面积5.6平方千米。下设13个村民安置小区，分别是百合、登丰、黄塘一期、黄塘二期、直冲、常青、富冲、尹家冲、洪山、排上、货场、永陂桥、排楼下小区，设立了百合、登丰、黄塘、直冲、常青、富冲、尹家冲、洪山、排上、货场、永陂桥、排楼下12个村民小组。辖区内常住人口13575人，其中本村村民1158户4989人，共有51个姓氏，其中钟、姚、刘、王、卢（芦）姓村民人数均超过200人，居住在村安置小区及村民自建房内非本村村民2207户8586人，居住人口中以汉族为主，还有土家族、畲族、维吾尔族等少数民族。

自然环境与资源 光丰村属丘陵地形，近年来因城市建设，村内水田、丘陵、水塘已被开发利用，目前已变成一个被高楼大厦包围的城中村。村内有萍水河支流五丰

光丰村数字经济大楼

河由东向西穿村而过。

经济概况 光丰村于1995年投资近百万元建设了综合办公楼,2017年8月重新改造后对外租赁。2003年投资1900万元建设丰华大厦(现为壹号公馆)。2006年投资2300余万元参与萍乡经济技术开发区经贸大厦(现开发区综合办公大楼)建设。2011年投资近700万元建设村委会综合办公大楼,现租给光丰街道办事处办公。2018年起投资近700万建设了村数字经济大楼,现已有多家公司入驻。2020年10月申请上级资金建设了光丰村双创孵化产业园项目。

根据村自身区域发展优势,提出走"三产兴村"道路,重点开发辖区内闲置土地,发展总部经济、楼宇经济。全村现有壹号公馆、遇见精品酒店、村级综合办公楼、数字经济大楼,已面向社会出租。富冲路边光丰村"双创"孵化项目大楼已纳入萍乡大学生创业园项目,借用国家专项债打造创业平台和科技孵化平台。

2022年度光丰村集体经济收入主要来自房租收入,共计296万元。扣除正常运转经费和提取公益公积金后,根据实际情况,已经对4288名村级集体经济组织村民按照300元/人进行了2个年度的股民分红。

基础设施 319、320国道在光丰村辖区内交会,距沪瑞高速公路出口约6分钟车程,距萍乡北站(高铁站)约10分钟车程。辖区内供电、供水、天然气管道已全部接通,有光丰小学、萍乡市第七中学2所学校,萍乡市人民医院、萍乡市东方医院、村级计生卫生服务室等医疗机构,万仕达、鹏泰、老地方等大型生活超市,新区、登丰、滨湖农贸市场等大型菜市场,形成了15分钟生活圈。辖区内13个安置小区已完成11个小区的提升改造,余下2个安置小区也已申报老旧小区改造,改造后的小区路面均为沥青路面,并安装了路灯,常青和洪山安置小区还建设有小型篮球场地,尹家冲、百合、洪山、登丰小区安装了健身器材,供村民休闲健身。

社会发展 辖区内建设有光丰小学和萍乡市第七中学2所公立学校。光丰小学(观横小学)创办于1940年,迄今已有80多年的历史,是一所历史悠久、富有朝气的全日制完全小学。萍乡市第七中学校园占地面积80余亩,学校自1997年2月开办至今。辖区内有公办、民办幼儿园10余所,可满足光丰村及周边村、社区居民学龄前和九年义务教育阶段的就学需求,幼儿的入园率、九年义务教育覆盖率均达到100%。对每年考取大学及研究生的村民子弟,村委会都会给予资金奖励。据不完全统计,村民子弟创办的公司有近20家,开设的经营餐饮、加工、批发零售等行业的门店近百家。

村委会文化活动场面积约8000平方米,新时代文明实践站约260平方米,文化健身广场分布在各安置小区。其中光丰村新时代文明实践站采取"一室多区"形式建设,共设立4个集中活动室,包含阅览室、四点半课堂、宣讲室等10个功能区。

光丰村本村村民共1158户4989人,其中符合被征地村民身份的有1156人,都参保了开发区失地农民养老保险,其中492人(女性年满55周岁,男性年满60周岁)已到龄领取每月1100~2000元失地农民养老保险。2022年全村因残因病享受低保救助的总共有71户100人,其中70户99人属于城镇低保户,每人每月享受400~800元不等的生活救助,1户1人属于城镇特困户,每月享受1150元生活救助与1380元失能护理费。

人文地情 光丰村村民余桂珍先后获评2016年度第三期"江西好人"、2016年度第二季度"最美萍乡人"。在2018年全国妇联举办的第十一届全国"五好家庭"表彰大会上,余桂珍家庭获得"全国五好家庭"光荣称号,他们夫妻恩爱、家庭和睦、数十年如一日无怨无悔照顾智障大哥,用生活中平平凡凡的事、点点滴滴的情诠释了"家是爱的港湾"这个真谛。

光丰村内有重建的观山庙。观山庙始建于明永乐二十一年(1423),由福建两位商人和本地信士捐款捐物修建,后经多次扩建完善,民国时期达到鼎盛,占地近千平方米。庙前有颇具特色的戏台、义仓、钟鼓、宝塔等。

宣善庙又名洪山庙、福主庙,始建于500年前,位于光丰村洪山路边,庙内供奉的大王老爷、二王老爷、观世音菩萨、南岳圣帝、地藏王爷,属于民间信仰场所。

鹅湖村

村情概况 鹅湖村前身为鹅湖管理处，1995年划归萍乡经济技术开发区管辖，2015年7月更名为鹅湖村。鹅湖村坐落在萍城北郊萍水河畔，紧靠秋收起义广场，320国道贯穿全村，距离市火车站、汽车站、高速路口、高铁站仅10分钟车程。全村总面积3.5平方千米，辖区户籍人口520户2507人，分为7个安置小区和自然村小组，分别为大城富裕小区、德顺和小区、三眼塘小区、黄泥塘、瓦塘坡小区、滨河小区杨梅塘、凤形巷小区。全村主要姓氏为姚姓。

自然环境与资源 鹅湖村属丘陵地貌，地势南高北低。2016年，萍乡首座以休闲运动健身为主题的聚龙体育公园落户鹅湖村，公园占地991亩，公园内有水库1座（现降等为山塘），并设乒羽中心、篮球场、羽毛球场都等体育场馆。

经济概况 20世纪七八十年代，鹅湖村民主要以种植水稻、果蔬及牲畜养殖等传统种养业为主。90年代以来，随着城镇化进程的加快，鹅湖村的土地逐渐被开发征用，现村民已基本没有农业用地。依托交通便利的地理优势，鹅湖村引进各大企业在辖区落户，辖区内主要有长运汽车销售有限公司、上海大众汽车销售有限公司、昌兴微电声有限公司（港资）、昌盛医药等企业。为发展壮大村集体经济，2013年鹅湖管理处（鹅湖村）成立两家村属企业，分别是鹅湖实业有限公司和鹅湖水电管理有限公司。2022年鹅湖村集体经济收入为110万元，主要来源为村集体房产、场地出租收入。

基础设施 鹅湖村道路路网已全面形成，武功山中大道、萍实北大道等贯穿全村。村内道路水泥硬化率100%，且大部分均为沥青路面。通信网络信号覆盖率100%。村民家庭通电率100%。村内已接入天然气管道和市自来水管网。近年来，随着城市的东扩，鹅湖村95%以上的房屋已完成拆迁改造，村民们都搬进了规划整齐的拆迁安置小区。通过多年的人居环境整治工作，鹅湖村逐步完成了道路硬化、小区绿化、道路亮化和排污处理工程。各小区实行垃圾日日清管理。

社会发展 鹅湖村境内建有鹅湖小学，共有师生600多人，可满足鹅湖村及周边社区小学生就学需求。2018年，鹅湖村在原老年日间照料中心（2016年建成）的基础上，打造村级综合文化服务中心。中心建筑面积约380平方米，内设多功能活动室、办公室、图书阅览室、多媒体室等，集学习娱乐、交流思想、沟通信息等服务于一体。

鹅湖村内建有1个卫生所（室），药房1个，私人诊所1个。2022年度城镇居民医保参保率达95%以上。村内有27户48人享受城镇居民低保。特困户1户1人，支出型

鹅湖村三湾社

贫困6户9人。

人文地情　鹅湖村三湾社福主庙位于村瓦塘坡小区。始建于清代，原址在鹅湖村桐子树下。当时从湖南浏阳金刚乡引进三元福主即上元唐将军、中元葛将军、下元周将军三傩主神面具和香火，为本乡福主，上元唐将军和中元葛将军置于三湾社福主庙，下元周将军置于木客庙。后于20世纪50年代被毁。1993年集资在原址（鹅湖村桐子树下）恢复了三湾社三元福主庙，重新雕刻了上元唐将军和中元葛将军面具。21世纪初，320国道扩修征用三元福主庙，于是搬迁到凤形巷瓦塘坡。新庙占地1000余平方米，建筑面积350平方米，有山门、福主庙和侧屋。2000年的时候翻修一次，占地面积1500平方米。

　　鹅湖村大城福主庙位于凤凰街滨河东路，始建于明末清初，原名大冲福主庙，供韩滂将军为福主，由大冲和三田的陈家湾、棉花塘人共建共管。庙西紧贴萍水河，原河往下游50米有深潭，名韩滂潭。世传韩滂将军从昭王渡江到萍乡，于此殁。后人为纪念韩滂将军，在河对面不远处建韩滂庙。2016年重建，占地面积4136平方米，为单殿庙，一进三开间，歇山顶。庙左有高大青绿古樟，庙右有园林。

横板村

村情概况　横板村以驻地横板桥而得名。新中国成立前为耕横一保、河田二保，隶进化乡。新中国成立后，耕横隶属观横乡，后隶属彭高乡，河田隶属民主乡，并改名为耕横合作社、河田合作社。1958年改为耕横大队、河田大队，后隶属赤山公社。1965年，在解放军总政帮助下耕横建设打米厂，架起低压电、高压电。1968年10月成立横板大队。1969年在横板桥新建横板大队办公楼，辖耕横、河田、万新。1971年冬，万新另立大队。1984年隶属白源镇（辖耕横、河田）。1996年隶属经开区，因开发建设,横板村改名为横板管理处。2015年复置横板村。

横板村位于萍乡城市新区的核心地段,全村面积7.5平方千米。村西南方向是新市政府、安源大剧院、市图书馆、玉湖公园,村域辖区有碧桂园、首府壹号等8家房地产开发建成的楼盘,村东是江西工业工程职业技术学院、萍乡市交通职业学院。全村现有5个自建安置小区和4个村民小组,分别是横板小区、新城小区、泉塘小区、大塘小区、河田小区、王家屋场、农家冲、庙树下和凉伞树下。辖区内常住人口1万余人,原籍人口1126户4948人。居住人口以汉族为主,还有苗族、回族等少数民族。共有51个姓氏,其中石、邓、陈、温、张、李、刘姓村民人数均超过200人。

自然环境与资源 横板村属丘陵地带,有耕地面积137亩,山地面积190亩。辖区内有2条河流,分别为五丰河和丰泉河;三巴水库1座,水库面积约43亩。

经济概况 因重点项目建设开发需要,横板村基本完成征地拆迁,无农业区域。辖区范围有企事业单位近30家。近年来,横板村利用土地资源和楼宇开发平台,建设了横板综合服务楼一期、二期,公寓街,地税楼,二手车市场,横板大厦等一批实体经济项目,使村级有限资源实现利益最大化。2022年村集体收入240万元,所有村集体收益惠及于民。

基础设施 横板村境内交通路网畅通发达,毗邻319国道,玉湖东路、观泉南路等城市主干道在此交会。距离沪昆高速路口3千米,距离萍乡北高铁站5千米,距离赣湘边合作示范区市级工业平台6千米,距离经开区电子信息产业园3千米。通信网络信号覆盖率100%,宽带网络使用率约90%。村内有移动、电信、联通营业厅和邮政物流配送点。辖区内村民全为市政供水、国网供电。

社会发展 横板村内建有横板小学、小可爱幼儿园、小红帽幼儿园,可满足横板村区域及辖区学龄前和九年义务教育阶段的就学需求。文化活动场所占地面积约6680平方米,包括村委会(党群服务中心)约600平方米、新时代文明实践站约500平方米、横板小区新时代文明实践站180平方米、泉塘小区新时代文明

横板村综合服务楼

横板小区全景

实践站360平方米、新城小区新时代文明实践站180平方米、大塘小区新时代文明实践站360平方米、文化健身广场约1500平方米、庙宇约3000平方米。其中横板村新时代文明实践站采取"一室多区"形式建设,共设立4个集中活动室,包含农家书屋、党员活动室、村民宣讲室、未成年人活动室等10个功能区域。

村内建有1个卫生计生室,服务范围辐射5个小区。村委会附近有萍乡市人民医院、赣西肿瘤医院和开发区第一人民医院。

村内有664人享受失地农民保险,400余人享受灵活就业社保,81人享受城乡居民养老保险;有4户4人城镇特困户,有49户89人享受城镇低保,有9户20人享受农村低保,农村特困户2户2人。

人文地情 横板龙泉寺位于横板村钩沙塘,寺中设傩神殿。清时的龙泉寺为社庙,始建于清顺治元年(1644),原址在横板凤形里,原名泉塘社,供奉福主仰山大王。在清朝中期增加了傩神,供奉傩神三元将军唐、葛、周。1991年,原泉塘社民众在明清旧址上恢复泉塘社,仍供二王福主和傩神。1993年增加了观音大士和南岳圣帝神位。同村的西冲社也在1991年恢复。西冲社是清道光十二年(1832)建的福主庙,供奉福主仰山二王。2002年因开发需要,泉塘社和西冲社都需拆迁。为节省土地和资金,二社决定联合在钩沙塘共建一座纳入佛、道、傩、福主的较大寺庙,取名龙泉寺。龙泉寺占地近5亩,建筑面积1600平方米,大殿坐北朝南,背依小山岗,寺前有大朝坪,坪中有一株近百年树龄的大樟树。

2016年成立的丹桂飘香文艺队是横板村老年体协直属非专业文艺队伍,由横板村各小区离退休及村老年人自愿组成。该队自编自演自导小型多样、群众喜闻乐见的快板、春锣、小品、表演唱、花鼓戏、京剧拼子戏等。

东壁村

基本村情 1992年萍乡经开区成立前,东壁村隶属于安源区白源街道办事处管辖。1993年经开区设立7个管理处,2005年7个管理处增加为15个管理处,全区15个村分别隶属于15个管理处管辖,东壁村为东壁管理处管辖。2015年经开区撤销15个管理处,成立5个社会工作管理局,东壁村隶属于社会工作管理三局。2022年9月,经开区调区扩容后,撤销5个社会工作管理局,设立光丰街道,东壁村隶属于光丰街道管辖。东壁村东接320国道、浙赣铁路,319国道横贯南北,已基本实现全村城镇化。辖区总面积4.5平方千米,辖7个村民自然组(东壁、胜利、杨家湾、台洲、贺家冲、涧山、东丰),常住人口3800余人,村民2050余人。全村耕地已基本征收,有山地面积约2平方千米,集体土地(含山岭)166.08亩,其中农用地4亩、建设用地117.08亩、公益林45亩。共有30个姓氏,其中唐、张、刘、彭、邓姓氏人数均超过100人。

经济概况 东壁村村级集体经济年收入120万元,基本来源于房屋、厂房租赁。村部办公楼1至3楼,有日间照料中心1处、商铺17户。辖区内有2个大型市场:华美立家建材市场和春蕾粮油批发市场,有商户600家、餐饮61家、企业15家;东丰小区、涧山小区、台洲组、东壁组、杨家湾组等地建有新农村休闲广场,共计占地7946平方米;东壁组有公益林25亩,东丰组有公益林20亩;建设东路旁涧山组境内有9.6亩山岭。

东壁村产业扶贫项目于2019年1月正式启动,2021年扩大经营规模,主要用于经营汽车维修、保养、美容、装饰等业务,为村集体经济年收入增收近19万元。2022年,成功申报省级乡村振兴项目,获批280万元专项资金用于新建物流仓储。

基础设施 村内共5个安置小区,其中3个小区已基本完成老旧小区提升改造,均实现水电气三通,其中有2个大型加压水泵房,基本满足全村村(居)民日常生活用水需求。配套健全各类公共设施,建立小区居民文体活动广场2个,置备各种简易健身器材;在急弯、巷口、广场、主干道增加照明灯盏、监控探头100个;在各道路路口设置指示牌、减速带、人行道等。

在与白源萍安钢公司接壤的东壁山东壁公园,新建登山健身徒步道、休息栈道、

东壁村台洲幼儿园

观景亭以及引导牌、指示牌、警示牌等相关配套设施,游步道本体宽度2.5米,总长20千米,增植各类风景林、草坪,配建排灌设施和区间各类便道等。开展湘江源头(东壁片区)生态环境综合治理与修复工程——河道提升改造,已成功获批中央预算内投资6255万元。该项目主要涉及生态植被修复、河道提升、清淤、护岸、滨河公园修建及绿化等建设,河道总长约为1.6千米,水域面积约为2.3万平方米,形成与东壁公园配套呼应的沿河风景,并附以文化和旅游价值。

社会发展 东壁村建有台洲幼儿园和集中小学于一体的台洲小学,可满足东壁村及周边居民学龄前和小学教育阶段的就学需求。台洲幼儿园创建于2013年9月,新园于2022年9月1日正式启用,占地面积4691平方米,建筑面积1773平方米。台洲小学创办于1937年,2010年改建,占地面积13634平方米,现有教学班20个,教师53人,学生954人。

全村文化活动场所占地面积约1040平方米,其中村委会(党群服务中心)约120平方米、新时代文明实践站约120平方米、文化健身广场约800平方米。东壁村新时代文明实践站采取"一室多区"形式建设,共设立5个集中活动室,包含图书馆、理论宣讲室、市民宣讲室等10个功能区域。

村内建有1个卫生所(室),服务东壁村辖区所有居民。村委会为村民提供代缴医保服务,2022年度农村医保参保率100%。村内有218人享受了失地农民保险,33人享受城乡居民养老保险,49人享受自费购买社保补贴;有8户16人享受农村低保,有24户39人享受城镇低保,1户2人集中供养,1户1人特困供养。

上柳源村

村情概况 上柳源村1968年隶属于安源区青山镇管辖,始称上柳源。2003年后划归萍乡经济技术开发区，称上柳源管理处。2015年经开区撤销15个管理处，成立5个社会工作管理局，上柳源村隶属于社会工作管理五局管辖。2022年9月，经开区调区扩容后，撤销5个社会工作管理局，成立光丰街道、彭高镇、福田镇，上柳源村隶属于光丰街道管辖。上柳源村位于开发区西部，距萍乡市区6千米，东与硖石村接壤，西与安源区青山镇下柳源村毗邻，南连青山镇葡萄村，北接清泉，辖区总面积7平方千米。下设22个村民小组，共733户3442人，辖区有拆迁安置小区5个（禁山里小区、白茅塘小区、云峰小区、大树下小区、白竹塘小区）、村民小组1个（石灰陂），居住人口以汉族为主。

上柳源村云峰寺

自然环境与资源　上柳源村地形以丘陵为主，属赣西丘陵地形区，地势北高南低。樟里河从上柳源村沙丘水库起源，流经上柳源村、下柳源村、大城村。

经济概况　上柳源村无流转土地，村民已完全脱离传统农业生产生活方式。有新三板产业园、创投产业园进驻，村民多以自主经营或工业园就业为主。村内以拆迁安置小区为区域划分，各小区以小超市、小卖部、棋牌室为多，没有形成规模化的商业体。村集体经济主要来源于萍乡市云峰实业有限公司以及公建房出租、零散土地出租，村集体经济年收入20余万元。

基础设施　武功山西大道（320国道）、萍莲高速2条主干道从村辖区穿过。全村生活道路硬化已达100%，5个拆迁安置小区实现沥青路面通到家门口。通信网络信号覆盖率100%，全村实现通农用电100%。村民生活污水直接排入管道，新改造的老旧小区实现雨污分流。白茅塘小区、大树下小区、禁山里小区均已完成老旧小区改造。

社会发展　上柳源村辖区现有小学1所、幼儿园2所，分别为上柳源小学中心幼儿园、上柳源幼儿园。有2所卫生院，分别位于白竹塘小区、白茅塘小区。全村参保到龄失地农民养老保险足额缴纳到位。

人文地情　历年来，上柳源村名家辈出，有革命烈士叶树梁、王荷花，有市级以上先进英模叶青超、叶林章、贺威逊等10余人。上柳源村内有庙宇2座,分别为位于320国道路旁的福主祠和云峰岭的观音庙。福主祠始建年代不详,曾一度荒废,于20世纪70年代经村民修复,面积约800平方米,旁有古樟1棵、沙泉1口;观音庙建于2011年,后经扩建,形成一进三重规模,立有观世音菩萨石像1尊。

下柳源村

村情概况 2021年12月前,下柳源村属安源区青山镇管辖;2021年12月,经开区调区扩容后,下柳源村由安源区青山镇划入经开区,并由萍乡市高铁枢纽综合服务中心暂时代管;2022年9月,经开区成立光丰街道,下柳源村成为光丰街道下辖的行政村。下柳源村地处开发区城乡接合部,全村总面积4平方千米,320国道横贯东西,青福公路贯通南北。村内管辖13个村民自然组(和尚坡、牛行里、叶家屋场、杨梅岭、邹家大屋、樟树坳、上育婴堂、苏家屋场、楼下、口棚、尾棚、下育婴堂、中棚),共780户3300人。居民以汉族为主。主要姓氏为杨、徐和李姓。

自然环境与资源 下柳源村地处经开区最西端,地势较为平坦,属江南丘陵地区,以丘陵地貌为主。樟里河、杨梅岭河贯穿整个下柳源村,全长约3.5千米。

经济概况 有耕地面积281.04亩,每年地力补贴31476.93元。水稻种植面积115.96亩,水塘面积50亩,公益林面积2251.1亩,荒地加耕地500余亩。村集体收入主

下柳源村

要来自上级转移支付拨款和房租收入,共计24.5万元。

基础设施　320国道、青柳路、青福公路等主干道贯穿整个下柳源村。全村生活道路硬化已达100%,13个村小组实现沥青路面通到家门口。通信网络信号覆盖率100%,宽带网络使用率95%以上,全村通农用电100%。村民生活污水直接排入管道,实现雨污分流。村内未接入天然气管道,村民日常使用的能源主要为电能和液化气,少数家庭使用蜂窝煤、木柴。村民主要生活用水来源于深井水,有8个集中供水点。有具有水利灌溉功能的山塘水库4座,主要采用沟渠引水,可灌溉耕地281亩。近年来,下柳源村建设主要放在农村旱厕改造上,一定程度上改善了农村卫生环境。

社会发展　有1所公办幼儿园下柳源小学附属幼儿园,1所公办小学下柳源小学,可满足下柳源村学龄前和九年义务教育阶段的就学需求。

文化活动场所占地面积约6800平方米,包括村委会(党群服务中心)约1200平方米、新时代文明实践站约100平方米、文化健身广场约4500平方米、庙宇约1000平方米。其中下柳源村新时代文明实践站采取"一室多区"形式建设,共设立5个集中活动室,包含图书馆、未成年人活动室、健身室、理论宣讲室等8个功能区域。文明实践站共藏书3000余册,可供村民日常阅读。

下柳源村卫生服务站位于村委会旁,全村建档立卡共40户131人。2023年,下柳源村城乡居民医疗保险参保人数2101人,参保率100%。

有脱贫户40户132人,残疾户65户67人。全村因残因病享受低保救助的总共有89户140人,其中1户1人属于城镇低保户,2户2人属农村特困户,1户属集中供养、1户属分散供养。2017年之后,95%村民购买了失地社保。

人文地情　村内有耶稣堂、中山庙,遇重大节日、活动,村民会在庙堂聚集举办活动。

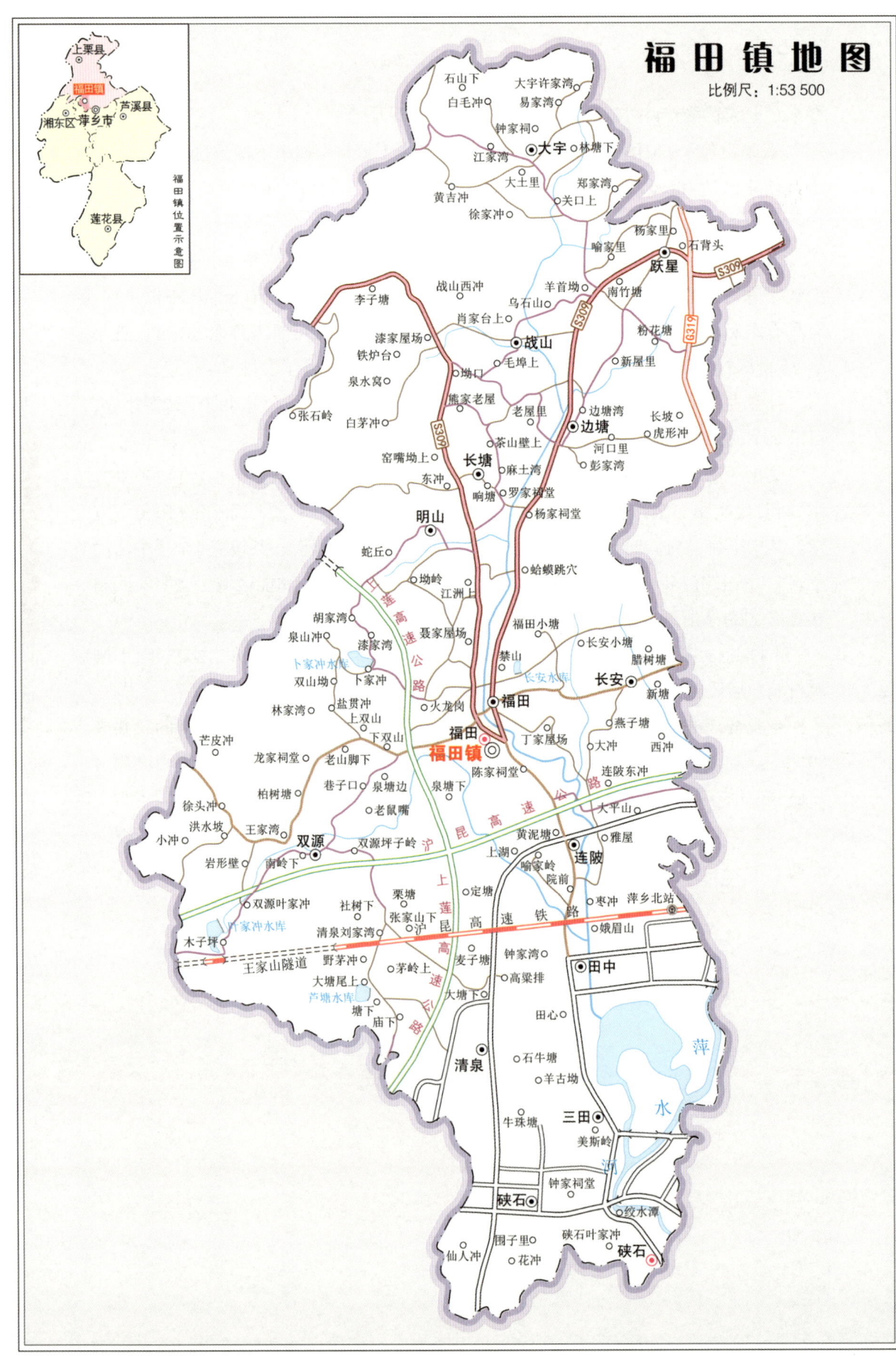

福田镇

福田镇地处萍乡市中部,东邻彭高镇杂下、沾塘村,西接长平乡塘上村、安源区青山镇源头村,南连安源区横龙街道后埠村,北界杨岐乡清溪村。距萍乡市区仅7千米。2022年,辖区面积约44.02平方千米,林地面积1738.53公顷,其中灌木林面积342.99公顷、公益林面积455.01公顷。耕地面积12554.64亩,其中旱地2474.65亩、水田10079.98亩。镇政府所在地为福田街福田社区。

新中国成立前,为萍乡县清明乡。1958年成立福田人民公社,隶属福田区。1966年冬,马棚大队从福田人民公社划出,归彭高人民公社管辖。同年,关下大队、中堠大队划出归国营鸡冠山垦殖场管辖。1969年,源头大队划归原城关区青山镇管辖。1971年,福田人民公社改名上栗区福田人民公社。1983年撤社建乡,改名为福田乡,辖19个行政村,土地总面积为57.13平方千米。1992年,撤乡建镇,改名福田镇。1995年,硖石村、三田村、田中村划归安源经济开发区管辖。1997年上栗撤区设县,上栗区福田镇相应改为上栗县福田镇。2003年9月,文岐、桃花、清溪、安全、清泉、园艺场6个村合并为桃文、清溪、清泉3个村。2007年12月,清泉村划归萍乡经济技术开发区管辖。2012年4月,原清溪村拆分设立清溪村和安子全社区。2013年5月,原桃文村、清溪村和安子全社区划归杨岐乡管辖。2021年12月,硖石、田中、三田、清泉4个村和硖石社区回归福田镇管理,福田镇成建制委托至萍乡经开区管理。

2023年,福田镇辖14个行政村和2个社区,分别是硖石

福田河

村、三田村、田中村、清泉村、连陂村、福田村、双源村、长安村、长塘村、明山村、边塘村、战山村、跃星村、大宇村、碳石社区、福田社区,有271个村民小组,11817户,常住人口约4.59万人,户籍人口约4.29万人。境内人口大多数为汉族,有藏族、壮族、布依族、彝族、回族等8个少数民族计20人。

境内地势北高南低,地形以丘陵为主,东西向较窄,南北向较宽,山岭主要分布在北部,最高点位于镇内长青林场主峰,海拔435米,最低点位于连陂村境内,海拔100米。源于文岐村铜锣冲的清溪河水由北向南流经镇境中部,至石垄陂注入萍水河。境内土壤主要以红壤为主,土质肥沃,适宜水稻和各种经济作物生长。矿产资源主要有煤、石灰石。其特点是储量多、品质优,尤以石灰石为最。全镇森林覆盖率为45%,主要有杉树、马尾松等针叶林及樟树、油茶等阔叶林。境内有两条短小的小溪,集水范围不大,历为缺水受旱地区。新中国成立后新建了安全、火烧岭、芦塘、青山、叶家冲、卜家冲等6座小(2)型水库,还有大小面积不等的水塘695口。

全镇经济以制造和化工原料工业行业为主。2023年,有实体企业451家。鞋业制造行业主要有萍乡市协晟鞋业有限公司,年产值2.78亿元,税收616.44万元。迪尔化工填料有限公司年产值2.05亿元,税收1445.13万元。

农业产业以水稻种植为主,2023年,粮食总产量达8666.03吨。现有泉塘果园、科发种养、跃星蔬菜种植基地、绿农种养、边塘畜牧养殖小区、名羊绿野畜牧业等一批种养示范基地,2023年生猪出栏2.36万余头、牛0.31万头、羊2.16万头、家禽22.17万羽,福田镇德宏定点屠宰场屠宰生猪2万余头。

至2023年,全镇财政收入6.44亿元,一般公共财政预算收入2.98亿元,规上工业总产值102.6亿元,规上工业增加值30.45亿元,固定资产投资17.28亿元,工业投资

11.18亿元,限额以上零售额5.01亿元,规上服务业营收额1.67亿元,建筑业总产值4.62亿元。

境内交通便捷,319国道和309省道纵贯南北,沪昆高铁、沪昆高速、萍洪高速、中环北路、中环西路横穿东西,福东公路将319国道和309省道连成一体,并与市区朝阳北路和320国道对接,形成四通八达的交通网络。2003—2021年,境内沪昆高速、福东公路、杭南长高铁、萍洪高速、S309、中环北路等主干道相继建成通车,总里程达30余千米。2005年,境内实现村村通水泥路。2020年,境内实现村村通沥青路。

2023年有初级中学1所、县级职业中专1所(上栗县职业中等专业学校)、小学11所、公办独立幼儿园1所、公办附属幼儿园10所、民办幼儿园7所,有在校学生(幼儿)5222人,其中初中生752人、小学生3080人、幼儿1390人,中小学教职工291人,公办幼儿园教职工54人。辖内有公立卫生院1所,村级卫生室13所。福田镇中心卫生院现有医务人员202人,其中卫生技术人员101人、医师44人、医技师24人、护士33人,床位数定编99张,实有148张。

2021年,福田镇同步完成脱贫攻坚任务,全面建成小康社会。2022年,全镇有脱贫户286户、1067人。"十三五"省重点脱贫村1个(大宇村)、"十四五"省重点帮扶村1个(福田村)、市重点对口帮扶村1个(双源村)、区重点帮扶村2个(三田村、清泉村)。

境内古迹、名胜旅游资源不多,有明山岭、福田红鱼文化村、萍水湖龙王庙等。

沪昆高速公路穿过福田镇

福田社区

1997年成立福田社区居民委员会,地处福田镇南边,管辖区域包括泉塘下2个村民小组和1个街道居民组,共159户,约929人,其中男性462人,女性467人。社区人口较多的姓氏是彭姓。社区流动人口1509人,农村低保2户,共4人,城镇低保2户,共4人,残疾人13人,优抚对象2人。

地形地貌以丘陵为主,区域内主要以蔬菜种植和育苗为主。泉塘下自然村耕地面积59.5亩,没有山地。其中实际耕地57.72亩,闲置耕地1.78亩,已流转耕地9.5亩。山地面积113亩,森林覆盖率90%,其中杉树、松树和樟树113亩。社区依靠集镇优势,发展个体经济,扩大集镇规模,促进城镇建设发展。集镇区有商铺160余家,农贸市场1个。泉塘下自然村依山傍水,村中有山泉,村民靠种植蔬菜养殖家禽发展经济,大棚菜秧是村民的主要经济来源。全村共有水塘8口,水面面积12.06亩,主要分布在泉塘下,主要用来养鱼。2022年,集体经济年收入5.09万元。

福田镇集镇区距萍乡市城区10千米,老319线、福东公路贯穿社区。辖区电信、移动、联通已全部普及到每家每户,用电、给排水已普及到每家每户。2012年打造社区休闲广场,2016年进行农贸市场翻新改造,2019年泉塘下新农村建设道路白改黑,2019年泉塘下进行房相改造和坟相改造,2020年泉塘下建设足球场、提升改造农贸市场,2021年3月成立泉塘下蔬菜种植合作社,2022年打造社会停车场。建有新时代文明实践站,老年活动中心和社会足球场。辖区有252人购买失地农民保险,196人享受失地农民保险;农村低保2户4人,城镇低保户2户4人。

境内有一口古井。有一株百年历史的老樟树,外形奇特。植物资源有杉树、松树和樟树等。每月农历逢十赶大集,附近村民、商贩在府前路(福田街)售卖农产品、日用物资等商品,已有几十年的历史。

福田社区鸟瞰

硖石社区

1997年成立硖石居民委员会,2005年改为硖石社区居民委员会。硖石社区属城乡接合部,东邻聚龙体育公园,南邻秋收起义广场,西邻萍乡火车站,北邻萍水湖湿地公园,交通便捷。硖石社区共有6个小区,分别是锦程花苑小区、蓝天花苑小区、朝阳花园小区、硖石小区、城北小区和硖石农贸市场居民区,下设7个居民小组,有1435户5368人。

境内无工业企业,有商贸流通企业、服务业等第三产业117个。硖石社区位于城郊接合部,朝阳中路经过硖石社区境内。境内无邮政代办网点,电信、移动、联通、供电、给排水已覆盖境内住户。

境内无中小学校,有萍水湖医院和3个诊所、4个药房,辖内人员均办理居民医保或职工医保。有低保人员11人,已建设硖石社区居家养老中心,基础设施基本完善。

每月农历逢六赶大集,附近村民、商贩在硖石农贸市场售卖农产品、日用物资等商品,已有几十年的历史。

近年来社区连续获萍乡市"文明社区"、萍乡市"创建全国文明城市工作先进单位和片网联创工作先进单位"、萍乡市"民主法治社区先进单位"、萍乡市"七五普法中期先进集体"、全区"'五好'基层党组织"、全区先进基层党组织、萍乡市创建全国文明城市工作先进集体、萍乡市学雷锋示范点等荣誉。

硖石社区改造前的小区

硖石社区改造后的小区

清泉村

村情概况 1968年光冲大队与芦塘大队合并,统称为光冲大队,后来由于生产大队体制转变为村民委员会,1985年光冲大队变更为光冲村,2001年正式更名为清泉村。2002年7月,清泉村与园艺场村合并,统称为清泉村,属上栗县福田镇管辖。2007年12月,清泉村划归萍乡经开区管辖,根据经开区特殊管理工作需要,成立了清泉管理处,享有内设二级乡镇建制管理权。之后,于2015年6月,清泉管理处体制发生变化,回归行政村体制,再次更名为清泉村,属萍乡经开区社会工作管理五局管辖。2022年9月,萍乡经开区调区扩容后,福田镇划归萍乡经开区托管,清泉村重新回归福田镇管辖。

清泉村位于经开区西部,距市中心约5千米,东邻田中湖湿地公园,南靠320国道,西连光丰街道上柳源村,北接福田镇连陂村。辖区面积6平方千米,市中环西路、清石路、沪昆高速、萍洪高速、吴楚北大道(规划建设中)贯穿全境,与320国道构成"三纵三横"道路框架,宝鼎西路、兴贤西路、吴楚北大道等城区路网的规划建设正逐步完善中。

清泉村下设24个村民小组,共有813户3934人,其中常住人口约3400人,拆迁后搬迁到外村人口500多人。居住人口中以汉族为主。全村主要姓氏有刘、彭、陈、张、李、杨等。

自然环境与自然资源 清泉村地形以丘陵山地为主,辖区丘陵旱地约3800亩,林地约2300亩,耕地约2400亩(已征储约1800亩),水塘90余口,小(2)型水库2个,有两条小溪流,逢旱季灌溉水源比较紧张。境内乌龙山脉和虎形山横卧东西,山上树种以杉树、樟树、油茶树为主,林间时有野猪、野兔等出没。

经济概况 清泉村农民以种植蔬菜、瓜果、油菜为主,种植面积200亩以上。辖区现有伟普科技、长峻特种材料、潇湘制泵、萍高电器、江西森萍智能科技等企业落户生产。本土有1个门窗加工厂、1个家具厂、1个包装代工作坊,都属于个体户作坊。

清泉村的便民商店都是利用自建房开展经营的个体户。其中清泉小区6个便民商店,2个餐饮店;九龙头小区1个便民商店;塘下五、六、七组1个便民商店;社树下十组1个便民商店。

2022年村级集体经济收入共8.98万元。

基础设施 经过境内交通线主要有杭南长高铁、沪昆高速、萍洪高速(上莲高速)、中环西路、尚贤西路、宝鼎西路(已规划)、吴楚北大道(已规划)等。村主干道和村组路长约12千米,平均路宽4.5米,水泥路面未铺沥青,大部分为村民集资修路。

清泉村网络通信基本实现户户通,邮政代办主要由福田邮政办理。两个居民小区约1600人已实现水电气户户通;农村散户已实现户户通电通网络;实施的安全饮水工程,受益人口可达1650人。

清泉村境内有1个小(2)型水库——芦塘水库,山塘共有90余个,为全村灌溉用水提供保障;清泉小区自来水工程(包括增压水泵房建设)于2019年完工;九龙头及农村散户安全饮水工程于2022年5月开工建设,一期工程(包括增压水泵房建设)已完工,二期工程建设中。

清泉村自2003年起开始新农村建设,建有新农村点6处。

社会发展 辖区有1所学校——清泉小学,于1815年创办,原为私塾,1925年正式成为农村学校。校园占地面积2492平方米,建筑面积1126.1平方米,教室大都是由原先旧校舍改建而成。学校有学生125人,教师17人。

清泉小区建有中心广场1个,面积约1000平方米,建有广场舞台1个、篮球场1个、羽毛球场2个。有健身器材若干。

清泉小区设有村卫计室1处,占地120平方米,建筑面积约500平方米,为全村村民提供就近医疗服务。

全村60岁及以上到龄人员城乡居民基本养老保险或被征地农民职工社保实现全覆盖,60岁以下村民自愿参保,享受被征地农民补贴;现有农村低保户30户44人,城镇低保7户10人,保障金按月发放到位。

人文地情 清泉钟灵毓

清泉小区广场改造前

清泉小区广场改造后

秀,人杰地灵,民风淳朴,文化底蕴深厚,佛教、傩神、道教、天主教在此和谐共处,相得益彰。清泉辖区内环境优美,水映山色,植被丰富,古树参天(千年罗汉松),2012年荣获省级生态村称号。

清泉傩神庙位于塘下组下三坡,原名塘下傩神庙。传说清泉傩神庙的历史可追溯到唐朝中后期。现在的清泉傩神庙,占地40亩,前有山门,山门内60米有一排五栋四间砖瓦结构的旧傩神庙,是1987年易址重建的原清泉傩神庙。往右边水泥路直上200米处有一幢300平方米的大殿,为2010年重建的新傩神庙。再往上是2013年所建的观音堂。

福田村

村情概况 福田原有古桥名为福田桥,1950年在此成立村、乡,始用"福田"行政区域名称。村级由福田大队生产队、长安大队生产队、明山大队生产队等生产队合并成村,1979年分开单独立村。福田村地处福田镇集镇中心地段,东邻连陂村,南接双源村和明山村,西与长塘村、边塘村交界,北与长安村接壤,总面积约2.9平方千米。紧临萍乡北站,156县道和158县道交会于本村中心、上莲高速横穿本村,交通便捷,区域优势明显。

福田村下辖12个自然村,分别是江洲上、简家山、王家台、蛤蟆跳缺、欧阳屋场、小塘、禁山、东边山下、丁家屋场、聂家屋场、火龙岗、福田桥,共23个村民小组,625户3456人,其中常住人口3369人,流动人口67人。居住人口中以汉族为主,还有藏族、彝族等少数民族。全村的主要姓氏为阳姓、杨姓。

自然环境与资源 福田村地形以丘陵地貌为主,可耕作农田面积325亩,林地面积1175亩,植被绿化率高,森林资源丰富。村内有福田河贯穿境内,灌溉两侧农田,是全村丰富的水力资源。

经济概况 福田村种植农作物以水稻、油菜等为主,有耕地面积423亩,其中水田面积325亩、旱地98亩、油菜种植面积约60亩。畜禽养殖以鸡、鸭、鹅、猪、牛、羊为主。2022年生猪出栏216头,牛出栏15头,羊出栏9只,家禽出栏13146羽。除一养鸡大户出栏12500羽之外,其余大多为家庭散养,未形成规模。

福田村人均年收入2.4万元。村内有企业5家,解决了本村大部分青壮年的就业问题。村内还有大型商超、衣帽服饰、电器、家具、移动电信、诊所、美容美发、五金、水

福田镇中心小学

电安装、汽车修理、建材等店铺,代表企业有萍乡市协晟鞋业有限公司等。

基础设施 福田村庄道路网基本形成,上莲高速横穿本村,156县道和158县道交会于本村中心,皆为沥青路面。村中道路基本实现家家通公路,路路铺水泥。村内有移动、电信、联通营业厅,通信网络信号覆盖率100%,基本实现了4G全覆盖,流量全覆盖,宽带网络使用率95%以上,有线电视使用率100%。

本村家庭通电率100%,供排水等设施齐全完善。村内有自来水储池2座,均位于聂家屋场;集中供水点2个,分别位于丁家屋场和小塘。自来水管道铺设到每家每户,基本满足全村村民日常生活用水需求。

社会发展 福田村共建有学校4所,其中幼儿园、小学、初中、职业中学各1所,九年义务教育覆盖率达到100%。村内积极推行全民健身运动,文化活动场所占地面积约2600平方米,其中村委会(党群服务中心)约800平方米、新时代文明实践站约300平方米、文化健身广场约1500平方米。福田村新时代文明实践站采取"一室多区"形式建设,共设立3个集中活动室,包含图书馆、老年活动中心、市民宣讲室等多个功能区域。

福田村内拥有福田中心卫生院,并同时建有2个卫生所,基本实现全民医保,2022年度农村医保参保率100%。全村有农村特困分散供养人员3户3人,农村低保户35户63人,城镇低保户5户7人,建档立卡户15户53人已经全部脱贫。村中公路两旁实现绿化全覆盖,家家户户门口设立环保垃圾桶,清理人员定期清理。

人文地情 每月农历逢十赶大集,附近村民、商贩在府前路(福田街)售卖农产品、日用物资等商品,已有几十年的历史。

双源村

村情概况　双源村位于福田镇西南部,面积6.5平方千米,东靠福田集镇,南靠经开区清泉村,西靠安源区源头、温盘、高枧村。福青公路贯穿双源,另有萍洪高速、昌金高速、杭南长高铁横纵双源,交通网络四通八达。双源村与安源区青山镇相邻,距离镇政府1.5千米。辖区内沪昆高速、萍栗高速在村内交叉穿过,距离高速出入口1千米。该村下设17个自然村,分别是下双山彭家屋场、下双山老鼠嘴、下双山泉塘边、老山脚下、上双山盐贯冲、上双山林家湾、龙家祠堂、柏树塘、王家湾、崖形壁、徐头冲、金古塘、叶家冲、木子坪、南岭下、坪子岭、芒皮冲,30个村民小组,共788户3573人。全村的主要姓氏是彭姓和李姓。

自然环境与资源　双源村以丘陵地带为主,石灰岩资源丰富,探明储量约6000万吨。双连河从双源芒皮冲流向连陂。全村有水塘62口、水库1口,灌溉全村水田1000余亩。

经济概况　双源村村民一直以农业生产为主,2021年标准化生态农田改造项目完工,土地全部流转种植油菜、蔬菜、水稻。村内有江西润鼎矿业有限公司,年产值2亿元。

基础设施　福青公路贯穿双源,另有萍洪高速、昌金高速、杭南长高铁横纵双源,交通网络四通八达。全村基本实现通信网络全覆盖。双连河正在改造,逐步完善水利灌溉设施。

双源村农业生产

社会发展 村内有幼儿园1所、小学1所,学生145人、教师16人。在村中各处共建设7个新农村运动广场。村内有1所卫生所,基本实现全民医保。本村公路两旁实现部分绿化设施建设,家家户户门口设立环保垃圾桶,村保洁员及垃圾清运人员共计12人,对村内卫生环境进行日清理,保障全村的环境卫生。

人文地情 双源村是革命先驱彭康故里,2020年双源村被上栗县确定为美丽乡村振兴村。

彭康(1901—1968),谱名彭学坚,学名彭坚,译名彭嘉生,狱中名彭子劼,马克思主义哲学家、无产阶级革命家、教育家、文艺评论家,交通大学和西安交通大学原校长。彭康于1924年至1927年就读于日本京都帝国大学;1928年1月在上海秘密加入中国共产党。1940年后先后担任中共皖东津浦路西省委书记,中共中央中原局、中共中央华东局宣传部部长,华东局党校校长,1945年受命组建华中建设大学并任校长;1952年11月被任命为交通大学校长;1953年1月任交通大学党委书记;1959年7月任西安交通大学校长兼党委书记。村域内现有彭康故居遗址(墙体)和彭康读书的学堂遗址。

每月农历逢五赶大集,附近村民、商贩在村部门口售卖农产品、日用物资等商品,已有几十年的历史。

明山村

村情概况 明山村因村内坐落活泼秀丽的明山岭而得名。人民公社时期,明山村属于福田乡人民公社明山大队,后列为独立的行政村,更名为明山村。明山村位于福田镇中西部,距萍乡市区10千米。全村面积2.5平方千米,耕地面积1322.25亩,山林面积1426.8亩。明山村共有9个自然村,分别是东冲、王子埠、刘家里、王家里、许家湾、胡家湾、漆家湾、卜家冲、泉山冲,共16个村民小组,521户2106人,其中常住人口1424人,流动人口682人。居住人口中以汉族为主,还有少数民族2人。全村的主要姓氏为张、甘、胡等。

自然环境与资源 明山村地形地貌以丘陵为主,境内有小溪小河2条;全村有水塘60口,小(2)型水库1座。境内盛产石灰石。明山村有1家畜牧业养殖基地,有部分村民畜养黑山羊,八组村民种植柚子果树。

经济概况 全村共有农田648亩,其中300余亩种植水稻,160余亩种植蔬菜,60

明山村东冲自然村

余亩用于养鱼。有工业企业1家,为福田镇源山建材厂,年产值1000万元。村级无商贸流通企业、服务业。2020—2022年村级集体经济收入11.6万元。

基础设施　萍洪高速公路由南至北穿村而过。309县道毗邻明山村东冲自然村。明山村主干道公路为萍乡市上栗县火龙岗至简家屋乡道,双车道,路面宽度6米,正在建设中。村内便民服务中心设邮政代收点,电信、移动、联通、广电用户数共500户,宽带安装共500户。供电、给排水全覆盖。2012年以来共计修建山塘3座,修缮水库1座,自来水管网属村级配置,污水管网正在铺设。2012年以来,共有新农村建设点4处。

社会发展　村内无中小学和幼儿园,学生在福田镇中心小学、幼儿园和福田镇中学上学。全村共有1处新时代文明实践站,8处文化休闲广场,2处篮球场。

全村有1处村医疗诊所。村民全部购买养老保险、享受社保(其中享受失地农民保险共计120余人),低保人员共计63人。

村内常年干净整洁,注重环保和生态,2017年被评为"江西省省级生态村"。森林覆盖面积或绿化面积超过当地平均值,人居环境整治常态化开展。

人文地情　明山村内有一明山寺,始建于唐朝。革命战争年代,中共地下组织常在此活动,在这里成立了青年会社,以办学校的形式传播马克思思想,当时的地下党员有张克浣、罗兆峰、甘树汝、许明义、李希云等。"醴陵站智护革命枪""案山关巧送张铁樵"等红色革命故事至今流传。

明山岭兀立耸峙,山下的仁济院为萍北名胜之一。清代诗人杨维城曾题诗云:

"明山隔岸见群山,怪石参差落照间。中有一峰垂首立,乱弹声里老禅关。"

明山村有一民间活动场所牛皇宫,始建于清朝,原为民间信仰朝拜地,现在仍然保留有农历四月初八举办牛皇宫庙会等乡俗。牛皇宫内有1棵千年槐树。清朝翰林院庶吉士喻兆藩墓葬位于牛皇宫对面。

长安村

村情概况 长安村位于福田镇东部,与彭高镇毗邻,南接杂下村、连陂村,西临福田镇,北靠边塘村,萍洪高速连接线贯穿长安村,福沽公路横穿长安村中心,沪昆高速公路贯穿村南面。全村总面积3.2平方千米。长安村共有14个村民小组、366户1860人,常住人口1775人,外出流动人口85人,居住人口中以汉族为主。人口较多的姓氏有李、施、彭、王姓。

自然环境与资源 境内山岭居多,全村共有水塘10口,水面面积45亩,水库1座,分布在小塘、腊树塘、新塘、西冲等,主要用来养鱼。村里有200年树龄香樟树1棵。

长安村鸟瞰

经济概况 主要农作物以水稻为主,有耕地887亩,山地面积1215亩。

基础设施 长安村辖区内大小道路已全部完成硬化。辖区网络通信、用电、给排水已全部普及。全村使用长安村委会自来水,全面实现自来水供水入户。

社会发展 长安小学于1970年建校,占地面积为1000平方米,教师13人,学生95人,其中小学82人,幼儿园13人。2018年建设长安村村级卫生室并投入使用,2019年在小塘建设健身广场。

境内有村级卫生室1个。辖区有65人购买失地农民保险,42人享受失地农民保险;农村低保27户45人,特困户4户4人。

人文地情 境内有西冲福主庙,每年的农历十月十三日为祭祀期。又有长安寺,供奉的是观音大神,每年农历二月十九日、六月十九日、九月十九日为祭祀香期。

长塘村

村情概况 长塘村位于福东公路和231省道相夹中段,因境内熊家老屋有一长条形池塘而得名长塘村。民国时期,乡公所曾设在罗家屋场,长塘为当时全乡的中心。新中国成立后,长塘一度和明山、边塘合社(队)合并,1979年设长塘大队。1983年设为长塘村,村建制一直延续至今。

长塘村位于福田镇北部,东邻边塘村,南接福田村,西连明山村,北面跃星村,与清溪村旅游景区相连,总面积2.8平方千米。福东公路与231省道贯穿全村,距市区10千米。下辖8个自然村,分别是吴家屋场、杨家祠堂、罗家祠堂、响塘麻土湾、茶山壁上、熊家老屋、梨子山下、老窑棚。全村共有12个村民小组,411户1949人,常住人口1600多人,外出流动人口395人。全村人口较多的姓氏是熊姓、罗姓、吴姓,全部是汉族。

自然环境与资源 全村地处山丘地带,呈菱形状。六分低山三分田,半分水路和庄园,地少人多,干旱缺水是长塘村一直以来面临的难题。先人们开垦梯田,修建池塘70亩,深挖水井16口,种植红薯,发展灌溉农业和旱作农业,形成了早晚两稻+冬油菜,一年三熟的农业生产模式。全村无矿产资源。

因地制宜扬特色,制砖做瓦力脱贫。20世纪40年代至90年代初,长塘村村民将百年手工做瓦业做大做强,并利用本村低山土地资源大力发展制砖瓦业,"白天做瓦晒砖,晚上踩泥烧窑"。出好砖、产好瓦,成为改革开放初期长塘的一张名片,盛产的高质量砖瓦远销周边市县。百座砖瓦炉窑,鼓起百姓腰包,也形成了长塘人"精益求精,守正出新"的工匠精神。

经济概况　　打造特色农业"景观",依山靠水修建凉亭、长廊等景观,完善福田河道1千米,修建农业机耕道390余米。村庄风采与自然生态融合一体,全村栽种水稻480余亩,蔬菜80多亩,草莓30亩,油菜300余亩。长塘村人均年收入超1.5万元。山林2000余亩,水塘70亩。

长塘村有鞋面加工厂1个,年产值1000多万元。自来水公司1家,村民安全饮水有保障。

有2家商贸公司,1家农业合作社,从事种养殖与商贸一条龙产业服务。合作社年产值300万元。长塘村因经济薄弱,产业单一,现集体收入靠村自来水公司每年盈利约4万元,合作社分红约2万元。

基础设施　　全村主干道硬化100%,铺设沥青路面5000余米,安装护栏3500米。设有邮政代办点3个,通信网络全覆盖。

全村411户正常用电。充分挖掘古井资源,分散水井有12口,投入130多万元建设集中供水工程,使全村群众喝上安全放心的饮用水。

每年新增资金数十万元,改善农村水利设施。全村已改造河道1000余米,建成三面不见泥的水渠1980余米,铺设农用水管田1160米,增设抽水机15台,修复山塘3处。

长塘村近十年都进行新农村建设点项目的打造,2019年投资1500多万元成功打

长塘村

造罗家祠堂新农村点,户户通道路已全部白改黑。全村已安装路灯280多盏,实现全村亮化率达100%。

社会发展　因生源有限,已撤销小学,适龄学生分别到福田小学、战山小学就读。投资320多万元建设文化广场5处,占地面积十余亩,健身器材等设施齐全,村级文化服务中心棋牌室、农家书屋、文化活动室等场所一应俱全,全村411户受益率达98%。组建文化体育队、舞蹈队、军鼓队等多种文艺队,大大丰富了群众的文化生活。

距离福田中心卫生院不到3千米,交通便利,村内设有2个村级卫生所,基础设施、医疗机械设备、医务人员的配备合理齐全,满足群众的日常就医需求。全村1949人全部参保,年满35岁的中青年分别购买养老保险和新农保,给10名"三无"对象的空巢老人办了低保,低保资金按时发放到位,投资10万元建造1个居家养老幸福食堂,方便空巢老人的生活。

从群众屋前屋后的基本区域卫生开始,发动群众对周围"乱堆"现象进行清扫,配备3名保洁员、电动清洁车3辆,可分类垃圾桶1600余只,公用有机肥垃圾分类沉淀池3个。整村绿化覆盖率达92%。

人文地情　秦汉时期,罗氏族人先后位于长塘村打井多眼,现有一眼甘甜爽口、清冽异常的古井。此井历史悠久,从未枯竭,旧时有"罗氏宗人不喝外面水"的说法。

边塘村

村情概况　边塘村总面积4.5平方千米,位于福田镇东部,东邻彭高镇坛华村,南临沽塘村,西连长塘村,北临战山村红鲫鱼基地。全村下设6个自然村,分别是老屋里、新屋里、边塘湾、粉花塘、腊树山下和彭家湾,共有26个村民小组,885户3530人,其中常住人口2570人,外出流动人口450余人,居住人口中以汉族为主,还有少数民族3人。全村主要姓氏为漆姓、彭姓。

自然环境与资源　地处丘陵地带,平均海拔高度102米。全村有水塘10口,水域面积100亩左右,分别在粉花塘、彭家湾、新屋里、腊树山下、老屋里,灌溉面积150亩左右。

经济概况　边塘村修复水塘4口,水渠500余米,水稻种植早生稻面积300余亩,油菜种植300余亩,水产养殖500余亩,一季稻150亩左右。边塘村2020—2022年每

边塘村

年集体经济收入8万元。

基础设施 境内319国道和省二级公路福东公路贯穿南北,村主干道路全部铺了沥青,组上水泥路户户通。村内有邮政代办服务点1个,通信网络、用电、给排水已普及到每家每户。全村水渠、水坝、河道已修复,2022年修缮山塘4口。

社会发展 边塘小学创办于1935年,2010年改造,占地面积4339平方米,现有教学职工22名,学生274人(含幼儿园)。

村内建设有老屋里广场、边塘湾健身广场,在村委会建设文明实践站。2012年开始推进全村亮化工程,全村安装路灯;2014年在边塘湾新建健身广场;2018年建设边塘村村级卫生室并投入使用;2018年在老屋里新建文化活动广场;2022年全面完成粉花糖道路拓宽工程。

村内有诊所3所,分别是边塘村卫计室、边塘自然村卫生所、边塘村卫生所。群众购买养老保险1300余人,享受社保人员700余人,其中失地农民339人。农村低保53户111人。城镇低保8户14人。城镇特困1人。

人文地情 边塘湾自然村有1座福主庙,供奉的是地方福主大王,每年农历九月二十日为祭祀香期;1座耶稣堂,每个星期六、星期天开展活动。每月农历逢五赶大集,附近村民商贩在边塘湾老街售卖农产品、日用物资等商品,已有将近20年历史。

战山村

村情概况 战山属于丘陵地带，山岭居多，多半农户都是住在半山腰上，开垦山土，勤耕细作，有点占山为王的意思，故取名占山，后更改为战山。战山村位于福田镇北，距萍乡城13千米，南邻跃星村，东邻边塘村，南边是长平乡塘上村和双泉村，交通便利。总面积约4.5平方千米，下设自然村13个，分别是乌石山、肖家台、毛埠上、大路下、西冲、熊家湾、漆家屋场、坳口、白毛冲、泉水窝、铁炉台、李子塘和张石岭，共21个村民小组，856户3286人，其中常住人口3012人，流动人口274人。居住人口中以汉族为主，还有布依族、仡佬族等少数民族。全村主要姓氏有李、漆、肖、饶、曾、钟等。

自然环境与资源 地处丘陵地带，山岭居多，平均海拔高度102米。战山村境内的小溪小河有3条，河水流向萍水河。全村水塘33口，水库4座，水塘面积均为0.6~3亩，分布在21个小组，每口塘灌溉6~30亩农田。有石场3个，均已停产。以红鱼文化中心为纽带，景观绿道连接孽龙洞，境内有观音庙、傩神庙等。肖家台有200年树龄罗汉松1棵。

经济概况 战山村以养鱼为主，现有鱼塘35口，面积约300亩。农作物以种植一季稻为主，种植面积80亩；种菜面积约15亩。科发种植合作社以种植猕猴桃、安福蚕子为主，面积约100亩；发鑫合作社以种植猕猴桃、李子为主，面积约30亩。

曾有金峰砖厂，现已停产。2019年，战山村被列为经济薄弱村，为壮大村级集体经济，2019年6月上级拨款100万到战山村，并与上栗县乡村振兴综合开发有限公司签订投资协议，付战山村每年8万元的利息，现已收2020年、2021年利息，共16万元。2022年转为经开区代管，2022年7月29日与萍乡创新投资发展集团有限公司签订合作投资协议。

基础设施 境内231省道、长福公路和省二级公路福东公路贯穿南北。村主干道羊首坳至坳口1.9千米，于2021年投入250万元拓宽并完成灰改黑；村组路建于2005年之前，长约8千米，路面宽约3米，投入建设资金约50万元。

战山村无邮政代办点，有移动厅1所，通信网络和国电普及到每家每户。给排水等基础设施覆盖率70%。

社会发展 战山小学建于1976年，后改为战山村附属幼儿园，面积约1200平方米，于2018年3月建新教学楼，占地面积600平方米，建筑面积180平方米。学校现有教师15人，学生183人。

余和平 摄

战山村红鱼文化村

  2012年打造红中国红鱼文化村,对河道进行改造,改造河道约1千米;2020年对黄土坡水渠进行改造。2017年战山村新农村建设有5个点,资金150万元,主要是对毛埠上进行了重点改造,约110户农户受益;2018年新农村建设1个点,投入资金30万元,主要是毛埠上一口水塘改造;2019年新农村建设1个点,投入资金30万元,主要是对瑶洞坡村组公路拓宽。

  战山有文体广场6个,总投资约40余万元,分布在乌石山、大路下、毛埠上、漆家屋场、白毛冲、李子塘。有村卫生室3所,2018年建设村级卫生室,医疗保险参保率100%,购买养老保险804人、享受社保638人(其中失地农民保险448人);低保人员74户,特困户11人,城镇低保户13人。耕地1118亩,山地面积4160亩,森林覆盖率90%,绿化覆盖率20%。

  人文地情 村内有寺庙2座。大麓寺观音庙,始建于20世纪初,面积约1500平方米,有5个庙堂,供奉观音菩萨、财神菩萨、送子观音、十八罗汉、傩神菩萨等;傩神庙,建于20世纪初,面积约720平方米,依山而建,共有3间,2021年进行了大规模的翻修。

  肖家台自然村有1座观音庙,供奉的是观音大神,每年农历二月十九日、六月十九日、九月十九日为祭祀香期。白毛冲傩神庙供奉的是傩神大佛,每年的农历十月十三为祭祀期。

  每月农历逢二赶大集,附近村民、商贩在漆家屋场售卖农产品、日用物资等商品,已有几十年的历史。

跃星村

村情概况 1972年,跃星生产队拆分为跃星村和大宇村,跃星村由此而来。跃星村位于福田镇北边,东邻彭高镇马棚村,南接本镇边塘村,西邻战山红鱼文化村,北连杨岐乡孽龙洞风景区,山清水秀。全村有22个村民小组,761户3080人,其中常住人口2180人,流动人口900人。居住人口中以汉族为主,还有畲族等少数民族。主要姓氏是喻姓、张姓。

自然环境与资源 跃星村以丘陵地貌为主,可耕作的农田面积有420余亩,四周有高山围绕,植被绿化率高,森林资源丰富。境内福田河贯穿,灌溉两侧农田;全村水塘共72口,主要用于农田灌溉用水。跃星村境内野生动物稀少,少数农户养殖蜜蜂,种植大棚蔬菜、瓜果。

经济概况 村级主要农作物以水稻为主,水田488亩,旱田80亩。境内企业较少,代表的企业有金泰花炮、通宇涂料、高科陶瓷等,解决本村部分村民就业问题。

基础设施 319国道、福东公路交叉穿越跃星村,全村实现水泥公路组组通。基本实现4G全覆盖。实现户户通电,排水设施齐全。本村基本上都铺上了自来水管,完

跃星村

成水沟水渠修缮,有效预防洪涝灾害。

社会发展 村境内有跃星小学、小星星幼儿园,有卫生所2所。基本做到全民购买医疗保险,购买新农保753人、享受社保167人,其中失地农民保险参保100人,退休67人。

人文地情 跃星村有寺庙3座,徐家冲彭公锦绣庙每年五月十三生辰庙会,徐家冲观音阁无定时活动,跃星桥福主祠无活动。每月农历逢四赶大集,附近村民、商贩在跃星桥售卖农产品、日用物资等商品,已有十多年的历史。

大宇村

村情概况 新中国成立初期的林塘下社与大发社合并成大宇村。大宇村地处经开区北边,距萍乡城区13千米,东邻清溪村、南邻跃星村、西邻战山村、北邻长平乡塘上村。总面积2.4平方千米。大宇村下设10个自然村,分别是林塘下、梨树下、钟家祠堂、黄土岭、野冲、白毛冲、江家湾、禾坪里、泉塘下和黄吉冲,共有15个村民小组,368户1680人,其中常住人口1520人,流动人口160人。居住人口中均为汉族。全村主要姓氏有巫、徐、曾、江、黄、邱、李、肖等。

自然环境与资源 丘陵地貌,总面积2.4平方千米,其中林地面积1948亩,耕地面积863亩。全村有山塘17口,水域面积40亩,分布在各个村组,不出现干旱的情况下,基本上能满足全村的农田灌溉需求。农户散养鸡、鸭、鹅、狗,种植稻谷、油菜及各种当季蔬菜。

经济概况 经济来源主要依靠砖厂、水厂年服务费,大宇小学租金,光伏发电收益,美丽乡村建设资金投资收入等。2023年人均纯收入1万元。

基础设施 村级主干道宇清公路长1.5千米,宽8米,连接319国道。村级邮政代办点1个,宽带用户数320户。全村供电用户数量368户,年用电量约60万千瓦时。

2021年泉塘山塘维修、2022年白毛冲山塘维修,总计耗资23万元。2018年白毛冲新农村建设点,投入资金30万元;2019年泉塘下新农村建设点,投入资金30万元;2020年禾坪里新农村建设点,投入资金30万元;2022年钟家祠新农村建设点,投入资金20万元。

社会发展 大宇小学建于2017年,建筑面积4500平方米,现有教师10人,学生57人。大宇幼儿园有幼儿27人,教职工3人。

大宇村桃花园

有2个村级私营卫生所,为辖区村民提供医疗保健等服务。适龄村民都已购买城乡居民养老保险,40户83人低保人员都及时发放享受政策补助。

人文地情 革命烈士江点祥,萍乡市福田镇大宇村人,中共党员,生于清光绪二十六年(1900)。1927年参加秋收暴动,1928年参加萍乡斑竹山起义,1929年参加红军。1930年6月15日,江点祥不幸被捕,17日在萍乡西门就义。新中国成立后江点祥被追认为革命烈士。

2023年农历六月十三日开始,每月逢三在大宇村广场坪开展农贸市场赶集。

连陂村

村情概况 连陂村由连陂生产队、雅屋生产队、上湖生产队、院前农科所等合并成村,1997年府前路连陂段划归福田社区管理。连陂村面积约4.2平方千米,耕地面积1200亩,林地面积960亩;与田中、清泉、长安、福田村相邻,距萍乡中心城区6千米。全村有26个村民小组,1026户4019人,其中常住人口6215人,流动人口546人。居住人口中以汉族为主,还有布依族、侗族等少数民族。全村的主要姓氏有刘、彭、黄、陈、邓、李等。

自然环境与资源 主要以丘陵地貌为主。村内有两条小河,分别为福田河及双连河,两条小河自北向南流经过连陂村。全村共有水塘26口,水域面积近200亩,绝大部分水塘都兼顾灌溉农田的作用,可灌溉农田面积800亩左右。主要分布在大平山、东冲、大冲上湖等村民小组。村内无矿藏资源。村内植物主要有樟树、枫树、桂花树等树种,果树主要有橘子树、柚子树等。经济农作物以秋葵为主打特色,种植面积超过100亩。

经济概况　　连陂村1200亩耕地主要农作物为水稻,2023年种植水稻300亩,种植蔬菜等经济农作物400多亩。高岭、高陂两个村民小组有着几十年培育菜苗的历史,主要培育辣椒、丝瓜、茄子、黄瓜、西红柿等作物的幼苗。在萍乡市的菜苗市场占有率超过30%。

中国500强企业——中材水泥落户在连陂村,年产值达20亿元,连续20年成为全市纳税大户。

2018年为连陂村经济集体经济发展的起步之年,经过几年的努力,村集体经济收入取得长足发展和进步,2023年预计村集体收入可达20万元以上。

基础设施　　杭南长高铁、沪昆高速、中环北路横跨东西,萍洪高速、231省道、萍福北路纵贯南北,形成了四通八达的交通网络。历年来村委会共投入近300万元建设全村的村组公路,里程达10千米,路面宽度3～6米不等,全村大部分村组公路都是水泥硬化路面。

全村共有5个快递业务服务点,通信网络全覆盖,2022年全村用电量超730万千瓦时。

全村共有3条1000米以上的水渠,水坝5座。2021年福田河进行改造提升,建设了5千米的沿河绿道、河堤石岸、水泥栏杆。全村26个村民小组及2个小区都进行了

连陂村邓家棚小区、八一小区

水管网铺设。

2018年以来投入200多万元对枣冲、高陂自然村进行新农村建设,受益农户130多户。

社会发展　福田镇连陂小学创办于1978年,2000年与瓦屋小学合并,2011年迁入新址。学校占地面积4600平方米,建筑面积2380平方米,配套少先队活动室、科学实验室、仪器室、阅览室、美术室、音乐室、心理咨询室、微机室等。现有教学班8个(含2个附设幼儿班),学生295人,教职工23人。

有村级卫生所2所,每年医保参保率100%;全村共451户1726人办理了失地农民养老保险,农村低保人员58户110人。有老年活动中心2处,幸福食堂1处。

人文地情　连陂村门球场始建于2003年,经过了2次提升改造,2019年市县体育局投资8万余元改造成标准的人造草坪门球场,2019年连陂村门球队获全国门球锦标赛第三名。

田中村

村情概况　1970年上栗区福田乡三田大队划分为田心大队、三田大队及硖石大队。1986年由田心大队转为田中村,1995年划为经开区田中管理处。2015年机构改革为经开区社管四局田中村。2021年机构改革为经开区福田镇田中村。辖区面积2.7平方千米,西邻清泉村,北连连陂村,南连三田村,东邻大星村。全村有18个村民小组,1条农民街,田欣安置小区和添禄塘安置小区2个小区。现有人口740户3600余人。常住人口3560余人,流动人口40人。常住人口中以汉族为主。主要姓氏有陈、钟、刘、戴、郑等。

自然环境与资源　田中村的地形像奔跑的狮子,地貌由丘陵、山地、平原、河流组成。辖区内有萍水湖湿地公园,该湿地公园水域覆盖田中村、三田村和大星村,水域面积共1175亩,其中田中村水域面积占575亩。萍水河流经田中村。村内有水塘16口,水面面积30亩。

经济概况　田中村自1995年划归开发区管辖后,经逐年的开发建设,辖区已基本无农业生产,主要以第二、第三产业为主。境内企业有经贸彩印、丹阳彩印、众旺医药、飞达包装、金科包装、文化彩印等。第三产业有田中杀猪菜餐饮、湖光食色餐馆、王理成天津特色包子店、妈妈驿站快递等。

田中村萍水湖湿地公园

2022年村级集体收入房租25.43万元,利息收入1807.35元。

基础设施 辖区交通便利,距离萍乡北站1千米、距离萍洪高速路口2千米。尚贤中路、吴楚北大道、萍福路(朝阳路)贯穿境内。辖区内有电信代办点、快递代收点各1家。电信用户有648户,联通用户有635户,移动用户908户。宽带安装用户420户。田中村辖区用电户数有1700户(含商户),用电每月30万千瓦时,给排表率100%。

社会发展 有小学1所——田中小学,创办于1952年,原名是田心小学,1989年田中村校舍建成后改名为田中小学。占地面积为23333平方米,现有教师30名、学生428人。

有2处文体广场,分别在田欣小区和添禄塘小区。

有1所村级卫生室——田中村卫生服务室,有医生、护士各1名。

有1家居家养老中心,占地面积120平方米,建筑面积600平方米,为辖区老人提供优质服务,得到村民的充分认可。田中村购买失地养老保险1289人,享受人员507人;购买城乡居民养老保险98人,享受人员69人。农村低保31户50人,城镇低保24户37人,城镇特困3户3人。

人文地情 田中古城位于田中村,距市区约4千米。古城建在一座低矮丘陵上。其北面是小山岗,东面是萍水(又称萍乡河),西面是开阔的农田,南面越过几座低丘,也与农田相接。城址略呈长方形,四面均可见土夯城墙体残存,东、西城门遗迹清晰,西城门较完整,城墙最高处尚有3.2米,还有祭祀台、生活居住区和烽火台等遗迹,古城址的轮廓基本清晰。城址南墙外约100米处的丘坡上,曾发现厚约0.8米的文化层,采集到雷纹陶片;20世纪70年代在南城墙外约250米处的庵子山发现有商周时期遗物,北城墙外230米处的台地上采集到细绳纹陶片,城内还出土过青铜兵器矛、箭镞和石器斧、杵等。

潭台古城址位于田中村的谭台和何家圳之间。该城建在一座低矮的丘陵上,北靠杨岐山,东临萍水河,西面是开阔的平原,南面越过几座低丘与平原相接。城址略呈长方形,城内及周围地势总体上东北高、西南低。根据勘探结果,东墙长约160米、南墙长约240米、西墙长约154米、北墙长约223米,占地面积约4万平方米。

硖石村

村情概况 因古时村西有南、北两石山相夹,狭窄的小峡谷里有一条小河和一条小路相伴而生,一块天然大巨石傲立在小河和小路之间,硖石村名由此而来。

硖石村南临安源区横龙街道后埠村,西南接安源区青山镇青山村,其余方向则与本区各村相接:东南接鹅湖村,东接三田村,北接清泉村,西接下柳源村。萍水河从村内穿过,萍乡至福田、上栗公路在村内长约1千米,320国道穿村而过,环城路以南北向与320国道垂直交叉。交通便利,地理位置优越。村总面积2.5平方千米。

辖区内现有6个小区,分别是花冲小区、凤形山小区、长坡里小区、叶家冲小区、钢材市场小区和谢家湾小区,共6个村民小组,762户2840人,外来人口1.2万人。硖石村主要姓氏有钟、肖等。

自然环境与资源 硖石以山和丘陵为主,历称"九冲二十一坡";泉井水塘遍村,

硖石村320国道

硖石小学

大小河溪遍布。境内大小河流2条，分别是萍水河和硖石小河。土地矿藏以煤炭为主，曾有三田煤矿和硖石煤矿。主要特色植物为樟树，有数棵超过500年的大樟树。

经济概况　硖石村主要以工业为主，无农业产业。硖石村内有工业企业14家，年产值上亿元。有商贸流通企业3家，即三石包装、路路通物流、五星石材厂。

硖石村2022年村级集体经济收入113.98万元。

基础设施　硖石村路网发达，交通便利，辖区主干道有320国道、中环路和朝阳中路纵横交错。通信网络全面覆盖，全村住户家中均通了网络和数字电视，各个小区均有邮政和各个快递的代收营业网点。全村供电用户3000户（含外来人口），全境使用萍乡水务公司自来水，花冲小区进行了一户一表改造，其他小区和村组已列入一户一表改造计划。

萍水河贯穿硖石。2020年由上级拨款，修缮硖石小河，对河岸加固，清理河道淤泥。

社会发展　硖石小学占地面积12556平方米，校舍面积4828.4平方米，有教学楼1栋、幼儿园1栋，有教师50人、小学生700余人、幼儿150人。

村辖区范围内有篮球场1个，居民文化广场1个，坐落在花冲小区中部，占地面积300平方米。

有卫生所1座，执证医生和护士2名；境内群众购买养老保险361人，享受失地农民养老保险246人；农村低保29人，城镇低保37人。

2020年由上级政府拨款，对花冲小区进行老旧小区改造；2022年，凤形山小区、长坡里小区完成雨污分流改造。硖石村居家养老服务中心占地面积300平方米,建筑面积600多平方米,服务老人共计800余人,并与就近餐馆签订用餐协议,可为20多名老人同时提供用餐服务。

人文地情　硖石韩浒庙位于硖石小学后面山坡下,坐东南朝西北,背依硖石小学,前是硖石古泉,左倚肖家山,右临硖石河。韩浒庙始建于明万历十一年(1583),原址在硖石千年古樟东面60米处。清光绪年间利用韩浒庙部分建筑办学,取名硖石小学堂。民众认为原庙小不方便,于是将韩浒庙搬迁至泉井边现址。

每月农历逢六赶大集,附近村民、商贩在硖石农贸市场售卖农产品、日用物资等商品,已有几十年的历史。

三田村

村情概况　三田村位于经开区的西北部,紧邻320国道,东邻硖石村,南界清泉村,西连田中村,北隔大星村与田中湿地公园相连。三田村下设3个自然村,分别是美斯岭自然村、瓜子棚自然村和羊古坳自然村;2个小区,分别是荷花苑小区和牛珠塘小区。共有8个村民小组,915户3725人,常住人口3656人。人口较多的姓氏有刘姓、雷姓。

自然环境与资源　地处平原地带,萍水湖贯穿辖区。全村共有水塘18口,水面94.6亩,主要分布在美斯岭、瓜子棚、羊古坳等,用来养鱼。境内有龙王庙、田中湿地公园等人文景观,龙王庙后有龙潭、古樟树(羊古坳现有400年树龄香樟树1棵)。

经济概况　辖区内共14家企业,分别是:萍乡童智汇母婴用品有限公司、金丰填料有限公司、荣盛包装厂、玛客衣柜厂、萍福印刷厂、镶雅医疗器械厂、向阳印刷厂、鼎泽包装厂、江西康恒工贸有限公司、萍乡曼迪机电设备有限公司、鼎发礼盒加工厂、盛华纸业经营部、萍乡市发安商行、萍乡冰源商贸有限公司。

2020—2022年每年村级集体经济收入7万多元。

基础设施　辖区地处320国道北沿,距离萍乡市高铁站2千米,距离萍洪高速路口3千米。朝阳北路、中环路贯穿辖区,2000年前辖区内大小道路已全部完成硬化。辖区通信网络、用电、给排水已全部普及。全面实现自来水供水入户。

社会发展　辖区内有中小学1所——三田学校。1958年建校,占地面积5200平方米,教师69人,小学生397人,中学生394人,幼儿园幼儿78人。

三田村荷花苑安置小区鸟瞰

辖区内建设有荷花苑大小广场、美斯岭健身广场、羊古坳休闲广场。在村委会建设文明实践站,荷花苑人口聚集地建设老年人活动中心。2022年全面完成美斯岭小区提升改造工程,完成雨污分流、路面硬化、亮化、天然气通气、小区内自来水管道铺设等附属设施。

境内有2个村级卫生室(三田村卫生室、美斯岭卫生室)和1家私立医院(萍水湖医院),为辖区村民提供医疗和保健服务等。

辖区有636人购买失地农民保险,523人享受失地农民保险;农村低保12户16人,城镇低保户25户42人,特困户3户4人。

人文地情 境内有萍水湖龙王庙1座,始建于宋淳化四年(993),因地理位置极佳,历朝香火鼎盛。清道光六年(1826)遭千年不遇洪水冲毁,1845年再次捐资重建。1994年众信倡议集资重建,2017年成立萍水湖龙王庙文化活动中心理事会,于2018年动工,同年竣工。每年农历五月二十日为祭祀日。

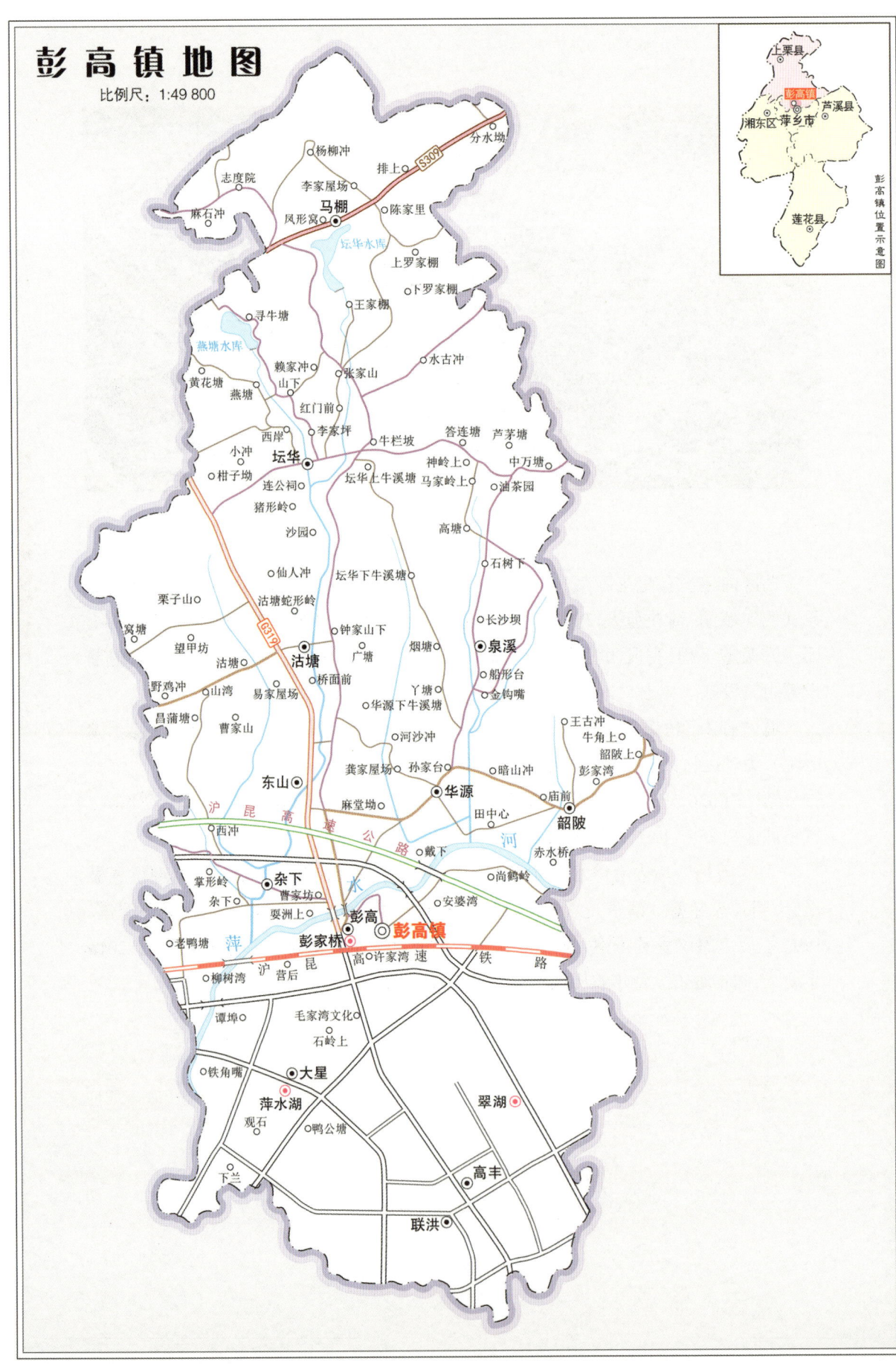

彭高镇

彭高镇位于萍乡城区北端，距萍乡市区中心5公里，是萍乡经济技术开发区与上栗县的连接相交腹地，东邻赤山镇，南连光丰街道，西接福田镇，北与东源乡毗邻。2022年，辖区区域面积52.5平方千米，山林面积2829.7公顷，耕地面积724.94公顷。镇政府所在地为彭高街。

中华人民共和国成立前，彭高镇为萍乡县积善乡。1957年，取境内彭家桥和高塘两村首字而得名，成立萍乡县积善区彭高乡。1958年属福田人民公社管辖。1961年，从福田公社析出10个大队，成立彭高人民公社，属福田区管辖。1968年10月24日，萍乡市扩大社队规模，将原福田区的城北公社并入彭高公社，境辖14个大队。1971年改属上栗区管辖。1984年春撤社建乡改称彭高乡。1994年11月撤乡建镇。2021年12月，彭高镇成建制划归萍乡经济技术开发区管理。2022年，全镇有15个行政村、4个社区，分别是彭高村、杂下村、华源村、东山村、沽塘村、坛华村、韶陂村、泉溪村、马棚村、丰泉村、周江村、万新村、联洪村、高丰村、大星村、彭家桥社区、五丰湾社区、翠湖社区、萍水湖社区，总人口5.7万人，户籍人口12133户43727人（农村户籍人口13225人，非农村户籍人口30502人）。境内人口基本为汉族。

境内地势北高南低，四面环山，中部是较平坦的韶陂垅，最高点是马棚村与杨岐乡清溪村交界山，海拔455米，最低点在杂下村，海拔99.4米。森林覆盖率53.9%。自然资源有石灰石、煤炭等。萍水河由赤山镇院背村圳前进入本镇周江村，自东向西流经镇内6千米。源于桃源和黄土开的两条小溪在境内分别汇合注入萍水河。有中小河流5条，分别为萍水河彭高段、坛华至东山河、泉溪至华源河、沽塘至杂下河、五丰河；水库2座，为坛华水库、燕塘水库小（2）型水库；重点山塘7座，为黄塘冲水塘、下屋塘、王古冲山塘、王古冲大塘、烟塘山塘、泉塘下塘、老屋后塘，筑造了洪陂、应皇洲2座水闸。

2022年，财政总收入13.72亿元，完成固定资产投资20.59亿元，工业投资12.67亿元，完成规模以上工业总产值117.96亿元，规模以上工业增加值27.42亿元。经济以工业为主，2006年，上栗县在境内大力打造动漫产业园（现改名为上栗工业园彭高园区），依托境内的园区优势和靠近萍乡市区的交通区域优势，吸引了鑫通、赣西变压、宝武钢铁欧冶链金等一大批企业落户，实现产业结构不断优化。2022年，新招引投资75亿元的创普斯新能源项目落地，积极配合打造赣湘合作市级工业平台，19天内完成107户房屋征拆工作，为高质量发展拓展了新空间。有实体企业196家，较有影响的有江西庞泰环保股份有限公司、江西蓝翔重工有限公司、萍乡市美孚伦石化有限公司等企业。现有3家农事服务主体，拥有耕地机5台、秸秆拾捡打捆一体机3台、烘干机3套、收割机6台，承接全镇农业机械化作业服务工作。登记注册66家农民合作社和致富带头人，培育了李海军瓜果种植大户和胡永辉肉牛养殖大户，依托数字化营销服务，宏明食品建立了电商营销团队拓宽市场，相继培育出华源村柿李桃林、杂下村子奇植物园等一批特色农副产品电商品牌，坛华村亿隆稻虾水产专业合作社通过"稻虾共养"生态养殖新模式带动农户增收。

境内交通发达，有着邻近市区得天独厚的交通优势。319国道、安源北大道、萍实北大道贯穿南北，杭南长高铁、沪瑞高速公路、中环北路、吴楚北大道横贯东西，萍韶

彭高镇吴楚北大道

彭高镇水稻制种项目

公路、坛神公路等联通镇域各村,"四横四纵二联"的公路主骨架基本形成。杭南长高速铁路萍乡北站所在位置为彭高镇杂下村与福田镇田中村交界处,高速公路萍乡市区连接端口均在境内,市内城市公交K2路、15路、18路、58路直通镇内。2003—2022年,改造吴楚北路、萍洪连接线、萍韶路、319国道、中环北路彭高段等境内公路,提升全镇基础设施建设。2012年,境内实现村村通水泥路。2018年,境内实现村村通沥青路。完成了高速、高铁、中环北路、319国道沿线可视范围内房相改造、美化、绿化生态城市双修建设工程,新农村建设点遍布各村,推进华源、坛华两座公墓山扩建,19处集中供水工程和其他分散供水水井水质良好,集镇污水处理厂、2个村级污水处理站正常运行。有中小型超市188家,投入1000万元改造提升集镇和周江村农贸市场,新建坛华村农贸市场,形成了一个完善的标准化农贸市场体系。

境内有初级中学1所、小学14所、公办独立幼儿园3所、附属幼儿园7所、民办幼儿园8所,有在校学生4844人,其中小学生3597人、初中生595人、幼儿652人,中小学及幼儿园教职工421人。辖区内有县级医院1所(上栗县中医院南院)、彭高镇卫生院1所、村级卫生室16所,现有医务人员74人,病床55张。聚焦"两不愁三保障"及饮水安全,通过产业扶贫、就业扶贫、教育扶贫、政策兜底等方式,保障脱贫户193户749人核心指标落实,脱贫户实现人均纯收入15986.52元,同比增长16.6%。从2019年起,每年成功举办彭高镇"青年杯"男子篮球赛,吸引全镇100余名篮球爱好者参与。投资300余万元建设了1个集篮球、羽毛球、乒乓球等多功能于一体的职工文体活动中心,惠及全镇近5000名职工和周边1万余名群众。社会风气持续改善,6000余名各行各业志愿者活跃在全镇城乡各个角落,涌现出4名"中国好人"、5名"江西好人",形成了崇尚好人、争做好人的向上向善良好社会风尚。

境内物华天宝、人杰地灵,自古以来人文鼎盛、才俊辈出。古有廉洁名仕刘洪辟,近现代有肖保璜、胡保初、肖嘉魁、邓贞谦、杨士杰等革命先烈。在彭高发展史上,有革命烈士30人,其中大革命和土地革命战争时期革命烈士22人,解放战争时期革命烈士1人,社会主义革命和建设时期革命烈士7人。

境内旅游资源匮乏,古迹名胜较少,较有名气的有建于宋乾道五年(1169)的坛华寺(古称龙泉庵)、丰泉村石洞口、邓贞谦党性教育基地、红色文化剪纸馆等。

彭家桥社区

彭家桥社区位于彭高镇南端,是彭高镇政治、经济、文化及商贸中心,距市政府2.5千米、高铁站1.5千米。2020年9月22日经上栗县政府常务会议研究决定,同意彭高镇调整彭家桥居委会的管理范围为东至北道路,南至122县道,西至319国道,北至南进路,并将天悦湾、天润芙蓉、时光印象房地产项目及彭高镇集镇范围内的区域和人口一并纳入彭家桥居委会管辖,有居民小组2个,378户1580人。社区居委会办公场所200平方米,工作人员5人。

彭家桥社区集镇

社区商贸繁荣,社区区域内已入住商铺120余户,有商超、酒店、宾馆和建筑装修等公司。

辖区内有彭高镇中心小学、水木菁华幼儿园。彭高镇中心小学建于1956年,面积9986平方米,于2009年建新教学楼,占地面积2237平方米,学校现有教师52人,学生719人。水木菁华幼儿园占地面积约2900平方米,建筑面积约3200平方米,于2021年9月投入使用,有教职工27人、幼儿约150人。卫生室1所,乡镇卫生院1所,服务范围辐射到附近全部居民。

翠湖社区

翠湖社区因紧邻翠湖公园而得名。2022年2月22日上栗县人民政府第16次常务会议同意设立,并由上栗县民政局出具批复文件。同年3月经彭高镇党委讨论研究,决定成立中国共产党萍乡经济技术开发区彭高镇翠湖社区支部委员会,任命1名社区支部书记,并报萍乡经济技术开发区备案。

翠湖社区地处彭高镇的东南部,紧邻翠湖公园、翠湖学校、高丰村、横板村,距离萍乡市人民政府、萍乡市图书馆、安源大剧院、IBC环球商务中心等地仅6分钟车程,交通便利,附近文化设施齐全,是集政治、经济、文化、贸易等于一体的中心地段。管辖范围东至观泉南路,南至兴贤东路,西至安源北大道,北至广贤东路。管辖翠湖花园、水墨华府、恒运紫园、学府湖畔和翰林悦府等小区。总户数约8500户,预计全部入住后总人口约2.6万人。常住户数约1440户,居住人口中以汉族为主。

社区商贸繁荣,社区区域内有商铺509户,已入驻商铺30户,其中商超5家,还有电器、建材等商铺和装修、电力、汽车修理、劳务等公司。

辖区内有翠湖学校(覆盖幼儿园到高中),幼儿园为萍乡市实验幼儿园,创办于1942年,前身为萍乡幼稚园,1953年并于萍师附小,更名为"萍师附小幼儿园",其间园址几经变迁,1986年与萍师附小脱钩,正式更名为"萍乡市实验幼儿园",独立科级建制,直属市教育局管辖;2000年入选首批"江西省示范幼儿园";2022年成立萍乡市实验幼儿园教育集团,总园搬迁至翠湖。目前三个园区共20个教学班,集团专任教师61人。萍乡市翠湖小学创办于2021年,是一所高起点、高标准设计的义务教育学校,由萍乡经开区主办、萍师附小实行集团化管理。萍乡市翠湖初级中学创办于2021年,位于吴楚大道以东,尚贤东路以南,总占地面积398亩,总建筑面积约18.3万平方米,共有学生1700余人,教师105人。翠湖学校2022年开始招生,高中部占地约200亩,高中部教职工约200人。

辖区内将配备幸福食堂(面积187平方米)、养老用房(面积2086平方米),分别位于翠湖花园小区C区和E区。

萍水湖社区

萍水湖社区因紧邻萍水湖湿地公园而得名,2022年2月22日上栗县人民政府第16次常务会议同意设立,并由上栗县民政局出具了批复文件。同年3月经彭高镇党委讨论研究,决定成立中国共产党萍乡经济技术开发区彭高镇萍水湖社区支部委员会,任命1名社区支部书记,并报萍乡经济技术开发区备案。

萍水湖社区地处彭高镇的西南部,紧邻市奥体中心、萍水湖湿地公园、聚龙公园,距离高铁站和高速入口仅几分钟车程,交通便利。辖区范围西至朝阳中路,北至尚贤中路,东至萍实北大道,南至兴贤西路,管辖汇恒田湖湾、和园、云瑞佳府、百骊佳府、天润海棠湾、宝鼎幸福里等小区。常住人口约为700户1700人。居住人口中以汉族为主。

社区商贸繁荣,社区区域内有商铺550余户,已入住商铺30余户,其中商超2家,小卖部4家,还有电器、家具、药房、美容、建材等商铺和装修、电力、水利、劳务等公司。年营业额100万元以上商家10家,年营业额300万元以上商家5家。

萍水湖社区广场舞队伍参加2022年江西省社区运动会并获广场舞优秀表演奖。

五丰湾社区

五丰湾社区成立于2019年11月,辖区面积0.98平方千米,距市政府1.3千米,中环路、沪昆高速、杭长铁路客运贯通而过,东至安源区白源街,南至光丰街道,西至周江村,北至沪昆高速,现有碧桂园、金御天下、月湖天誉、丰和苑、桃源里、月湖山庄、东方嘉园、春风江南、云溪谷等小区,开发面积为1368亩,预计所有房产的建成居住户数

五丰湾社区碧桂园小区

为11989户，可容纳居民达4万人。常住人口8520余人。

社区商贸繁荣，区域内有商铺约300户，已租商铺101户，其中商超2家，鹏泰超市有1000余平方米，老地方超市400余平方米，还有餐饮、理发、药房、电器、干洗店、建材等商铺和装修、汽车修理、医药等公司。

碧桂园小区内有1所私立幼儿园——明道幼儿园，可满足社区及周边村庄学龄前的就学需求。五丰湾社区居委会（党群服务中心）占地面积310平方米，新时代文明实践站约140平方米，采取"一室多区"形式建设，共设立4个集中活动室，包含图书室、市民宣讲室等多个功能区域。文化健身广场约800平方米，居家养老中心50平方米，综治中心60平方米。桃源里小区内有一个大型公园，公园内有羽毛球馆、篮球馆、游泳池及各种健身器材等，还有满山的果树。

马棚村

村情概况 万历年间，福建、广东农民不断流亡至江西，特别到清军入关后，清统治者为了巩固政权，发展生产，开发内地荒凉地带，颁发了"迁海令"，将福建、广东等地农民强行迁入内地。流亡到江西的很多，他们沿罗霄山脉周围各县搭棚而居，大多都是以所居地的姓氏或地形地貌并加以棚字做地名，如彭高的马棚、上罗家棚、下罗家棚，杨岐乡四十八窝的头棚、中棚、尾棚等，居民被称作"棚民"，这些地名由此而来，

马棚村一角

至今依旧。棚民们垦荒躬耕、辛勤劳作、繁衍作息。

马棚村地处彭高镇最北端,东连东源乡新益村,西邻福田镇跃星村,北接杨岐乡清溪村,南通本镇坛华村。福东公路贯穿全村,距319国道1.5千米,距市区8千米,交通十分便利。全村总面积2.5平方千米,辖区内共有分水坳、陈家里、胡家里、杨柳冲、凤形窝、志度院、麻石冲、李家屋场8个自然村庄,10个村民小组,421户1821人。

自然环境与资源 马棚村属半丘陵半山地地形,村庄地势坡度变化大,平地少,呈现纵向狭长态势,福东公路贯穿全村。有水塘26口,水面面积36亩,水田面积556亩,林地覆盖面积2820亩,主要为油茶林、松树林、杉树林和樟树林。

经济概况 辖区内共有企业6家,以花炮、建材两大产业为主,安排劳动力100余人。个体商业经营户7家,服务性营业户2家,个体种植养殖户6家,主要种植水稻、油茶、油菜、红薯、黄桃、蘑菇、柚子,养殖土鸡、土鸭、羊、牛、蜜蜂等。2022年,水稻种植面积约300亩,种植户约220户,油菜种植面积约300亩,种植户约300户,其中蘑菇、柚子、土鸡、土鸭、蜜蜂等都形成规模。

基础设施 马棚村庄道路网基本形成,交通较为便利。福东公路穿过村庄,均为沥青路面。入户路硬化、村主干道沥青路100%。村内有路灯180盏,均为太阳能路灯。通信网络信号覆盖率100%,宽带网络使用率约90%。农家改水改厕率85%。村内未接入天然气管道,村民日常使用的能源主要为电能和液化气,少数家庭使用蜂窝煤、木柴。村民主要生活用水来源于山泉地表水、自来水及深井水，有1个集中供水点，位于马棚村志度院，可蓄水50吨。因地势高的原因，干旱时期还是会出现供水不足现象，可灌溉耕地仅100余亩。

2022年，成功申报1个新农村建设点，获批20万元项目资金用于邱家里、李家里新农村建设改造，有效提升了马棚村的村容村貌。2017年，打造杨柳冲美丽乡村点，也是全镇唯一的美丽乡村建设点。

社会发展 马棚小学，建于1968年，2006年重建。占地面积约500平方米，建筑面积约400平方米，有幼儿园及小学学生90人，教师10人，2023年鉴定为C级危房，学校暂时停办，学生借读到彭高镇旺盛小学，未出现辍学情况。文化活动场所占地面积约1750平方米，其中村委会（党群服务中心、新时代文明实践站）约700平方米、文化健身广场约600平方米、庙宇约450平方米。马棚村新时代文明实践站采取"一室多区"形式建设，共设立4个集中活动室，包含图书馆、健身室、市民宣讲室、书法室等10个功能区域。

村内建有2个卫生所，服务范围辐射到新益、跃星、清溪、坛华等周边村庄。村委会为村民提供代缴医保服务，2022年度农村医保参保率100%。

马棚村有45户169人享受了失地农民保险，有37户49人享受了农村低保。

人文地情 有2座古庙，分别为马神庙、烽梓大王庙，每逢春节等重大节日，有很多人前往祭拜，香火旺盛。有1口古井（杨柳冲泉水井），此井水冬热夏凉。有1棵树龄300多年的古树（枫树）。

马棚村每月逢三日赶集，一个月3次，赶集地点为马棚村胡家里、李家屋场。

坛华村

村情概况 坛华村，地处彭高镇北部，毗邻福田镇边塘村、东源乡新益村和本镇的沽塘村、泉溪村、马棚村，交通便利。全村1262户5218人，常住人口3803人。有1个居民小区（金牛小区）、1条新街（坛华新街），有连公祠、沙园、猪形岭、西岸、小冲、燕塘、寻牛塘、赖家冲、张家山、罗家棚、水古冲、郑家祠、老街、牛西塘14个自然村，下设27个村民小组，分别是沙园里、猪形岭、连公祠、黄兰冲、上牛漆塘、下牛漆塘、上罗家棚、下罗家棚、王家棚、张家山、赖家冲、上水古冲、下水古冲、坛华老街、红门前、赵家园、李家坪、寻牛塘、燕塘、山下、西岸、沙子塘、横冲、小冲、柑子坳、黄花塘、郑家祠堂。姓氏主要有肖、李、杨、胡、张、彭等。2022年村集体经济收入10万元。

自然环境与资源 319国道贯通境内，全村辖区面积6平方千米，其中耕地面积1360亩，山岭面积4100亩，水面面积150亩，森林覆盖率75%，境内有大中型水库2座（燕塘水库、马棚水库），大小水塘60余口，为全村和沽塘、东山等村的农田灌溉提供了充足的水源。

经济概况 水稻种植1600亩，大豆种植120亩，油菜种植400亩，红薯种植80亩。为促进农业生产，助力乡村振兴，坛华村流转土地233亩，用于建设龙虾基地。境内成规模的企业有4家，即长根电瓷附件厂、永盛包装厂、智羽电瓷配件厂、坛华自来水厂。

坛华村由于地理位置优势，商贸繁荣，在金牛小区建设了农贸市场，共56个摊位、14间店面。坛华新街全长1.4千米。境内有上百家商铺，超市、蔬菜店、早餐店、杂品店、餐馆、鱼肉零售店、理发店、移动营业厅等一应俱全。2022年投资244.55万元用于农贸市场建设，满足本村村民及马棚村、神岭村等附近几个邻村村民日益增长的消费需求。

基础设施 坛华村距319国道1千米，距122县乡道3千米，村级出资700万元硬化村组路30千米，路面宽3.5米，出资260万元沥青路提升10千米。全村邮政代办点2家，通信网络覆盖率100%。全村供电用户1080户、年用电500万千瓦时，有污水处理站1个，日处理量60吨，已有5个组完善了雨污分流，污水接入处理站。

村级水渠5万米、水坝7座、山塘坑塘38口，2座小（2）型水库于2021年完成堤坝

坛华村鸟瞰

加固、泄洪口修缮、安装监测设备，全村自来水管网铺设已经覆盖80%，并进行自来水管网改造提升。

2015年坛华新街路灯亮化投资30万元，2016年金牛广场建设投入60万元，2017年坛华文体广场建设投入30万元，2018年张家山广场建设投入30万元，2019年投入30万元用于下罗家棚道路提升、水井修复、路灯添置，2020年新农村建设投入240万元用于人大广场建设及龙虾基地打造，2022年投入78万用于水古冲修塘、路面硬化，钻机井2口用于十七组、十八组村民生产生活供水。

社会发展 境内有1所小学和1所幼儿园。坛华小学创办于1956年，占地面积3506平方米，现有师资14人、学生232人，有7个功能室。

自2014年以来新建4处大型文化广场，总面积约5000平方米，分别为张家山广场、金牛广场、人民广场、坛华文体广场。

党群服务中心建筑面积约800平方米，为村民提供便捷式一站式服务，内设新时代文明实践站面积约120平方米。新时代文明实践站采取"一室多区"形式建设，共设立4个集中功能室，包含图书室、老年大学、理论宣讲室、科普室、文化健身活动区等。志愿服务队伍齐全，为了丰富村民的精神文化生活，每月组织开展形式多样的文明实践活动不少于8次。

村内建有2个卫生所(室)，服务范围辐射到神岭、马棚、沽塘等周边村庄。全年门诊接诊4360次，完成重点人群家庭签约人数1862人次。

投资40万元提升改造幸福食堂、居家养老中心，建设了标准化的娱乐室、健身房、图书室、休息室，为老人提供更多更优质的服务。有农村低保户64户105人，城镇低保户7户10人，脱贫户23户103人，边缘户2户5人，监测户3户9人。

坛华村森林覆盖面积320公顷，住户绿化面积约5.4万平方米，村里大力加强环境整治工作，环境卫生整治一年投入资金达到35万元。

人文地情 革命烈士杨士杰，出生于彭高镇坛华村一个贫苦的农民家庭，年幼丧父，1909年进萍乡煤矿矿警队当勤务兵。1922年9月工人罢工胜利后，在朱少连、毛泽民等帮助下，阶级觉悟不断提高。1925年，加入中国共产党，之后，杨士杰和刘先胜在矿警队里为党做了大量的工作，利用一切有利条件，保护工人利益，为路矿工人俱乐部探听情报、提供消息，同时启发教育并争取矿警队员。杨士杰是共产党在矿警队从事革命活动的核心人物。1928年1月，杨士杰路过安源时秘密回家探望，被敌侦探发现逮捕，遭严刑拷打仍然百折不挠，最终遭敌人杀害。

《江西通志》卷一百二十二"胜迹略"载："坛华寺在萍乡县北积善里，前有龙潭及七墨水。"元朝末年，昙华寺住持彭玉柱祖师，佛法高深，在寺内既诵经念佛，又广布恩德，为周围四里八乡的穷苦人施医送药，解除病痛，深受远近香客信士和普通百姓的信赖和敬仰。为了满足越来越多的人的需求,彭祖师便在龙潭前面另挖一井小泉井,取名曰"七墨水",取水以施众人,功效神奇。久而久之,七墨水便成了坛华寺仙水的代称。七墨水流量大,蓄水足,现为一级饮用水水源保护地,是彭高自来水公司唯一的取水源。明代云南按察史简继芳上任之初,听说大明开国名将彭玉柱曾隐居的坛华寺香火鼎盛,于是前来谒拜,并题联"炉吸烟霞,一座云腾三宝气;钟开星月,五更风送万家声"。

有1棵古樟树位于坛华村古冲交界处,树龄500余年。

坛华村在金牛小区逢一赶集,每月有3次,车辆来来往往、川流不息。

沽塘村

村情概况 沽塘村是由原旺盛和沽塘两个村合并而成的行政大村,位于彭高镇中西部,东邻泉溪村和华源村,南接东山村和杂下村,西与福田镇交界,北与坛华村接壤。全村总面积约4.7平方千米,下辖18个村民小组,总共27个自然村组,分别为望甲坊、窝塘、野鸡冲、昌蒲塘、上山湾、曹家山、沽塘、栗子山上、泉塘下、下山湾、花冲坳上、易家屋场、暗山坡、仙人冲、蛇形岭、段家屋场、易家桥、大祠堂、友文祠、桥面前、李家坪、凤公祠、钟家山下、朱木岭下、管塘、刘家冲、人形岭。沽塘村现有人口903户

李茂苏宗公祠

沽塘村赣湘合作市级工业平台

3398人。共有8个姓氏,其中以李姓、彭姓、胡姓居多。

自然环境与资源 沽塘村属丘陵地形,村庄地势坡度变化大,平地少,村内有旺盛河自北向南流入萍水河。

经济概况 沽塘村主要种植水稻、油菜,养殖土鸡、羊、猪、蜜蜂等。2022年,水稻种植面积约1200亩,油菜种植面积约700亩。养猪养殖户1户,土鸡、蜜蜂等皆为家庭散养,未形成规模。依托彭高工业园、赣湘合作市级工业平台大力发展工业,通过招商引资,引进了鑫通机械、阿尔法药企、创普斯新能源等一系列龙头企业,有效地带动了周边人口就业。

基础设施 沽塘村庄道路网基本形成,境内萍莲高速挂线和319国道纵横交错。村内生产道路约7千米,生活道路约10.8千米,路宽约3米,主要为沥青路面。村内有路灯130盏,均为太阳能路灯。

村内开设了便民超市、饭店、通信和供电服务点,家庭通电率100%。村内未接入天然气管道,村民日常使用的能源主要为电能和液化气,少数家庭使用蜂窝煤、木柴。村民的主要生活用水来源于市政自来水及坛华水厂,家庭自来水接通率100%。

社会发展 沽塘村建有幼儿园和小学于一体的旺盛小学,可满足沽塘村学龄前和九年义务教育阶段的就学需求,九年义务教育覆盖率100%。文化活动场所占地面积约2000平方米,其中村委会(党群服务中心)约200平方米,新时代文明实践站约200平方米,文化健身广场约1100平方米。

村内建有2个卫生所(室),分别服务沽塘、旺盛两大片区。村委会为村民提供代缴医保服务,2022年度农村医保参保率100%。

沽塘村有235户1086人享受失地农民保险,有63户94人享受农村低保。

人文地情　2018年,鑫通机械企业负责人出资建设李茂苏宗公祠,是为李氏家祠,每逢清明、中元等节日期间,沽塘村李姓村民聚集在家祠前,祭奠先人,重温族规家训。

沽塘傩神庙位于沽塘村沽塘小学后面的丘陵坡地,始建于清光绪年间。当年这片坡地长满了高大的杉树林,传说其中一棵大杉树在五尺高之处长出一个酷似傩面具的树瘤,于是常有人前往供香叩拜。沽塘人历来对同镇的西塘坡傩神非常崇信,在信士们的倡议下,在当年即建起了一座傩神庙。新庙建成后,从西塘坡傩神庙引进了香火,学习了傩舞,建立了傩班,添置了二人抬傩轿。每年春节和农历七月二十一大老爷唐将军生日,傩班戴面具,穿傩衣,用傩轿抬着唐宏将军神像,敲锣打鼓去各村驱邪祈福。

沽塘村农历每月初四、十四、二十四在沽塘村安置小区赶集。

东山村

村情概况　东山村曾名东山乡,古属萍乡县遵化乡积善里。解放前夕属积善乡第三保,解放初为积善区东山乡第二村,1958年为福田公社东山大队,1961年改属彭高公社,1968年冬杂下大队并入,1981年冬该队析出,1982年冬更名为东山下大队,1984年3月改名为彭高乡东山村。

东山村位于彭高镇西南端,境内交通便利,319国道、沪昆高速、中环路、萍韶路"一纵三横",区位条件较优。全村面积2.5平方千米,以丘陵为主,其中耕地750亩。共有9个自然村,分别是新农村、秧田坳、瓜塘下、山下里、温家里、东山下、河下里、高家屋、西塘坡;共有13个村民小组,全村人口2368人。东山村共有93个姓氏,其中李姓、胡姓均超过100人。

自然环境与资源　东山村属丘陵半山地地形,地势北高南低,村庄地势坡度变化不大,平地多,村内有两条萍水河支流自北向南穿村而过。有山林900亩,森林覆盖率78%,主要为油茶林、松树林、杉树林和樟树林。

经济概况　东山村主要种植水稻、油菜、茶叶、水果,养殖土鸡、土鸭、鱼等,其中绿茶为东山土特产。2022年,水稻种植面积约600亩、种植户约380户;油菜种植面积约500亩,种植户约380户。2022年新引进再生稻种植项目,种植面积190亩。土鸡、土鸭、鱼等皆为家庭散养,未形成规模。规模较大的合作社有上栗县彭高镇东山村经济股份合作社、上栗县乡情美种养专业合作社。村民大多经商(开工厂、开作坊等)和务工。

村内集镇全长200余米,有厂房2座,主要为面条粉丝加工;商铺20余户,其中商超3家、小卖部5家、餐饮3家,还有通信、诊所、药房、美容美发、汽车修理等店铺。年营业额50万元以上商家2家。

基础设施 东山村庄道路网基本形成,交通较为便利。319国道、沪昆高速、中环路、萍韶路"一纵三横",均为沥青路面。村内道路均配备太阳能路灯,亮化覆盖率100%。建有垃圾中转站6个。

通信网络信号覆盖率100%。村内有移动、电信、联通营业厅和邮政物流配送点。

村内家庭通电率100%。村内未接入天然气管道,村民日常使用的能源主要为电能和液化气。村民主要生活用水来源于自来水。村内有山塘21座,主要采用沟渠引水,可灌溉耕地750余亩。2022年,成功申报1个新农村建设点,获批20万元项目资金用于山下里新农村建设改造,有效提升了东山的村容村貌。

社会发展 东山村建有彭高中学、东山小学和彭高中心幼儿园,可满足东山村及周边村庄学龄前和九年义务教育阶段的就学需求。村内建设小型休闲广场6个,总面积约为5000平方米。其中东山村新时代文明实践站采取"一室多区"形式建设,共设立4个集中活动室,包含农家书屋、四点半课堂、市民宣讲室等10个功能区域。

村内建有1座医院(上栗县中医院)、1个卫生所(室)。村委会为村民提供代缴医保服务,2022年度农村医保参保率达100%。

东山村有215户818人享受了失地农民保险,有60户96人享受农村低保。

东山村

人文地情 东山村古属楚地,具有浓厚的古傩遗风。西塘坡傩神庙位于东山村西塘坡,始建年代不详,现有土地300平方米,建筑面积200平方米。西塘民众遵照明清传统习俗,每年的农历七月二十一日在傩神庙庆祝大将军唐宏生日。

2019年至今,有李丙呋、胡世国、蓝芝云等3位"中国好人"。

肖炳秀,女,赤卫队联络员,1930年在萍乡县马棚村被敌人杀害,年仅27岁。

东山村每月在瓜塘下有3次逢二大型赶集。

杂下村

村情概况 杂下村因辖区内村民姓氏交叉聚居,姓氏多杂而取名"杂下"。杂下村位于彭高镇西南部,东靠彭高村,南靠大星村,西靠福田镇连陂村,北靠东山村。境内交通便捷,沪昆高速、高铁、朝阳路、中环北路等贯穿全村东西南北。全村总面积2.6平方千米,其中耕地面积1100余亩、旱田300余亩、山岭2000余亩。下辖6个自然村组,老鸭塘、柳树湾、杂下、蛇形岭、罗家岭、西冲,12个村民小组有536户(含蓬莱小区外来户101户),户籍人口2097人,常住人口2518人。共有17个姓氏,其中人数较多姓氏有李、樊、许、邬等。

自然环境与资源 杂下村属山区丘陵地形,地势呈东北高西南低,山岭起伏,纵横走向,村内有萍水河穿村而过。石灰石矿产资源较为丰富。绿化率达70%,林地面积为108公顷,占比52.3%,主要为油茶林、杉树林和樟树林。

经济概况 杂下村主要种植水稻、油菜、红薯、玉米,养殖土鸡、土鸭、牛、羊、鸽子等。2022年,水稻种植面积约460亩、种植户约250户,油菜种植面积约458亩,种植户约260户。鸽子养殖户1户。土鸡、土鸭、牛、羊等皆为家庭散养,未形成规模。杂下村大力发展上栗县子奇种植专业合作社产业项目,促进产业融合发展,带动村民增收致富。

基础设施 杂下村庄道路网基本形成,境内交通便捷,沪昆高速、高铁、朝阳路、中环北路贯穿全村。村内生产道路约5千米,生活道路约6.1千米,路宽3~4米,村二级公路宽6米,主要为水泥路面。有桥梁12座,其中小型桥梁8座、涵洞型桥梁4座。村内有路灯60盏,均为太阳能路灯。

通信网络信号覆盖率100%,宽带网络使用率约90%。村内有邮政物流配送点。

家庭通电率100%。村内未接入天然气管道,村民日常做饭烧水使用的能源主要

杂下村蓬莱小区

为电能和液化气。蓬莱小区已提升改造,实现了雨污分流。村民主要生活用水来源于自来水,铺设自来水管道约1.1万米,满足了全村村民日常生活用水需求。

具有水利灌溉功能的山塘有7座,主要采用沟渠引水,可灌溉耕地100余亩。

社会发展 杂下村建有杂下小学和杂下小学附属幼儿园,可满足杂下村及周边村庄学龄前和九年义务教育阶段的就学需求。文化活动场所占地面积约1860平方米,其中村委会(党群服务中心)约1080平方米、新时代文明实践站约360平方米、文化健身广场约1300平方米、庙宇约110平方米。杂下村新时代文明实践站采取"一室多区"形式建设,共设立4个集中活动室,包含图书馆、四点半课堂、书画室、娱乐室、市民宣讲室等10个功能区域。

村内建有1个卫生室,服务范围辐射到东山、彭高、长安等周边村庄。村委会为村民提供代缴医保服务,2021年度农村医保参保率达100%。

杂下村有145户198人享受失地农民保险,有27户40人享受农村低保。分散供养特困户3户3人,孤儿1户1人。

人文地情 灵仙社古庙始建于清光绪四年(1878),重修于1981年,庙貌崇隆,是保存完整的一座古庙。

华源村

村情概况 华源村历史上曾有两个名字,一曰"法院台"(法院台有二址,藕塘坝刘华宗祠右则和孙家台左则),二曰"茶园台"(现肖家、刘家、孙家屋场后,当时多为茶园)。"华源村"由"法院台""茶园台"的谐音演变而来。

华源村位于彭高镇北部,东邻韶陂村,南界彭高村,西连东山村,北接泉溪村,辖区面积6平方千米,其中耕地954亩、水田90亩、山地538亩。内有15个村民小组,11个自然村(戴下、藕塘坝上、华源台、暗山冲、孙家台、邓家老屋、麻塘坳、河沙冲、曾家屋场、牛漆塘、肖家屋场),村民476户,全村常住人口2248人。全村共14姓,其中邓姓、李姓人口较多。

自然环境与资源 以丘陵山区地貌为主,东北面为低山丘陵,南面和西北面为农田。全村水源由坛华、泉溪的地下水和天然降水3部分组成,萍水河的水为农田灌溉主要水源。大中小水塘35口,面积约90亩,分布在牛漆塘、河沙冲、邓家老屋、暗山冲等自然村,用于灌溉农田。农户主要养殖猪、狗、羊等牲畜,山岭主要种植杉木等树木。

经济概况 全村农田主要以栽种晚稻为主,大面积种植油菜。柿李桃林合作社

华源村

成立于2017年5月,主要从事果业种植及生猪养殖销售等,注册资金100万元,现有种植面积110亩,温室大棚1栋,猪舍800平方米,稻谷烘干机1台,主要种植品种有长果桑葚、桃、柿、梨、蜂糖李、金橘、甜橙等品种。经过几年的发展,现有社员30户,带动脱贫户8户,使130余人增收。

华源村邓贞谦生平事迹陈列馆

实施红色名村建设,在邓家老屋自然村打造了邓贞谦烈士生平陈列馆。2022年申报了乡村振兴项目,首批投资53万元,实施了彭高镇邓贞谦烈士纪念馆提升改造工程二期红色旅游研学基地建设产业项目,配套建设了贞谦广场等休闲场所。

基础设施 华源村庄道路网基本形成,交通较为便利。萍韶公路穿过村庄,均为沥青路面。村内生活道路约10.2千米,路宽3~5米,均为沥青路面;生产道路约3千米,为沙石路面。村内有路灯120盏,均为太阳能路灯。建有垃圾集中处理中心4个。

通信网络信号覆盖率100%,宽带网络使用率约90%。村内有邮政物流配送点。

家庭通电率100%。村内未接入天然气管道,村民日常使用的能源主要为电能和液化气,少数家庭使用蜂窝煤。村民主要生活用水来源于自来水公司管网供应的自来水和自家井水。

有具有水利灌溉功能的山塘7座,主要采用沟渠引水,可灌溉耕地900余亩。

社会发展 华源村建有华源小学,可满足村内九年义务教育阶段的就学需求。文化活动场所占地面积约4490平方米,包括村委会(党群服务中心)约860平方米、新时代文明实践站约100平方米、文化健身广场约3500平方米、庙宇约30平方米。其中华源村新时代文明实践站共设立6个集中活动室,包含图书馆、理论宣讲室、市民宣讲室、未成年活动室等10个功能区域。

村内建有1个卫生所(室),服务范围辐射到泉溪、韶陂等周边村庄。村委会为村民提供代缴医保服务,2022年度农村医保参保率100%。

华源村有8户脱贫户,共计34人;有34户51人享受了农村低保。

人文地情 邓贞谦(1907—1928),又名邓中坚,上栗县彭高镇人。1924年加入中国社会主义青年团。1926年考入北京师范大学,1927年投身革命,曾任中共安源市委委员、湘关(即湘东老关)区委书记。以下埠为中心领导萍乡大西路一带的党的工作和农民运动。1928年春,中共安源市委为沟通湖南省委和井冈山革命根据地的联系,派邓贞谦到井冈山茨坪联络毛泽东。返萍途中,在南坑不幸被靖卫队逮捕,狱中留下了《遗书》《自述》等遗作十余篇,表达自己"死是革命鬼,活是革命人"的决心。1928年6月,在大西门外英勇就义,牺牲时年仅21岁。现在邓家老屋自然村建有邓贞谦烈士生平陈列馆。

乡村荣誉　上栗县生态宜居村、江西省红色名村。

泉溪村

村情概况　200多年前,刘氏先人在生活的地方发现一口大约10平方米的泉水池,水池里的泉水源源不断地流向下游,形成一条小溪,故而把这里取名泉溪村。

泉溪村位于彭高镇北部,2002年由泉溪、神岭合并为泉溪村,村里四面环山,东邻韶陂村,南邻华源村,西与坛华村交界,北至上栗县东源乡的江岭村,村内管辖面积3.4平方千米,下辖18个自然村组,分别为钟嘴岭、丫塘、烟塘、金钩嘴、船形台、泉溪、长沙坝、石树下、花麦冲、高塘、马家岭、答连塘、卢茅塘、神岭、中万塘、鲤鳝段、油菜园、上屋,总人口574户2688人。共有69个姓氏,其中刘、李、胡、黄、郑等姓人数较多。

自然环境与资源　泉溪村属半丘陵半山地地形,地势南低北高,山岭起伏,村民居住布局为"个"字形。主要山峰为神岭,海拔260.5米。林地面积2700亩,其中以油茶林、松树林、杉树林、樟树林居多。农田1037亩,水面积为83亩。泉溪村内自然环境优美,没有污染企业。

经济概况　泉溪是农业村,主要种植水稻、油茶、油菜、有机蔬菜,养殖土鸡、羊、牛、鸽子等,实行稻、油相接种植,2022年水稻种植面积约1037亩、油菜种植面积约800亩,共计收入达150万元。共有劳动力1380人,其中木工、泥工、装修工占多数。村内有1家鞭炮企业,解决本村劳动力116人。有小型商超9家。2022年村集体经济收入17.15万元。

基础设施　泉溪村庄道路网基本形成,萍泉神公路、坛神公路贯穿村庄,均为沥青路面。村组道路约11.3千米,主要为水泥路面,有小型桥梁6座。村内有路灯138盏,均为太阳能路灯。通信网络信号覆盖率100%,宽带网络使用率约95%。村内有1个邮政物流配送点。

泉溪村村委会

家庭通电率100%。村内未接入天然气管道，村民日常使用的能源主要为电能和液化气，少数家庭使用蜂窝煤。村民主要生活用水为自来水和集中供水。2022年建设神岭自然村农饮工程项目，项目资金140万元，属集中供水点，可蓄水200吨，覆盖270户居民生活用水。有2个集中供水点，分别位于卢茅塘、长沙坝。铺设自来水管道约16千米，基本满足全村村民日常生活用水需求。

有具有水利灌溉功能的山塘14口，主要采用沟渠引水，可灌溉耕地1000余亩。有抗旱抽水机站5座，解决了泉溪村北部区域干旱问题。

社会发展 泉溪村建有小学和附属幼儿园各1所，2022年有学龄前儿童和九年义务教育阶段学生共107名，九年义务教育覆盖率100%。文化活动场所占地面积约5450平方米，其中村委会（党群服务中心）约1100平方米、新时代文明实践站约500平方米、文化健身广场约2100平方米、庙宇约1800平方米。泉溪村新时代文明实践站采取"一室多区"形式建设，内设图书室、电子阅览室、健身房、书画室、四点半课堂、市民宣讲室等10个功能区域。

2022年成功申报1个新农村建设点，获批100万元项目资金用于上屋新农村道路建设，改变了上屋居民出行难问题。

2014年新建村办公楼1栋，占地面积1200平方米，建筑面积1188平方米。2017年新建村集卫生室、居家养老服务中心、文化书屋为一体的综合楼，占地面积500平方米，建筑面积480平方米。2020年，成立村居家养老服务中心，内设休闲室、活动室、幸福食堂。2022年，对居家养老服务中心进行了提升改造。

村内建有2个卫生所（室），村委会为村民提供代缴医保服务，2022年度农村医保参保率100%。

人文地情 泉溪村历史悠久，村口的里门极具象征性。据说"里门"寓"里仁为美、门亦德高"之意，里门之内，皆为一家，子孙官位再高，入里门便需下马下轿，步行

泉溪村里门

而入,遇人概按辈分长幼称呼行礼。

白鹤仙师庙,距今已有150年历史。2017年,当地居民捐资将庙宇迁至神岭山峰半山腰,每逢重要节日,许多村民都会上山朝拜。

泉溪村书香气息较为浓厚,向来有"书香泉溪"之美称。刘洪辟,1894年中举人,号廉园老人,他曾两度出任县令,为官清廉,辞官回家后极力推行地方自治。1933年,有感于萍乡近代史失载,在家私设县志馆,并感召同志数人一起,历时两年,费尽心力,终成《昭萍志略》十四卷并得印发。

韶陂村

村情概况 韶陂村由原韶源大队(现韶陂村、华源村、泉溪村)分解后而成立。新中国成立前,韶陂村以现在村部为界,分为上韶林社、下韶林社。后由于要在兰田与韶陂地段修建一座拦河大坝,当时的坝碑为韶碑,旁边自然村既得名韶陂上,后从韶源大队分出时得名为韶陂村。

韶陂村位于彭高镇正东部,距镇政府约3千米,东与赤山镇兰田村相邻,南与周江村相邻,西与本镇华源村相邻,北与泉溪村相邻,管辖面积约3平方千米,下设15个村民小组、11个自然村,分别是韶陂上、牛角上、山嘴下、彭家湾、王古冲、马栏口、赤水桥、庙前、岭咀上、大屋里、田中心。全村692户,总人口2657人,其中常住人口1860人,居住人口基本为汉族,有少数民族5人。全村有27个姓氏,其中张姓约占全村人口的50%。

自然环境与资源 韶陂村属丘陵地带,地势平坦,林地面积为310亩。

经济概况 韶陂村主要种植水稻、油茶、油菜、蔬菜,养殖土鸡、土鸭、羊、牛、兔等。2022年,水稻种植面积约900亩,种植户约509户;油菜种植面积约877亩,种植户约500户;黑山羊养殖户5户,年末存栏80头,全年出栏50头。土鸡、土鸭、牛、羊、兔等皆为家庭散养，未形成规模。

韶陂村商贸繁荣，每月逢三赶集。村内集镇全长300余米，有商铺16户，其中商超2家，小卖部12家，餐饮店1家。

基础设施　村庄道路网基本形成，交通便利。121县道贯穿全村，均为沥青路面。村内生产道路约5.2千米，生活道路约6.1千米，路宽3.5~5.5米，主要为水泥路面和沥青路面。距兼具生产生活功能的集镇段约1.5千米，为沥青路面。有涵洞型桥梁2座。村内有路灯121盏，均为太阳能路灯；建有垃圾集中处理中心1个。

通信网络信号覆盖率100%，宽带网络使用率约90%。家庭通电率100%。村内未接入天然气管道，村民日常使用的能源主要为电能和液化气，少数家庭使用蜂窝煤。村民主要生活用水为自来水。

有具有水利灌溉功能的山塘6座，通过沟渠引水，可灌溉耕地400余亩。

社会发展　韶陂村有1所幼儿园——韶陂育蕾幼儿园，是萍乡市二级幼儿园，占地面积1000平方米，现有师资7人，学生70人。韶陂小学于2017年建成新教学楼，2021年完善操场、足球场等教学设施，现有老师11人，学生120人。村文化活动场所占地面积约5450平方米，其中村委会（党群服务中心）约35平方米、新时代文明实践站约100平方米、文化健身广场约600平方米、庙宇约2390平方米。村新时代文明实践站采取"一室多区"形式建设，共设立4个集中活动室，包含图书馆、四点半课堂、市民宣讲室等多个功能区域。

韶陂村鸟瞰

多福寺

2009年以来，成功申报6个新农村建设点，分别是庙前、韶陂上、田中心、马栏口、彭家湾、岭嘴上。获批98万元项目资金用于新农村建设改造，有效提升了韶陂村的村容村貌。

村内建有2个卫生计卫室。村委会为村民提供代缴医保服务，2021、2022年度农村医保缴纳率100%。

韶陂村有1户2人享受了失地农民保险；有28户49人享受了农村低保。

人文地情 多福寺，初建于明末，寺内供奉麻衣大神杨耀廷。

境内有一棵重点保护树木——香樟树，该树已有300年历史，保护级别为二级，位于韶陂村萍韶路边，现在仍枝繁叶茂。

张瑞秋，韶陂村人，在安源参加革命，曾与彭德怀多次在韶陂义祠召开会议。参加井冈山会师。红军长征途中牺牲，享年26岁。

肖丙秀，生于1900年，韶陂村人。1928年1月16日，邓贞谦等策划上栗斑竹山起义，肖丙秀是彭德怀指定的特级联络员。1930年4月至5月间，湖南文市和斑竹山的工农红军与反动武装在赤山桥河激战（史称"庚午激战"），她冒着生命危险给红军送茶、盐。因地主、叛徒告密，肖丙秀于5月24日被反动派抓捕，28日身怀六甲的她在石咀台就义，年仅30岁。

韶陂村每月农历初三、十三、二十三日在马栏口赶集。

彭高村

村情概况 彭高村为彭高镇政府所在地，境内沪昆高速、319国道及已修建的杭南长高铁和规划的江南路、环城北路也正在启动之中，纵横交错，贯穿全村，高铁火车站距村仅1千米。辖区面积约2.3平方千米，四周与东山村、大星村、周江村、高丰村及联洪村接壤，境内管辖尚鹤岭、瞿家屋场、安婆湾、下鸭塘、许家湾、黄塘冲、烟冲、应皇州、耍州上、曹家坊、台几上11个自然村，设22个村民小组，900户3890人。有耕地1280亩，山岭面积980亩，大中小水塘18口。

自然环境与资源　彭高村属丘陵半山地，地势北高南低，村庄地势坡度不大，平地较多，辖区内共有8口水塘。因城市发展需要，彭高村土地大部分被开发征收。

经济概况　因彭高村离市区及周边工业园较近，村民主要经济为务工收入，自行创业，种植水稻、油菜等。2022年，水稻种植面积约280亩，种植户约124户；油菜种植面积约260亩，种植户约110户。

彭高村商贸繁荣，每月有三次农历逢八大型赶集。村内集镇全长1千米，有商铺210余户，其中大型商超9家、小卖部70余家、餐饮31家，还有衣帽服饰、电器、家具、通信、诊所、美容美发、五金、水电安装、汽车修理、建材等店铺。年营业额100万元以上商家12家，年营业额300万元以上商家2家。

基础设施　彭高村境内交通便捷，319国道、沪昆高速、高铁、吴楚大道、中环北路、萍实北大道贯穿东西南北。近几年来，村组公路已全面硬化，"白改黑"率近60%。完成了村内小河岸和萍水河防洪堤建设，各个自然村已安装路灯。

通信网络信号覆盖率100%，宽带网络使用率约90%，有线电视使用率100%。村内有移动、电信、联通营业厅和邮政物流配送点。

家庭通电率100%。村内未接入天然气管道，村民日常使用的能源主要为电能和液化气，少数家庭使用蜂窝煤。村民主要生活用水为自来水。

有具有水利灌溉功能的山塘9座，主要采用沟渠引水，可灌溉耕地600余亩。

社会发展　彭高村建有彭高镇水木菁华幼儿园、彭高实验幼儿园、迪斯尼妙妙幼儿园、小天使幼儿园和彭高小学，可满足彭高村及周边村庄学龄前和九年义务教育阶段的就学需求，九年义务教育覆盖率100%。文化活动场所占地面积约5450平方米，包括村委会（党群服务中心）约1200平方米、新时代文明实践站约300平方米、文化健身广场约1500平方米。其中彭高村新时代文明实践站采取"一室多区"形式建设，共设立4个集中活动室，包含图书馆、四点半课堂、市民宣讲室等10个功能区域。

村内建有1个卫生院、2个卫生所（室），服务范围辐射到东山、杂下、沽塘等周边村庄。村委会为村民提供代缴医保服务，2022年度农村医保参保率达100%。

彭高村有486户享受了失地农民保险，有42户68人享受了农村低保。

人文地情　彭高村尚鹤岭自然村是革命烈士肖保璜故居所在地。肖保璜（1904—1931），上栗县彭高镇人。自幼父母双亡，兄妹五人均由叔父抚养。由于家庭环境的影响，肖保璜读书刻苦，于1924年考入北京大学，开始接受马克思主义。1926

彭高村

年因病回萍乡县立中学任教,10月加入中国共产党,创办和主编《萍乡工农》等刊物。1927年参加南昌起义,任政治保卫处秘书,后随起义军南下。1928年被派回萍乡策动武装起义,后赴上海,任上海总工会秘书。1929年调中共江苏省委宣传部工作,负责编辑《白话报》。后调中共中央机关报《上海报》工作,任编辑。1931年任中共中央机关报《红旗报》主编。7月27日因叛徒出卖被捕,8月在上海龙华国民党淞沪警备司令部内遭敌杀害。

大星村

村情概况 大星村地处彭高镇西南部,北临彭高村,南至联洪村,西达高铁枢纽,东至319国道。杭南长高铁、沪昆高速、萍实大道、吴楚大道、洪山大道、尚贤路、宝鼎路、仁和路、中环路等主干道路贯穿全境。辖区总面积3.5平方千米,因开发建设,自然村消失,下设6个居民安置小区,即萍实一小区、萍实二小区、朱家店小区、汇恒安置小区、江南小区、荣后小区,共960户3902人。有78个姓氏,其中姚、钟、胡、罗、戴、肖姓村民人数均超过100人。

自然环境 大星村地形以江南丘陵、山地为主,因开发建设,原有耕地、山地、水田等全部征用,地形地貌全新改变。

经济概况 经开区引进奥体中心项目,绿地集团项目落户大星村。辖区内有企业200余家,临街店铺、商超等60余家,涉及餐饮、美容美发、五金、水电安装、汽车修理、建材等行业,可满足村民各种生活需求。

大星村坚持走盘活集体资产、发展楼宇产业、振兴乡村经济的新路子,筹措资金3000余万元,建成一栋11层(地下1层、地上10层)、面积达11000余平方米的大星村便民服务中心大楼。此办公楼于2021年投入使用并积极开展对外招商,吸引众多优势企业入驻落户,既引进了客商在本村投资办企业,又增加了村级集体收入,年租金100万余元。另外原大星管理处办公楼及附近闲置土地租赁收入50余万元。2022年集体经济总收入150余万元。

基础设施 大星村横交萍乡高铁北站,纵交沪昆高速,交通便捷,距离城区较近,内接萍乡湿地公园,发展乡村旅游潜力大。全面普及自来水、电、气,投入资金2000余万元推进小区提升改造,对江南、荣后、朱家店、萍实等小区实施水电气改造、通道白改黑、小区路灯照明等基础设施提升改造,解决了小区垃圾污水排放问题。绿化面积达1200平方米,有线电视及网络全覆盖。投入800万元着力抓好基础设施和公共服务设施建设,新建一栋4层小区管理办公楼。

社会发展 辖区内有大星小学,建在朱家店小区。义务教育覆盖率100%。实行义务教育小学阶段学杂费减免政策,金额约10万元/年;发放高考助学金约6万元/年。

大星村湿地公园

健全完善综合文化服务设施,打造萍实小区综合文化服务中心、朱家店小区党员活动室、荣后小区广场花园、朱家店小区群众文化广场、萍实小区健身广场。科学设置图书角、书画室、棋牌室、老年活动室,完善宣传栏、健身器材等各种设施,丰富群众精神文化生活。

村内设有卫生计生服务室,服务范围辐射辖区全境。2022年参加城乡居民基本医疗保险计3500余人,医保参保率98%。

2022年大星村享受城镇低保17户32人,享受城镇特困人员供养2人,享受农村低保36户57人,享受孤儿救助2人,残疾人74人。共有57名80周岁以上的老年人办理了高龄补贴登记,106名老年人办理了意外保险。落实1600余人的参缴被征地城镇职工养老保险及城乡居民养老保险工作。

乡村荣誉 2016年度全市新农村建设美丽村庄。

高丰村

村情概况 高丰村历史悠久,自清顺治年间康姓、董姓氏家族先后迁入境内,陆续有戴、肖、李、吴等20余姓氏家族在此定居,均为汉族。以前高丰村以耕种为主,耕地面积1370亩,人均耕地0.6亩,主要种植水稻、大小麦、高粱、各种瓜果蔬菜等。

高丰地处萍乡北部,离萍乡城区7.5千米。清康熙二十二年(1683),高丰属江西省袁州府萍乡县遵化乡积善里二保二图,1940年归属积善乡。1950年2月,开始土地改革。1954年开始农业合作化,1958年归属新成立的政社合一的彭高公社。1958年合并到福田公社,高丰成立生产大队。1959年3月,实行公社、大队、生产队三级体制。1961年彭高和福田分开,转为彭高公社管辖。1966年高丰恢复以生产队为基础,由原10个生产队划为12个生产队。1980年根据中央撤社建乡的政策,大队改为行政村,生产队改为村小组,土地下放农户承包,耕牛农具按人口劳动力分配到户。2003年高丰划归开发区后,土地逐步被政府征用,遂迈入城市化快速发展进程。

高丰村原隶属上栗县彭高镇,2003年6月划归安源经济开发区(萍乡经济技术开发区前身)并更名为高丰管理处。2015年6月,恢复高丰村建制。2022年9月,随着萍乡经开区的调区扩容,高丰村重归彭高镇管辖。

高丰村位于萍乡市新城区核心地段,北至彭高村,南达市行政中心,西邻大星村、联洪村,东接横板村、万新村。杭南长高铁、昌金高速、319国道、吴楚大道、宝鼎中路、兴贤中路、仁和路、中环路等城市主干道贯穿全境,地理位置优越,交通便利。全村总面积4.3平方千米,辖区内有中梁、区消防、市武警等多个小区及单位,因开发建设,自然村消失,设13个村民小组,涵盖柏树塘小区、上高塘小区、鉴山园小区等拆迁安置区。全村共560户2453人。高丰村有董、康、张、肖、吴、李、廖、刘、胡、江等20余个姓氏,人口较多的姓氏有董姓、康姓。

自然环境与资源 高丰村属丘陵地区,海拔300余米,田少、山多,由高塘、山村两个大自然村组成,有57个小地名,大多数由姓氏取地名,因开发建设,地形地貌已随之改变。因萍乡市城市发展需要,高丰村土地大面积被开发征收,土地利用率高,现剩余可利用土地面积约1500亩,其中林业资源面积约1000亩,农作物面积约300亩,经济作物面积约200亩。

基础设施 村民基本居住在自建房小区内,仅剩余3栋乡村房屋未完成拆迁,住房安全率达100%,村民的饮用水已经全部由市政供水(自来水),饮用水安全有保障。

3个小区中心广场配备室外健身器材,建有休闲凉亭、文化宣传栏。柏树塘小区建有篮球场、羽毛球场、乒乓球场等,办公楼室内有大型会议室(党员活动室)、中型会议室、小会议室、室内健身房、棋牌室、图书室、理论宣讲室等。

居住小区道路网基本形成,生活道路全部实现硬化,为沥青路面(海绵工程),交通较为便利。小区内全部安装照明路灯以及安全监控摄像头,日常生活水、电、燃气、

高丰村党建村史馆

网等全部入户。

通信网络信号覆盖率100%，宽带网络使用率约90%，有线电视使用率100%。村内有移动、电信、联通营业厅和邮政物流配送点。

经济概况　村民经济收入以务工和自主创业为主，自主创业以沿街置办超市、饭店、洗车行等个体工商户为主。

依托附近企业、政府发展服务型产业，为企业提供办公场所，为政府提供服务保障，因土地较为紧张且零散分布，暂无村办集体型企业。

村级集体经济中，经营性集体资产有高丰村老办公楼、柏树塘小区公寓楼临街店面等约1580平方米，用于企业、工商户或仓库租赁，临街正面店面32间共计1280平方米，临街侧面店面18间共计300平方米，柏树塘小区公寓楼41套小区房共计5444.8平方米；非经营性集体资产有高丰村党建村史馆（新办公楼），建于高丰村柏树塘小区内，四层面积共1920平方米，计生服务室面积为200平方米，上高塘小区办公楼为780平方米；资源性资产有经开区已划拨的高丰大厦地块，用地面积4799.5平方米，总建筑面积20178平方米，属萍乡开发区2022年专项债储备项目，高丰村29.85亩村级集体土地，项目定位为商业写字楼综合体用地。

村级可支配收入主要来源于村集体资产的租金收入以及政府各项工作考核奖金。

社会发展　主要建有党建村史馆、党群服务中心、新时代文明实践站、文化健身广场、屋场夜话长廊、警务室、廉洁工作平台等。其中高村新时代文明实践站采取"一室多区"形式建设，共设立4个集中活动室，包含图书馆、四点半课堂、市民宣讲室等10个功能区域。

村内建有村级卫生室，服务范围辐射到附近全部居民。村民全部参加城乡居民医保，参保率100%。17户25人享受城市最低生活保障，15户17人享受农村低保。425人落实失地农民养老保险，为557名女性村民购买幸福保险，为60周岁以上老人购买人身意外伤害保险。为全村426名小学生减免学杂费，每年为考上二本以上的学子发放助学金。为全村60岁以上老人发放老人补贴、老人福利。为19名残疾人等困难群体落实护理补贴、生活补贴。

人文地情　市区党建示范点高丰村党建村史馆于2015年年底建成，位于柏树塘小区中心广场，占地约480平方米，该馆内设廉洁工作平台、娱乐室、会议室、图书室、便民服务中心、党员活动室、老年活动室等功能活动室，馆外文体广场面积约800平方米，建有健身场所、篮球场和廉洁长廊等。馆内包括"阳光耀高丰、党建促发展""玉湖映高丰、村貌展新颜""蓝图绘高丰、铿锵追梦圆"3个展厅，全面展示了高丰村人杰地灵、民风淳朴、和谐发展的历史画卷。

联洪村

村情概况　联洪村原隶属上栗县彭高镇,因2001年市高新园开发建设,于2003年6月划归安源经济开发区(萍乡经济技术开发区前身)并更名为联洪管理处,2006年区(园)合并,到2014年底开发建设田土全部被开发征用,共征地4000亩,拆迁房屋560余栋。2015年6月,恢复联洪村建制。2022年9月,随着萍乡经开区的调区扩容,联洪村重归彭高镇管辖。

联洪村位于萍乡城区北端,东与高丰村交界,南与光丰村毗连,北与大星村相邻,西与鹅湖村接壤,面积2.9平方千米。因开发建设,自然村消失,设10个村民小组,涵盖莲塘小区、上洪山小区、正龙小区和富民片区等拆迁安置区,本地户数872户2667余人,外来人户数708户2534余人,常住人口5200余人。联洪村有彭、李、肖、张等20余个姓氏,人口较多的姓氏有彭姓、李姓。

自然环境与资源　联洪村属丘陵地区,海拔300米,田少、山多,由草塘、石塘和洪山3个自然村组成,因开发建设,地形地貌已随之改变。因萍乡市城市发展需要,联洪村土地大面积被开发征收,现剩余土地面积约100亩。

经济概况　村民经济收入以外出打工、自主创业为主,受益于开发建设,有许多人都在村附近务工,结构多为夫妻务工或夫工妻居的模式。自主创业以沿街置办超市、饭店、洗车行等个体工商户为主。联洪村依托附近企业、政府发展服务型产业,为企业提供办公场所,为政府提供服务保障,因土地较为紧张且零散分布,联洪村暂无村办集体型企业。

村级集体经济经营性集体资产有:联洪村老办公楼房屋、店面等约有1750平方米,用于企业、工商户租赁;非经营性集体资产联洪村便民服务中心(新办公楼),建于联洪村富莲塘小区内,4层面积共1035平方米,老协办公楼面积为214平方米;资源性资产有经开区已拨划的联洪大厦地块(9.37亩),待界定的中地惠热地块(21.26亩),待界定的洪山路集体用地地块(36亩)。村级集体经济每年收入10万元左右,村级可支配收入主要来源于政府各项工作的运转经费。

基础设施　联洪村距沪昆高速出口、玉湖公园景区各1千米,离萍乡城区1.5千米,319国道、荷塘路、洪山路和郑和路、宝鼎路、张衡路等新城区市政路网纵横交织、贯穿全境,均为沥青路面。

通信网络信号覆盖率100%,宽带网络使用率约90%。村内有移动、电信、联通营业厅和邮政物流配送点。

村民基本居住于自建小区内,仅剩余2栋乡村房屋未拆迁,住房安全率达100%。村民的饮用水已经全部由市政供水(自来水),饮用水安全有保障。居住小区全部安装照明路灯以及安全监控摄像头,所有道路实现全部硬化(海绵工程),生活水、电、燃气、网等全部入户。

社会发展 联洪村建有经开区第五幼儿园和集中小学于一体的联洪小学,能够解决700余名学生就读,全村无学生辍学,每年为考上二本以上的学子发放助学金,为全村本地村民小学生减免学杂费。文化活动场所占地面积约3450平方米,包括村委会(党群服务中心)约300平方米、新时代文明实践站约300平方米、文化健身广场约1500平方米、庙宇约1170.75平方米。其中联洪村新时代文明实践站采取"一室多区"形式建设,共设立4个集中活动室,包含图书馆、四点半课堂、市民宣讲室等10个功能区域。

村内有村级卫生室,村民全部参加城乡居民医保,参保率为100%。456人购买养老保险,403人享受社保,有52名残疾人,落实了25名残疾人补贴。

人文地情 境内有鸿福寺,位于莲塘小区。鸿福寺源于原洪山寺和石塘庙两座寺庙,因土地开发征地列入搬迁,两寺庙合并,取名鸿福寺。新庙名为寺,但供奉以傩神为中心,其神位以道教神为主。寺内有福主殿、傩神殿、观音殿、王爷殿4座,占地350余平方米。

农历每月一、四、七在上洪山小区荷塘路断头路有乡村集市。

联洪村文化广场和联洪小学

万新村

村情概况 万新村地处萍城北郊，辖区总面积4.5平方千米，地理位置优越，中环北路、通久路、郑和路、齐民路、昌金高速公路等纵横交织，杭南长高铁贯穿境内，交通便利。开发区创业园坐落在境内，有着良好的创业环境。因开发建设，自然村消失，辖区内共有住户516户2496人，下设13个村民小组，形成了月形、中心、里耕、新城4个居民小区及部分散户。人口较多的姓氏有刘姓、李姓、邓姓、欧阳姓。

自然环境与资源 万新村属丘陵地区，海拔150米，山明水秀，田畴广袤，辖区内共有9口水塘，因开发建设，地形地貌已随之改变。因萍乡市城市发展需要，万新村土地大部分被征收开发，现剩余未征收土地约2000亩。

经济概括 辖区内企业江西贯胜鞋业有限公司是台湾贯胜企业股份有限公司在江西萍乡的下属企业，成立于2007年9月，注册资本2200万美元，拥有设备齐全的裁断准备课、针车课（42条针车线），有大型成型线5条，月产量约为12万双，2022年年产值约为2.3亿元，现有员工700余人。万新村购置万新小城镇开发公司的店面作宾馆出租，每年集体经济房租收入约15万元；另有原万新管理处办公大楼对外出租，每年租金收入约45万元。

基础设施 建有月形小区、里耕小区、中心小区和新城安置小区4个拆迁安置小区。截至2022年，全面完成了万新月形小区、中心小区提升改造和安装天然气到户工作。打造了万新村综合文化服务中心、新时代文明实践站、居家养老服务中心等，配套有阅览室、健身活动室、理论宣讲室、文化活动室等。

社会发展 万新小学始创于1965年9月，老校区建校多年，校园面积小、校舍陈旧，于2017年7月建设新校，2018年8月顺利竣工。总投资3000多万元，占地面积35亩，总用地面积23339.8平方米，总建筑面积12300平方米，可容纳1200多名学生。学校功能齐全，设有大型图书室、多功能报告厅和舞蹈室、科学实验室、音体美专用教室、室内体育活动室等。幼儿园有4层，按省级示范幼儿园标准建设，可容纳约400名幼儿。校园内运动场齐备，分别有足球场、篮球场和排球场及200米跑道的运动场等。

辖区内分别有中心小区卫生计生服务室及月形小区卫生所，方便村民群众就医。购买养老保险953人，其中已享受退休金501人（退休职工65人、被征地职工养老保险380人、被征地城乡居民养老保险56人）。

人文地情 随着政府对宗教文化的重视，万新村修复了一些历史古迹，如弥陀

万新村老塘下千年古樟

庵、安盘社、戴坊社等,其中弥陀庵始建于清乾隆四十九年(1784),2022年被评为江西省"五好"宗教活动场所。老塘下有一棵千年古樟。每年春季有一次祭祀的民俗活动,在当地叫"春季保丰"。过去万新有月形的"牛灯",对家坊的"花灯"。有以刘科柏为代表的中乐队、以钟亮为代表的西乐队,还有李洪安等人组织的乐器队、李淑珍等人组织的歌舞队,活跃在红白喜事、节日喜庆等各个场合。

刘和春(1885—1960),曾任崇义、吉水等县审判官,吉安法院推事,江西高等法院九江分院院长。在任期间,他清正廉明,秉公执法,不畏强暴,大力惩治黑恶势力,被当地百姓称为"刘青天"。

周江村

村情概况 周江村位于萍乡经济技术开发区北部,南邻万新村,西邻彭高村,北与上栗县赤山镇交界。因开发建设,部分自然村消失,还有车水桥、易宝山、杨梅岭、周江边4个自然村,有4个小区,分别是荷花形小区、易宝山小区、狮形岭小区、锡里塘小区,有23个村小组,总住户735户2674人,常住人口2400余人。人口较多的姓氏有李、胡、王、刘姓等。

自然环境与资源 周江村地处丘陵地带,山明水秀,田畴广袤,萍乡河像一条腰带环绕着村落,域内河长约3千米,水资源丰富。

经济概况 村民多种植莲藕、蔬菜等,自划为萍乡经济开发区代管后,电子信息产业发展迅速。境内有多家上市企业及开发区重点企业,如庞泰实业有限公司、江西贵得科技有限公司、美孚仑实业有限公司、百宏光电有限公司、江西立马电动有限公司、江西网是科技有限公司等。周江村商贸繁荣,有商铺90余户,其中大型商超1家、农贸市场1家、老地方超市1家、大药房3家、餐饮企业10余家,还有电器、家具加工厂、通信、诊所、美容美发、五金、水电安装、汽车修理、建材等店铺,年营业额100万元以上商家2家,年营业额300万元以上商家1家。

通过承包、租赁等方式对村集体所有闲置资产加以开发利用,增加集体收入。2020年前,周江村房租性收入每年约21万余元,2020—2021年通过公开式招租每年房租收入30万余元,2022年通过引进大型商超、宾馆、网吧等多种行业,年租金突破100万元。

基础设施 近年来,通过改路和小区的提升改造等一系列举措,使周江村面貌焕然一新。狮形岭小区、易宝山小区实施了提升改造,锡里塘小区投资100万余元进行了道路硬化及路灯安装。周江村庄道路网全部形成,通久路、昌金高速公路穿村而过。

社会发展 周江小学始建于1922年,改建于1996年,面积5830平方米,目前学校

周江村荷花形廉政文化广场

周江村智能智造产业园

暂停使用,学生借读到彭高镇万新小学。2023年11月,周江小学周江幼儿园再次启动改建,占地面积约23310平方米。周江幼儿园(私立)成立于2017年,建筑面积900平方米,现有幼儿120余人。党群服务中心约1500平方米,新时代文明实践站约500平方米,文化健身广场约3000平方米。其中新时代文明实践站采取"多功能室"形式建设,为群众提供了良好的学习娱乐场所。

村内建有村计生卫生所(室)2所,服务范围辐射周江创业园区。本村有735户887人享受了失地农民保险,享受农村低保15户25人,享受城市低保18户25人。

2022年,成功申报1个乡村振兴项目,获批60万元项目资金用于农贸市场提升改造。2022年村委会投资500余万元为全村居民自来水管进行提升改造,使全村村民生活用水得到了改善。

人文地情 李有棠(1837—1905),字芾生,清代历史学家,周江村人。22岁时以第三名考中秀才,28岁时,考取补辛酉科第一名优贡(即每三年在全省生员中只选取寥寥几名贡入国子监学习的生员)。1890年,54岁的李有棠选授江西省峡江县训导(县学中教官之一),在任3年后弃官归家养亲。著有《辽史纪事本末》四十卷、《金史纪事本末》五十二卷。

李有棻(1842—1907),字报春,一字芛垣,周江村人,李有棠之弟。清同治十二年(1873)癸酉科试考取拔贡。次年通过朝考,授内阁中书而入仕。在30多年官宦生涯中,李有棻历任京城及湘、鄂、粤、陕、宁、赣诸省。各处任上,他都恪尽职守,被称为"品端望重处事精详""湛深经术,富有才略。以清廉谨慎居官,以精明干练处事"。

和雁桥,位于周江村周江边,为一座石拱桥,横跨萍水河上。由子嵩公的妻子吕氏大娘出资修建,因竣工时恰有一群鸿雁飞过并发出阵阵清越的鸣叫,故名和雁桥。

丰泉村

村情概况 丰泉，史称"石洞口"，左有狮形岭，右有象形山，两座石山互为拥抱，中间有一石，名为棋盘石。新中国成立前，隶属于袁州府萍乡县贯化乡。新中国成立初期，历经农会、互助组、初级社、高级社，于1958年由原河田乡改名团结大队，1969年成立公民公社，由田丰、南泉合并为丰泉大队，属赤山公社管辖。2012年7月撤村设管理处。2021年12月，萍乡经济技术开发区调区扩容后，属萍乡市经济技术开发区彭高镇管辖。

丰泉村位于萍乡北部，东邻上栗县慕冲村，南靠安源区大坡村，白源街与经开区横板村山水相连，西与万星村接壤，北同上栗县院背村、慕冲村交界。总面积6.5平方千米，有15个自然村（新屋里、高陂上、荷叶塘、沙窝里、傩神庙、大屋里、横冲里、山田、铁路塘、南坡里、梭树塘、上南泉、下南泉、泉塘庙、白梓庵），常住716户3085人。境内有萍乡碧桂园、金御天下、春风江南、云溪谷、东方嘉园、月湖山庄、月湖天誉、丰和苑、财富大厦等居民区。

自然环境与资源 丰泉村地势东高西低，东起龙舞岭，连接担米岭、长睦岭、长丰坳，西卧丘陵山地，萍水河源头之一，五丰河如玉带般自东向南川流不息，滋润着两岸人民。有聚洞坪、长丰坳、高岭上千余亩经济林。上南泉、下南泉、泉塘庙等地地下水资源丰富。

经济概况 丰泉村属城乡接合部，村级集体经济全部来源于村级土地出让金的集体部分和上级专项拨款，村民80%以上资金来源于征地拆迁和60岁以上失地农民社保。村内富余劳动力主要从事企业单位以及建筑行业等，有个体经营户16家。

基础设施 杭南长高铁、沪昆高速、中环东路东西穿越，有丰泉大道、月湖路、工业园中大道、上南泉干道等主次干道，有桥梁涵洞6座。境内通信网络覆盖率100%，宽带网络使用率90%以上。居民全覆盖用电、用水、用气来源于农村电网和供水公司及天然气公司。

社会发展 村内有丰泉小学、丰泉幼儿园，能满足现在学龄前和小学义务教育的需求。丰泉村党群服务中心、新时代文明实践站采用"一室多用"，共设有集体活动室、阅览室、四点半课堂、宣讲室、民兵武装、退役军人服务站、医保便民服务等多功能服务窗口。

人文地情 丰泉村古称石洞口，石洞口傩神庙有傩文化宝库之称，是中国傩文化

丰泉村石洞口傩庙

"三宝"(傩庙、傩舞、傩面)胜地。明洪武年间,由时任萍乡知县杜谷珍之子杜传芳倡议集资兴建。重修于清。民国期间,石洞口傩神庙从杜氏一族庙也逐渐演变成百姓庙,石洞口多个祠会和姓氏也积极捐资参与前栋维修,并开始参与庙的管理。因石洞口杜氏是先建祠堂后建庙,所以石洞口傩神庙有仿宗祠式的造型。新中国成立后,随着公路的修建,石洞口这条路不再兴旺,丰泉当时处于赤山的边缘小山区,而石洞口傩神庙正好得益于地处偏僻的保护,受冲击较小,傩面具散落群众家中而得以保护,傩神庙也因办学校而免遭全部拆毁。1990年开始恢复傩舞队。1992年,傩舞参加广州"中华百绝博览会",从这年开始,曾多次外出参加展示演出。1997年,在社会贤达的大力倡导下筹资兴建傩神庙。1991年,开始正式恢复傩舞队。从1992年开始,推陈出新,将古傩舞添加了现代舞舞姿,获得了较大成功。进入21世纪后,与丰泉小学联合推动傩舞进校园,为傩舞队培养后备力量。现在的石洞口傩舞队,是萍乡市15支著名傩舞队之一。进入21世纪,新建了傩戏台、酒楼和风雨亭,傩神庙占地面积已远超过清朝时期。整修后的石洞口傩神庙,有土地面积6000平方米,建筑面积1200平方米。庙前30米有戏台,两边有酒楼和办公楼。戏台右边新建左、右两槽门,左称文门,右称武门。

2000年被国家文化部命名为"中国傩文化之乡"。2006年,石洞口傩神庙被江西省政府公布为省级文物保护单位。2011年,石洞口傩神庙被中国傩文化传承保护基地授予第一批"中国·萍乡重点傩神庙"。2019年,中国傩文化传承保护基地确认石洞口傩神庙为"中国傩文化传承保护基地傩舞培训中心"。

后 记

历时三载,这部承载着萍乡各村(社区)风貌与底蕴的《萍乡概览》终于付梓,这是迄今为止萍乡市第一部覆盖全市所有行政村的地情资料丛书,填补了萍乡地情资料的空白。

近年来,中央和省地方志工作机构越来越重视地情资源收集整理及开发利用工作。《江西省地方志事业发展"十四五"规划》提出要"整理利用地情资源""做好地方志资料工作"。《萍乡概览》的编纂积极响应了中央和省地方志工作机构的号召,秉持对历史负责、为现实服务、替未来着想的理念,深入挖掘、细致整理了各方面的资料,最终编纂成书。全书系统记述了全市各县(区)、乡(镇、街)和村(社区)各级的自然、政治、经济、文化、社会的历史和现状,可以说载述了一方地情,对于传承中华优秀传统文化、开展红色文化教育、树立文化自信等都具有重要意义。

《萍乡概览》编纂工作从启动到成书,大体上经历了四个阶段。2022年3—6月是组织准备阶段。这其间,经萍乡市人民政府同意,成立了《萍乡概览》编纂组,下发编纂方案至各县(区),逐级组建编纂机构和人员,使编纂工作逐步走上正轨。6—12月是收集资料阶段。动员和组织各级编纂人员通过查阅档案、古籍、旧志以及走访、调查、核实等多种方式进行资料收集,广征博采,整理文字500余万字,各类照片2600余幅。2023年是编写初稿阶段。组织各级编纂人员对收集到的资料进行分类、整理,撰写初稿。由于各地编纂进度不一,编纂组收到一稿即审阅一稿、反馈一稿,由主编、副主编分头带队赴各乡（镇、街），召开审稿反馈会，面对面交流探讨，对初稿提出详细修改意见并进行具体指导，大大提高了稿件质量。到2024年1月，转入总纂阶段。同时，还邀请专家进行评审，依据专家意见，进一步完善编纂成果。7月交付出版社，进入出版流程。

市委、市政府对《萍乡概览》编纂工作高度重视，市财政保障了编纂经费，市政府分管领导多次调度。编纂过程中，省地方志研究院给予悉心指导，市档案馆以及各县区委、县区政府等给予大力支持和协助，在此一并致谢。然各村（社区）历史源远流长，虽竭尽心力，但因年代跨度长、涉及内容广，兼之编者能力有限，难免存在疏漏、错讹或未尽妥帖之处，望广大读者不吝批评指正，以便我们在后续的修订中不断完善，使本书能够更加精准、全面、客观呈现萍乡各村（社区）的真实风貌，不负这片土地的厚重底蕴与读者的殷切期待。

《萍乡概览》编纂委员会
2025年1月